존 웨슬리의
완전론

웨슬리의 완전론
John Wesley's concept of Perfection

ⓒ 1989년, 1998년 도서출판 은성
초판: 1989년
개정판: 1989년
저자: 레오 조지 칵스 (Leo George Cox, Ph.D)
역자: 김덕순
발행처: 도서출판 은성
등록: 1974년 12월 9일 제9-66호
주소: 서울시 동작구 상도동 126-60
전화: (02)962·9072
팩스: (02)957·9071

출판 및 판매에 관한 모든 권한은 본 출판사가 소유하고 있습니다.
출판사의 사전 서면 허락없이 상업적인 목적으로 번역, 재제작,
인용, 촬영, 녹음 등을 할 수 없음을 알려드립니다.

Printed In Korea
ISBN 89-7236-221-2 33230

John Wesley's Concept *of* Perfection

by

Leo George Cox, Ph. D

Beacon Hill Press of Kansas City

존 웨슬리의
완전론

레오 조지 칵스 지음
김덕순 옮김

저자 서문

　이 책의 자료는 저자가 1959년 6월 아이오와 주립 대학교(The University of Iowa)에서 철학 박사 학위를 수여받기에 앞서 그 과정의 일부로 제출한 논문을 위하여 준비했던 것이다. 그것은 '완전'에 관한 존 웨슬리의 가르침의 신중하고도 충분하며, 그리고 풍부한 자료에 근거한 연구이다.

　이 연구는 영국 국교회와 개혁파 전통의 빛으로부터 본, 그리고 그 후에 계속된 운동과 가르침의 관점에서 본 웨슬리 이해에 관하여 정성을 기울이고 철저한 노력을 다한 결실인 것이다. 이 저서는 학구적인 사고의 경향성을 지닌 '그리스도의 은혜를 입고 그의 빛과 은혜와 지혜와 성결로 충만한 자가 되고자 하는'(『존 웨슬리의 신약성서 주해』) 모든 그리스도인들을 위해 유익한 것이 되리라 생각한다.

　이 저작은 '다른 사람을 가르치고 훈계하고 교정하고 훈련하는'(존 웨슬리) 일을 위해 헌신적인 생활을 하면서 '하나님 앞에 인정받는' 자가 되고자 하는 교역자의 책장에 꼭 있어야 할 서적이라고 생각한다. 신학도들은 이 책에서 그리스도인의 완전의 교리에 관한 말씀의 가르침에 관한 매우 귀중한 주해(註解)를 발견하게 되리라고 믿는다.
 존 웨슬리가 성서와 그 올바른 해석에 대해서 높이 평가했다는 사실은 다음 말에 잘 표현되어 있다. "성서는 하나님의 진리를 가장 견고하고 귀중하게 계통화 한 책이다. 그 모든 부분은 하나님을 잘 드러내고 있다. 성서는 하늘의 지혜의 원천이며, 거기서 흘러나오는 물을 맛볼 수 있는 능력을 가진 사람들은 어떠한 인간의 저작—그것이 아무리 현명하고, 학구적이며, 거룩한 것이라 할지라도—에 앞서 성서를 선택하여 가질 것이다."
 이 책은 현대의 성결에 관한 문헌에 분명히 공헌하게 되리라고 확신하면서 이 책을 세상에 내놓는다.

차 례

저자 서문 / 7
제1장 서 론 / 11
   1. 기독교의 완전주의 / 13
   2. 완전 사상에 관한 웨슬리의 공헌 / 18
   3. 완전론과 현대 사조 / 24
   4. 웨슬리 연구에 있어서의 문제들 / 26
   5. 자료 / 33

제2장 죄와 은혜 / 37
   1. 인간의 전적 타락 / 38
   2. 오직 은혜(*Sola Gratia*) / 43
   3. 그리스도 안에서의 속죄 / 49
   4. 은혜로 말미암은 능력 / 55
   5. 의지적인 죄 / 66
   6. 믿는 자 안에 있는 죄 / 77
   7. 오직 믿음(*Sola Fide*) / 86
   8. 선한 행위 / 93

제3장 완전의 단계들 / 103
   1. 의인(義認) / 109
   2. 신생(gegeneration) / 115
   3. 초기적 성화 / 121
   4. 점진적 성화 / 127
   5. 완전한 성화 / 135
   6. 영화(榮化, glorification) / 142

제4장 현재적 완전 / 149
1. 완전에 도달할 수 있다
2. 완전은 성서적이다 / 158
3. 완전은 경험이다 / 163
4. 완전은 순결이다 / 174
5. 완전은 성령의 역사이다 / 186
6. 확신과 증언 / 193
7. 사랑의 율법에 대한 복종 / 200

제5장 인간적 제한 / 211
1. 유한한 존재 / 212
2. 부패하기 쉬운 육신 / 216
3. 불완전한 마음 / 221
4. 육성(肉性)인가? 인간성인가? / 227
5. 외면적 성결 / 234

제6장 성화된 사람의 '죄' / 245
1. 무지의 죄 / 246
2. 육신의 약점 / 250
3. 사회적 죄 / 253
4. 후퇴; 다시 과오를 범함 / 259
5. 유혹 / 264
6. 순간마다 / 270

제7장 요약과 결론 / 279
1. 웨슬리의 교리의 요약 / 280
2. 미국 메도디즘의 반성 / 285
3. 미국에 있는 성결 분파들 / 296
4. 결론 / 302

주 / 309

참고 문헌 / 329

제1장

서론

　존 웨슬리는 그의 설교—'그리스도인의 완전'에서 "'완전'이라는 용어 이상으로 사람들에게 걸림돌이 되어온 용어의 표현이 성서 가운데는 별로 없다. '완전'이라는 말은 많은 사람들에게는 받아들이기 어려운 말이다. '완전'이라는 말에 대한 느낌조차 혐오심을 갖게 한다"라고 말했다. 그리고 웨슬리는 이 설교에서 '완전'이라는 용어에 대하여 거부감을 일으키고 있는 사람들이란 도리에 어긋난 악랄하고 불신앙적인 사람들이 아니라 스스로 그리스도인이라고 공언하고 있는 사람들이라고 말했다. 웨슬리는 그 당시 '그리스도인의 완전의 교리'에 대하여 엄청난 반대 세력이 일어나고 있었다는 사실도 잘 알고 있었으며, 그와 같은 완전에 대한 가르침이 옛날부터 그 당시에 이르기까지 많은 사람들에게 걸림돌이 되어온 것도 잘 알고 있었다.
　어떤 사람들은 웨슬리에게 그리스도인의 완전이라는 용어의 표현을 아예 사용하지 말라고 충고하기도 했고, 그 당시뿐 아니라 그 이후에도 많은 사람들이 그러한 충고를 받아들이는 것이 옳다고 생각했다. 그러나 웨슬리는 완전이라는 말은 성서 가운데 분명히 나타나 있는 말이라고 주장하면서 완전이라는 용어를 계속 사용해왔다. 그와 같은 표현이 이미 성서 가운데 주장되어온 이상 웨슬리는 물론 누구도 이 용어를 취소할 수 있는 아무런 권위도 가지고 있지 않다고 말했다. 그리스도를 섬기는 사람으로서 충실하기 위한 그리스도의 종은 하나님의 모든 뜻을 명백히 선언하지 않으면 안되기 때문에 완전이라는 말을 취소하기보다는 이를 설명하고 그 참된 의미를 명백히 증언하지 않으면 안된다고 주장했다. 웨슬리는 성서가 뜻하고 있는 그리스도인의 완전에 대하여 자기 나름대로 어떻게 이해하고 있는가를 설명하기 위하여 50년이라는 세월에 걸쳐 많은 시간을 썼던 것이다.[1]

1729년에 두 젊은이가 성서를 읽다가 성결이 없이는 구원을 얻을 수 없다는 사실을 깨닫고, 그것을 진지하게 추구할 뿐 아니라 다른 사람에게도 이를 추구하도록 권고했다.[2] 그리고 웨슬리는 누차 이와 같은 뜻이거나 이와 비슷한 말로 논문이나 서신을 통해 글을 썼다. 웨슬리에게 있어서 완전 또는 성결은 기어이 추구되어야 하고 발견되지 않으면 안되는 목표였다. 웨슬리는 완전과 성결의 이념을 성서 가운데서 발견했기 때문에 다른 사람들의 탐구한 사실과 웨슬리 자신이 탐구한 사실에서 공통점을 들어 다른 사람들에게 완전을 추구하도록 장려하고, 그 경험은 무엇을 의미하고 있는 것인가를 설명한 팜플렛과 서신, 그리고 설교를 계속 발표했다. 웨슬리는 이러한 경험을 마음속 깊이 확신하고 있었기 때문에 여러 가지 의견이나 특별한 표현에 대해서는 별로 마음을 쓰지 않았으나 사람들이 완전과 성결에 대하여 경청해 주고 이해해 줄 것을 간절히 바라고 있었다.

오랫동안 웨슬리에게 존경심을 가지고 있었던 나에게는 웨슬리의 많은 저서에서 완전에 대하여 연구하게 된 것은 참으로 기쁜 일이었다. 이 논문에서 완전에 관한 웨슬리의 사상을 엄밀히, 그리고 자세히 고찰하고 연구하여 이를 체계화함으로 누구에게도 완전이라는 말이 걸림돌이 되기보다는 오히려 그리스도인의 주제에 흥미를 일으키고 웨슬리가 주장하는 말에 귀를 기울이고 또 그 참 뜻을 이해하는 일에 도움이 되기를 진심으로 원하는 바이다.

1. 기독교의 완전주의

　웨슬리의 저서를 계속 읽는 동안 웨슬리가 주장하고 있는 '완전'에 관한 개념의 대부분이 성서 가운데서 발견된 것이라는 사실을 알게 되었다. 하나님께 헌신하고 하나님의 뜻을 따라 살아가는 생애, 다시 말해서 온전한 삶의 이념은 구약성서와 신약성서 두 곳에서 발견할 수 있다. 웨슬리는 '한 권의 책의 사람'이 되고 싶다고 주장하면서 하나님의 말씀 위에 그의 모든 교리의 토대를 세우려고 항상 노력했다. 웨슬리는 완전에 관한 자신의 가르침은 성서적이라고 확신하고 있었기 때문에, 사람들이 어찌하여 자기의 확신하고 있는 것에 대하여 반대하고 있는지 도무지 이해하기 어려웠다. 웨슬리는 완전이라는 용어 자체를 그리 중요하게 생각하지는 않았으나, 그 용어가 표현하고 있는 실체에 대하여 강력히 주장했던 것이다.[3]

　이미 구약성서 가운데서 완전의 개념들을 볼 수 있었기 때문에 신약 시대의 교회가 존재하게 되었을 때에는 하나님의 백성의 바람직스러운 삶의 모습에 관한 이상들로 가득찬 문서들이 이미 존재했던 것이다. 구약 예언 문서에는 특히 '도덕적으로 고결하고 건전하며 진실하고 또한 완전함'에 관하여 장려하는 내용들이 있었다. 이 완전은 모든 하나님의 백성들을 향하여 기대되었던 것이다.[4] 신약의 그리스도인들은 자기들이야말로 '참 이스라엘'이라고 생각했고, 그리스도 안에 있는 완전한 구속을 바라고 있었다. 이 완전의 이상은 신약성서에 있어서는 명시적(明示的)이라기보다는 함축적(含蓄的)인 것인지 모르나—이해에 입각한 것이라기 보다는 절대적인 것인지 모르나—신약과 구약 전체를 통해 볼 때, 이 이상은 성취될 가능성이 있는 것이라는 확신을 더욱 확고하게 가지게 된다.

웨슬리가 성서에서 완전의 교리를 발견했다는 사실은 그가 성서에서 도출(導出)한 모든 추론이 유효하다는 뜻이 아니다. 여기서 우리가 주장하려고 하는 것은 기독교에 있어서의 완전주의 운동은 그 영감 때문에 성서 이외의 것을 찾을 필요가 없다는 사실이다. 완전한 그리스도인의 생활의 이상은 교회와 함께 시작되었다. 모든 개념은 신약성서 가운데 명백히 나타나 있다고 한정시킬 수는 없는데, 이는 여러 가지 해석이 있기 때문이다. 그러나 하나님과의 교제의 특권은 모든 사람을 위한 것이다.[5]

2, 3세기의 초대 교회는 이와 같은 그리스도인의 이상을 보유하고 있었던 것일까? 교회 시대가 얼마 경과하지 않았는데도, 이와 같은 이상으로부터 빗나가는 경향이 쉽게 인정되었다. 웨슬리는 '부정의 비법'(不正의 秘法—Mystery of Iniquity)이 극히 초기부터 역사하고 있었다는 사실을 알고 있었다.[6] 상당히 초기부터 초대 교회가 처음부터 가지고 있었던 표준적인 영적 상태의 근원적인 광채로부터의 벗어남이 있었다.[7] 2세기에는 기독교 변증가들이 비판자들에게 대답하여 기독교를 지적(知的)으로 알기 쉽게 하기 위하여 기독교를 다른 것으로 변질시켜 복음을 완전한 지식이나 완전한 본질(Perfect Being)로 만들어 버렸다.[8] 교회라는 개념이 점차 하나님의 나라라는 개념으로 그 자리를 바꾸기 시작했다. 이와 같은 개념의 변천은 현세의 삶에서의 신속한 정화(淨化)라는 위대한 희망의 연기(延期)를 가져오게 했다. "어거스틴이 등장할 무대가 마련되었다는 말은 어거스틴이 지상에 있어서의 하나님의 도성(Civitas Dei)의 희망과 내세에 있어서의 그리스도인의 참된 행복이 성취된다는 깊은 확신을 결부시켰기 때문이다."[9]

어거스틴이 하나의 이상을 가지고 있었다는 점은 확실하다. 어거스틴처럼 기독교 신앙으로 감동된 사람은 이 유한의 때인 현재에서 기쁨으로 맛볼 수 있는 완전으로서, 그러나 그 완성은 영원에 있어서만 성취할 수 있는 완전을 발견하고 싶었을 것이다. 어거스틴이 펠라기우스(Pelagius)와의 논쟁에 들어가기 전에는 완전은 '지금이라도 간구하는 영혼의 쉴 곳'이었다. 그러나 펠라기우스와의 논쟁은 이 세상에서의 죄 없는 생애의 가능성의 문제를 제기하여 그 가능성을 부정한 것 같이 생각된다. 예수와 그의 모친만이 죄 없으신 분이었다. 그러나 어거스틴이 부정적 정의로부터 빠져 나왔을 때에 그는 보다 더 완전주의자가 되어서 그의 "중요한 개념은 어느 정도 이 세상에서 즐길 수 있는 가능성이 있는 최고의 선(*Summum Bonum*)의 이념이었다."[10] 그러나 그의 저술 가운데는 모순된 문장이 있는데, 그가 그 후에 취소했다고 말한 사실에 비추어서 그것들을 설명할 필요가 있다. "현세에 완전한 사람은 아무도 없다. 현세에 완전은 있다"(No One is Perfect in This Life. There is A Perfection in This Life). 그러나 이 완전은 단지 상대적인 것으로서 이것은 아직 자기들의 약속된 집을 소유하지 않은 나그네들을 위한 것이다. 아무도 무덤 저 편에 있어서만 존재하는 표준의 어느 부분도 이 세상에 적용시켜서는 안 된다.[11]

어거스틴의 모든 개념이 후대에 계속된 교회에 어떠한 영향을 가져왔다 하더라도, 완전에 관한 그의 개념은 존속되었고 우리와 함께 했다. 중세에 있어서도 이 이상은 잊혀지지 않았고, 특히 신앙적으로 용감한 사람들을 위하여 남아 있었다. 종교개혁자들은 믿음으로 말미암은 구원에 대하여 지나치게 강조한 나머지 인간은 자기의 죄 가운데서 전적으로 무력한 것으로 버려져 있기 때문에 현세에서는 완전이란 기대 불가능한 것으로 생각되어 왔다. 사실상 이 완전이라는 용어 자체는 거의 어느 때에도 비난의 대상이 되어 왔다.[12] 그러므로 종교개혁자들과 웨슬리 사이에 놓여있는 여러 가지 상위점을 이 논문에서 해설하고자 한다. 종교개혁은 종교개혁자들이 가톨릭주의의 '행위로 말미암은 의'에 대한 반동으로서, 그들은 행위로 말미암은 의를 완전주의로 간주했던 것이다. 앞으로 논술하겠지만, 로마 가톨릭 교회가 지니고 있었던 완전과는 관계가 있다. 그러나 개혁자들이 이해하고 있었던 것처럼, 로마 가톨릭의 행위로 말미암은 의에 대한 그들의 유효한 논의는 웨슬리의 완전에 대해서는 유효한 것이 아니었다.

중세기 교회나 종교개혁파의 모든 교회 양자에게 신약성서의 이 고원한 이상이 결핍되었다는 점을 인정했다 하더라도, 성결의 이상이 완전이 은닉되었다고 인정해서는 안 된다. 교회가 아직은 시간적으로 얼마 경과하기도 전에 사람들은 사회로부터 은둔하기 시작했다. "수도원 제도는 교회의 오랜 역사 속에서 기독교가 완전에 도달하려는 가장 대담한 시도였다." 은둔자들은 완전하게 되기를 추구했다. 성 안토니(St. Anthony)는 다른 사람에게서 볼 수 있었던 모든 덕행을 지니려고 추구했다. 그는 악을 이기고 싶었기 때문에 뛰쳐 나가 홀로 있었다. 우리가 수도승들이 취했던 방법을 좋아하든 아니하든 간에, 처음 동기는 그리스도인의 완전을 추구하려는 점에 있었다는 사실은 명백하다.[13]

수도원 제도의 이와 같은 이상이 언제나 또는 반드시 밝게 빛나고 있지는 않았지만, 수도승이나 탁발수도사(托鉢 修道師)들이 순수한 종교를 회복하려는 일을 돕고자 했을 때에 부흥운동과 개혁의 시기가 있었던 것이다. 그리고 기독교의 지엽적(枝葉的)인 많은 운동에 있어서도 성결에 대한 이 소망은 지니고 있었음을 볼 수 있다. 그들이 지지하고 있었던 이단의 가르침에도 불구하고 개혁과 내적 성결을 갈구하는 희망을 버리지 않았던 것이다. 왈도파(Waldensians)와 영적 프란시스파(Spiritual Franciscans)에 속한 사람들은 그들 앞에 완전이라는 이상을 앞세웠다. 이와 같은 영적인 일에 대하여 관심을 가지고 있었던 많은 사람들은 성결에 관한 많은 서적들을 세상에 내놓아 초대교회에까지 거슬러 올라가서 관계를 유지했다. 모든 부흥운동에 있어서 죄악으로부터의 자유에 관한 어떤 면의 진리가 성령충만에 관한 특별한 강조와 함께 다시 강조되었던 것이다.[14]

프로테스탄트의 종교개혁도 이들 완전주의 운동으로부터 전혀 자유롭지는 않았다. 종교개혁이 마음과 생활의 종교 속으로 행진하기를 원했던 '영적 종교개혁자들'이 있었다. 이러한 사람들은 그리 알려져 있지는 않았지만 영적 종교를 갈망하는 개척자로 인식되기 시작했다. 그들은 신비주의자들의 글을 읽고, 그리고 평가하고, 드디어 역사적인 퀘이커주의의 발전을 위해 공헌하게 되었다.[15] 이러한 일과 함께 종교개혁 전의 신비주의적인 '프랜드회'(Friends) 및 '형제회'(Brotherhoods)에서 경건주의가 탄생했다.[16] 이 운동의 추진력은 개인적 성결을 추구하는 갈망에서 온 것이었다. 이 운동은 루터교회 안에 확산되었던 신앙에 관한 불모(不毛)의 정통주의와 객관주의에 대한 반동이었다. 경건파 사람들은 자기들이 속해 있는 루터파 교회가 목표로 정하지 않은 개인의 성결에 도달하고자 갈망했던 것이다.[17] 경건주의 그 자체는 완전주의와 같은 것은 아니었다. 그러나 결국에는 완전주의와 거의 비슷한 자리에까지 이르렀다. "그것은 완전주의를 가능하게 했고, 또한 하나의 중요한 영향력으로서 영국의, 그리고 아메리카의 성결운동에, 이러한 모든 경향을 현실적으로 구체화했고 영속(永續) 시켰다".[18] 웨슬리는 모라비안파 신도들의 영향을 받았고 그들로부터 모라비안파 신도들이 호소하는 어떤 종류의 성결을 발견했으나, 다른 한편으로는 이를 거부하지 않을 수 없었던 것이다.[19] 이 운동은 19세기의 유럽 성화운동과 연결을 맺었다.

지금까지 언급한 것은 웨슬리 시대까지의 기독교에 있어서의 완전주의에 대한 간략한 개관(槪觀)에 불과하다. 이 완전주의는 교회의 주류에서라기보다는 종속적인 비주류 파 사람에게서 볼 수 있었다. 이와 같은 사실은 기필코 이 개념의 확실성을 부정하는 것은 아니다. 엘머 클라크(Elmer Clark)는 "격렬하고 왕성한 완전주의는 반역적인 분파와 이단의 무리, 그리고 열광적인 사람들에게서 볼 수 있다"고 말했다.[21] 이와 같은 소수의 그룹은 교회를 순수한 종교로 돌아오게 하는 것이 자기들의 의무라고 믿고 있었다. 경건주의는 교회를 향하여 "종교개혁자들은 성결하게 하는 능력을 경험하지 않았기 때문에 신앙이 아직은 경박한 사람들이었다"라고 말했다.[22] 웨슬리는 그가 있었던 시대에 대하여 성결의 메시지로 도전했기 때문에 그의 교회는 "지금까지 제시된 어떠한 유형의 교리보다도 가장 광범위한 감화를 끼칠 수 있었던 것이다."[23]

2. 완전 사상에 관한 웨슬리의 공헌

존 웨슬리는 그의 연령이 80이 지나서 자신의 젊은 시절을 회상하면서 다음과 같이 말했다.

"나는 어렸을 때부터 하나님의 말씀인 성서를 사랑하고 성서에 대하여 경의를 표하도록 배워왔다. 그리고 그 다음으로는 3세기의 저자인 초대 교부들의 저작에 나타난 사상을 신중히 받아들여야 한다는 교훈을 받았다. 그러한 이유로 나는 모든 교리에 대하여 동의했을 뿐 아니라 설혹 나의 생명이 위험에 직면하는 경우에 봉착하더라도 할 수 있는 한 정확하게 성례전의 모든 법규를 준수했다".[24]

웨슬리는 양친으로부터 그리스도인의 생활에 있어서 가장 모범적인 생활을 위하여 힘쓸 것을 배웠다. 훈련은 엄격했고, 성례전에 빠짐없이 참석했으며, 규칙과 생활 습관은 엄격하게 준수해야 했다. 특히 순종하는 생활에 대해서는 철저한 훈련을 받았다. 매일 아침 저녁에는 시편을 읊었고, 성서를 읽었으며, 기도하는 시간으로 쓰여졌다. 이러한 가정에서 평생 동안 떠날 수 없었던 이념과 습관이 확립되던 것이다.[25]

웨슬리의 양친은 비국교도 배경의 출신이었으나 교회를 대단히 존중하는 고교회 신도가 되었다. 이와 같은 양친에게서 웨슬리는 영국 국교회에 대한 존경과 비국교도들에 대한 혐오감을 이어받았다.

웨슬리 시대의 고교회 신도들은 프로테스탄트파였으나 가톨릭이라는 이름을 자랑스럽게 여겼다. 그들은 로마의 법황제도를 거부했으나, 최초의 3세기의 분리되지 않았던 교회의 신조와 성례전을 엄격히 순수했다.[26] 18세기의 영국은 종교적으로나 도덕적으로 매우 저조했다. 그러나 영국 국교회 안에는 성결의 생활을 강조하는 사람들이 있었다. 로버트 넬슨(Robert Nelson)은 그 가운데 한 사람이었다. 그는 종교란 마음에 관한 것이라고 이해하고 있었다. 그는 그리스도인의 완전이란 단지 외적인 의무를 완전히 실천하는 외적 행위가 아니라 정신적 변화, 그리고 마음의 갱신과 내적 애정의 정화(淨化)와 성화여야 한다고 생각했다.[27]

웨슬리에 대한 영국 국교회의 반대는 그가 완전에 대한 설교를 했기 때문이기보다는 '믿음으로 말미암은 의인'에 관한 설교를 했기 때문이라는 사실을 웨슬리의 일기, 특히 그의 부흥운동 초기에 기록한 일기를 읽어보면 분명히 알 수 있다. 물론 옥스포드 대학교에서 '신성클럽'을 조직했을 때 이에 대한 반대가 있었고, 성결을 열심히 추구하고 있던 몇 사람의 젊은이들은 '메도디스트'(Methodist: 규칙쟁이)라는 별명으로 불렸다. 그러나 이와 같은 반대는 영적 생활에 대하여 아무런 흥미도 가지고 있지 않은 경솔하고 무관심한 젊은이들 사이에서 일어났다. 웨슬리가 영국 국교회 강단에서 설교하는 일이 허락되지 않았던 일은 1738년 이후의 일이었다. 그리고 단순한 믿음으로 말미암아 모든 사람에게 부여되는 구원에 대하여 웨슬리가 설교했을 때, 국교회 신도들은 그의 설교를 '새로운 교리'라고 추정(推定)했던 것이다.[28]

실제로 영국 국교회에서 웨슬리의 완전주의의 교리가 이해되었을 때에는 거의 반대가 없었다. 이 교리에 대한 반대는 칼빈파 사람들과 모라비안파 사람들로부터 온 것이었다. 그들은 웨슬리가 정신과 생활의 성결을 강조한 일을 '그리스도는 우리의 의'라는 주장에 대하여 충실하지 못한 것이라고 생각했기 때문이었다. 웨슬리가 런던의 감독이었던 깁슨(Gibson) 목사에게 그리스도인의 완전이 무엇을 의미하고 있는가를 설명했을 때, 감독은 "웨슬리씨! 이것이 당신이 말하는 완전주의라면 누가 그것을 반대할 것인가?"라고 열심히 일러주었다.[29]

웨슬리가 완전주의를 배운 것은 영국 국교회의 가르침과 성서를 통한 것이었다.[30] 1725년, 웨슬리가 22세 때, 제레미 테일러(Jeremy Tailor)의 『거룩한 삶과 죽음의 규범과 실천』(Rule and Exercises of Holy Living and Dying)을 읽고, 이 책에서 특히 '의도의 순결'(意圖의 純潔: Purity of Intention)에 관한 이념에 대하여 강한 영향을 받았다. 얼치기 크리스천(Halfway Christian)이란 있을 수 없다는 이유로, 그는 즉시 그의 전 생애를 하나님 앞에 바치기로 결심했다. 그리고 1726년에 웨슬리는 토마스 아 켐피스(Thomas A Kempis)의 『그리스도를 본받아』(Imitatio Christi)를 읽고 지금까지 볼 수 없었던 강한 빛으로 비추어진 내적 종교를 발견할 수 있었으므로, 그는 자기자신의 마음을 전적으로 하나님께 바쳐야 한다고 생각했다. 만약에 사람이 하나님에게까지 도달하려고 하면 행하는 모든 일에 있어서 '한 의도'(One Design)를 가지고 그의 감정의 모든 것을 지배하는 '한 욕구'(One Desire)를 가지지 않으면 안된다고 생각했다. 이와 같은 일이 있은 지 일 이 년 후에 윌리엄 로우(William Law)의 『그리스도의 완전』(Christian Perfection)과 『엄숙한 소명』(Serious Call)이라는 책을 손에 넣었다. "이러한 서적들로 말미암아 얼치기 크리스천이 된다는 사실은 절대로 있을 수 없다는 사실을 처음으로 확신하게 되었다"라고 웨슬리는 말했다. 1729년 웨슬리는 성서를 진리의 유일한 기준으로 배우기 시작했고, 또한 성서적 용어로 그의 완전의 개념을 펴기 시작했다. 1733년에, 곧 그의 복음적 회심이 있기 5년 전에 그는 '마음의 할례'(The Circumcision of The Heart)라는 설교를 했는데, 그 설교에서 완전에 대한 견해를 설명했다. 이 완전에 대한 견해를 '어떠한 실질적인 추가나 삭제하는 일 없이' 웨슬리는 1777년에도 그대로 가지고 있노라고 주장했다.³¹⁾ 이 설명 가운데서 웨슬리에게 중세기의 신비주의와 수도원 주의가 국교회의 신비주의와 융합되어 있음을 볼 수 있다. "그리스도인의 완전의 개념은 신학적으로나 역사적으로도 기독교 사상의 가톨릭적인 흐름으로부터 온 것이다."³²⁾ 가톨릭의 프란시스코파에 속한 맥시민 피에드(Maxmin Piette)는 웨슬리에게는 가톨릭 교회의 종교적 성직에서 볼 수 있었던 영적 완전을 위한 열망적인 탐구와 성 도미닉(St. Dominic), 성 베네딕트(St. Benedict), 아씨시의 성 프란시스(St. Francis of Assisi)와 로욜라의 성 익나시우스(St. Ignatius of Loyola)등과 유사한 점이 보여진다.³³⁾ 웨슬리 자신은 그의 견해가 로마 가톨릭 사람들의 견해와는 다른 것이라고 말하고 있으나, 웨슬리의 그리스도인의 완전에 대한 견해는 가톨릭의 전통에 따른 것이다.³⁴⁾

웨슬리에게 영향을 주려 했던 것은 가톨릭 이외에도 있었다. "가톨릭과 루터파, 국교회와 모라비안파의 영향이 서로 작용되어 있었다."³⁵⁾

모라비안파 사람들이 그러했듯이, 어떤 비 국교회파의 경건한 저술가들이 웨슬리의 생애와 관련을 가지고 성결에 관한 웨슬리의 궁극적 개념을 형성하는 일에 도움이 되었다. 웨슬리가 루터와 믿음으로 말미암은 의인의 교리들을 알게 된 것은 모라비안파의 역할이었다는 사실은 극히 명백한 사실이다. 모라비안파 신도들을 방문하기 위한 독일 여행은 웨슬리에게 어떻게 하면 성결에 이를 수 있을 것인가에 대하여 보다 더 선명한 이해를 가져왔다.³⁶⁾ 1738년 5월에 있었던 웨슬리의 경험으로 말미암아 웨슬리는 의인과 성화는 믿음으로 말미암은 것이며 순간적인 것이라고 확신하게 되었다. 종교개혁자들은 의인에 관해서는 분명한 견해를 가지고 있었으나 성화에 관해서는 애매모호했기에, 웨슬리는 성서적 성결을 광범위하게 전파하는 일이 자기 자신의 임무란 사실을 깨달았다.³⁷⁾

그리하여 그 당시까지 매우 많은 개신교와 가톨릭의 흐름이 한 데

합류된 자리에 서 있었던 사람, 곧 웨슬리는 위대한 웨슬리안 부흥운동의 지도자가 되었다. 이 부흥운동의 결과는 서구의 모든 나라들, 특히 영어권에 속해 있는 여러 나라에게 미쳐 있다. 이 운동이 가져다 준 영향은 영국 국교회나 메도디스트파 뿐만 아니라 대다수의 비국교회에까지 미쳤다. 웨슬리의 완전에 관한 교리가 항상 수용되었다거나 그렇지 않았다는 문제는 별개로 하고, 하나님께서 모든 사람에게 구원을 아무런 값도 없이 허락하셨다는 이 교리는 복음적 모든 교파에서는 거의 보편적이었다. 메도디즘(Methodism)의 영향은 영국과 마찬가지로 아메리카에도 파급되어 아메리카 개척지 선교에도, 그리고 19세기 전반의 부흥운동의 불길이 타오르는 한 복판에도 웨슬리의 '완전'의 교리는 뿌리를 내리고 확장하게 되었다.[38]

완전론에 관한 웨슬리의 가르침의 영향은 메도디스트파 이외의 여러 종류의 성화 운동, 예컨대 보다 고상한 삶, 승리의 삶, 또한 케즈윅 그룹(Keswick Group)과 같은 것에서도 볼 수 있었다.[39] 아메리카에는 약 50 개 교파의 기원을 각각 메도디즘에 거슬러 올라가 찾을 수 있다. 그리고 그 대다수의 교파는 성결의 어떤 면을 가르치고 있다.[40] 20세기에 있어서 아메리카의 성결의 초교파 단체인 전국 성화연맹(The National Holiness Assciation)과 관계가 있는 수많은 '성결'파의 교회가 있을 뿐 아니라 메도디스트교회 안에도 많은 개인 또는 성결에 관한 웨슬리의 입장에 충실한 다른 여러 교회가 있다. 이 연맹과 이들 교회는 그리스도인의 완전 이야말로 그들의 분리된 그룹의 유일무이(唯一無二)한 존재의 이유로 내세우고 있다.[41]

웨슬리는 완전의 교리에 대하여 무엇인가 뜻있는 공헌을 했는가? 많은 사람들은 그렇다고 생각하고 있기 때문에, 이 논문은 그 질문에 대하여 한층 더 심도 있게 조사해 보기로 한다. 웨슬리의 공헌은 리츨(Ritschl), 웬리(Wernle), 클레멘(Clemen), 프라이데러(Pfleiderer), 또는 윈디쉬(Windisch)에게 볼 수 있는 것과 같은 종류의 자연주의 또는 인본주의적 완전론은 아니다. 혹 그와 비슷한 점이 많이 있다

하더라도 그런 종류의 것은 아니다.[42]

웨슬리의 훌륭한 공헌이라고 말할 수 있다면, 완전의 경험은 이 땅 위에서 현재적으로 도달 가능하며 모든 그리스도인이 성취할 수 있는 성질의 것이라고 주장한 점이다.[43] 그리고 특히 훌륭한 점은 이것을 강조하면서 웨슬리는 매우 묘하게 '가톨릭적인 성결의 윤리' (Catholic Ethic of Holiness)를 통합한 '신교의 은총의 윤리' (Protestant Ethic of Grace)를 여전히 주장하고 있다는 점이다.[44]

조지 쎌(George Cell)은 "최초의 종교개혁자들의 신앙과 에라스무스, 네덜란드의 알미니우스, 그리고 에라스무스와 옥스퍼드의 개혁자들 및 그의 후계자인 위대한 국교회의 성직자들에 의하여 대표되어 있는 것과 같은 인본주의에 있어서의 가치 있는 요소들을 결합시키는 일은 웨슬리의 훌륭한 재능에 의한 것이다"라고 보고 있다. 웨슬리가 이렇게 할 수 있었던 능력은 "그의 심오하며 명석한 통합적 사고력"과 "두드러진 마음의 특성"에 의한 것이다. 이는 웨슬리를 '피상적 절충주의의' 사상가로 간주하는 사람들의 생각과는 대조적이다.[45] 쎌은 이 대립은 기독교의 본질에 있어서 공존하지 않으면 안될 것을 양쪽으로 갈라놓은 종교개혁 시기에 그 원인이 있으며 아직까지도 웨슬리안주의와 칼빈주의의 투쟁 가운데 보여진다. 그러나 기독교의 이 두 개의 중심적 개념—곧 믿음으로 말미암은 의인과 성결—은 다시 웨슬리주의 가운데 잘 균형을 이루고 통합되어 있다고 생각한다.[46] 프란츠 힐데브란트(Franz Hilbebrandt)는 이 업적을 웨슬리의 '합성'(合成, Synthesis)이라고 하는 것에 주저하고 있다. 왜냐하면 웨슬리에게 있어서 신앙-성결(Faith-Holiness)은 생동하는 일치이기 때문이다. 그는 웨슬리를 현대에 이르기까지의 루터의 조정자로 보고 있다.[47]

3. 완전론과 현대사조

가령 다른 이유가 없다고 해도, 이와 같은 가르침에 있어서 웨슬리를 따르고 있다고 주장하는 아메리카의 일련의 교회들과 사람들을 생각하는 일은 웨슬리의 완전론을 연구하는 정당한 이유가 된다고 말할 수 있을 것이다. "웨슬리의 메시지 가운데 이 강조점의 해명이야말로 존립의 중요한 요인이다. 아마도 백만 명의 회원수에 달하는 모든 교단, 선교 단체와 다른 그룹이 있다." 이들 모든 단체의 문서는 많은 수고를 지불하여 연구한 종류의 것들이 아니고 주로 작은 책자로 된 것이다. "명확히 학문적 기준을 만족시킬 만한 설명을 제시하라고 요망하는 소리가 오늘날 자주 들려오고 있다."[48]

이들 '성결' 그룹 외에도 웨슬리의 이 특별한 가르침에 예의 관심을 가지고 있는 비교적 많은 사람들이 메도디스트 전체 가운데에도 존재한다. 이들 가운데 어떤 사람들은 전 아메리카 성화연맹(N. H. A)의 지도적 입장에서 활약하고 있다. 근래에 이르러 갑작스럽게 웨슬리 연구에 대한 관심은 고조되고 있다. 최근의 완전론 영역에 대한 웨슬리 연구에서는 쌩스터(Sangster), 로즈(Rose), 피터스(Peters), 터너(Turner), 그리고 린드스트룀(Lindström) 같은 사람들의 이름이 부상되고 있다. 로즈는 메도디스트파 사람들 사이에 이 교리와 경험에 관하여 관심이 크게 일고 있음을 보고 있다.[49] 웨슬리주의 계통 이외에도 웨슬리와 같은 완전의 교리를 오늘날까지 주장해온 그룹들이 있다. 그러므로 웨슬리에 관한 보다 명확한 이해는 얼마만큼의 상위점을 해소하는 일에 도움이 되리라고 생각한다.[50]

인간성을 완성할 수 있다고 한 19세기의 낙관적, 인본주의적 개념에 대하여 신 정통파에 의하여 이끌려온 전 분야에 있어서의 반동은, 웨슬리의 완전론이 현대에도 적합한 것이라는 사실을 보여주는 또 하나의 이유일 것이다. 세계 제1차, 제2차 전쟁의 결과로서 인간성에 대하여 가지게 된 비판적 견해와 원죄의 교리에 복귀하는 것을 위한 어떤 신학자들은 이 세상에서는 속죄는 거의 있을 수 없다고 생각하게 되었다. 칼 바르트는 그의 초기의 저작에서 인간을 위하여 이 세상에서 화해가 있다고 했으나, 이 세계에 있는 한, 인간의 어떠한 내적 변화가 있다는 것조차도 부정했다.[51] 그러나 바르트의 『교의학』 전체를 통하여 바르트를 상고해 보면 '성화를 타협의 여지없이 부인' 하는 일은 하지 않았다. 그는 특히 '사람의 전적 타락의 개혁파 교리를 고려해 보아야겠다' 고 했다.[52]

현대의 관점에서 버쿠어(G. C. Berkouwer)는 올바른 죄악론과 은총론이 조화를 이룬 성화의 교리가 있을 수 있다고 믿고 있다. 그의 저작『신앙과 성화』에서 이 제목에 관하여 개혁파 신학자들의 투쟁의 공통 지반을 찾아 보려는 시도를 하고 있었는데, 여기서 그가 정직하게 직면하고 있는 모든 어려운 문제를 고려하면 웨슬리의 관점에 관하여 보다 더 명확한 개념 파악이 필요하다는 인상을 굳세게 한다.[53] 이 책을 연구하면 이 주제가 시기에 알맞으며 현대가 요청하는 바이라는 사실을 인식하게 될 것이다.[54]

오늘날, 성서신학에 관한 관심이 증가되고 있다. 현대의 신학 논문을 읽어보면, 성서에 의한 교정을 하려는 노력을 하고 있다는 점에 착안하게 될 것이다. 웨슬리는 그의 가르침을 기본적으로 성서에 두고 있기 때문에 성서에 의하여 만일 자기의 주장이 잘못된 점이 있으면 그 성서의 부분을 제시하라고 도전하고 있었기 때문에 '성서의 신학'에 관심을 가지고 있는 사람에게는 완전에 관한 웨슬리의 가르침은 특별한 관심사가 되는 것이다. 만약에 웨슬리의 이념이 성서적이라고 한다면, 당연히 하나님의 말씀의 빛에 의하여 이해되고 또한 교정되어지지 않으면 안될 것이다.

4. 웨슬리 연구에 있어서의 문제들

웨슬리처럼 그 미친 영향이 엄청나게 큰 인물은 연구하는 학자에 따라 여러 가지 잡다한 문제를 야기시키게 된다. 윌리엄 렉키(William Lecky)는 "웨슬리는 16세기 이래 등장한 어떤 인물보다도 뛰어나게 실제적인 종교 분야에서 광대하고도 건설적인 영향을 끼쳤다"라고 주장했다.55) 존 브리디(John Bready)는 주의 깊은 연구 끝에 현대 영어권 안에서의 세계의 문화적 전승에 관한 그의 관점을 바꾸지 않으면 안 되게 되었다. 이 영어권의 세계의 정신과 성격 가치를 양육한 것은 프랑스 혁명과 그 철학이라기보다는 오히려 웨슬리와 함께 시작된 '복음주의 부흥운동' 이었다.56) 엄프리 리(Umphrey Lee)는 이 성명은 가감할 필요가 있다고 생각했다. 왜냐하면 사실상 이러한 문제는 그렇게 간단하게 처리될 문제가 아니란 점을 보여주고 있기 때문이다.57) 웨슬리와 산업혁명과의 관계는 웰맨 와너(Wellman Warner)의 『산업혁명에 있어서의 웨슬리 운동』(*The Wesleyan Movement in The Industrial Revolution*)이라는 책 가운데 취급되었다. 데이빗 톰프슨(David Tompson)은 『사회개혁자로서의 존 웨슬리』(*John Wesley as a Social Reformer*)에 관하여 글을 썼으며, 존 폴크너(John Faulkner)는 웨슬리를 사회학자와 교회 회원이라는 측면에서 연구했다. 웨슬리의 사회적 정치적 영향에 관하여서는 몰드윈 에드워즈(Maldwyn Edwards)에 의하여 연구되었고, 존 프린스(John Prince)는 『종교 교육에 관한 웨슬리』(*Wesley on Religious Education*)라는 책을 썼다. 참고 문헌에서 볼 수 있는 것과 같이, 웨슬리에 관한 많은 문헌, 특히 그의 생애와 업적에 관하여 기록되었고, 이들 여러 서적들은 역사적 관점에서 여러 가지 문제들을 취급하고 있다. 웨슬리에 관한 서적 대다수는 웨슬리의 전기와 사실에 관한 기술뿐이고, 거의 대부분의 책은 그의 사상을 취급하려 하지 않았다.[58] 어떤 것은 종교심리학의 견지에서 기록하여 왔으나 그의 신학적 입장을 엄밀히 음미한 책은 매우 적다.[59] 그의 "인격과 그의 업적의 오늘에 이르기까지의 영속적인 결과 때문에 그 인물과 그 업적에 대하여 흡족히 찬양하려는 노력이 계속되어 왔다는 사실은 정당한 일이므로" 웨슬리를 새삼스럽게 연구할 필요가 있다는 일에 관하여 어느 누구도 특히 문제로 삼을 것은 아니다. 그의 활동의 '다면성' (多面性)을 이해하는 사람은 많지 않다. "그는 흔히 보기 어려운 지도자이며 건덕적(建德的) 종교적 천재였다."[60]

웨슬리가 명석하고 유능한 사상가였다는 사실은 아무도 부정할 수 없다. 그는 예리한 사색의 마음과 여러 종류의 관심을 가지고 있었다. "그러나 웨슬리는 천재였고, 때로는 그의 가장 가까이 있는 사람들조차 그의 천재성을 제대로 이해하지 못했다."[61] 로버트 클라크(Robert Clark)는 "웨슬리는 전통에 얽매여 있는 사상가가 아니었고, 그의 사색은 매우 논리적이며 규칙적이어서 자기 자신도 완전히 이해하지 못한 종교 또는 인생 문제에 관하여 지나치게 사색하여 암중모색(暗中摸索) 상태에 이르렀다"고 생각한다.[62] 웨슬리 자신이 논리학의 훈련을 받고 논쟁에 있어서 많은 도움을 받았다고 말하고 있다.[63] 웨슬리는 쉬지 않고 글을 썼기 때문에 피에트는 "그는 어느 개신교도보다도 많은 글을 썼고 출판했다"고 추측하고 있다.[64] 웨슬리처럼 사색하는 마음을 가지고 한다면, 문제가 계속 발생하여 그 결과 연구의 필요가 생기게 될 것이다.

오늘날까지의 웨슬리 연구에 있어서의 문제의 하나는 웨슬리의 프로테스탄트와의 관계—다시 말해서, 어떻게 웨슬리가 종교개혁자들과 관련했는가라는 사실과 현대 프로테스탄트주의에 그가 얼마나 공헌했는가라는 일이었다. 최근에 몇 사람의 저자들이 이 문제를 특별히 취급했다. 프란츠 힐데브란트는 루터와 웨슬리 사이에 역사적 계승하는 일에서가 아니라 개념의 유사점이라는 면에서 밀접한 관련을 보고 있다. 그는 "현대의 루터파 사람들은 오로지 웨슬리도 깊이 살펴 보는 일에서 루터를 이해할 수 있다"라고 생각하고 있다.[65] 라텐버리(J. E. Rattenbury)는 웨슬리에 관한 그의 연구 논문 가운데서 "웨슬리는 모라비안파 사람들과의 접촉과 회심 경험의 결과로서의 종교개혁자의 계열 가운데 있다"라고 생각하고 있다.[66]

가톨릭의 프란시스파의 맥시민 피에트는 프로테스탄트주의의 기원을 더듬어, 웨슬리가 신교 발전에 얼마나 큰 공헌을 했는가 하는 문제를 제시했다. 그는 "웨슬리와 메도디스트파 사람들이 영적 열의와 종교 경험을 갱신하는 일로 인하여 모든 신교 안에 깊은 영향을 끼쳐 왔다"고 믿고 있다.[67] 쎌과 엄프리 리는 신교 안에 있어서의 웨슬리의 위치의 문제 해결에 큰 공헌을 했다.[68] 쎌의 논점은 "1738년에 웨슬리가 변한 것은 매우 의미가 깊은 일이며 그의 종교개혁은 '종교개혁자의 하나님 중심의 신앙'을 향한 복귀였다."[69] 다른 한편, 리는 피에트와 마찬가지로 웨슬리의 회심 경험의 의의에 대하여 이의를 제기하면서, 오히려 "종교 개혁에 있어서의 윤리적, 이성적, 기구적 요소와 신비적 경험을" 결합시킨 현대 종교의 예언자로서 웨슬리를 간주하고 있다.[70]

윌리엄 캐논(William R. Cannon)은 그의 저서 『존 웨슬리의 신학』(The Theology of John Wesley)에서 의인의 교리에 대하여 특별한 관심을 보이고 있다. 캐논은 "웨슬리는 의인의 행위의 개념에 관해서는 칼빈주의와 같으나 은총의 역사에 관해서는 같지 않다"라고 말했다.[71] 그리고 "개혁자들은 웨슬리가 의인의 개념에 포함시킨 것보다 더 포괄적인 개념을 포함시켰던 것이다"[72]라고 말하고 있다. 개혁자들이나 일반적인 신교주의자와의 웨슬리의 관계는 아직 결정되지 않은 문제일지도 모르나, 상당한 업적이 이 영역에서는 오늘날까지 이루어졌다.

그러나 웨슬리의 완전, 또는 성화, 혹은 성결의 신학의 영역의 작업은 훨씬 적어졌다. 최근에는 역사적 관점으로부터 완전의 연구가 이루어졌다. 엘머 가디스(Elmer Gaddis)가 바로 이 연구를 하고 있다. 그는 1929년에 아메리카에 있어서의 완전론의 개관에 관한 저서를 내놓았다. 클라우데 톰프슨(Claude Thompson)과 로버트 클라크는 아메리카 메도디스트파에 있어서의 그리스도인의 완전의 역사에 관한 저서를 내놓았다. 디모디 스미스는 최근(1957년) 『부흥주의와 사회 개량』(Revivalism and Social Reform)이라는 책을 발행했다. 웨슬리 연구나 완전론 연구를 위한 것은 아니지만, 이 책 가운데서 웨슬리의 교리가 아메리카 개혁에 커다란 영향을 끼친 점에 관하여 명백히 밝혔다.[73] 존 피터스는 1957년에 출판된 『그리스도인의 완전과 아메리카의 메도디즘』(Christian Perfection and American Methodism)이라는 책 가운데 그 형성 과정에 있어서의 웨슬리의 완전의 교리와 웨슬리에 의하여 승인된 그 최종적 진술을 말했다. 그리고 그는 19세기에 있었던 아메리카에서의 식민, 발전, 수정의 흔적을 더듬었다. 그의 목표한 바는 역사적인 것이었지 교리적인 것은 아니었다.[74] 웨슬리의 성화의 교리의 가장 총합적이며 조직적인 연구는 스웨덴의 신학자 해럴드 린드스트룀(Herald Lindström)의 손에 의한 것으로서 1946년에 그의 역작이 출판되었다. 그는 다음과 같이 말했다.

> 웨슬리에 있어서의 성화 그것은 그 모든 영역이 제시되어 있는 일은 드물다. 이 개념의 의미는 통상적으로 한정되어 있으며, 때로는 그리스도인의 완전만을 뜻하며 신생으로부터 시작되는 성화의 점진적 발전을 무시한 점이 있다. 때로는 실제적으로 성화의 점진적 발전이 포함되어 있기는 하나, 그와 같은 경우에는 전적인 성화는 간단하게 처리되었다. 특히 웨슬리에 의한 구원의 전체상(全體像)의 관점에서 본다면, 어느 것을 선택하더라도 전적인 성화의 의의를 명료하게 설명하지는 않았다.[75]

린드스트룀의 목적은 웨슬리의 구원의 개념에 있어서의 성화의 기능과 의의(意義)의 분석을 제공하는 일이었다. 그는 성화를 그 전적인 범위로, 또한 전체적으로서의 구원의 개념에 대한 성화의 정당한 관계에서 보려는 시도를 했다. 그는 의인과 성화와의 관련과 각기 그 개념의 궁극적 구원과 현재적인 구원과의 관계를 논하고 있다. 그리고 그는 사랑의 개념을 상세히 조사했다.[76]

윌리엄 쌩스터(William Sangster)나 조지 터너(George Turner)의 저작에 대해서도 한 마디 언급해 둘 필요가 있다고 생각한다. 쌩스터는 세계 제2차 전쟁 중에 영국에서『완전을 위한 길』(The Path to Perfection)이라는 글을 썼다. 그는 웨슬리의 이념이 성서적이며 지향하는 도달점이라는 점을 말하려는 시도를 했으나, 그는 웨슬리의 사상의 전체적인 부분을 세밀히 음미하고 있지 않았다. 터너의 저서는 보다 더 철저하여서 웨슬리의 교리를 성서적으로 음미하고 있으며, 웨슬리의 교리는 성서적이라고 결론을 내렸다.[77] 앨버트 누드슨(Albert Knudson)은 이 저작을 '엄청난 공적의 커다란 저작'이라고 일컬었다. 터너의 목적은 삼중적이어서, 다시 말해서 성서의 가르침을 발견하는 일, 웨슬리의 특색적인 강조점을 확인하는 일, 그리고 이 실리주의적 시대에 있어서의 유효성에 관하여 이 교리를 평가하는 일이었다.[78]

웨슬리의 완전의 개념에 관하여 특히 아직도 문제는 남아 있다. 그 문제의 하나는, 웨슬리가 이 지상에서의 삶에서 성취할 수 있다고 가르친 성결과 그리스도의 효험이 있는 속죄를 끊임없이 필요로 하는 신자들 안에 존속하는 죄 많음(sinfulness)의 개념과의 관련이다. 어떤 저자들은 "웨슬리의 죄의 개념은 그가 현재적이며 가능한 완전을 주장했기 때문에 잘못되었다"라고 믿어왔다. 플류(R. N. Flew)가 "웨슬리는 죄에 관한 오직 하나만의 정의(定義) 밖에는 가지고 있지 않으며 죄를 실체(實體)로 간주했다"라고 했을 때 웨슬리의 죄의 개념에 관한 그의 비판은 명석하지 못하다.[79]

쌩스터도 "웨슬리는 '무의식의 죄'의 개념을 부정했다"라고 생각하고 있다.[80] 리는 "웨슬리의 죄의 개념이 그로 하여금 그의 완전론의 주장을 잘못하도록 했다"라고 생각하고 있다.[81] 이 모든 것들이 웨슬리의 죄의 개념은 완전과의 관련에 있어서 명백하지 못했다는 사실을 말하는 것이다.

이 문제에 관련하면서 그와 다른 문제점은 어떻게 하여 사람은 이 지상에서의 삶을 살아가면서 현재 완전해질 수 있을 것인가라는 문제이다. 완전을 향하여 끊임없이 계속적으로 성장하는 어떤 류의 완전(a perfection)이 있다. 그렇다면, 어떻게 하여 사람은 완전할 수 있는가? 그리고 성장할 수 있는가? 그리스도인이 점점 그리스도처럼 되어가는 성장 과정 한 복판에서 어떻게 그리스도인이 믿음으로 말미암아 완전하게 되고, 그리고 그 후에 그 완전한 사랑에까지 계속 성장할 수 있을 것인가? 만약에 그 완전함에 이르는 경험으로 죄가 파괴된다면, 어째서 죄가 믿는 사람에게 또 다시 문제가 될 수 있는 것일까? 그리고 이 온전한 사랑의 경험과의 관련에서 확신의 문제가 있다. 그리스도인이 온전하게 되었을 때 어떻게 그 사실을 알 수 있게 될 것인가?

위에서 말한 모든 문제로부터 인간의 경험의 불완전함과 하나님 존전에 있는 자신의 무가치함을 끊임없이 고백해야 할 필요에 관한 커다란 문제가 또 발생하게 된다. 웨슬리가 가장 심한 비판을 받은 것이 바로 이러한 점이다. 만약에 인간이 죄로부터 자유로우며 그러한 관계로 인하여 거룩하게 된다면, 이를 자랑하고자 하는 교만한 생각을 하게 되는 유혹도 당하지 않게 되어야 하는 것이 아니겠는가? 죄가 없다고 고백하는 사람에게 있어서 바리새주의의 위험은 없을 것인가? 또한 크리스천의 죄나 허물의 불완전함은 없는가? 그리고 그런 것들도 하나의 죄로 고백되어야 하지 않겠는가? 웨슬리안의 완전에 있어서의 문제를 칼빈주의자들뿐 아니라[82] 얼마간의 메도디스트파의 비평가들까지도 인정하고 있다.[83] 어떻게 함으로 인간은 자기 자신 속에 어느 수준의 성결에 도달하여서, 그러나 의인으로 말미암아 하나님 존전에서는 전혀 가치 없는 자라는 관계를 손상시키지 않고 지속할 수 있을 것인가?[84]

이 논문에서 이들 모든 문제에 대하여 웨슬리에게 가장 동정적인 독자들에게까지도 만족한 해답을 줄 수 있을 것이라는 약속은 할 수 없다. 그러나 이 문제들은 정직하게 논하지 않으면 안될 문제이다. 이 논문의 목적은 할 수 있는 대로 이 문제들에 대한 웨슬리의 대답을 발견하는 일이다. 웨슬리의 개념이 분명히 이해된다면, 반대하고 있는 모든 것이 소멸될 것이라고 생각된다.

나의 서술 방법은 다음과 같다. 우선 웨슬리의 죄의 개념을 요약하고 개혁자들과의 사이의 차이점을 제시하는 일이다. 이것은 믿음과 행위와 함께 은총에 관한 토론이 포함된다. 이러한 일들은 제2장에서 취급될 것이다. 그리고 다음으로 완전에 있어서의 여러 가지 단계들을 구원의 순서와의 관련에서 논술하고, 그 다음에 웨슬리가 주장한 현재의 완전이라는 경험을 여러 가지 단계와 관련시키고, 다시 웨슬리의 '제2의 축복'라는 용어의 의미를 명확하게 하는 일, 그리고 이들과 관련하여 확신, 죄로부터의 자유, 증거, 사랑의 법칙들의 개념을 찾아보는 일이다. 이러한 논술은 제3장과 제4장에서 취급될 것이다.

이 논문의 처음 부분은 인간의 현재의 경험에 있어서의 인간적 제한의 불완전함을 취급할 다음 부분을 위한 준비가 된다. 이런 것들에 관하여 웨슬리가 무엇을 말할 것인가를 제시하고, 웨슬리가 이들 과오와 실패를 온전한 사랑에 관련시키는 그 태도에 주의를 가지게 하려고 한다. 그리고 또, 완전한 사랑에 도달한 그리스도인에게 있는 결함을 인류의 무가치한 상태라는 빛으로 음미하여 남아 있는 무지의 '죄'를 웨슬리가 주장하는 완전한 가르침을 배경으로 하여 상고해 보기로 한다.

5. 자료

　웨슬리는 끊임없이 글을 썼기 때문에 우리에게 매우 다행스러운 것은 그의 저작 가운데 대부분을 손에 넣을 수 있다는 사실이다. 웨슬리는 그의 생애 초기부터 일기를 기록하기 시작하여 그가 살아 있는 동안에 출판했다. 느헤마이어 커녹(Nehemiah Curnock)은 웨슬리의 일기를 모두 모아서『존 웨슬리 목사의 일기』(The Journal of the Rev. John Wesley) 전 8권의 책으로 펴 내었다. 이 일기는 또한 1872년, 영국 런던의 웨슬리안 협회 본부의 인정판인『존 웨슬리의 저작집』(The Works of John Wesleys) 중에서 제1권에서 4권까지 실었다.

　웨슬리 자신이 자기의 설교 대부분을 출판할 수 있도록 준비했기 때문에, 이것은 웨슬리의 신학적 저작 가운데서도 가장 값있는 것으로 간주되고 있다. 인정판의 제5권에서 제7권에 웨슬리의 설교 141편이 실려 있다. 웨슬리는 이들 설교 전부를 출판하려고 하지는 않았다. 서그텐(E. H. Sugden)은 1921년에 출판된 웨슬리의『표준 설교』전 2권을 편집했다.

　인정판의 잔여분은 웨슬리가 승인한 여러 종류의 저작 가운데 서신, 소논문, 그밖의 저자들에 의한 몇 개의 저작들이 포함되어있다. 특히『그리스도인의 완전의 평이한 설명』(A Plain Account of Christian Perfection)이라는 소책자는 중요한 책이다. 1931년에 존 텔포드(John Telford)는『석사 존 웨슬리 목사의 서간문』(The Letters of Rev.John Wesley, A. M.) 전 8권을 편집했다. 또한『신약주석』(Explanatory Notes on the New Testament)는 가치있는 책이다. 최근에 출판된 것으로서는 버트너(Burtner)와 차일스(Chiles)가 편집한『웨슬리 신학의 개요』(A Compend of Wesley's Theology)가 있다. 이것은 웨슬리의 저작에서 여러 가지 신학적 제목하에 조직적으로 체계화한 것이다.

웨슬리 생존 시, 영국 국교회의 목사이며 메도디스트파의 지도적 변증가였던 존 플레처(John Fletcher)는 유명한 『안티노미안주의를 향한 반박』이라는 글을 썼다. 웨슬리는 플레처를 그의 성도다운 품성과 그의 저작에서의 그 논지의 '강경함과 명석함'에 관하여 그를 매우 존경했다.[85] 반박의 하나로서 『그리스도인의 완전』에 관한 소 논문과 함께 이 『반박』과 플레처의 그밖의 저작은 1835년에 전 4권으로 발행된 『존 플레처 목사의 저작집』(*The Works of Rev. John Fletcher*) 가운데 들어 있다.

19세기 영국의 세 명의 메도디스트 신학자들에게 주의를 기울여야 한다. 아담 클라크(Adam Clark)는 웨슬리가 잘 알고 있는 학자로서 1835년에 『기독교 신학』(*Christian Theology*)을 출판했다. 웨슬리의 가까운 신학도인 리처드 왓슨(Richard Wattson)은 1828년에 출판된 『신학 강요』(*Theological Institutes*)의 저자였다. 포프(W. B. Pope)는 1881년에 출판된 『기독교 신학 개요』(*Compendium of Christian Theology*)라는 저서를 내놓았다. 이 영국인 저작들은 아메리카 메도디스트파의 사람들에게 매우 큰 영향을 끼쳤다.

이 연구에서는 아메리카에서 성결을 선언한 사람들 가운데 웨슬리 이해와 해석을 조직화하는 일에 도움을 준 아메리카 신학자들에게 특별한 주의를 했다. 이들 지도적 인물의 이름은 토머스 롤스튼(Thomas Ralston), 토머스 서머즈(Thomas Summers), 랜돌프 포스터(Randolph Foster), 사무엘 웨이크필드(Samuel Wakefield), 마이너 레이몬드(Miner Raymond), 다니엘 휘든(Daniel Whedon), 그리고 존 마일리(John Miley)이다. 이 사람들은 다니엘 스틸(Daniel Steele)과 우드(J. A. Wood)와 같은 저자들과 함께 메도디스트주의를 위한 조직신학을, 특히 그리스도인의 완전의 교리를 형성하는 일에 큰 도움을 주었다. 이들 저작의 다수는 현재 아메리카에서 웨슬리안의 완전을 증언하는 사람들에 의하여 '고전'으로 간주되고 있다.

웨슬리 신학에 관한 보다 더 현대적인 학문적 역작에 관해서는 이미 언급했다. 앞으로 성결 계통 가운데서 여러 저자들을 그때 그때 언급하고자 한다. 웨슬리안·알미니안 계통 가운데 최근의 신학자인 오튼 와일리(Orton Wiley)의 『기독교 신학』(Christian Theology)에 대하여 특별히 언급하고자 한다. 독자들은 이 조사에서 사용한 다른 자료에 관해서는 이 책 말미에 있는 참고 문헌을 참고하기 바란다.

제2장

죄와 은혜

　웨슬리의 완전의 개념을 어느 정도의 이해를 가지고 논술하기 전에, 먼저 그의 죄와 은혜의 개념을 파악해 둘 필요가 있다. 웨슬리의 죄의 개념을 이해하고자 하려면 그의 은혜에 관한 이해, 그리고 그의 죄의 정의와 관련하여 생각할 필요가 있다. 웨슬리에게는 죄에 관한 두 개념—곧, 타락 후 하나님의 어떠한 은혜로부터도 차단된 인간에게 관련되는 죄의 개념과 인간의 삶 속에 은혜의 역사가 일어나고 있다는 사실을 알 수 있는 인간에게 관련되는 죄의 개념—이 있다고 생각한 것 같다. 이 첫째 개념은 웨슬리의 이상을 어거스틴이나 종교 개혁자들과 같은 입장에 세워 놓으며, 둘째 개념은 웨슬리의 이상을 다소 펠라기우스적인 위치에 세워 놓은 것처럼 생각된다.
　신학자의 죄의 개념은 모든 것에 대한 기초가 되며, 신앙의 다른 조항의 모든 것에 관련되어 있다.[1] 이미 제시한 바와 같이 웨슬리의 완전의 개념을 비판하는 많은 사람들은 웨슬리의 죄의 개념은 결함이 있다고 생각하고 있다. 확실히 웨슬리의 죄의 정의는 이제부터 알 수 있게 되겠지만, 그의 은혜의 개념처럼 개혁자들이 지닌 개념과는 다른 것이었다. 이와 같은 모든 정의에 결함이 있고 없는 것은 각기

보는 바 견해에 따른 것이지만, 우선 이들 정의가 어떠한 것인지를 알아 두는 일이 중요하다. 웨슬리의 완전의 교리는 그의 죄와 은혜에 관한 교리의 구조 가운데 설 수 있는지 아니면 쓰러지게 될 것인지를 결정하게 되는 것이다.

1. 인간의 전적 타락

전통적인 생각에 따라 웨슬리는 인간의 최초의 상태는 완전한 것이라고 믿고 있었다.[2] 아담은 이 완전한 상태로부터 타락하여 모든 인류를 타락한 자리로 끌어내리고 말았다. 아담이 타락했을 때 인간 안에 존재한 '하나님의 형상'에 어떤 일이 발생했을까? 웨슬리는 이 형상은 두 개의 요소를 지니고 있다고 생각했는데, 그 형상의 하나를 하나님의 자연적 형상이라고 생각했고, 다른 또 하나의 것을 도덕적 형상이라고 생각했다. 이 자연적 형상은 이성과 의지의 자유, 불멸성(영원성), 모든 피조물에 대하여 지배를 하도록 부여받은 영적 존재로서의 인간인 것이다. 자연적 형상에 있어서의 이 모든 요소는 인간이 인간으로 존재하기 위하여 인간에게 주어진 장비(裝備)라는 것이다. 이것은 인간이기 위하여서는 필요 불가결한 것이다.[3]

그러나 웨슬리는 인간의 중요한 가치는 그 도덕적 형상에 있는 것이라고 생각했다. 이 도덕적 형상이란, 아담이 도덕적으로 하나님을 닮았다는 것이다. 이처럼 하나님을 닮았다는 사실은 '의'와 '거룩함'이며 "올바른 성향의 복합(複合)"이며 사랑이라는 개념으로 가장 잘 요약할 수 있다. 여기서 매우 중요한 것은 웨슬리의 생각으로서는 구원이란 인간 속에 하나님의 도덕적 형상이 회복된다는 사실로서, 이와 같은 생각을 사도 바울의 골로새서 3:8-12과 에베소서 4:22, 24에 의해 포착했다. "그러므로 이 성경 본문 말씀들은 분명히 개인적, 내적 거룩함에 대하여 언급하고 있다. 그리고 이것이 태초에 창조된 인간의 상태이었던 '하나님의 형상'의 중요한 부분이었다는 점을 명확히 증명하고 있다."[4]

그러나 타락으로 말미암아 인간은 하나님의 도덕적 형상에 닮은 그 성질을 상실해 버렸다. "하나님의 생명은 인간의 영혼 속에서 소멸되었다. 그리하여 하나님의 영광은 인간에게서 떠났고, 인간은 하나님의 총체적인 도덕적 형상인 의와 진리와 거룩함을 상실해 버렸다."[5]

그러나 자연적 형상은 훼손되기는 했지만 완전히 멸망되지는 않았다. 다시 말해 인간은 아직 인간이었다. 한 부분이기는 하지만 인간에게 하나님의 자연적 형상이 없다면, 인간으로서의 생존은 계속될 수 없었을 것이다.[6] 그러나, 앞으로 언급하겠지만, 만약에 하나님께서 인류의 존속에 대하여 긍휼을 베풀지 않으셨다면 그 자연적 형상마저 완전히 상실되어 버렸을 것이다. 그러므로 이런 의미에서 은혜로부터 차단된 인간의 타락은 전면적으로 하나님의 형상이 모두 상실되어 버렸다.[7]

그리하여 웨슬리는 하나님의 은혜로 말미암지 않고서는 범죄 이후의 인간에게 하나님의 형상의 '흔적'은 아무 것도 없다고 말했다.[8] 아담에게 있어서 그러했던 사실은 오늘 아담의 후손에게 있어서도 마찬가지 사실인 것이다. 하나님의 자연적인 형상은 어느 정도 남아 있으나 하나님의 도덕적 형상은 전적으로 상실되었다. 그러므로 웨슬리에게 있어서는 '생래적'인 인간은 완전히 부패되었다고 생각했다. 웨슬리에게 있어서 '생래적'이란 말은 하나님의 은혜의 경륜 아래 생존하고 있는 인간을 의미하는 것이 아니라, 하나님의 간섭 아래 놓여 있지 않은 상태의 조상으로부터, 다시 말해서 태어날 때부터의 인간을 뜻하는 것이다.

그러나 여기에 '십볼렛'이 있다(역자주: '군호'에 대해서 사사기 12:6 참조). 인간은 나면서부터 모든 종류의 악으로 가득차 있는 것인가? 전혀 선한 것이란 없단 말인가? 전적으로 타락했다는 것인가? 인간의 영혼은 전체적으로 부패해 버렸는가? 마음의 생각의 모든 계획이 항상 악할 뿐임"(창 6:5)인가? 우리가 이 사실을 인정한다면, 이는 그리스도인인 것이다. 그러나 이를 부인하면 이방인에 지나지 않는다.[9]

이 자연적 인간이란 하나님의 어떠한 은혜로부터도 격리된 인간으로서 자신에게 있어서 내세울 만한 것이란 오직 하나님의 진노 아래 있는 자이며, 하나님의 은혜를 잃어 버린 진노의 자식이란 사실뿐인 것이다. 그리고 그 마음은 사악하며 더러워져 있다. 그리고 영적으로는 죽었으며, 자기 스스로 자신을 살아나게 할 능력을 전혀 가지고 있지 않다. 그리고 그에게는 결점만 있을 뿐 완전히 사탄의 노예인 것이다.[10]

그리고 아담 안에 있는 모든 인간, 아담의 후손으로 태어난 그 당시의 모든 인간의 아들들은 죽었던 것이다. 이와 같은 당연한 결과로서 아담의 후손인 모든 인간은 영적으로 사망한 상태, 곧 하나님께 대하여 죽었으며 죄악 중에서 온전히 죽어버린 상태로서 하나님의 생명은 전혀 존재하지 않았으며 하나님의 형상 곧 아담이 창조되었을 당시에 소유했던 모든 의와 거룩함을 상실한 상태로 이 세상에 태어났다. 오히려 그 대신 이 세상에 태어난 모든 인간은 자랑과 자기의 의지라는 면에서 악마의 형상을, 그리고 육욕적인 갈망과 욕망이라는 점에서 짐승의 형상을 지니고 있다.[11]

웨슬리는 이 이상 더 암울한 어조로는 말할 수 없었을 것이다. 이와 같은 표현은 모든 인간에게 감염된 질병으로 말미암은 전적인 부패를 묘사한 그림이며, 이러한 상태야 말로 웨슬리가 그리스도 안에서만 발견할 수 있었던 속죄를 배경으로 묘사한 그림인 것이다. 인간은 자기 자신을 위하여 값진 일을 하기에는 전혀 무력하여 자기 스스로 하나님을 향하여 한 발자국이라도 행동을 개시하기 위하여 걸어갈 수 있는 길은 마련되어 있지 않다. 하나님의 은혜가 아니었다면 인간은 자기 힘으로 도움을 받지 못한 상태에, 상실되어진 상태에,

그리고 하나님으로부터 영원히 격리된 상태로 남아 있을 수밖에 없었을 것이다.[12]

이와 같은 말은 웨슬리의 가르침을 인간의 자유 의지와 신인협력설(神人協力說)과 결부시키는 사람들에게는 이상하게 들릴지도 모른다. 후세의 많은 메도디스트파 사람들에게 있어서는 이 말은 이상한 말로서 어떤 사람들은 웨슬리가 자기의 주장을 바꾸었다고 생각할 뿐 아니라 그렇다고 말하기도 했다. 나중에 알게 되는 것처럼, 웨슬리의 죄와 선한 업적의 정의에서는 "사람은 자기 자신의 구원에 관하여 무엇인가 하지 않으면 안 되며, 또한 무엇인가를 할 수 있다"고 말한 것이 함축되어 있다. 웨슬리의 인간의 능력에 관한 견해와 인간의 전적 타락성의 견해를 조화시키려고 노력한 어떤 사람들은 웨슬리가 후년에 이르러 그의 생각을 바꾸었다고 말하고 있다. 인간이 개인적으로 죄에 관여하지 않았다 하더라도, 아담의 죄로 말미암아 죄책을 지고 있는 것이라고 웨슬리는 어떻게 믿을 수 있었던 것일까? 아담만이 자기 죄에 대하여 죄가 있는 것이며 개인적인 책임을 떠나서는 죄가 있는 것이 아니다. 설혹 벌에 대한 책임이라는 의미로서도 웨슬리의 견해와는 일치하지 않는다고 생각되어 있다.[13]

그러나 웨슬리가 자기의 생각을 바꾸었다는 사실은 입증되어 있지 않다.[14] 웨슬리는 어떤 종류의 인류적 죄와 죄책을 믿고 있었다. 어떤 의미에 있어서 인류 한 사람 한 사람이 최초의 죄에 참여했다는 것이다. 인간은 "아담의 죄로 말미암아 죄인이 되었기 때문에, 아담이 죄 때문에 받을 것이라고 경고를 받은 형벌에 대해서도 책임이 있는 것이라고 생각되어졌다."[15] 웨슬리는 "어린아이도 죄인이며 고통을 당할 대가(代價) 때문에 고통을 당한다"고 믿고 있었다. 만일에 어린아이들이 어떤 특별한 의미로 죄가 없는데도 고통을 당하도록 하나님께서 허락하신 것이라면 하나님은 옳으신 분이 아니며, 또한 어린아이가 죄인이 아니라면 그리스도는 그들의 속죄를 위한 주님이 되실 수 없다.[16]

웨슬리의 사색은 여기서 일관성에 관한 문제를 제기한다. 제2장 후에서 볼 수 있는 것처럼, 만약에 죄를 알 수 있는 율법을 의도적으로 범하는 것으로 정의해 버린다면, 어떻게 인간이 아담의 죄 때문에 죄가 있다고 말할 수 있을 것인가? 아담의 죄 많은 본성(sinful nature) 때문에 죄가 있다는 것에 대하여 후대의 미국 메도디스트 신학자인 휘던(Whedon), 포스터(Foster), 마일리(Miley)는 부인했다.[17] 웨슬리의 견해를 일관성있게 하기 위하여 웨슬리는 자기의 견해를 바꾸지 않으면 안되게 되었다고 생각하고 있는 이들 신학자들의 견해는 과연 옳은 것일까? 어떤 의미에 있어서는 개인 개인이 인류로서의 죄책에 관여되어 있다는 생각을 버려도 좋을 것인가? 혹은, 분명히 선언하지는 않았지만 여기에 중요한 의미를 가진 개념을 웨슬리가 견지하고 있었을지도 모르는 것이 아닐까?

웨슬리는 누구라도 자기 자신의 개인적 행위로 말미암은 죄 이외의 이유로 인하여 영원한 형벌을 받는다고는 믿지 않았다. 이러한 의미에 있어서 아담만이 그의 원죄 때문에 영원히 죽었다고 말할 수 있을 것이다.[18] 그러므로 웨슬리가 적어도 두 종류의 죄와 두 종류의 죄책을 믿고 있었던 것은 분명하다. 하나의 죄책은 우리가 관여한 대표적인 것에 의하여 성취된 행위에 적용되어 그것 때문에 그 행위의 결과로 고통을 받게 되는 것이다.[19] 죄의 결과에 대한 이 책임의 개념은 성별된 사람에게도 죄의 결과는 남게 되는 것인데, 가령 과오나 사소한 죄라 할지라도 그리스도의 죽음으로 말미암은 공적을 필요로 한다는 웨슬리의 태도에 나타나 있다. 이 개념에 관해서는 앞으로 충분히 취급할 계획이다.

그러므로 요약한다면, 웨슬리의 견해는 사람이 은혜로부터 격리되어 있으면 무엇인가 또 다른 은혜가 부여되기까지는 모든 인간은 그 인간성에 있어서 전적으로 타락되어 있으며, 이 전적인 타락 때문에 사람은 자기 자신 안에 전혀 자신을 도울 만한 아무런 도움도 가지고 있지 않은 상태라는 것이다. 이와 같은 인간의 타락성은 어떤 의미로서는 인간 스스로의 죄의 결과라고 웨슬리는 믿고 있었다. 그 이상으로 이 타락성의 당연한 결과는 어떤 의미로서 형벌에 상당한 것이며, 그로 말미암아 그리스도의 구원의 공적이 필요하게 되는 것이다. 인간의 전적 타락이라는 배경에 있어서만 웨슬리의 그리스도인의 안전의 참된 그림을 이해하게 될 것이다. 인류는 아담 안에서 모든 것을 상실했다. 그러나 모든 것, 아니 그보다 더 이상의 것을 그리스도 안에서 회복할 수 있게 되는 것이다.

2. 오직 은혜(*Sola Gratia*)

웨슬리의 견해처럼 인간의 본성은 전적으로 타락했기 때문에, 어떠한 구속이나 회복도 인간 이외에 다른 곳으로부터 오지 않으면 안 된다. 구원은 전혀 하나님으로부터—라는 이 이유 때문에 웨슬리는 인간은 전적으로 무력하다고 주장하게 되었던 것이다. 다른 한편, 웨슬리는 신인 협력설(神人協力說; synergism)을 주장하는 자이며 알미니우스주의를 주장하는 자라고 불리웠다. 만약에 구원이 전적으로 하나님의 은혜로 말미암은 것이라면, 인간은 자기 자신의 구원을 위하여 무엇을 어떻게 할 수 있을 것인가? 표면상으로는 '오직 은혜'와 무조건적인 예정론은 함께 설 수 있거나, 아니면 넘어질 것 같이 생각된다. 다시 말해서, 하나님은 구원을 위하여 선택할 자들을 정하고 하나님의 불가항력적인 은혜로 그들을 바꾸려고 하신다는 것이다.

그러나 웨슬리는 무조건적 선택에 관하여 칼빈주의와 의견을 달리했다. 웨슬리는 '사람의 궁극적인 운명은 스스로의 선택에 의하여 결정된다'고 믿었다.[20] 그리고 인간이 해야 할 분야에 관한 웨슬리의 개념은 완전과 최종적인 의인(final Justification)—이 둘 모두가 전적으로 하나님의 은혜로 말미암은 것이라고 웨슬리는 보고 있는데—
에 그의 견해에 나타나 있다. 웨슬리의 은혜에 대한 견해를 파악하는
일은 웨슬리를 이해하려는 사람들에게는 매우 중요한 일이다.

하나님께서 인간에게 베풀어주신 모든 축복은 순전한 하나님의 은혜, 관대하심, 그리고 은총에 의한 것이다. 다시 말해서 값없이 베푸시는 은총이며 받을 만한 값어치 없는 자에게 베푸시는 은총인 것이다. 하나님의 긍휼을 요구할 만한 권리가 없는 인간, 전혀 가치가 없는 자에게 하나님의 호의로 베풀어주시는 은혜인 것이다. '땅의 진토로 인간이 형성된' 것은 다만 하나님의 일방적인 은혜로 말미암은 것이다. 이와 같은 하나님의 일방적인 은혜는 오늘에 있어서도 우리에게 생명과 호흡과 모든 것에 변함없이 계속적으로 베풀어지고 있다. 왜냐하면 인간의 존재, 인간의 소유물, 인간의 행동 그 어느 것 하나도 하나님의 손 안에 있는 지극히 적은 것이라 할지라도 인간은 그것을 받을 만한 가치가 없기 때문이다. '하나님! 우리의 모든 업적은 당신께서 우리 안에서 역사하신 결과입니다.' 그렇기 때문에, 이 모든 것은 일방적으로 부여된 하나님의 긍휼, 그리고 보다 더 많은 긍휼 가운데 나타난 구체적인 실례이다. 그리고 어떠한 의가 인간에게서 발견되었다 하더라도, 그것 역시 하나님의 선물이다.[21]

이와 같이 은혜란 인간 안에 있는 모든 선의 배경인 것이다. 아무라도 이 은혜 없이는 어떠한 선도 행할 수 없다. 이것은 생명을 향한 어떠한 동작을 취하기 이전에 절대적으로 필요한 것이다.[22]

그러나 그것은 적어도 많은 경우에 불가항력적인 은혜는 아니다. 구원은 은혜의 불가항력으로 말미암은 것은 아니다. 웨슬리는 어떤 순간, 또는 어떤 경우에 은혜가 불가항력적인 방법으로 역사하고 있는 것을 실제적으로 보았으나 그와 같은 일이 그대로 계속되는 것은 아니었다.[23]

이 은혜의 본 바탕은 무엇인가? 그것은 흔히 하나님만이 아시는 신비적인 방법으로 역사한다. 우리는 하나님께서 역사하시는 이유라

든가, 또는 역사하시는 때의 양상을 꼭 설명할 수는 없다.[24] 이와 같은 하나님의 은혜는 한량없는 하나님의 은총뿐 아니라, 하나의 능력 또는 우리의 삶 속에 역사하는 성령의 능력이기도 하다. 때로는 격류(激流)와 같이, 때로는 부드러운 손길과 같은 이끌어 줄지도 모르나, 항상 신자들에게는 그런 것을 받을 만한 가치가 없는 존재임을 느끼게 한다.[25] "우리는 이 은혜가—이 은혜란 우리 안에 하나님께서 기뻐하시는 일을 원하시며 행하도록 역사하시는 하나님의 능력을 말하는 것인데" 감지될 수 있는 것이라고 말한다. 웨슬리는 은혜는 감지할 수 없는 방법으로 역사하지만,[26] 사람은 자기 안에서 이 은혜가 역사하고 있다는 사실을 알 수 있다는 것이다.[27] 우리는 이 은혜로 그리스도인의 삶을 살아가야 하는 것이다.[28]

웨슬리는 타락한 인간을 지금은 율법(행위)의 계약 아래서가 아니라 은혜의 계약 아래 살고 있는 것으로 보았다. 이것은 인간은 행위에 따라 심판을 받게 됨으로 행위의 법이 폐지되었다는 것이 아니라, "태초의 약속이 만들어졌을 그 때"로부터 은혜의 계약이 오늘날까지 유효하다는 것이다.[29] 그러므로 인간의 구원의 출처인 하나님의 은혜 또는 하나님의 사랑은 모든 사람에게 값없이, 모든 사람을 위해 값없이 지불된 것이다"라는 것이다.

> 우선 첫째로 은혜가 부여되는 모든 대상에게는 값없이 주어지는 것이다. 사람에게 있는 어떠한 능력 또는 어떠한 공적으로 말미암지 않는다. "전혀—가령 전체적이건 부분적이건—전적으로 그러하다. 그것은 사람의 선한 본질, 혹은 선한 욕구, 선한 목적이나 의도로 말미암지 않는다. 왜냐하면 이 모든 것은 하나님의 일방적인 은혜로부터 흘러나오기 때문이다. 인간 안에 있는 어떠한 선이라 할지라도, 인간이 원하는 어떠한 선이라 할지라도, 하나님이 그 창시자이며 행위자이기 때문이다. 그러므로 하나님의 은혜는 모든 사람에게 값없이 주어지는 것이다. 다시 말해서 결단코 사람에게 있는 어떠한 능력 또는 공적으로 말미암는 것이 아니라 그의 아들을 아낌없이 주신 하나님, 그리고 "그의 아들과 함께 모든 것을 아낌없이 우리에게 주시는" 하나님으로 말미암을 뿐이다.[30]

웨슬리는 또한 이 은혜는 모든 사람에게 대하여 값없이 주신 것이라고 확신했다. 인간은 그 누구도 이 은혜에서 무관하지 않다고 확신했다. '예정이라고 하는 하나님의 의지'의 교리를 가르치는 사람들은 잘못되었다고 생각했다. 만약에 그들의 주장이 옳다면 모든 설교는 쓸데 없을 것이며 그와 같은 교리는 성결의 설교를 무용지물로 만들며, 종교로부터 얻는 위안을 파괴하게 될 것이다. 그와 같은 가르침은 좋은 일을 행하려는 열심을 손상하고 하나님의 모든 계시를 집어 던져 버리는 일이 될 것이다.[31] 웨슬리는 칼빈주의자들을 사랑할 수 있었으나 그들의 예정설은 사랑하지 않았다.

웨슬리에게 있어서 은혜는 예비적 은혜―선행적 은혜(先行的 恩惠), 또는 선행 은총―와 함께 시작되었다. 이것은 모든 사람에게 주어진 보편적 또는 일반적 은혜이다. 그것은 일반적 은혜란 악의 활동을 제약하며 사람이 제어할 수 없는 격노를 제한하기 위함이라는 칼빈의 주장과는 다른 것이다.[32] 웨슬리에게 있어서 이 은혜에는 다른 몇 가지 목적이 있었다.

모든 사람의 영혼은 상대적인 죄로 죽어버렸다는 사실은 인정해도―이것은 아무에게도 변명의 여지를 주지 않지만―자연 본래의 상태 그대로 있는 사람은 아무도 없다. 하나님의 영을 소멸하지 않는 한, 하나님의 은혜가 전혀 없는 사람은 없다. 막연히 '자연적 양심'이라고 불리는 것을 가지지 않고 사는 사람은 한 사람도 없다. 그러나 그것은 자연적인 것이 아니다. 가장 적절한 용어는 '예비적 은혜'(선행적 은혜)라고 할 수 있다. 모든 사람은 다소간에 이것을 가지고 있으며 이것은 사람의 요청을 기다리지 않는다. 모든 사람은 조만간에 선에 대한 욕구를 가지고 있다. 특히 일반적인 사람들은 그와 같은 욕구가 깊이 뿌리를 박고 있거나 또는 어떤 사람에게는 무언가 제법 열매를 맺기 이전에 예비적인 은혜는 그를 억압해 버리는 것이지만…조만간에 다소를 불문하고 이 세상에 태어나서 모든 사람을 비추는 빛을 어느 정도―지극히 약하고 적은 빛이라 할지라도―모든 사람은 소유하고 있다. 그리고 뜨거운 쇠로 양심을 태워버린 소수의 그룹 중의 한 사람이 아닌 한, 모든 사람은 자기 자신의 양심의 빛에 반대되는 행위를 행할 때 다소나마 마음의 불안을 느끼게 된다. 그러므로 사람이 죄를 범하게 되는 것은 은혜가 없어서가 아니라 자기에게 주어진 은혜를 사용하지 않기 때문이다.[33]

웨슬리에게 있어서 인류의 존재 그 자체가 하나님의 은혜로 말미암은 것이었다. 아담이 범한 죄에 대한 벌이 하나님의 자비와 무관하게 우리에게 임했다면, 아담은 죽어 버리고 인류도 함께 멸망해 버리고 말았을 것이다.[34] 그러므로 웨슬리의 견해로 말한다면 '육체적 생명 그 자체와 그 생명으로부터 오는 모든 축복은 인류에게 부여된 은혜의 직접적 결과'라고 결론을 내릴 수 있다. 또한 아담으로부터의 죄의 유전에 수반될지도 모르는 어떠한 죄책도 이 은혜로 말미암아 완화될 수 있다. "그리스도의 공로로 말미암아 모든 사람은 아담이 실제적으로 범한 죄로 말미암은 죄책을 짊어지지 않은 것으로 되어 있다."[35] 어느 누구 한 사람이라 할지라도 아담의 죄 때문이라는 그 이유 하나로서 영원히 멸망하게 되는 일은 없다.[36]

이 은혜는 모든 사람 ' 안에' 있는데, '생래적이란 뜻'이 아니라 '주입(注入)된 것'이라는 뜻이다. 이방 사람에게도 어느 정도 하나님의 지식과 옳고 옳지 못한 행위를 증언하는 양심이 부여되어 있다. "선에 관한 최초의 행동은 최후까지 수행할 수 있는 능력과 마찬가지로 위로부터 오는 것이다." 하나님은 "모든 선한 욕구를 고취하고" 동반하며 뒤따르는 것이다. 모든 선한 업적은 예비적 은혜와 함께 시작하고 "하나님을 기쁘시게 하려는 최초의 욕구, 하나님의 뜻에 관한 최초의 서광, 하나님께 대하여 죄를 범했다는 최초의 희미한 순간적인 죄의 인정"을 함축한다. 이 모든 것은 '맹목적이며, 느끼지 못하는 마음으로부터의 석방'인 구원의 시작을 뜻하는 것이다. 어떤 의미로서는 여기에 의인과 신생 이전에도 성결의 시작이 있다.[37]

이와 같은 생래적인 사람은 동정심이 많고, 자애심이 많은 정신의 소유자이며, 참으로 온유하고 친절하며, 친숙해지기 쉽고, 또한 굶주린 자에게 먹을 것을 주고 헐벗은 자를 입혀주는 선한 행위를 행하면서 교회에 출석하지만 그리스도인은 아니다. 그런 사람은 선행적 (예비적) 은혜를 가지고 있으나 그리스도를 영접하지 않았기 때문에 아직은 구원의 은혜 아래 놓여 있지 않다.[38] 그런 사람은 회개를 향해 나아가도록 되어 있는 하나님의 은혜를 저지 당하고 있으면서 표면적으로는 그 은혜를 이용하여 사람들 앞에서는 자기 자신을 훌륭한 사람이라고 내세우는 것이다. 그러나 그 사람이 이와 같이 훌륭한 소질의 그 근원이 그리스도를 믿는 믿음으로 말미암아 하나님께로부터 온다는 사실을 인정하지 않았다면, 그와 같은 업적은 선한 것이 될 수 없다.[39]

모든 사람 안에 다른 모든 사람에 대한 공통적인 것이 있다. 이것은 '하나님의 형상의 잔류물(殘留物), 비물질적 원리, 영적 성질', '어느 정도의 자유'와 '자연적 양심'으로서의 특성을 묘사할 수 있다. 모든 사람은 진정한 그리스도인이 아니라 하더라도 적어도 하나님이 기뻐하시는 자가 되고자 하는 욕구가 있다.[40] "사람에게는 자기 자신의 본성의 속성에 더하여 가치있는 것이 있다. 신성의 섬광(閃光)이 부여되었다. 하나님은 사람 안에…영속적인 임재와 계속적인 내주(內住)의 의미로서…역사하고 계신다."[41] 그것은 "인간이 나면서부터 모든 것을 초월하는 하나님의 초자연적 선물"이다. 그것은 이 세상에 있는 모든 사람들에게 빛을 주는 '참 빛'이다.[42]

그러므로 그리스도인이든 죄인이든, 어떤 사람이라 할지라도 선한 일을 스스로 자신의 것이라고 정확히 말할 수 없다. 왜냐하면 홀로 버려 두었다고 한다면 아무 것도 할 수 없을 것이기 때문이다. 그러므로 선한 행위는 은혜로부터 온 것으로서 인간 구원의 최초의 시작으로부터 영원한 천국에서의 영원한 기쁨에 이르기까지의 모든 것은 은혜로 말미암은 것이다. 웨슬리가 묘사한 생래적인 인간이라는 그림은 단지 개념인 것이다.[43] 웨슬리는 "생래적일 뿐인 상태의 사람은 아무도 없다"는 사실을 인정하고 있다.[44]

웨슬리가 은혜에 관하여 이렇게 이해한 결과, 은혜만을 유지하면서도 인간이 달성할 역할을 강조한 구원의 철학(교리)을 채택할 수 있었던 것이다. 나면서부터 모든 인간은 전적으로 타락했고 무력하다. 그러나 은혜로 말미암아 모든 인간은 구원을 얻을 수 있을 정도에까지 회복된 것이다. 생래적인 인간과 은혜로 말미암은 인간은 손에 손을 잡고 가지 않으면 안된다. 이것이 "원죄의 교리를 채택하는 모든 사람을 곤혹케 한 신학적, 심리학적 궁지로부터 빠져 나오는 웨슬리의 방법이었다. "이 세상에서는 생래적인 그대로의 인간에게 예비적 은혜를 첨가한 인간으로서 생존하고 있는 것이다."⁴⁵⁾ 구원은 모든 사람에게 부여된 하나님의 이 은혜와 함께 시작하여 은혜로 말미암아 가능하게 된 인간은 이제는 이 은혜와 협력하면서 자신의 구원을 완성시켜야 한다. 그렇지 않으면 영원히 하나님에게 잃어 버려진 인간이 된다. 그러므로 웨슬리에게 있어서는 신앙 이전의 하나님을 향한 모든 일은 은혜로부터 오는 것이며, 다시 모든 신앙과 선한 업적은 은혜로 말미암은 것이며, 다시 스스로의 구원을 향한 모든 노력도 은혜로 말미암은 것이기 때문에 그 은혜가 없으면 인간은 전혀 도움을 받지 못하고 멸망해 버렸을 것이다. 이와 같이 무조건적인 선택이 없어도 웨슬리는 '모든 것이 은혜로 말미암음'을 선언할 수 있었다.

3. 그리스도 안에서의 속죄

웨슬리의 사상 가운데는 속죄와 하나님의 은혜가 밀접한 관계를 가지고 있다는 사실을 알게 된다. 때로는 속죄가 하나님의 은혜로 말미암아 주어지는 것이라고 말했고, 또 어떤 때는 은혜는 그리스도로부터 흘러나오는 것이라고 말했다. 웨슬리는 속죄의 교리를 조직적으로 취급하지 않았고, 이와 같은 제목으로 특별히 발표한 설교도 없으나, 이 제목에 관한 그의 개념은 자주 그의 저서 가운데 나타나 있다. 웨슬리가 그의 속죄의 교리를 주의 깊게 생각했다고 믿어야 할 이유는 없으나[46] 죄악론, 은혜론, 의인론, 성화론에 관한 그의 개념에 의하여 웨슬리의 속죄관은 전통적 견해와는 다소 차이가 있음에 틀림이 없다고 생각하게 될 것이다.

웨슬리는 알미니안주의자라고 선언했는데, 몇 가지 점에서 그의 주장이 옳았다는 사실을 분명히 알게 될 것이다. 그는 알미니우스의 저서에 정통했으며[47] 그로티우스(Grotius)의 말도 인용했다. 웨슬리가 속죄의 통치설에 정통했는지 어떤지는 알려져 있지 않으나, 존 마일리(John Miley)는 이 학설이야말로 웨슬리주의의 견해에 만족할 만한 설명을 주는 유일한 학설이라고 생각하고 있었다.[48] 웨슬리의 속죄론의 견해를 보다 더 잘 이해하는 일은 그의 완전에 관한 개념을 이해하는 일에 도움이 될 것이다.

웨슬리는 여러 경우에 교회에서의 설교에서 이와 같은 용어를 준수하여 왔다고 주장했다. 다시 말해서, "이러한 일들은 우리의 의인에 있어서 반드시 종합적으로 생각해야 한다. 다시 말해서 하나님 편에서는 하나님의 크신 긍휼과 은총, 그리스도 편에서는 하나님의 의를 만족시켜 드리는 일, 그리고 우리 인간 편에서는 그리스도의 공적을 믿는 일이다." 그리고 그는 다음과 같은 말을 첨가했다. "우리가 의롭다고 여김을 받게 되는 것은 다만 하나님의 긍휼로서만 값없이 주어지는 것이다. 왜냐하면 온 세상은 우리의 속죄를 위해 아무 것도 지불하지 못하며, 우리 인간은 아무 것도 받을 만한 가치가 없음에도 불구하고 우리를 위하여 그리스도께서 그의 몸과 피를 드려 우리의 속죄물이 되심으로 하나님의 의를 만족시켜 드리는 일을 하나님은 기뻐하신다."[49]

웨슬리는 이와 같은 전통적 용어로 그리스도의 죽음을 하나님께 지고 있는 빚을 갚는 일과 하나님의 의를 충족시키는 일이라고 생각했다. 인간의 몸을 입으신 그리스도의 희생을 죄인을 대신하여 그 몸을 하나님 앞에 속죄 제물로 바치신 것이라고 생각했다. 아담이 범죄한 일로 모든 사람이 죄를 범한 것과 같이, 그리스도의 화해로 말미암아 모든 사람들의 화해를 이룬 것이라는 것이다.[50] 웨슬리는 그리스도께서 우리를 위하여 벌을 받았다는 말은 잘 쓰지 않았다.[51] 흔히 그는 그리스도의 죽음을 수동적 복종, 또는 '그리스도의 수난'이라고 말했다. 그리스도의 죽음은 하나님의 정의에 대하여 객관적으로 만족시키는 일이며 인간의 죄에 대한 달램(propitiation)이었다. 그러나 웨슬리가 "벌금을 내야 했기 때문에 그리스도의 죽음은 인간의 범죄때문에 지불된 벌금"이라고 믿고 있었다고 말하는 것은 지나친 말이다.

웨슬리는 속죄에 대하여 양면으로 생각했는데, 속죄를 객관적으로는 이미 성취되어진 것으로서, 그리고 주관적으로는 아직 미완성인 것으로 생각했다. 그리스도가 성취한 공로는 오직 조건적인 의미로서만 정의에 대하여 만족을 주었고, 이로 인하여 모든 사람의 구원이 가능하게 되었다는 것이다.[52] 그리스도께서 실제로 현실적으로 사람들을 위하여 죄벌을 짊어졌다고 웨슬리가 믿고 있었다면, 논리적으로 "모든 사람들은 구원을 받았거나 또는 선택된 자를 위하여 그리스도께서 죽으셨다"는 생각을 하지 않을 수 없었을 것이나, 이 두 가지 사실 가운데 벌은 그리스도와 불신자에 의하여 두 번씩이나 받을 수 없었던 것이다.[53] 웨슬리에게 있어서 그리스도의 죽음은 죄사함에 대한 정확한 신앙을 근거로 하여 부여되어 형벌이 면제된다―이러한 방법으로 하나님께 대하여 만족을 가져오게 되었다―이러한 사실을 믿는 것이 필요한 일이었다. "하나님께서 가장 사랑하셨던 아들이 우리를 위하여 고난을 받으심으로 하나님은 이제 이 유일한 조건을 기본으로 하여(하나님 자신이 우리를 위하여 이루실 수 있게 되었다) 우리의 죄값으로 받아야 마땅할 형벌을 용서하시고 하나님의 크신 은혜 안에서 우리를 다시 받아들이는 일과 우리의 죽어버린 영혼을 영적 생명으로 회복시킬 것이 허락되어 있다."[54] 만일 벌이 십자가로

치러졌다면, 이제 와서 그것이 면죄될 수 있을 것인가?

웨슬리는 보편적 속죄를 주장해왔다. 그리스도는 모든 사람을 위하여 죽으신 것이라는 것이다. "주께서 모든 사람을 위하여 구원의 가능성을 획득하신 것이다." 그리스도의 죽음이 장차 구원받을 이 멸망을 받을 불신자를 위하여 전혀 다른 것이라고 말한다면, 이는 어리석은 생각이다.[55]

이러한 점에서 웨슬리는 개혁자들의 견해와는 입장을 달리하고 있다.[56] 웨슬리에게 있어서 제한적인 구원이란 있을 수 없는 일이다. 그렇다면 십자가 위에서 그리스도는 무엇을 성취하셨는가? 주님께서는 죄의 용서가 모든 사람에게 베풀어지도록 하는 방법으로 하나님의 정의를 충족시킨 것이다. 은혜는 실제적으로 모든 사람에게까지 미쳐진 것이기 때문에 아담의 타락으로 말미암아 상실된 것은 무엇이든 그리스도로 말미암아 회복된다는 것이다. 어느 누구 한 사람이라 할지라도 아담의 죄로 말미암아 지옥에 떨어지는 사람은 없을 것이다. 인생의 참된 의미가 사람들에게 주어진 것이다.[57] 마일리는 웨슬리가 생각하고 있는 속죄의 무조건적 은혜를 현재의 삶, 모든 사람에게 주어질 은혜가 풍성한 도움, 시련을 극복하기 위한 능력, 어린아이의 구원으로 요약했다. 이것들은 최종적으로 구원을 받게 되느냐 아니냐라는 것에 불구하고 모든 사람에게 미쳐지고 있다.[58]

속죄에 있어서 또 다른 하나의 요소를 칼빈주의자들과는 다른 방법으로 웨슬리는 생각하고 있다. 그는 '의로 여겨진다'(imputed righteousness)는 말을 그리스도로 말미암아 믿는 자가 죄에서 구원을 얻는다는 의미로서만 정의하고 있다. 웨슬리에게 있어서는 그리스도의 의가 우리 인간의 것으로 간주되는 자체가 넌센스이다. 그는 그리스도의 복종을 능동적인 것과 수동적인 것으로 나누지 않았으나 그리스도는 죽음에 이르기까지 복종하셨다는 것이다. 이 사실이 우리 죄의 용서의 기초인 것이다. 그리스도는 전적으로 율법에 순종했는데, 이 복종은 죽음에 이르기까지의 복종을 위한 준비에 불과한 것이었다. 사람이 믿을 때, 그리스도의 이와 같은 의로 입혀지는 것이다(의롭다고 여겨지는 것이다). 이와 같이 믿음과 그리스도의 의는 나누어질 수 없는 관계이다. '믿는 자는 그리스도의 의를 믿는 것이다.' 그리스도의 의는 신앙의 대상이기는 하나 믿는 자의 의가 될 수는 없다. 의롭다고 여겨지는 것이 사람의 신앙이다. 그러나 이 믿음은 그리스도의 의를 향하고 있기 때문에 의롭다고 여겨지는 것이며, 그리스도께서 성취하신 속죄 행위로 인하여 사람은 용서를 받게 되는 것이다.[59]

믿는 자가 복종에서 면제된다는 뜻으로 생각하지 않게 되도록 웨슬리는 조심해야 한다고 생각했다. 그래서 웨슬리는 칼빈주의자들이 늘 말한 대로 '능동적 의' 곧 그리스도께서 우리 대신 율법의 요구를 모두 준수하셨다는 생각을 거부했다.[60] 웨슬리는 "만약 그리스도의 복종이 우리의 것이라면 우리는 완전히 주님께 순종한다"고 말했다. 그럴 경우에는 우리는 그리스도와 마찬가지로 용서받을 필요가 없다.[61] "만일에 그리스도께서 우리가 받아야 할 벌을 대신 지불하셨다면 용서는 있을 수 없었다. 왜냐하면 용서는 형벌의 면제를 포함하기 때문이다"라고 말해도 정당화 될 수 있을 것이다. 웨슬리는 그리스도의 고난은 죄의 결과라는 점은 인정했으나 그것이 형벌이라는 생각이나, 또한 그리스도의 복종이 신자의 복종으로 간주되어진다는 생각도 사실상 거절하지 않으면 안되었다. 웨슬리는 모든 사람이 하나님의 율법에 복종하지 않으면 안되는 책임을 아직도 가지고 있다는 점에 주의했다.

웨슬리에게 있어서 속죄는 죄로부터 용서받는 일의 기초가 되는 것 뿐만 아니라 성결의 기초이기도 했다. 용서는 그리스도의 죽음의 최초의 '목적'이며, 우리 안에 있는 우리 자신의 지옥을 멸절하는 일은 제2의 '목적'인 것이다.[62] "모든 믿는 자들이 용서받게 되는 것은 곧, 의롭다고 인정을 받게 되며—죄책으로부터 건짐을 받고, 깨끗해지고—죄의 성질로부터 구원을 얻고, 영광을 입게 되고—저 높은 곳에까지 이끌려 올라가게 되는 것은 그리스도의 공적으로서만 되어지는 것이다."[63]

그리스도는 인간이 의로 여겨짐을 받는 일에 있어서 기초가 되며 그리스도를 따르는 모든 사람에게 더할 나위 없는 은총을 입혀 주신 것일까? 이것만으로서는 충분하지 않다. 인간이 의롭게 여겨짐을 받고 모든 형벌로부터 면제 되는 일이 허락되었다 하더라도, 구속의 특권이 현실적으로 부여되어 있는 것처럼 또한 생래적인 타락에 현실적으로 노예가 되어 있다면 마음에 안위함을 얻을 수는 없다. 하나님으로부터 현세에 있어서나 내세에 있어서 어떠한 은총을 받게 될 수 있다 하더라도, 하나님과의 교제가 없으면 그것은 타락한 영혼의 치료도 아니며, 화해한 자의 행복도 아니다. 그리고 우리의 구속의 주님은 '성령으로 세례를 베푸시는 분', 은총으로 인류의 최초의 상태—하나님의 형상대로 지음 받았던—와 하나님을 기쁘시게 하는 데까지 회복시키는 은혜의 근원이며 회복자라고 해서는 안될 것인가?[64]

웨슬리는 인간의 쇄신(刷新), 또는 성화를 정정당당하게 속죄의 거룩한 업적에 자리잡게 했다. 다시 말해서 그리스도께서 이루신 일은 화해와 성화, 이 둘을 제공했기 때문이다. 그리스도의 복종과 죽음으로 말미암아 모든 믿는 자는 하나님과 화해했고 하나님의 성품에 참여하게 되었다.[65] 이와 같은 속죄의 축복은 객관적으로는 그리스도의 죽음 속에 준비되어 있어서 모든 조건이 충족되어질 때에 적용되는 것이다. 신자들을 위한 이 승리와 해방의 개념은 왕으로서의 '그리스도의 직분' 속에 성취되어 있다.[66] 그러나 이 모든 축복은 믿고 순종하는 자에게만 주어지는 것이다.[67] 그렇다면, 사람은 어떻게 해야 자신의 구원을 위하여 그와 같은 모든 조건을 충족시킬 수 있을 것인가? 이 문제에 대하여 웨슬리는 어떻게 대답하고 있는가를 주시하는 일은 매우 중요한 일이다.

4. 은혜로 말미암은 능력

이제까지 알아본 대로 우리는, 웨슬리가 주장한 바에 따르면 인간의 구원에 있어서 생래적인 인간은 아무 일도 할 수 없는 전적으로 무능한 존재라는 사실을 알 수 있었다. 먼저 하나님께서 역사하시지 않는다면, 인간 스스로 하나님을 향하여 행동할 수는 없다. 그러나 사실상 하나님은 하나님을 향하도록 인간에게—모든 인간을—역사하시는 것이다. 그리스도를 통하여 성령으로 말미암아 하나님은 무조건적으로 예비적인 은혜(선행 은총)가 모든 인간에게 주어졌다. 그리스도는 모든 사람을 위하여 죽으셨으므로, 모든 사람이 원한다면 구원을 얻을 수 있다. 그런데 개혁파 사람들은 '무엇 때문에 그렇지 못한가? 인간은 스스로 자신을 구원할 수 없으나 구원을 얻느냐? 아니면 멸망하느냐?' 라는 일을 결정받게 된다는 모순을 지니고 있다고 웨슬리가 말한다고 생각하고 있었다. 웨슬리를 해석할 때, 웨슬리는 인간은 아무 것도 할 수 없다고 말하는 개혁파에 속한다고 결론 짓는 일은 흔히 쉬운 일이다. 그밖에 또 다른 부류의 사람들은 극히 반대적인 입장에서 "웨슬리는 타락한 인간에게도 자유의지가 있다고 주장했기 때문에 펠라기우스파였다"라고 말하고 싶어한다.

웨슬리안 부흥운동은 웨슬리의 '자유주의 신학'(Libertarian theology)에서 기인된 것이라고 호소하는 것에 대한 반박으로 쎌(Cell)은, 웨슬리는 분명히 루터와 칼빈파의 구원의 개념과 같은 입장에 있다는 점을 역설했다. 은혜의 교리에 있어서 "웨슬리는 초기 개혁자들의 주장과 조금도 다른 것이 없으며, '구원'에 대한 종교개혁 초기의 교회에서 털끝만한 빗나감도 없었다는 것이다."[68] 웨슬리는 "하나님의 의지와 협동하기 위한 인간의 협력 그 자체는 순간 순간 하나님으로부터 오는 순수한 은사라는 웨슬리의 주장에 있어서 루터나 칼빈 두 사람의 확신에서" 조금도 이탈하지 않았다. 웨슬리가 "하나님은 우리의 구원의 경험에 있어서의 유일한 발동자(發動者)라는 사실을 초기 개혁자들과 함께 시종일관 고집스럽게 유지해 왔다"고 쎌은 선언했다.[69] 웨슬리는 칼빈 이후의 몇몇 칼빈 신학자들 보다도 그의 순수한 '은총 윤리'에 있어서 더욱 더 엄밀히 하나님의 단독 행위론적이라는 사실을 의식하고 있었다.[70] 쎌에 의하면, 웨슬리는 신앙을 구원의 조건이라고 했는데 개혁자들도 그렇게 생각했다. 웨슬리의 반응은 칼빈주의에 대한 것이라기보다는 그 당시 영국에 있어서의 '인본주의적 자유주의 신학'에 대한 것이었다.[71]

웨슬리안 주의 개혁 운동에 있어서의 구원 신앙의 교리는 구원의 사상에 있어서는 하나님만이 전적으로 관계되어 있고 인간은 전혀 아무 것도 아니라는 루터=칼빈의 명제를 전적으로 갱신한 것이었다.[72]

차일스(Robert E. Chiles)는 1958년 『생활 안의 종교』(*Religion in Life*) 가운데 한 논문에서 쎌과 같은 주장을 하고 있다. 웨슬리의 은총의 교리는 실질적으로 바울이나 어거스틴, 그리고 종교 개혁자들의 은총관과 같은 것이며 자유은총에서 자유의지로의 변천은 존 웨슬리 이래 미국의 메도디스트주의가 근본적인 변화 가운데 하나라는 것이다.[73] 그는 이 변천은 주로 19세기에 휘든(Whedon)과 마일리(Miley) 아래서 일어난 것이라고 생각하고 있다. 인간의 적극적인 자유 선택이란 도덕적인 책임을 진다는 철학적인 교리가 된 것이다. 알버트 누드슨(Albert Knudson) 때까지 자유의지는 인간의 본질의 일부분이었다. 차일스는 "웨슬리에게 있어서 인간에게 예비적 은혜가 있다 하더라도 하나님 대신 의지를 행할 수 없지만 자기 자신이 깊은 죄로 향하는 노력을 진정시킬 수 있다고 생각했다." "인간은 절망적이기 때문에 의지에 있어서 활동적이지 못함으로 보다 깊은 하나님의 은총에 복종하여야 하는 자유만이 있는 것이다." 구원에 관한 다른 모든 것은 하나님의 행위에 속해 있는 것이다. 인간에게는 선을 행할 자유가 부여되지 않았다는 것이다. 이 입장은 누드슨의 입장과

는 먼 거리에 있다.[74]

레란드 스캇(Leland Scott)은 최근의 논문에서 대체로 같은 결론을 내렸다. "나단 뱅스(Nathan Bangs)는 '은총으로 말미암은 능력'(Gracious Ability)이라는 용어를 최초로 사용한 사람이었다"고 그는 말했다.[75] 자유를 행사한다는, 다시 말해서 자유 의지로 변화가 일어난 것은 19세기에 미국에서 있었던 칼빈주의와의 논쟁으로 말미암은 것이다. 휘든은 이 문제를 취급한 가장 유능한 저작가로서 그가 이 '자유의지'의 입장을 확립시켰고 메도디스트주의에 있어서 이 추세의 대표자가 되었다.[76] 휘든이 웨슬리의 완전론에서 빗나간 일은 의미가 깊은 일이다.[77]

다른 한편으로 전부는 아니지만, 웨슬리를 거의 펠라기우스파의 용어로 해석하는 일은 가능하다. 어떤 사람에게 있어서는 생래적인 그대로의 자연 능력과 선행 은혜의 교리와의 차이를 전혀 알지 못한다. 칼빈주의자들은 언제나 웨슬리의 이 개념을 포착하기 어려워 했다.[78] 오늘날 대부분의 사람에게는 생래적인 대로의 사람이란 지금 관찰되고 있는 것과 같은 존재라고 생각한다. 그러나 이것은 웨슬리에게 있어서는 저절로 은혜가 첨가된 존재인 것이다. 현대의 많은 저작자들이 인간 안에 있는 정의를 선택하려고 하는 현재의 능력을 '자연 능력'이라고 하지만, 웨슬리는 결단코 그렇게 말하지는 않았다.[79] 그런 까닭에 하나님의 자유 은총에 관한 웨슬리의 주장을 모호하게 하는 일은 간단하다.[80]

어떤 경우에도 웨슬리가 펠라기우스파의 한 사람이라고 입증할 이유는 없다. 이미 언급한 것과 같이 이것은 와필드(Warfield)가 한 일이다.[81] 니버(Niebuhr)는 웨슬리가 죄에 관하여 펠라기우스파의 교리를 가지고 있다고 이해하고 있다.[82] 칼빈주의자의 전통보다도 웨슬리주의의 전통에 속해 있는 터너(Turner)까지도 웨슬리의 입장을 반(半) 펠라기우스파(Semi Pelagian)라고 말하고 웨슬리는 "인간의 자유와 죄의 의지적 성질을 계속 주장하고 있기 때문에 펠라기우스파였다"고 말했다.83) 만약 이와 같은 판단이 사실이라면, 웨슬리와 개혁자들과의 사상적 일치를 찾는다는 일은 헛된 일이 된다.

사실은 어느 편의 극단도 진실은 아니다. 웨슬리는 은혜에 관해서나 또 구원에 관해서도 개혁자들과는 전혀 같지 않았다. 그리고 자유의지에 관해서 펠라기우스파와도 같지 않았다. 포프(Pope)는 웨슬리의 알미니안주의를 '가장 순수하고 최선의 형태'라고 말했다. 때때로 아르미니안주의는 '반 펠라기우스파'라고 말하지만 그렇다고 할 수 없다. 웨슬리는 '은혜와의 협력은 은혜로 말미암는다'라고 믿고 있었기 때문에 펠라기우스주의의 어떠한 형태에서도 안전했다.84) 스팔딩(Spalding)은 "펠라기우스의 사람들은 '모든 사람은 타락 이전의 아담과 같은 상태로 하나님께서 창조하셨다'라고 믿고 있었다. 아담과 아담 이외의 모든 사람과의 사이에는 근본적인 차이는 없다"라고 말했다.85) 펠라기우스파의 이론은 "원죄의 교리는 아니고 모든 형태에 있어서 원죄를 부정하는 것이다."86) 웨슬리의 사상을 이 범주 안에 넣을 수 없다는 사실은 지극히 명백한 사실이다.

'자유 은총'과 '선택의 자유'는 협조할 수 없을 것인가? 개혁파의 극단이 아니면 펠라기우스파의 극단 어느 편엔가에 속해야 하는 일은 필요한 것인가? 그리고 우리가 서야 할 중간 지대는 있는 것인가? 양자의 개념의 결합은 가능한가?…여기에 현실적인 문제가 있다는 점, 그리고 웨슬리가 말한 것이 도움이 된다는 점에 착안하게 된다. 그리고 성화에 관하여 웨슬리가 강조하고 있는 점을 이해하기 위하여 그가 말한 것을 아는 일은 매우 중요한 일이다.

이미 밝힌 바와 같이, 웨슬리가 아담의 타락 때문에 인간의 전적인 타락(부패)과 인간의 전적인 무력을 믿었다는 많은 증거를 발견할 수 있다. 웨슬리는 '타락' 이전의 아담은 선과 악, 어느 것이나 선택할 수 있는 자유 의지를 가지고 있었다는 사실을 믿고 있었다. 그러나 '타락 이후, 인간은 어느 한 사람도 참으로 선하다고 하는 것은 어떠한 것이라도 선택한다는 자연적인 힘을 가지고 있지 않았다.'87)

죄의 항쇄를 부수어 버리겠다고 시도하는 인간에 관하여 웨슬리는 다음과 같이 말했다.

> 그리니 그는(인간) 모든 힘을 다하여 싸우고 있으나 죄를 정복할 수는 없다. 왜냐하면 죄의 힘은 사람의 힘보다는 월등히 강하기 때문이다. 그는 기쁜 마음으로 도망치고 싶으나 감옥에 단단히 갇혀 있기 때문에 나올 수가 없다. 죄를 짓지 않겠다고 단단히 결심하지만 또 다시 범죄하고 만다. 죄의 올무를 보고 혐오를 느끼면서도 올무 안으로 뛰어든다. 자랑스러운 이성은 매우 중요하지만, 결과는 다만 죄의식을 강하게 할 뿐이고 비참함만 더할 뿐이다. 인간의 자유의지란 이와 같은 것이다. 다시 말해서 악을 위한 자유일 뿐 "불의를 물 마시듯 하는" 자유, 살아 계신 하나님께로부터 점점 더 멀리 떠나 "은혜의 영이 함께 하심에도 불구하고" 점점 더 멀리 떠나게 되는 자유인 것이다.[88]

확실히 인간은 자기 자신을 하나님께 다시 되돌아오게 할 수 없다. 죄의 수중에서는 무력하다. 선수(先手)를 치는 일은 하나님에게로부터 행하여지는 것이 아니면 안된다. 이와 같은 사실은 이미 선행적 은혜에 대한 논의에서 분명히 했다. 인간은 하나님의 은혜에 전적으로 의존하고 있다.

특히 흥미 깊은 것은 은혜가 임할 때에는 어떠한 일이 일어난다는 사실이다. "모든 사람은 하나님의 은혜로 말미암아 회복된 자유의지를 어느 정도 가지고 있다."[89] 하나님과 함께 일하는 힘이 이 자유의지와 함께 있다. 하나님은 "사람의 역사(役事)를 전적으로 배제하면서 인간의 구원을 위한 역사를 행하시는 분"이 아니다. 하나님이 일하기 시작하신 후에 우리 인간은 협력할 수 있는 힘을 가지게 되는 것이다.[90] 이 힘은 회복된 자유이며, 선과 악을 선택할 수 있는 힘이다.[91] 이 힘 때문에 인간은 은혜에 의존하고 있는데, 그럼에도 불구하고 인간은 능력을 가지고 있다.

웨슬리에게 있어서 자유란 "적극적인 자기 결정의 능력이며, 그것은 사물이 마음에 들어서 사물을 선택하는 것이 아니라 자유가 사물을 선택하기 때문에 사물을 마음에 들어 하는 것이다." 하나님은 이 힘을 가지셨고, 인간은 이 원리에 참여하게 된다.[92] 이 자유는 영혼의 재산이며 자기 결정의 힘이다. 웨슬리는 그것을 "모순된 자유"(liberty of contrariety)라고 했는데, 그것은 하나의 방향 또는 반대의 방향으로 역사는 힘인 것이다.

> 나는 나 자신의 성질이 타락했기 때문에 나 자신의 생각을 지배하는 절대적 힘을 가지고 있지 않지만, 그러나 나를 도와주시는 하나님의 은혜를 통하여, 나는 악과 마찬가지로 선을 택하고 행하는 힘을 가지고 있으며 내가 섬기고자 하는 편을 선택하는 자유가 있다. 그리고 만약 내가 보다 더 좋은 부분을 선택한다면 죽음에 이를 때까지 그 상태대로 계속할 자유가 있다.[93]

그리스도 안에 있는 이 구원은 모든 사람에게 주어진 것이며 실제로 "거기에 동의하는 모든 사람들은" 구원하고 강제하는 것은 인간들의 성질을 파괴해 버리기 때문에 아무도 강제로 하지 않는다.[94]

인간을 위한 하나님의 은혜는 이용해야 한다.[95] 이 사실은 인간을 위한 분명한 역할을 지적하고 있다. 인간은 이 주어진 은혜에 "거역" 할 수 있기 때문에 예정이 조건부임에 틀림이 없다.[96] 만약에 인간이 선악을 선택할 수 없다면, 인간은 하나님의 정의에 적합한 대상이 될 수 없었을 것이다.[97] 인간이 나쁜 일을 했을 때 죄책을 느끼도록 하는 것은 은혜가 있기 때문이라고 말하게 되는 것은 "인간은 은혜를 받지 않았기 때문에 범죄하는 것이 아니라 주어진 은혜를 이용하지 않기 때문에 범죄하는 것이다."[98] 여기에서 당연한 귀결로서 "은혜가 이용될 때 사람은 범죄할 필요가 없다"고 말하게 됨은 틀림없다. 웨슬리에게는 이 사실은 근본적인 것이었다. 그러나 그것은 모든 은혜로부터 오는 것이다.

인간에게 주어진 이 은혜를 이용함으로써 인간은 하나님에게 협력할 수 있다. 웨슬리는 "나를 강하게 하시는 그리스도로 말미암아 모든 것을 할 수 있다"는 말씀과 함께 "너희가 나를 떠나서 아무 것도 할 수 없으리라"고 진리를 제시하고 있다. 그리고 웨슬리는 "여기에 마귀의 힘은 부서졌고, 빛은 비추이고 어두움은 물러갔다"고 선언한다. 하나님께서 이 둘을 하나로 합하셨기 때문에 아무도 떼어 놓아서는 안된다.⁹⁹⁾ 웨슬리는 인간 안에 있는 이 능력에 대하여 인간의 반응을 다음과 같이 말했다.

> 하나님의 생명을 인간 안에 계속 유지시키기 위하여 그것이 무어라고 불리든지 영혼의 반응이 절대로 필요하다는 것을 우리는 추정(推定)할 수 있을 것이다. 왜냐하면 영혼이 하나님을 향하여 반응하지 않는 한, 하나님은 영혼을 향한 역사를 계속하지 않을 것은 분명한 것이라고 보인다. 하나님은 참으로 당신의 선하신 축복으로 우리를 지켜 주신다. 하나님께서 먼저 우리를 사랑하시고 우리에게 자기 자신을 나타내 주신다. 우리가 멀리 떨어져 있음에도 불구하고, 하나님은 우리를 당신 곁으로 불러 주시고 우리 마음에 빛을 비추어 주신다. 그러나 만약에 우리가 스스로 먼저 우리를 사랑해 주신 하나님을 사랑하지 않는다면, 다시 말해서 만약에 우리가 하나님의 음성을 들으려 하지 않고 하나님으로부터 우리의 눈을 돌리고 하나님께서 우리에게 비추어 주시는 빛에 유의하지 않는다면, 하나님의 영은 항상 분투하지 않고 서서히 물러서게 되어 우리의 마음이 흑암에 이를 때까지 우리를 방치해 버릴 것이다. 우리의 영혼이 하나님을 향하여 다시 호흡 운동을 하지 않는 한, 또한 하나님께서 매우 기뻐하시는 희생제물인 우리의 사랑, 기도, 감사를 하나님께 드리지 않는 한, 하나님의 영은 계속하여 우리의 영혼 안에 숨을 불어 넣어 주시지 않을 것이다.¹⁰⁰⁾

웨슬리는 은혜에 관하여 개혁자들과 하나가 되었다고 아직까지도 외칠 수 있을 것인가? 여기에 의지의 속박에 관하여 말한 것 중에 루터가 말한 것이 있다. 인간의 의지는 하나님의 영이 아니면 죄, 어느 편엔가 포로가 되어 있다. 죄의 포로가 되어 있을 때에는 인간의 의지는 항상 악을 갈망하며, 하나님의 영에게 사로잡혀 있을 때에는 언제나 선을 열망하게 된다. 인간의 의지는 포로가 되어 있을 때에는 사로잡혀 있는 이외의 일을 갈망할 수 없는 것이다. 그러나 루터는 이를 "자진하여"(willingly) 갈망하는 종류의 것이라고 말하고 그것은 강제적인 것은 아니라고 말한다.

> 이와 같이 인간의 의지란, 말하자면 하나님과 악마 사이에 있는 한 마리 동물과 같다. 만일에 하나님이 그 위에 타시게 되면 그 동물은 자기의 의지대로 하나님께서 뜻하신 곳으로 간다…만약에 악마가 그 동물 위에 타게 되면 그 동물은 자기 뜻에 따라 악마가 원하는 곳으로 가게 된다. 그 동물은 어떤 기수(騎手)를 태우고 달리느냐, 또는 무엇을 원하는가를 선택하는 일은 그 동물(인간)의 의지로서 결정할 권한에 있지 않고, 이 두 기수 자신의 어느 누구인가가 그 동물을 사로잡을 것인가 경합하는 것이다.[101]

이와 같은 개념을 어거스틴이 최초로 부여한 것이라고 해서 칼빈은 자기의 저작 『기독교 강요』에 인용했다.[102]

칼빈은 "인간은 누구를 섬기느냐에 관한 선택권을 가지고 있지 않는다"라는 점에서 루터와 같은 의견을 가지고 있다.

> 사람들 사이에 이 상위점을 만드는 것은 하나님의 선택인 것이다. 예외 없이 모든 인간은 타락했으며 악에게 몸과 마음을 위임했다고 바울은 격한 어조로 단언하고 있는 것을 주저함 없이 인정한다. 우리는 다시금 바울과 함께 "모든 사람이 타락한 가운데 머물러 있게 하는 것을 하나님의 긍휼로 허락하지 않았다"라고 덧붙여 말할 수 있다. 그러므로 우리는 모두 같은 질병 가운데서 고생하고 있기 때문에 주님께서 자신의 치료의 손을 기쁨으로 이용하고자 원하는 자만을 치료해 주시고, 주님께서 정의의 심판정에서 통과시킨 자 이외의 사람은 불 가운데서 온전히 타버릴 때까지 타락 가운데서 지내게 된다.[103]

웨슬리와 초기 개혁자들 양 편에 대하여 공평한 입장에서 말한다면, "그들은 자유은총 또는 자유의지에 관하여 동의하지 않았다. 그리고 그 차이점은 최소한도 안에 머물러 둘 수 있으나 은혜의 역사에 있어서 칼빈과 웨슬리는 매우 떨어져 있었다"[104]고 말할 수 있을 것이다. 웨슬리가 가르친 대로, 인간에게는 자기 자신 안에 하나님의 은혜를 억압하고 말살시켜버릴 능력이 있으므로 하나님과의 협력자로서의 적극적 역할을 인간에게 돌릴 권리가 인간에게 있는 것이다. 인간이 스스로의 구원에 있어서의 결정적인 요인이 될 수 있을 때, 그것은 이미 수동적이 아니라 능동적인 것이다.[105] 이 개념은 인간의 개인적 책임에 강조점을 두고 인간 스스로 죄가 있다고 결정지어지는 일에 책임이 있다는 것이다. 선택의 이 조건부의 견해는 즉시 신인협력적 경향에로 이끄는 것이다.[106]

인간 안에 있는 이 "은혜로 넘치는 능력"은 어느 만큼 활동적인가? 아니면 그것은 단지 절망으로 말미암은 의지의 무기력함(inactivation)인가? 여기에 웨슬리가 설교 가운데 사용한 약간의 어구가 있다. 곧, 하나님만을 "원하고 두드리라", "전진하라", "거부하지 말라", "그리스도를 믿으라."[107] 웨슬리는 다음과 같이 말했다. "당신 안에 이제, 지금 있는 은혜의 불꽃을 활활 타오르게 하시오, 그렇게 하면 하나님은 당신들에게 다시 은혜를 베풀 것입니다. 하나님은 지금 일하고 계십니다. 그러므로 당신은 일할 수 있습니다…하나님은 지금 일하고 계십니다. 그러므로 당신은 일하지 않으면 안됩니다…우리가 '우리 스스로를 구원' 하는 것이 아니면 하나님은 우리를 구원하시지 않을 것입니다. '믿음의 선한 싸움 싸우시오' — '안으로 들어가기 위하여 분투하시오' — '자기 자신을 부인하시오' — 그리고 '우리 자신이 부르심을 받았다는 사실과 선택되었다는 사실을 견고케 하기 위하여 온갖 가능한 수단으로 힘을 다하시오.'"[108]

신 개혁파(Neo Reformed)의 전통에 서있는 에밀 부룬너(Emil Brunner)는 인간의 도덕적 능력을 최악의 적으로 간주하려 했다. 그것은 인간의 노력 때문에 인간은 이기적이 된다는 것이다. 그것은 필연적으로 "가공할 만한 적자(赤子)의 수지(收支), 곧 지불할 수 없는 '부채'가 되게 할 뿐이다." 인간의 상태는 인간 스스로 자기 안에 전적인 자신을 가지는 일이다.[109] 그러나 인간이 행하는 온갖 선한 행위는 은혜로 말미암은 것이기 때문에 웨슬리는 이 노력을 인간 자신으로부터 나온 것이라고 보지 않았다. 웨슬리의 은혜에 관한 가장 올바른 견해인 이 부분을 주시하여야 한다. 이 노력, 곧 이 은혜의 능력은 은혜로부터 온 것으로서 생래적인 자연적인 인간으로부터 온 것이 아니다. 그것은 인간이 하나님의 은혜 앞에 항복할 때, 인간 안에 역사하시는 하나님인 것이다. 이 역사는 인간의 영혼 안에 하나님께서 계속적으로 일하고 계신다는 사실에 전폭적으로 의존하고 있다. 그러나 인간은 그 역사를 하나님으로부터의 것이라고 인정하여야 하며 육체에 대하여 어떠한 자신도 가져서는 안된다.

그러면 이것은 신인 협력설인가, 아니면 신 단독설(Monergism)인가? 아마도 최선의 답은, 그것은 둘 다라는 것이다. 그것은 처음에는 신 단독설로서 하나님께서 일하신다—그리고 계속하여 그것은 신 단독설에서 나온 신인 협력설—인간은 일할 수 있게 된다는 것이다. 존 마일리가 위와 같이 말했을 때, 이는 웨슬리의 은혜의 개념에 대하여 가장 충실하게 말한 것이라고 할 수 있을 것이다.

> 선을 최초에 선택한다고 하는 이 일은, 신생(regeneration)으로 말미암아 영적 생명이 실현되었다고 말하는 것보다도, 그 달성을 선택했다는 것뿐이다. 이와 같은 목표를 선택하는 일과 그것을 달성한다는 것은 분명히 구별할 수 있는 사실이다. 신생으로 말미암은 새로운 영적 생명은 목표로서 선택되었다 하더라도 오히려 그 자신의 달성 방법을 가지고 있으며, 그리고 본래 전적으로 하나님의 영으로부터 오는 것이 아니면 안된다. 신인협력의 영역이 이 배후에 있는 것이다. 다시 말해서, 은혜의 도움과 인간의 영적 역사의 힘을 적당히 이용함으로써 인간은 선을 선택할 수 있는 것이다. 그런데도, 하나님의 단독 행위의 영역은 특히 도덕적 신생의 역사에 있다. 여기서는 가장 엄격한 신 단독설의 교리는 진리의 실체이며, 또한 신인협력설도 그 자신의 영역 안에서는 동등하게 진리인 것이다.[110]

마지막으로 물어 두어야 할 질문은, 웨슬리의 신인협력설은 알미니우스와 영국 국교회 사람들에게서만 온 것인가? 아니면 그것은 만에 하나라도 개혁자들에게서 유래된 것인가? 여기에는 적어도 가능성이 하나 있다. 클라이드 만슈렉크(Clyed Manschreck)는 "메랑히톤

(Melanchthon)은 성서 가운데서 결정론을 발견할 수 없었다"고 생각했다. 메랑히톤은 어떤 의미에서 "인간은 자기의 회심에 관하여서는 적극적 협력자이다"라고 믿고 있었다. 메랑히톤은 그의 논문 『신학 총론』(*Loci*)에서 "복음은 반대하지 않고 동의하며 믿는 자에 대하여 구원으로 인도하는 하나님의 힘이다"라고 말했다. 쉬텍크는 "루터는 메랑히톤을 자기의 참된 교훈에서 이탈했다고 결코 책망하지 않았으며, 루터가 에라스무스에게 언명한 것과 같은 그 자신의 초기의 견해를 이면(裏面) 속으로 떨어뜨렸다고 믿고 있었다. 메랑히톤은 "펠라기우스도, 어거스틴도 함께 성서 또는 경험에 진실하게 남아 있었다고 생각하지 않았기 때문에 양자의 중간 코스를 의식적으로 조종하며 나아갔다." 그는 "오해도 받고 빈정댐도 받았으나" 그러나 "그의 가르침은 복음적이며 또한 성서적이었기 때문에, 드디어 복음적인 모든 교회, 특히 웨슬리안 주의 속에까지 출현하기에 이르렀다."[111]

그러므로, 웨슬리에 의하면 인간은 완전히 타락했으며 인간 자신 안에는 하나님과 구원을 향하여 아무런 행동도 취할 수 없기는 하지만, 은혜로 말미암아 자기 자신의 구원을 위하여 그 일역을 참가시킬 수 있는 자로 만들어진 것이다. 하나님만이 구속하고 변모시키는 것이지만, 변화되어지고 있는 인간은 하나님의 속죄 행위가 자기 자신 안에서 성취되게 하기 위하여 행동할 수 있으며, 또 그렇게 행동하지 않으면 안되는 것이다. 이 "은혜로 말미암은 능력"의 개념은, 죄가 믿음과 선한 업적의 모든 정의에 마땅히 영향을 끼쳤던 것이다.

5. 의지적인 죄

웨슬리와 웨슬리주의자들이 끊임없이, 동시에 선명하게 가르쳐온 것은 믿는 자는 죄를 범하지 않는다는 사실이었다. 이 선언은 죄를 범하는 일은 일상적인 삶 속에서 필요한 것이라고 가르침을 받아온 사람들에게는 누구라도 매우 충격적인 것 같으나, 웨슬리주의자들에게 있어서는 믿는 자가 계속 죄를 범한다는 주장이야말로 같은 정도의 충격적인 일일 수밖에 없다. 아마도 진정한 차이점은 죄의 정의에서 볼 수 있을 것이다.

만약에 개혁파 사람들이 행위로부터의 죄와 상태로서의 죄 사이에 어떠한 구별을 했다 하더라도 그 구별은 웨슬리에게는 같은 정도의 중요함을 가져오지 않았다. 이 사실은 죄의 교리에 관한 많은 저작들을 대강 살펴본다면 즉시 명백해진다. 루터가 "의인(義人)은 '율법을 성취하지 아니하고, 그 위에 오히려 죄로 가득찬 강한 육욕을 가지고 있는 것과 같은 죄인이다'라고 말했을 때 믿는 자가 지금 죄를 범하고 있다는 것과" 의인(義認) 이전의 죄의 상태와의 사이에 구별을 하지 않았다. 루터는 치료를 받기 시작한 신자에 관하여 말했으나, 죄에 관련하여 신자가 충분히 치료를 받을 장소를 명시하지 않았다.[112] 그리스도인은 "항상 죄에 있고 또한 항상 의인의 상태에 있다. 그리스도인은 항상 죄인이면서 또한 회개하고 있기 때문에 항상 의(義)인 것이다."[113]

루터가 내린 그리스도인의 정의는, 죄를 지니고 있지 않는다는 것이 아니라 "하나님이 그의(인간의) 죄를 그에게 씌우지 않았다"라는 것이다.[114] "impute"(죄를~에게 씌우다)라는 말은 간주하다(reckon) 또는 계산하다(account)라는 뜻이기 때문에, "사실상으로 죄인이며 죄를 지니고 있을 때에 하나님은 그를 죄인으로 또는 죄를 지닌 자로 간주하지 않는다는 것이다"라고 루터는 말했다. 이에 대한 웨슬리의 대답은 "하나님은 실제로 사람에게 행하지 않은 일을 그러한 것처럼 간주하는 일은 결코 하지 않으신다"[115]라는 것이었을 것이다. 하나님은 믿는 자를 이미 죄인이라고 간주하시지 않는다. 웨슬리의 이 교훈에 관해서는 앞으로 충분히 논술하기로 한다. 칼빈은 필연적인 죄와 의지적인 죄와의 사이를 구별하지 않았다. 다시 말해서, 필연적인 죄는 의지적인 죄와 확실히 같은 모양의 죄가 된다고 간주되었기 때문이다. 이 양자는 하나님 앞에서는 같은 것이었다.[116] 그것은 현대의 개혁파 신학자들도 함께 같은 의견을 가지고 있다. 에밀 브룬너는 "믿는 자는 항상 믿지 않는 자 곧 죄인인 것이다. 의인임과 동시에 죄인"(*Simul Justus, Simul Peccator*)이라고 말할 때 같은 개념에 따르고 있다. 그는 믿기 이전과 믿은 후의 죄인의 죄에 대하여 아무런 차별을 하지 않았다. 죄를 범하는 일은 같은 성질에서 나오는 것이다.[117] 라인홀드 니버는 인간이 살아 있는 동안에는 죄란 '불가결'한 것이라고 생각하고 있기 때문에 이와 같은 그의 개념은 웨슬리와 일치하지 않는다. 웨슬리는 인간이 극복할 증력을 가지지 않은 죄를 '부적당하게 그렇게 일컫는다'고 생각했다. 그러나 웨슬리는 은혜로 말미암아 인간은 죄를 억제할 수 있으며, 그 위에 인간이 개인적으로 책임이 있는 죄에 관한 보다 앞선 사실을 본 것이다.

벤자민 와필드(Benjamin Warfield)는 이 '죄인=그리스도인'의 개념을 '불쌍한 죄인의 복음'이라고 했다.

> 그리스도 안에 있는 하늘 위로부터의 모든 영적 축복으로 축복을 받았지만 우리 인간은 본래, 지금도, 오히려 '불쌍한 죄인이다. 더욱이 자기 자신에 있어서는 영원한 진노밖에는 아무런 것도 없는 '비참한 죄인'이다. 그것이 바로 개혁파 사람들이 취해온 태도이며 신교의 세계가 그리스도인과의 관계에 대하여 취할 개혁파 사람들로부터 배워온 태도인 것이다.[118]

"사실과 행위에 있어서의 계속된 죄의 심대(深大)함이 믿는 자 안에 존재한다. 앞으로 보게 되는 바, 믿는 자 안에 죄의 심대함이라는 어떠한 상태가 계속되는 일에는 웨슬리는 동의할 수 있었을 것인가? 믿는 자가 행위에 있어서 죄가 심대하다고 말하는 것은 웨슬리에게 있어서는 비성서적인 것이었을 것이다.

개혁파 신학에는 사람이 믿을 때 죄를 범하는 일을 멈춘다는 인식이 있을 수 있을 것인가? 칼 바르트(Karl Barth)는 이 점에 관하여 지극히 명료하게 다음과 같이 했다.

> 정확히 말해서 나의 현재의 상태, 현재의 환경 그대로, 내가 지금까지 걸어 왔고 역시 이제부터 여행하지 않으면 안될 그 길 위에서, 그렇다, 나의 현 상태는 하나님으로부터 한없이 떠나 있는데, 나는 하나님으로부터 주시(注視)당하고, 인정을 받고 있다. 하나님과 같은 자로서가 아니라, 오늘까지 죄를 계속 범하여 왔으며 지금도 죄를 범하고 있으며 장래에도 죄를 범할 인간으로서, 또한 전적으로 잃어버려진 자로서 밖에는 스스로 인정할 수 없는 인간으로서 말이다…[119]

개혁파적 관점에서, 죄인의 모든 행위는 사악한 마음으로부터 나오는 까닭에 죄이며, 믿는 자는 본질에 있어서도 역시 죄로 넘쳐 있기 때문에 믿는 자가 행하는 온갖 행위는 죄로 물들어 있으며, 그렇기 때문에 믿는 자는 죄를 범하고 있는 것이라고 결론짓는 것은 무난하다고 생각된다. 사람이 신앙을 가지고 믿게 될 때 죄를 범하는 일을 그만둔다고 말할 수 있는 인식이 나타나 보이지 않는 것 같다.[120] 그와 같은 구별에 가장 가까이 있는 사람은 찰스 헤이(Charles Hay)라고 볼 수 있는데, 그에 의하면 루터는 그와 같은 구별을 했다는 것이다. 루터는 어떤 종류의 것을 "무지의 죄"라고 말하여 그것은 돌발적으로 오는 것인데 신앙을 말살하지는 않는다는 것이다. 다른 종류의 것으로는, 예컨대 간음과 같은 것은 알면서도 의지적으로 악한 목적을 가지고 하나님을 거슬려 악을 행하는 것이다. 이와 같은 후자의 경우에는 성령이 신자로부터 떠나버리고, 그런 자는 하나님의 진노 아래 있게 되는 것이다.[121] 이 사실은 루터가 웨슬리와 비슷한 구별을 마음 속에 지니고 있었던 것을 나타내 보이는 것일지 모르나 루터의 생각은 이 점에 있어서 명료하지 않다.

웨슬리가 의지적 죄를 유일한 "적절히 불려진" 죄라고 말하고 있었기 때문에 그는 인간의 죄의 심대함에 관한 교리를 가지고 있지 않았다고 결론을 내린 사람들이 있었다. 이와 같은 진리가 정당한 것이 아님은 이 논문에서 이미 분명히 언급되었다. 린드스트룀(Lindström)은 인간의 본성의 타고난 죄의 심대함을 웨슬리의 죄의 개념 가운데서 가장 헌저한 부분이라고 이해하고 있다.[122] 웨슬리는 의지적 죄에 여지를 마련키 위하여 인간의 죄의 심대한 본성이 얼마나 무서운 것인가라는 일을 경시하지 않았다. "나면서부터 인간은 모두 '지상적, 육욕적이며 악마적'이라고 웨슬리는 주장했다. 인간은 지극히 작은 단 한 가지의 선한 생각도 할 수 없으며 실로 모든 것이 죄이며 경건치 못한, 단순한 육체 덩어리로서 호흡하는 모든 숨결로 범죄하며 실제로 범하는 죄는 머리털보다도 더 많다."[123] '노예나 종의 영과 양자의 영'(Sprit of Bondage and Adoption)이라는 웨슬리의 설교를 자세히 읽어 보면, 죄가 "자진하여 즐거이 죄를 범하는" 자를 이 상태에서도 어떻게 구속하고 있는지를 분명히 알 수 있다.[124] 웨슬리는 죄가 많은 사람들의 생활을 나쁜 뿌리에서 돋아난 가지들로, 그리고 그 나쁜 가지에서 열린 열매로 비교했다. 그와 같은 바탕에서 그런 것 이외에 다른 무엇을 기대할 수 있을 것인가?[125]

이 부분에 대해서는 이 이상 더 오래 언급할 필요가 없다. 웨슬리는 인간 안에는 악한 본성이 있어서 이 악이 영적인 사물에 대하여 소경이 되게하고 귀머거리가 되게 한다고 말했다. 그는 또한 이와 같은 악한 본성은 신자 속에 계속 남아 있으며 '마음의 죄'로 귀착한다고 가르쳤다. 만약에 이런 점이 신자를 '불쌍한 죄인'이라고 개혁파 사람들에 의하여 의미가 주어진 것이라면 웨슬리의 주장과 일치하고 있다고 말할 수 있다. 그러나 웨슬리는 인간이 의롭다고 인정을 받게 될 때 죄와 죄를 계속 범하는 일에 관하여서는 어떤 사건이 일어나는가에 대해서는 그들이 분명하지 않았기 때문에 그 이상의 것을 의미하고 있다고 가르쳤을 것이다. 믿는 자들 안에 있는 죄(sin)는 불신자들의 죄(sins)와 같은 것이 아니다. 불신자로 있었을 때의 죄(sins)는 그치게 된다.

이 문제의 진의(眞意)를 이해하기 위한 하나의 방법은 웨슬리의 죄책의 개념으로 다시 되돌아가는 일이다. 웨슬리는 "아담의 죄의 죄책은 아담 개인의 것이지만 아담의 후손들은 형벌을 받을 책임이 있다는 의미로 유죄한 것이다"라고 생각했다는 사실을 기억해낼 것이다.[126] 그러나 이 아담의 후손들은 고통을 받기에 합당했기에 고통을 받았던 것이다. 또한 그리스도의 죽음은 아담의 죄의 죄책으로부터 모든 인간을 자유케 했다. 그러나 그리스도를 믿을 때까지는 자기의 죄로부터 자유롭게 되지 않았다고 생각했다. 분명히 웨슬리는 두 종류의 죄책, 곧 자유의지를 행사하는 자의 개인적인 죄책과 대표적 혹은 인류적인 죄책을 생각하고 있었다. 물론 웨슬리는 후자와 같은 종류의 죄책에 "인류적"이라던가 "집합적"이라는 용어로 명확한 정의를 내리지는 않았으나, 개인의 죄책과 후자의 경우의 죄책으로 구별하고 있었다. 아담에게서 물려받은 것으로서의 후자의 의미에 있어서의 죄책이라는 용어를 웨슬리가 사용할 때 칼빈주의자들이 사용한 것과는 그 의미가 크게 다르다. 이 죄책은 자유의지로 받아들여서 자기의 것으로 하기까지는 영원한 죽음에 이르지 않는다.[127] 사람이 그렇게 할 때, 그것은 개인적인 죄책인 것이다.

유전적 본성에 부수된 이 제2의 죄책은, 웨슬리가 유아의 죄책이나 선행적 은혜로 말미암아 제거된 죄책을 말할 때에만 볼 수 있는 것이 아니라 믿는 자의 회개를 말할 때에도 볼 수 있다. "신자들에게 있는 죄책에 대한 회오는(죄가 있다고 인정하는 것) 하나님의 자녀들에게 속해 있는 회개의 또 하나의 가지인 것이다. 그러나 이것은 신중하고 동시에 특별한 의미로 이해하지 않으면 안된다. 믿는 자들은 그 죄책에 대하여 죄인으로 정죄되는 것은 아니지만 엄한 정의에 견딜 수는 없다." 그들은 이 믿는 자 안에 있는 죄 때문에 유죄로 선고를 받게 될 것이며 또한 "죽어 마땅하다"고 여겨질 것이지만, 그리스도의 피가 그들을 구속하는 것이다.[128] 그래서 웨슬리는 남아 있는 죄 때문에 믿는 자에게 붙어 다니는 이 특수한 종류의 죄책의 존재를 주장했는데, 그것은 정죄를 받지는 않는다. 웨슬리는 과오에 관하여 말한다면 완전한 사랑에서 일어나는 과오라 할지라도 과오는, '하나님의 정의의 엄격함 앞에서는 견딜 수' 없으므로 '구속의 피'를 필요로 한다"[129]고 했다. 이같은 종류의 "특수한" 죄책은 깨끗하게 된 사람의 무지의 범죄에서 성숙게 된 사람들에게끼지 달라붙어 성가시게 한다.

그러나 웨슬리에 의하면, 사람들은 최종적으로 오직 개인적 범죄로 인하여서만 벌을 받게 된다. 이 세상과 오는 세상에 있어서의 형벌에 대하여 말한다면, 웨슬리는 "모든 인간은 아담의 죄만으로 형벌을 받을 책임이 있다고 나는 주장하지 않는다. 그러나, 모든 인간은 자기 자신의 과오를 통하여 스스로의 자기 본성의 오염에서 발생하는 스스로의 내적, 외적 죄 때문에 형벌을 받을 책임이 있는 것이다"라고 말했다.[130] 여기서 주의해야 할 것은 인간은 "자기 자신의 죄(결점)를 통하여" 오염된 본성에서 솟아나는 모든 범죄로 인하여 벌을 받게 된다는 것이다. 여기에 개인적 행동에서 오는 죄책 또는 유죄의 선언이 있다. 이 모든 범죄는 하나님께 대한 명확한 거역인 것이다.

> 고의적인 죄인은 무지한 탓도 아니요, 뜻밖에 일어나는 것도 아니며, 고의로 하나님께서 명백히 보여주신 계명과 자기 자신의 마음과 양심에 부여된 예민하고도 충분한 현재의 회오—양심적으로 죄가 된다고 인정하면서도—에 거역하여 싸우고 있다. 그러므로 이것이 또한 불법의 표준이다.[131]

자기 자신의 죄에 굴복한 이 죄인—'고범 죄인'—이 용서를 받게 된다. 이 죄인에게 달라붙어 있는 죄책은, 자기 자신의 악한 선택으로 말미암은 죄책이다. 그 용서는 '과거에 지은 죄의 사면'인 것이다. 그것은 물려받은 조건 혹은 상태를 위한 용서가 아니라, 범해온 불의한 행위를 위한 용서이다. "용서를 구할 기회를 가진 자는 오직 죄인일 뿐이다. 그것은 용서를 받아야 할 사람은 죄인이기 때문이다 하나님은 죄로 말미암아 잃어버려졌던 죄인을 구속하신다.[132] 웨슬리의 "알고 있는 율법을 의식적으로 범하는 것"이라는 죄에 대한 정의는 적당한 것인가라는 질문을 받았을 때, 이에 대하여 웨슬리는 "그 정의는 우리에게 내려진 유죄 판결의 모든 죄에 관한 것으로 생각하며, 또한 그것은 적어도 1500년 동안 교회 안에서 아무런 검열 없이 통과해 온 정의이다"[133]라고 대답했다. 이 고범죄(故犯罪)만이 하나님으로부터의 유죄판결을 받게 되는 것이기 때문에 용서를 받는 것은 이 고의로 지은 죄인 것이다.

이 고의로 지은 개인적 죄는 "전능하신 하나님의 은혜로 말미암아 우리가 피할 수 있는" 죄이다.[134] "하나님의 은혜로 말미암아 우리는 모든 고범죄를 내어 버릴 수 있다. 그러므로 만약에 우리가 이것을 버리지 않는다면, 이 모든 고의로 범한 죄에 대하여 우리에게 그 책임이 돌아오게 된다." 인간은 아담의 죄로 말미암아 악을 행할 경향성을 가지고 있다. 그러나 "은혜로 말미암아 인간은 이 경향성을 물리칠 수 있다. 승리할 수 있다. 그렇지 않으면 인간은 이 경향성에 순종하는 편을 선택하여 그 결과로 실제적인 죄를 범하게 된다."[135] 인간이 자기 죄에 대해 책임을 질 수 있는 연령에 도달했음에도 불구하고 하나님의 은혜를 활용하지 않았다면, 그 사람은 정죄를 받게 된다. 인간에게 책임이 있기 때문이다. 인간은 자기 자신에 대하여 책임을 질 수 없는 짐승과 같지 아니하고 선택할 수 있고, 의지를 가지고 있는 것이다. "그와 같은 인간이 사악한 것임을 알고도 그것을 사랑하고 선택할 정도로 결함을 가지고 있지 않다."[136] 웨슬리에 의하면, 유아에게 있는 죄, 또는 믿는 자 안에 있는 죄는 그 말의 참된 의미에 있어서 인간을 죄인으로 만들지 않는다. 참된 의미로서의 죄는 죄를 향하여 자기 자신을 개인적으로 방향을 바꾸는 일이며, 자기 자신의 것으로 죄를 선택하는 것이다. 인간은 은혜가 없어서 죄를 범하는 것이 아니라, 받은 바 은혜를 이용하지 않기 때문에 죄를 범하게 되는 것이다.[137] 죄를 범하는 일이란 받은 바 은혜를 거부하는 일이며, 이어받은 악한 기질 안에 고의로 계속 남아 있는 일이다. 유죄로 결정되는 것은 이와 같은 죄뿐이며, 이와 같은 범죄는 믿는 자 안에는 없다.

웨슬리가 믿는 자는 죄를 범하지 않는다고 말했을 때, 그가 어떤 의미로 그렇게 말했는지 이제는 확실히 이해되었으리라고 생각한다. 웨슬리가 시사한 바는 "믿는 자는 죄의 본성으로부터 해방 되었다든가 무지의 '죄들'(sins)을 범하지 않았다는 뜻으로 말한 것이 아니라, 단지 "죄는 믿는 자를 지배하지 않으며 인간이 의식적으로 기쁜 마음으로 하나님의 은혜를 의지하고 악한 일을 거부한다"는 말이다. 이 내적 본성을 맹목적으로 묵인한 것은 아니다. 믿는 자는 이 악한 성벽(性癖)에 굴복하지 않는다는 것이다.

웨슬리는 믿는 자들이 고의로 범하는 죄, 문책을 받게 될 죄 가운데로 어떻게 미끄러져 들어가게 되는지를 묘사하고 있다. "하나님께로 난 자마다 죄를 짓지 아니하나니"(요일 3:9).

> 이와 같이 믿는 자가 그리스도를 통하여 하나님을 믿고 사랑하며 하나님 존전에 자기의 마음을 쏟아 붓고 있는 한, 그리고 자기 안에 머물러 있는 믿음의 씨, 곧 사랑과 기도와 감사에 넘치는 신앙으로 하나님 보시기에 합당치 않게 생각되는 일은 어떤 것이라도 경계하고 있는 한, 하나님께서 금하시는 일이 무엇인지를 알며 말이나 행동으로 하나님의 어떤 계명이라도 의도적으로 파괴할 수는 없다.[138]

그렇다면, 믿는 자가 어떤 과정을 거쳐서 은혜로부터 죄를 향해 나아가는 것일까? 여기 그 단계가 있다.

① 사랑과 승리의 신앙이라는 하늘로부터의 씨앗이 하나님께로 난 자 안에 머물러 있다. 그래서 하나님의 은혜로 말미암아 "스스로 절제하고" "죄를 범할 수 없다."
② 유혹이 찾아온다. 그것은 이 세상으로부터 온 것이건, 육으로부터 온 것이건, 악마에게서 온 것이건, 그런 것이 문제가 되지 않는다.
③ 하나님의 영은 그에게(믿는 자) 죄가 가까이 이르렀다고 경고하

고, 눈을 똑바로 뜨고 이전보다 더 열심히 기도하라고 명하신다.
④ 그는 어느 정도 유혹에 양보하게 되며, 그리고 이제는 유혹이 그에게 유쾌한 것으로 되기 시작한다.
⑤ 성령은 근심하고 계시며, 그의 신앙은 약화되고, 하나님께 대한 사랑은 식어진다.
⑥ 성령은 날카롭게 그를 책망하고 "이것이 길이다. 이 길로 걸으라"라고 말씀하신다.
⑦ 그는 하나님의 비통한 음성에 귀를 막고 유혹자의 달콤한 말에 귀를 기울인다.
⑧ 믿음과 사랑이 사라질 때까지 욕망이 그의 영혼 안에 싹트기 시작하며 점점 널리 확산된다. 하나님의 능력이 그에게서부터 떠나가 버리게 됨으로 그는 드디어 외적 죄를 범할 수 있게 된다.[139]

믿음을 가진 후에, 신앙을 잃어버릴 가능성이 있다는 교훈을 받아들이는 사람에게 있어서 이와 같은 일이 어떻게 일어날 수 있느냐는 물음에 대한 웨슬리의 이상과 같은 설명보다 더 좋은 설명은 없으리라고 생각된다. 웨슬리가 이 문제의 곤란한 점을 인정하고 있었다는 사실은 매우 명백하다. 죄를 범했을 때 그것을 아는 일은 용이한 일이라고 웨슬리는 주장하지 않았다. 웨슬리는 인간이 아직 믿는 자인데도 내적인 죄에 어느 정도 양보하고 있다는 사실을 알고 있었다. 충분히 성숙된, 고의적인 죄를 짓게 되는 것은 신앙과 사랑이 인간에게서 떠날 때까지는 일어날 수 없다. 이와 같은 일은 웨슬리가 구원의 신앙이 있는 곳에서는 고의로 죄를 범한다고 생각하는 일들은 결단코 실행되지 않는다는 사실을 이해하는 데 도움이 될 수 있을 것이다. 그것은 사색적이며 이론적인 개념이라기보다는 종교적인 개념이며, 그리스도인은 죄를 범하지 않는다는 바울과 요한의 교훈과 일치한다. 웨슬리는 이 정의를 세밀한 점에까지 다듬기를 원하여 "믿는 자는 불신자가 하는 것과 같이 고의로 죄를 범하지 않는다"고 결론을 내렸다.

웨슬리는 의지적인 죄에 관한 자기의 개념이 내포하는 모든 것에 대하여 끝까지 사색하지 않았다. 불신자의 죄와 믿는 자에 의한 죄를 위한 부분적 양보와의 사이에 있는 선(線)은 분명한 것이 아니라는 사실을 웨슬리는 알고 있었다. '종의 영과 양자의 영'에 관한 설교에서 웨슬리는 잠에서 깨어나지 않은 마귀의 자녀는 "기뻐하며 죄를 범하고", 잠에서 깨어난 자녀는 "싫어 하면서도 죄를 범하며" 하나님의 자녀들은 "죄를 범하시 않는다"고 말했다. 이와 같이 셋으로 구분하는 것은 자연 인간(생래적인 인간), 율법 아래 놓인 인간, 은혜 아래 있는 인간으로 구분된다. 로마서 7장에 기록된 율법 아래 놓인 인간은 죄를 거스려 싸우지만, 죄가 승리한다. 율법 아래 놓인 인간은 마음에는 원하지 않으면서도 죄를 범한다.[140] 그러나 웨슬리는 이 인간에게 희망을 가지고 있었다. 아직은 신자가 아니지만 장차 신자가 될 것이라고 생각했기 때문이다. 이와 같은 인간의 죄는 과연 정죄함을 받을 것인가? 여기에 대하여 웨슬리는 말하기를 주저하면서 후일에 와서 율법 아래 놓여 있는 상태는 아들로서는 아니지만 종의 신앙과 같은 것이 될 수 있다고 생각했다.[141] 그래서 죄를 범하고 있는 불신자와 죄를 범하지 않는 신자와의 사이에 '종들'이 본의는 아니지만 죄를 계속해서 범하고 있을지도 모르는 자리가 있는 것처럼 보인다. 그러나 웨슬리에게 있어서 이와 같은 상태는 죄를 쳐서 승리한 믿는 자의 경험은 아니다. 왜냐하면 믿는 자는 이와 같은 의미에서는 죄를 범하지 않기 때문이다.

플류(Flew)는 "우리 인간의 최악의 죄는 종종 우리가 의식하고 있지 않는 죄이다"라는 토대 위에 서서, 웨슬리의 의지적 죄의 정의를 비판하고 있다.[142] 웨슬리는 만약에 이와 같은 비판적인 논의가 전적으로 교만이나 이기주의 따위와 같은 여러 종류의 내적 죄의 질에 관한 것이었다면, 이 점에서 플류와 같은 의견이었을지도 모른다. 그러나 웨슬리는 만약에 인간이 믿는 자로서 모든 죄에 대항하여 싸우고 있다면, 이와 같은 범죄를 죄책의 의미로서 "최악"이라고 부를 수 없었다. 영원한 사망을 가져올 수 있는 유일한 죄는 은혜를 거부하는 일을 수반한 개인적 죄인 것이다. 개인적 죄책을 부과할 수 있는 것은 고의로 범하는 죄이며, 이것만이 인간을 영원한 사망에 대하여 책임이 있다고 말할 수 있는 것이다. 진정 이것이 개인에게 있어서는 "최악의" 죄일 것이다.

플류는 죄의 의미에 있어서 이와 같은 '편협한 개념'은 바람직한 것이 못된다고 생각하고 있었다. 그러나 웨슬리에게 있어서는 인간은 하나님 앞에서는 책임이 있다는 사실을 잠시라도 잊을 수 없었다. 웨슬리는 신앙인과 마찬가지로 불신자 안에도 의식하지 않고 죄를 범하는 일이 있다는 사실을 인정했다.[143] 그러나 인간이 그 타락한 본성의 결과로서 무의식중에 죄를 범하는 일은 그 자체 인간을 하나님 앞에서 비난할 수는 없었다. 죄를 드러내 보이는 빛이 올 때에만 인간은 각성하여, 그리고 그 빛을 거부함으로써 자기의 운명을 결정하게 된다.[144] 죄에 관한 이 전문화된 개념은 웨슬리에게 있어서 "자진하여 죄를 범하고" 그리고 "칠흑 같은 어두움 속을 걸어 다니는" 눈이 어두운 죄인은, 아직은 각성하지는 않았지만 하나님 앞에서 의롭다고 인정되었다고는 말하지 않았다.[145] 또 웨슬리는 자기는 죄에서 해방이 되었다고 생각하고 자기 자신의 의를 믿고 있었던 '성전에서 기도하는 바리새인'을 의롭다고 하지 않았다.[146] 웨슬리가 강력히 주장하고 있었던 것은 누구든지 은혜로 말미암아 피할 수 있었던 죄를 범하는 행위 이외에는 영원히 잃어버린 자가 되지 않는다는 것이었다. 인간은 신앙을 가지고 있는 한 이러한 종류의 죄를 결코 범하지 않는다.

"무의식의 죄"와 "무지의 죄"는 제6장에서 다시 더 충분히 논술하기로 한다 여기서는 웨슬리가 의지적 죄를 죄라는 말의 가장 적합한 용법으로 정의한 것을 보는 것이 중요하다. 이 의미를 "죄"의 유일한 의미라고 말한 텐난트(Tennant)와 웨슬리는 동의하기 싫었겠지만, 그는 이 정의가 특히 믿는 자에게는 의의를 가지고 있다고 느꼈다.[147] 어찌하여 하나님께 반항하고 자기 자신을 신뢰하는 불신자의 죄가 그리스도를 사랑하고 의뢰하는 믿는 자의 죄와 같은 종류의 것이라고 말할 수 있겠는가? 웨슬리가 죄인으로부터 믿는 자로 변화하는 진정하고 명확한 사실을 본 것은 이 점이며, 이런 의미에서 믿는 자는 죄를 범하지 않는다. 이 정의는 더 한층 선명하게 해야 할 필요가 있으며, 동시에 무시하거나 파기해서는 안된다. 불신자는 그리스도인에게는 없는 어떤 고의적인 방법으로 죄를 범한다. 그러나 믿는 사는 죄를 가지고 있다. 이제부터 그것에 대하여 살피기로 한다.

6. 믿는 자 안에 있는 죄

   웨슬리가 인간성의 전적 타락과 부분적인 치료가 시작되는 선행적 은혜의 양쪽을 함께 가르쳤다는 점에 대해서 이 논문에서 이미 충분히 논술해 왔다. 다음 장에서 인간이 의롭다고 여김을 받고 새롭게 되었을 때, 실제로 어떠한 일이 발생하는 것에 관하여 말하고자 한다. 이 항목에서는 의롭다고 여김을 받은 자 안에 아직도 남아 있는 죄의 본성에 관하여서도 논술하고자 한다. 웨슬리가 이 제목에 관하여 가르친 것을 명료하게 밝히는 일은 매우 중요한 일이다. 왜냐하면 온전한 성화의 경험을 통하여 성결케 된다고 웨슬리가 주장한 것이 이러한 종류의 죄이기 때문이다. 믿는 자 안에 남아 있는 이 죄는 고의로 죄를 범하는 것이 아니라는 점에 관하여서는 이미 밝혀 두었다. 고의로 죄를 범하는 것은 불신자 안에 혹은 신앙을 잃어버린 사람들에게서 볼 수 있는 것이다.
   쌩스터(Sangster)는 어떤 이유 때문에 "웨슬리는 다만 의지적으로 범한 '고범죄'에 대해서만 정의를 내리려 했으나 '죄의 심대(深大)함'에 대한 정의를 내리려는 시도는 결코 하지 않았다"고 생각하고 있다.[148] 그러나 얼마 후에 그는 "웨슬리는 죄를 암이나 썩은 치아와 같아서 제거해야 할 것으로 생각하고 있었다"고 말했다.[149] 그러나 웨슬리는 사실상의 죄의 심대함에 대하여 정의했다. '믿는 자 안에 있는 죄'라는 웨슬리의 설교를 간단히 재음미해 보면, 죄의 심대함에 대한 어떠한 의문이라도 해소하게 될 것이다. 여기에서 웨슬리는 분명하게 인간에게 있는 심대한 죄의 상태를 주장했다. 그러나 죄의 심대함조차도 '사물'이나 '실체'는 아니다. 왜냐하면, 웨슬리는 어느 편도 믿지 않았는데, 만일 그랬다면 그것은 물질이 아니면 혼의 실질이었을 것이다. 그는 이 내적 죄를 다음과 같이 정의했다.

> 나는 여기서 죄란 내적 죄라고 이해한다. 다시 말해서 온갖 심대한 죄의 기질, 정열, 애정, 예컨대 여러 가지 종류, 또는 여러 가지 정도의 자존심, 자기 의지, 이 세상을 사랑하는 일이나 육욕, 분노, 까다로움 등 그리스도가 품은 마음에 거슬리는 온갖 기질 등을 의미하는 것이다.

이 상태는 "육, 악한 본성"이라고 불리며, 하나님의 영을 거스르는 것으로서 하나의 원리인 것이다. 그러므로 믿는 자에게는 두 가지 원리—곧 육과 하나님의 영이 존재한다.[150] 웨슬리가 '믿는 자 안에 있는 죄'라는 설교를 썼을 때, 그는 모라비안파 사람들에게 이의를 주창했다. 그들은 "인간은 단 한 번으로 의롭게 되고 그와 동시에 완전히 성화되어 믿는 자에게 죄는 전혀 남아 있지 않는다"고 가르치고 있었다. 웨슬리는 이 주제에 관하여 일반 교회의 가르침과 자기는 일치한다고 확신하고 있었다. 진젠돌프 외에는 아무도 의인과 동시에 완전한 성화가 이루어진다고 가르치지 않았다. 진젠돌프와 모라비안파 사람들 이외의 사람들은 믿는 자 안에 있는 죄가 존속하고 있다는 사실을 믿고 있었다.[151]

웨슬리는 믿는 자 안에 있는 죄, 다시 말해서 남아 있는 것을 죄라는 이름으로 불렀다. 웨슬리가 죄에 관하여 단 하나의 정의를 고수했다고 말하는 것은 잘못된 것이다. 웨슬리는 죄책과 죄의 힘과 죄의 실체와의 사이를 구별했다. 사람이 정말로 믿으면 죄책은 물러가고 죄의 힘은 파괴되지만 죄의 실체는 남아 있게 된다. "이 육은 우리를 지배하지 않으나" 아직 우리 안에 존재하는 것이다.[152] 포스터는 그것을 "뿌리"라고 하며, "이 뿌리는 죄가 성장하는 성격과 버릇을 가지고 있다"고 말했다. 이것은 고침을 받아야 할 상태이다.

> 이 부패한 본성은 두 가지 의미로서 심대한 죄라는 사실을 나는 인정한다. 곧, 그것은 첫째로 처음부터 죄를 범하는 경향성(傾向性)이다. 다시 말해서, 책임적인 존재인 인간 안에 있는 것으로서 죄를 성립시키는 행동이 연속되는 경향성이다. 둘째는 책임적인 존재인 인간이 허용하고 받아들이고 따를 때 그것은 죄인 것이다. 또는 인간이 그 죄로 인하여 죄인이 되는 것이다.[153]

존 마일리는 이 상태는 죄라고 말할 수 있으나 거기에는 결점이 없다고 말하면서 같은 입장을 취했다.[154]

로마서 7장에 관하여, 웨슬리는 이것이 거듭 난 신자의 그림이라는 것을 믿을 수 없었다.[155] 웨슬리에 의하면, 로마서 7장에 묘사된 인간은 율법 아래 있고, 자기의 죄의 심대한 상태에 대하여 각성하고 있으나 아직은 의롭다고 여겨졌다는 신앙에 도달하지는 않았다는 것이다. 웨슬리의 이와 같은 입장은 로마서 7장은 신앙인을 묘사하고 있다고 생각했던 개혁파 사람들과는 반대인 것이다.[156] 이 논쟁의 해석은 그 삶의 신학적 경향에 의존할 것이지만, 웨슬리의 견해는 자신과 개혁파 사람들 사이에 어떤 점이 다르다는 것을 보여 주고 있다. 개혁파 사람들과 웨슬리 양자에게 있어서 사람의 악한 본성은 아담에게서 나면서부터 얻은 타락한 본성이라고 말할 수 있다. 그러나 웨슬리에게 있어서 이 본성은 정확한 의미에서는 죄는 아니지만, 개혁파 사람들에게 있어서는 정확한 의미에서 역시 죄인 것이다. 트렌트 회의와 아우그스부르그 및 웨스터민스터 신앙고백을 비교해 본다면, 웨슬리의 입장을 어느 편에 세울 수 있는 것인가에 도움을 얻을 수 있다.

트렌트 회의는 선언했다. (서그덴[E. H Sugden] 역) "세례를 받은 사람 안에 악욕 또는 죄의 연료(燃料)가 남아 있다. 이 악욕을 사도는 죄라고 불렀던 일이 있으나, 이 거룩한 회의는 아래와 같이 선언한다. 가톨릭 교회는 이 악욕이 거듭 난 자 안에 있어서 참으로 또는 정당하게 죄이기 때문에 죄라고 불러야 한다고 이해했던 때는 결코 없었으며, 그것이 죄에서부터 나왔고, 죄로 기울어지기 때문에 죄라고 불려야 한다고 이해하여왔다."
반대로 웨스트민스터 신앙고백(IV. 5)은 아래와 같이 주장한다. "이 본성의 부패는 이 세상에 있는 한 거듭난 자 안에 남아 있다. 그리스도로 말미암아 그것은 용서를 받고 극복되지만, 그러나 본성 그 자체와 그로부터 나오는 모든 활동의 양자는 참으로 그와 동시에 정확히 죄이다." 아우그스부르그 고백은 인간의 본성의 부패에 관하여 말하고 있다. "마치 샘에서 물이 흘러 나오듯 죄는 항상 이 저주를 받아 마땅한 근원에서 나오는 것이기 때문에, 그것은 어떠한 수단으로도 결코 멈출 수 없으며, 또한 세례를 받은 것으로도 지워버릴 수 없는 것이다."[157]

이와 같은 일들에서 웨슬리는 대체로 중간 지점에 서 있었던 것 같이 보인다. 트렌트 회의와 같이, 웨슬리는 믿는 자 안에 있는 이 악은 정확하게 말해서 죄는 아니라고 생각했고, 웨스트민스터의 성직자들과 같이 그것은 본성의 부패라고 생각했다.

이것은 웨슬리가 개혁파 사람들이 이해했던 것보다도 거듭남 속에서 더 위대한 승리를 보았다는 것을 의미하는 것일까? 아마도 부패의 힘을 파괴하는 점에서 웨슬리는 그렇게 보았을 것이다. 종교개혁에 대하여 웨슬리는 다음과 같은 기록을 남겼다.

개혁파 교회의 조건은 무엇이란 말인가? 그들은 그들의 예식과 마찬가지로 그들의 의견에도 개혁되어 있었다. 그러나 이것이 다는 아니지 않는가? 그들의 기질 혹은 생활의 어느 것이 개혁되었다는 말인가? 아니다. 실로 많은 개혁파 사람들 자신이 "종교개혁은 충분히 이루어지지 않았다"라고 불만을 털어놓고 있다. 그러나 그들은 무엇을 의미했던가? 당신들은 사람들의 기질이나 생활의 완전한 변화에 관하여, 다시 말해서 그들이 "그리스도께서 가진 생각"을 가지고 "주님께서 걸어가신 것처럼 걸어 가는 일"로 말미암아 자기 자신을 표현하는 것을 통하여 열심히 당신들의 주장을 펴야 했을

것이다.[158]

웨슬리는 이 고발에서 부분적으로 잘못이 있을지 모르나, 많은 사람들은 개혁파 사람들이 "너희는 거룩하라"는 명령을 무시했다는 점을 웨슬리와 함께 동의할 것이다.[159] 웨슬리는 민약에 도마서 7장이 일반적인 신자의 생활을 묘사한 것이라고 한다면 복음의 능력이 탈취당하는 것을 두려워 했던 것이다. 웨슬리는 이 죄 곧 악한 본성은 믿는 자 안에 남아 있으나 지배하지는 않았다고 믿고 있었다. 버쿠워(Berkouwer)는 바르트의 말을 인용하여 "주어(主語)인 죄인은 서술어의 의로 말미암아 무효가 되지 않았다"고 말했고, 루터가 선언한 것을 인용하여 "육과 하나님의 영, 죄인과 의인, 죽은 자와 죽음에서 해방된 자, 죄책을 지닌 사람과 그렇지 않은 사람," 그리고 "이 양자를 철저히, 동시에 양자와 함께(존재한다)"라고 말했다.[160] 이상에서 언급한 사실들과 다른 설명에서 믿는 자 안에 있는 죄에 관한 웨슬리의 개념은 개혁자들이나 개혁파의 전통을 이해한 당대의 신학자들의 개념과 다른 것이었음은 분명하다. 웨슬리는 믿는 자 안에 있는 죄의 뿌리는 열매를 맺고 있다고는 믿지 않았으며, 믿을 수도 없었다. 그 뿌리의 활동은 이미 끝났으며, 그것은 속박 당했고 이미 지배하고 있지 않기 때문이다.

믿는 자 안에 있는 이 죄의 본성이란 무엇이었던가? "육이 원하는 것은 하나님의 영이 거스리고, 하나님의 영이 원하는 것은 육이 거스려 서로 용납하지 않는다." 이것은 웨슬리에게 있어서 육, 곧 악한 본성은 믿는 자 안에 있어서도, 하나님의 영을 거스리는 것이라는 사실을 의미하는 것이었다. 그는 이 고투(苦鬪)를 다음과 같이 서술했다.

> 이와 같은 사람들은 계속적으로 타락으로 기울어지는 마음, 악으로 기울어지는 자연적 경향, 하나님으로부터 떠나려고 하는 경향과 지상적인 것에 대하여 집착하려는 사실을 느끼게 된다. 그들은 자기

마음 속에 남아 있는 죄, 자만심, 자기 의지, 불신앙에 대하여 항상 알고 있다. 그리고 그들이 말이나 행하는 모든 일에서, 뿐만 아니라 그들의 최선의 행위나 가장 거룩한 직무에까지라도 성가시고 귀찮게 붙어 다니는 죄에 대하여 알아차리고 있다.[161]

이와 같은 어떤 종류의 활동이 있기는 하나, 그것은 "속박된" 종류의 것이다. 믿는 자는 그와 같은 것을 느끼고 있으며 알아차리고 있으나, 그것을 계속 물리쳐 이기고 있다. 또한 그는 "육을 따라 걷지 아니하고 영을 따라" 걸어 가고 있다. "죄를 지니고 있다는 사실은 하나님의 은총을 상실해 버렸다는 것이 아니다. 그러나 죄에 굴복하면 상실해 버린다.[162] 그러므로 믿는 자는 이 죄의 심대한 성질에 굴복하지 않는다.

그러나 믿는 자 안에 남아 있는 이 죄는 사람을 지배하지 않으며 책망하지도 않고 의지의 승낙을 얻지도 않았다고 웨슬리가 말한 후에, 그는 그 죄를 강한 말투로 묘사할 수 있다. 믿는 자들은 자기 안에 "자랑과 허영의 씨앗, 분노와 육욕과 악한 욕망의 씨앗, 그뿐 아니라 온갖 종류의 죄"를 지니고 있다. 이것은 믿는 자들에게는 "매일 매일 경험하고 있는 사실"이다. 고린도 교회의 "그리스도 안에 있는 젖먹이"는 "낮은 수준에 있는 "신자들이었다. 왜냐하면 "허다한 죄와 하나님의 율법에 따르지 않는 육욕적인 마음이 믿는 자들 안에 남아 있었기 때문이다." 그들은 "자기 안에 육, 곧 악한 본성을 지각하고 있으나" "그것에 굴복하지 않으며" 악마에게도 양보하지 않지만, "모든 죄와 계속적인 싸움을 계속하고 있다." 그래서 "하나님은 불완전하기는 하나 믿는 자들의 성실한 부족을 기뻐하신다." 그래서 웨슬리는 믿는 자에 관하여 더 말을 계속했다.

믿는 자들은 자기들이 행하는 모든 일에 죄는 성가시고 귀찮게 붙어 다니고 있다는 사실을 끊임없이 감지하고 있으며, 그들의 생각, 언어, 업무 중 어느 것이건 온전한 율법을 다하지 않고 있다는 사실을 의식하고 있으며, 더욱이 그들은 마음을 다하고 생각을 다하고 정신을 다하고 힘을 다하여 주가 되시는 하나님을 사랑하고 있지 않음을 알고 있으며, 의지가 최선의 의무를 다하고 있는 일에 몰래 숨어 들며, 또한 혼합되고 있다는 사실을 느끼고 있다. 더욱더 하나님과 함께 직접적인 사귐 속에 있는 때까지라도 자기의 생각이 이리저리 뛰어 다니며 애정이 무감각하고 둔감해진 것을 그들이 늘 부끄러워하고 있지만, 하나님이나 자기 자신들의 마음으로도 역시 유죄 판결을 내리지 않는 것이다.[163]

믿는 자들의 마음에서 베일을 벗겨 버릴 필요가 있다고 웨슬리는 주장했다. 믿는 자들은 그리스도를 신뢰하고 있지만 "티끌 속에서 겸손하며 자기 자신을 낮추어서" 우리는 "아무 것도 아니며 비어 있다"는 사실에 착안해야 할 것이다.[164] 믿는 자들은 속임수에 빠져서 악이 아직도 자기 안에 남아 있음에도 불구하고, 나는 죄로부터 해방되었다고 상상할 수 있을 것이다. 그러므로 그들은 "자랑"이나 "자기 의지"나 그 밖의 모든 죄에 대하여 깨달을 필요가 있다. "하나님께로부터 비쳐지는 광명한 빛"이 없었다면, 인간은 자랑, 자기 의지, 성냄, 복수, 이 세상을 사랑하는 일, 그리고 온갖 악을 향한 경향, 다시 말해서 만약에 억제하는 일이 한 순간이라도 늦추어진다면 즉시 돋아나는 쓴 뿌리와 마음 속에 머물고 있는 "매우 심대한 부패"같은 것들을 아마도 상상할 수 없을 것이다.[165] 믿는 자는 잠시 동안 그런 것들에게 속임을 당할 수 있으나, 즉시 자기 자신 안에 있는 악의 뿌리에 대하여 알게 된다.[166] 여기에 무의식의 죄, 곧 인간은 자만심을 가지고 있으나 그것을 알아차리지 못하게 된다고 웨슬리는 분명히 실감했던 것 같다. 쌩스터가 웨슬리는 "무의식의 죄"의 개념을 부정했다는 생각은 잘못된 것이다.[167] 확실히 이와 같은 종류의 죄는 믿는 자를 유죄 판결로 문책하지는 않으나, 그러한 종류의 죄는 확실히 믿는 자와 함께 현존하고 있다. 웨슬리가 항상 강조했던 것은 인간은 자기 자신의 죄의 심대함에 관하여 늘 관심을 가지지 않으면 안된다는 것이었다.

사실상, 웨슬리가 믿는 자 안에 존재하는 육욕적인 마음에 관하여

그린 그림은 루터나 칼빈 등 개혁파의 전통에 서 있는 사람들이 그
린 그림과 그리 많은 차이는 없다. 이와 같은 일은 믿는 자가 고의로
죄를 범하지 않으며 이 세상에서 마음 속에 있는 온갖 죄의 심대함
으로부터 깨끗하게 될 수 있다고 웨슬리가 가르쳤다는 사실을 알고
있는 사람들에게는 놀라운 사실일지도 모른다. 개혁파 사람들의 의
견으로서는 이것을 믿는다는 일은 죄에 관한 잘못된 개념을 필요로
할지도 모른다. 그렇다면, 무엇 때문에 웨슬리는 자기 자신이 본 빛
가운데서 믿는 자 안에 있는 죄를 보았는데도 현재의 완전한 석방에
대하여 가르칠 수 있었던 것일까?

이에 대한 질문에 대해서는 앞으로 충분히 대답하기로 한다. 그러
나 이 맥락 가운데서 얼마간의 이유를 발표해 보는 것은 도움이 되
리라고 생각한다. 정당하게 죄라고 말할 수 있는 것은 의식적이어서
의롭다고 인정되었을 때에 죄에 동의하는 일은 그치게 된다는 웨슬
리의 신념은 믿는 자에게 있어서 그리스도인으로서의 삶이 시작되었
을 때에 더욱이 철저한 변화가 일어난 것이라는 개념으로 되었다. 죄
의 본성은 중생되었을 때에 치명적인 타격을 입고 믿는 자가 믿음으
로 성장한 후에는 그 타격에서 회복될 수 없는 것이다. 죄의 심대함
의 힘은 그 부패성은 남아 있으나 다 없어진 것이다.

더욱이 웨슬리는 죄의 심대함, 혹은 악한 본성을 육체의 한 부분
으로서 또는 인간으로서의 본질적인 것이라고 관련시키지 않았다.
이 악은 육체 혹은 인간에게 있어서 근본적인 본성을 파괴하는 일이
없이 제거될 수 있다. 그것은 일종의 질병과 같은 것으로서, 그런 질
병이 없다면 인간 생활을 더욱 더 풍요롭게 할 수 있을 것이다. 루터
는 죄를 육체와 매우 밀접하게 관련지었기 때문에 "육체가 재로 변
하여 새로운 육체로 일어나게 될 때"까지는 석방은 불가능한 것이
다.[168] 와필드는 죽음에 이르렀을 때에 끝나는 옛 본성의 "근절"(根
絶)이 있다고 가르쳤다.[169] 이 후자의 입장은 개혁파 신학에서는 전적
으로 일반적인 것으로서 옛 본성으로부터의 해방을 이 땅 위에서의

삶으로부터의 해방을 뜻하는 것이라는 인상을 남겨 두었다. 그러나 웨슬리는 그와 같은 생각을 하지 않았다.

또 하나의 기본적인 차이점은 개혁파 신학에서는 불완전한 육체나 마음으로부터 나오는 모든 불완전은 온전히 결함이 많은 것이므로 죄라는 것이다. 모든 불완전은 전적인 복종에 도달하지 않기 때문에 결론적으로 말해서 죄라는 것이다.[170] 고의의 죄와 믿는 자 안에 있는 죄의 심대함에 관한 웨슬리의 정의는 파괴된 육체나 마음으로부터 나오는 불완전을 허용하고 있다. 허물과 연약함은 어느 것이나 책임을 져야 할 죄도 아니며, 죄의 본성으로부터 나온 열매도 아니라는 것이다. 그것은 다만 인간의 타락으로 상처를 입은 악의가 없는 성질로부터 나오는 것이라는 것이다. 이 타락한 본성은 죄의 결과로 되어진 것이라는 점에서 죄가 심대하다는 것이다. 이와 같은 것들은 많은 사람들이 유익하다고 생각해온 구별이다. 이것은 적어도 매우 생각이 깊은 것이라고 할 수 있다. 우리가 웨슬리의 완전론을 이해하려 한다면 그것들을 주의 깊게 고찰하지 않으면 안된다. 다른 사람의 어휘나 용어(用語)를 이해한다는 것은 때로는 매우 어려운 일이며, 오해는 많은 논쟁의 원인이 되기도 한다. 그러나 웨슬리가 어떠한 어휘나 용어를 사용했다 하더라도 그가 지향한 목표를 향하여 꾸준히 그리고 열심히 노력하는 일은 매우 중요하다.

7. 오직 믿음(Sola Fide)

제2장 "죄와 은혜"에 관한 논술을 끝맺기에 앞서, 은혜가 작용하는 모든 조건을 웨슬리는 어떻게 고찰하고 있었는지에 관하여 다소나마 이해하여 둘 필요가 있다. 은혜는 모든 사람에게 값없이 주어진 것이기 때문에 어떤 사람들이 거부하는 은혜의 역사를 다른 사람이 받게

되는 것은 그들이 어떤 일을 행하기 때문인가? 웨슬리는 인간의 행위가 아니라 "믿음으로써만"이라는 점을 고수했던 것인가? 아니면 이 개념을 수정했던 것인가? 믿음에 관한 웨슬리의 개념을 이제부터 생각해 보기로 한다.

웨슬리는 행위로 말미암은 교리를 양친과 영국 국교회로부터 일찍부터 계승해 왔다. 믿음에 관한 웨슬리의 초기 개념은 주로 진리에 찬동하는 종류의 것이어서 그의 구원의 개념은 구원을 위하여서는 행위가 도움이 된다는 것이었다. 1725년으로부터 1738년에 이르는 동안 웨슬리는 자기의 영혼을 구하는 일에 전념했다. 1735년 그가 조지아로 건너가는 이유를 "자기 자신의 영혼을 구원하기 위함이었다"고 말했다.[171] 2년간 조지아에 있었던 웨슬리는 "인디언 사람들을 회심시키기 위하여 아메리카로 갔던 것인데, 누가 나를 회심시킬 것인가? 나를 이 불신앙의 악한 마음에서 해방시켜줄 사람은 도대체 누구이며, 무엇을 하는 사람인가?"라고 적었다.[172]

웨슬리는 영국 국교회의 충실한 아들이며 개혁파 신학에 많은 영향을 입은 예문집을 알고 있었으나, 1738년 이전에는 그는 아직 신앙으로만 의롭게 된다는 교리에 관해서 기본적으로 무지한 상태였다.[173] 미국 왕복 여행에서, 그리고 조지아에 있었을 때, 웨슬리는 모라비안파 사람들과 친밀한 교제를 했다. 영국으로 돌아오는 길에 웨슬리는 모라비안파의 피터 뵐러와 만나, 이 사람에 의하여 드디어 자기는 신앙을 가지고 있지 않다는 사실을 받아들이게 되었다. 웨슬리가 루터로부터 듣고 죄사함을 위하여서 그리스도만을 신뢰하도록 인도된 것은 모라비안 집회 중에서 있었다.[174] 그와 같은 신앙을 체험했기 때문에 비로소 웨슬리는 믿음으로 말미암아서만 의롭다고 인정을 받게 된다는 이 교리를 믿게 되었다. 그 이후 이 교리와 경험으로부터 떠나지 않았다.

엄프리 리(Umphrey Lee)는 웨슬리의 초기 경험은 자기가 묘사했던 것처럼 어두운 것은 아니었을런지도 모른다고 생각했던 것 같다.[175] 그러나 어찌 됐든지 이 "오직 믿음으로"라는 것은 그에게 있어서 1738년 중의 새로운 교리가 되었다. 웨슬리는 이 "새로운 교리"를 모라비안파 사람들을 통하여 루터로부터 배웠던 것이다. 웨슬리는 1738년 5월의 어느 기념할 만한 밤에 다음과 같은 말, 혹은 그와 비슷한 말을 들었는지도 모른다.

> 그렇지만 믿음이란 우리 안에 이루어지는 하나님의 역사인 것이다. 믿음은 우리를 변화시키고, 우리를 하나님으로 말미암아 새롭게 태어나게 하는 것이다. 믿음은 옛 아담을 죽여버리고, 마음과 신령과 생각과 능력에 있어서 전혀 다른 사람으로 만들고, 또한 그와 함께 성령을 부여한다. 신앙이란 확실하고 참된 하나님의 은혜를 대담하게 확신하는 것이기 때문에 인간은 자기의 생애를 얼마든지 걸어 보고 싶어 할 것이다. 하나님의 은혜에 있어서의 이 확신과 그 지식은 하나님과 하나님의 모든 피조물과의 관계에 있어서 사람들을 기쁘게 하며, 담대하게 하며, 행복하게 한다. 이것은 신앙에 있어서의 성령의 역사이다. 당신들이 지니고 있는 신앙이 활동할 수 있게 되도록 하나님께 기도하라. 그렇지 않으면 무엇을 생각하고 행하려 하더라도 당신들은 믿음이 없는 상태에 그대로 남게 될 것이다.[176]

프란츠 힐데브란트는 웨슬리와 루터는 교회가 세워져 있든 넘어지든(*Articulus Staintis et Cadentis Ecclesiae*) "주는 우리의 의"(The Load Our Righteousness)라는 그들의 선언을 당당하게 유지하고 있는 점에서 일치한다고 생각했다.[177] 어떤 사람은 사랑으로 말하자면 웨슬리를 들 수 있는 것처럼 믿음으로 말하자면 루터를 들 수 있을 것이라고 생각한다.[178] 만약에 이것이 정당하다면 웨슬리는 자기가 믿음으로 말미암은 의인에 관하여 개혁자들에게서 결코 빗나가지 않았다고 믿고 있었지만 오직 믿음으로만이라는 점에서는 다소의 차이가 있을 수 있다. 이 교리에 관하여서는 그들은 이미 진리를 말했다.[179]

웨슬리에게 있어서는 믿음은 구원의 하나의 조건이었다. 이것은 "죄사함 또는 구원을 받기 위하여 필요하다"는 것을 의미한다. 웨슬리는 믿음을 "획득한다든지 또는 공적적 원인"이라고는 생각하지 않왔다.[180] 하나님은 어째서 믿음을 의인의 유일한 조건으로 했는가? 웨슬리는 이에 대한 "하나의 대답은 '사람들이 자만심을 갖지 않게 하기 위하여' 이다"라고 말했다.

> 그러므로 철저하게 겸손하게 되는 일 곧 아담과 그의 후손들이 티끌에 이르기까지 겸손하게 되는 것을 화해의 조건으로 결정한 것은 하나님의 지혜에 적합한 예(例)였다. 그리고 바로 그것이 믿음인 것이다. 그것은 바로 이 목적을 위하여 특히 적합한 것이다. 왜냐하면, 이 믿음으로 말미암아 하나님께로 나아오는 자는 자기 자신이 상상하는 어떠한 선에 대하여서도, 그것이 비록 어떠한 덕(德), 혹은 의라 할지라도 조금도 돌보고 생각하지 않고 자기 자신의 사악함과 무력함에 자기 자신의 눈을 확실히 주목시키지 않으면 안된다. 그것은 인간은 단지 죄인에 불과한 자로서, 다시 말해서 자기자신의 죄와 비참한 모습을 탄원하면서 하나님 앞으로 나아가지 않으면 안된다. 그는 자기의 죄 때문에 전적으로 또한 유일한 화해의 속죄물이 되신 예수를 쳐다 볼 수 있게 되는 것은 그의 입이 닫혀지고 하나님 존전에 전적으로 죄책을 느끼면서 설 때에, 이와 같이 될 때에, 그렇다! 이와 같은 상태로 겸손히 될 때만이다.[181]

믿음이란 구원을 위한 조건일 뿐만 아니라, 하나님의 선물이다. 웨슬리는 인간은 믿음으로 행동하게 된다고 이해했기 때문에 이 사실은 놀라운 일이라고 생각될지 모르나 믿음은 선물이라고 누차 주장했다. 믿음에 관하여 말한다면, 웨슬리는 "그것은 선물, 하나님이 주신 값없는 선물이다"라고 말했다. 인간은 이 믿음을 기다리고 바랄 때 인내가 필요하다.[182] 인간은 하나님께서 주의 역사를 사람의 마음 속에서 기쁨으로 이루신다고 믿을 수 있으나 하나님께서 주신 진정한 믿음이란 이 이상이며 또한 기대해야 할 것이다. 웨슬리는 사람들에게 "계속 믿으라! 계속 순종하라! 그리하면 하나님은 믿음을 주실 것이다"라고 권고했다.[183] 이 "거룩한 믿음은 하나님의 선물이다. 하나님은 시간이 없어서 곤란을 당하지는 않는다. 하나님은 이 믿음을 천 년이 걸려도 같은 모양으로 순간적으로도 간단하게 주실 수 있다."[184] 이 믿음이 죄 사함을 위한 최초의 신앙이든 혹은 성화를 위한 완전한 신앙이든, 그것은 하나님께서 주신 선물이다. 이 믿음은 단지 설교하고 찬동을 얻게 하기 위한 교리는 아니고, 경험하지 않으면 안 되는 것이다.[185] 웨슬리는 믿음을 말하자면 유물론자, 범신론자, 이방인, 유태인, 로마 기톨릭 신자, 개신교 신자의 신앙과 마찬가지로 일반적 방법으로 정의했다. 그러나 이 믿음은 구원할 수 없다.

> 그러나 정확히 말해서 구원이 신앙, 곧 끝까지 믿음을 지키는 모든 사람에게 영원한 구원을 가져다 줄 믿음이란 어떤 것일까? 그것은 어린아이와 같이 유치한 상태에 있을 때라 할지라도 믿음을 가진 모든 사람이 "하나님을 두려워하고 의를 행하는 "일을 가능케 하는 하나님을 부르짖고 하나님의 실재에 대한 신적 확신(Divine Conviction)을 가지는 일이다. 그리고 모든 나라 사람 누구일지라도 지금까지 말한 것과 같이 믿는다면 사도는 "주님께서 받아들였다"라고 선언한다. 그와 같은 사람은 실제로 그 순간에 하나님 앞에 받아들여진 상태에 놓여 있는 것이다. 그렇지 않은 상태로서는 단지 하나님의 종이지 하나님의 아들은 아니다. 그 동안에는 "하나님의 진노"가 이미 그 사람 위에 머물러 있지 않는다는 사실을 잘 알아 두어야 한다.[186]

여기에 웨슬리가 종의 신앙이라고 말한 것은 그가 1738년 이전에 가지고 있었던 종류의 신앙으로서 로마서 7장에 묘사된 사람이 가지고 있었던 신앙이다. 이 설명은 올더스게이트(Aldersgate)의 경험 후 50년이 지나서 한 것으로서, 자기 의견의 어느 부분은 수정한 것이다. 이 때에는 웨슬리가 받아들여진다는 확신에 앞서서 믿음의 시작이 있다고 믿고 있었다. 인간은 공포로부터 하나님께 복종하여 받아들여진 종이 될 수 있다. "유치한 상태"의 신앙이란 그런 것이다.[187]

웨슬리는 오랜 동안 이 점에 관하여 고전해 왔다. 그는 피터 뵐러가 전적으로 있을 수 있다고 말한 신앙을 기대했던 것 같다. 웨슬리는 1738년 5월 24일 밤에 믿음을 느꼈다. 그러나 이 믿음은 때로는 강하게 때로는 약하게 동요했다. 그날 밤 처음으로 그는 1738년 이전에는 그가 그리스도인이 아니었다고 공표했다. 그러나 그 후에 그는 자기의 판단을 정정했다. 사람은 비록 약하여 종의 신앙을 가졌다 하더라도 역시 신앙을 가질 수 있으며, 그 신앙은 하나님의 진노와 죄책으로부터 구원을 받는 신앙이라고 웨슬리는 믿게 되었다.[188]

그러므로 웨슬리에게 있어서는 구원의 믿음에 여러 가지 종류가 있는 것이 아니라, 그 신앙 가운데 여러 가지 단계가 있다고 말할 수 있다. 종의 신앙, 그리고 아들의 신앙이 있다. 이 신앙은 하나님께서 그 사람의 마음에 역사하신 하나의 처분이며 "그리스도의 공로로 말미암아 자기의 죄가 용서를 받고, 하나님의 은총에 복귀했다는 하나님에 대한 확실한 신뢰와 확신이라"[189]고 말했다.

> 그래서 그리스도인의 믿음은 그리스도의 모든 복음에 대한 동의일 뿐 아니라 그리스도의 피를 전적으로 의지하고 신뢰하는 일이다. 다시 말해서, 그리스도의 생명, 죽으심, 부활의 공로에 대한 신뢰이며 우리의 구속과 우리의 생명으로 우리를 위하여 주셨고 우리 안에 살아 계신 분을 전폭적으로 신뢰하는 일이며, 그 결과로서 우리의 "지혜, 의, 성화, 구속"으로서, 혹은 한 마디 말로 표현한다면 우리의 구원을 위하여서 주님과 친밀히 견고히 결합했다는 뜻이다.[190]

그러나 아들의 신앙이라 할지라도 웨슬리가 말한 대로 자주 연약하여 완성하지 못한 상태에 놓인다. 아들의 신앙은 종의 신앙보다 단지 한 단계 위에 있을 따름이지 장차 자라게 될 수 있을 뿐이다.[191] "신앙에는 여러 등급"이 있어서, 약한 신앙은 장차 참된 신앙으로 될 수 있다.[192] 믿는 사람들은 믿음에서 믿음으로 날마다 전진하도록 권고를 받게 된다. 그렇지 않으면, 타락할 위험이 있다. 믿음은 한 번 얻어진 것이지만, 잃어버릴 수도 있다. 또한 그것은 다시 얻을 수도 있다.[193]

죄인에게 주어진 이 신앙은 처음 단계에 있어서도 열매를 맺게 된다. 믿음은 사면, 죄의 용서와 성령을 가져온다. 그것은 평화, 기쁨, 사랑, 죄를 이길 수 있는 힘을 가져온다. 그것은 하나님께 받아들여졌다는 확신과 온갖 성령의 열매를 가져온다. 다른 말로 한다면, 이 신앙은 구원을 가져온다.[194] 그것은 하나의 "감각"이며, 이것으로 말미암아 우리는 영적 세계에서 걸어다니며, 영적인 일들을 알게 되는 것이다. 우리의 믿음이 강해 질수록 점점 우리는 이 영적 세상에서 영적인 일들을 체험할 수 있다.[195]

웨슬리에게 있어서 이 신앙은 목적 그 자체가 아니라 목적을 위한 수단이었다. 도달해야 할 목적은 사랑이며, 믿음은 그 목적을 위한 수단인 것이다.[196] 이 이유 때문에 웨슬리는 믿음을 종교의 전체를 포괄하는 것이라고 생각하지 않았으나, 믿음은 그 전체를 향한 하나님의 정하신 길이다. 웨슬리에게 있어서 종교의 전체는 사랑이다. 믿음이 시작될 때, 그 첫 단계에서도 이 사랑은 시작된다. 믿음이 성장함에 따라 사랑도 성장한다. 믿음이 완성될 때 순수한 사랑이 지배하게 된다. 그러므로 웨슬리에게 있어서는 의롭다고 인정하는 신앙과 성화의 신앙에 관하여 말할 수 있었다. 웨슬리는 믿음의 두 종류, 혹은 두 가지 행위를 생각했던 것이 아니라 믿음의 시초와 끝에 관하여 생각했던 것이다. 사람이 우선 믿으면 의롭다고 인정된다. 그리고 성장하여 그 믿음을 가진 사람에게 가능한 어느 지점에 도달하면 성결케 되기를 바라고 믿어서 온전히 성화된다. 믿음은 의인을 향한 유일한 조건이다. 그러나 이것은 두 종류의 신앙이 아니라 같은 신앙 안에 있는 두 단계이다.[197] 그러나 모든 단계에 있어서의 신앙은 하나님이 선물로 주신 것이다.

웨슬리는 이 "오직 믿음"이라는 교리를 반대했던 것일까? 웨슬리는 구원의 전체를 직접적 조건인 오직 믿음이라는 데 의존하고 있으며, 이 신앙은 하나님으로부터 온 것임을 분명히 하고 있다. 버쿠어가 성화에 관하여 말할 때 매우 염려하고 있었던 점은 성화가 "오직 믿음"이라는 교리에 대하여 반대 작용을 하고 있는 것이 아닐까 하는 점이었다.[198] 버쿠어는 웨슬리가 "오직 믿음으로서만"이라는 교리를 받아들였다고 주장한 것을 인정하고 있으나 웨슬리가 그 교리에 대하여 반대 작용을 했다고 염려했다. 버쿠어가 염려한 이유는 웨슬리는 신인협력설을 주장함과 동시에 선한 도덕적 행위를 위하여 힘쓰는 근행주의적 경향(勤行主義的 傾向, Nomistic Tendencies)이 있다는 점이다. 웨슬리의 신인 협력설 경향에 관해서는 모든 것은 은혜로 말미암은 것이라는 신 단독설(神單獨說)의 체계 속에서 이루어진 것임은 이미 밝힌 대로이다. 그러므로 믿음은 은혜에서 온 것이며 인간에게 있어서 어떠한 믿음도 모두 은혜로 말미암은 것이므로 오직 은혜(Sola Gratia)나 오직 믿음(Sola Fide)을 따로 떼어 놓을 수 없다. 웨슬리가 율법적 경향을 지니고 있었는지 어떤지는 다음 항에서 논술하기로 한다. 버쿠어는 웨슬리에게 있어서 "오직 믿음이라는 교리가 분기점이 되어 이 교리와 성화와의 관계를 단절한다"[199]고 주장한다. 그러나 방금 말한 것과 같이, "오직 믿음"을 고수하고 있으며 이것은 구원의 전체적인 조건으로서의 신앙이며 다른 잘못된 신앙은 아닌 것이다. 그러므로 어디에도 "오직 믿음"에 관해서는 아무 것도 관계의 단절은 없다. 만약에 "오직 믿음"이라는 것이 인간은 단지 믿기만 하고 아무 것도 하지 않으면서 하나님이 인간을 위해서 믿는다는 것(man does nothing in believing and God believes for him)을 의미한다면, 웨슬리는 그와 같은 교리를 받아들일 수 없었을 것이다. 그러나 버쿠어는 그런 의미로서 말한 것 같지는 않다. 만일에 버쿠어가 의인과 성화가 "오직 믿음 안에 포함되어 있음을 의미한다면, 웨슬리와 같은 의견이라고 말할 수 있다.

7. 선한 행위

Sola Gratia 와 *Sola Fide*의 교리에서 개신교도가 직면한 큰 문제 가운데 하나는 선한 행위에 관하여 무엇이라고 말하는가라는 점이다. 만약에 의인이 행위를 배제한 오직 믿음으로 말미암는 것이라면,

도덕률 폐기주의의 위험이 항상 따른다. 그리스도인의 생활에 관련하여 선한 행위를 특별히 강조하려고 하는 자들은 누구든지 근행주의, 율법주의, 또는 도덕주의라고 비난을 받게 된다. 도덕률 폐기주의와 근행주의 사이에 어디엔가 만나는 지점은 있을 것인가? 율법주의자가 되지 않고 선한 행위를, 또는 노역률 폐기주의자가 되지 않고 믿음만을 주장할 수 있을 것인가? 이 문제에 대한 대답은 간단하고 용이한 것은 아니지만, 신학자들 대부분은 이 문제에 대하여 대답해 보려는 시도를 했다.

완전 또는 성화는 직접적으로 이것과 같은 문제에 관련되어 있다. 성화된다는 것은 이기주의나 자만심으로부터 해방되어서 그 결과로 행한 행위는 거룩하고 의롭게 된다는 것을 의미한다. 개혁파의 저자들 측에서는 그와 같은 선한 행위와 자만심과 자존심의 토대가 되어서 그리스도 안에 있는 전적인 신뢰를 파괴해 버리지나 않을까 하는 염려를 한다. 이 문제에 관해서는 제4장에서 취급하려 한다. 이 항목에서는 죄와 은혜의 일반적 문제에 대한 선한 행위의 관계를 주시하고자 한다. 선한 행위를 "오직 믿음"과 "오직 은혜"를 함께 말할 수 있을 것인가? 하여튼 선한 행위는 믿음에 있어서 필요불가결한 것일까? 그렇지 않으면 신앙에 필요한 부분인가? 행위는 어떤 의미에 있어서도 믿음 혹은 구원을 위한 조건인가?

믿음과 선한 행위와의 관계에 관한 이 문제는 개혁파 사람들에 의하여 해결되지 못했으며, 아직까지도 그 후계자들에 의해서도 해결되지 못했다는 사실은 누구든지 당대의 저작자들이 성화, 완전 혹은 성령의 역사에 관하여 시도한 논의들을 읽을 때, 매우 명백하다. 버쿠어는 이 점에 대한 논쟁을 자세히 논술하면서 "현대 신학자들은 이들 문제에 의하여 새롭게 분발하고 있다"라고 말했다. 정말로 문제가 되는 것은 "의인과 동시에 죄인이다"(*Simul Justus, Simul Peccator*)에 관한 것인데, 그것은 선한 행위와 성화에 관계되는 것이다. "피고인들은 카이퍼(Kuyper)와 바빈크(Bavinck)이며, 콜부르

그(Kohlbrugge)와 볼(Bohl)에게 대항하고 있다. 부룬너도 역시 이 토론에 가담하고 있다.[200] 버쿠어는 바르트는 표면상 "성화를 격렬히 부인하고" 있으며, 다른 사람들은 "성화와 오직 믿음과의 사이에 있어서의 관련"을 무시하고 있다고 보았다.[201]

첼본니어(Cherbonnier)는 어거스틴은 선한 행위를 주장했으나 그것들은 어거스틴 체계에 들어맞게 하지는 않았다고 주장하고 있으며, 더욱이 "이 문제는 종교개혁이 직면했던 최대의 곤혹이다"라고도 말했다. 개혁자의 논리는 "선한 행위의 신경을 잘라버렸다." 철본니어는 "루터는 선한 행위에 관하여 주장했으나, 그렇게 주장했다고 해서 그의 교리가 논리적으로 내포하고 있는 전후 사정의 책임으로부터 면제되는 것은 아니다. 다시 말해서 죄인들은 죄인답게 처신한다는 점에서 정직하며 선한 것처럼 노력하는 자들은 위선자들이라는 점에 있어서이다"라고 말했다.

> 이와 같은 이교적인 생각을 농락하려는 의도가 루터에게 없었던 것은 물론이다. 결국은 그것은 루터의 기본적 교리 가운데 두 가지인 신앙과 행위와의 분리와 원죄의 정의에 의하여 산출된 사색의 쇠사슬의 궁극적 결과를 주장한다는 말이다. 이것을 거절하지 않으면 안티노미아니즘으로부터의 일관된 해방은 없다는 것이다.[202]

웨슬리는 모라비안파 사람들을 다룰 때에 이와 같은 논리에 직면했다. 그들은 웨슬리가 은혜의 수단을 주장했기 때문에 웨슬리는 "오직 신앙"이라는 문제를 거부했다고 비난했다. 웨슬리는 이 모라비안파 사람들에게서 안티노미안주의에 직접 통하는 신비주의의 가장 정적(靜寂)한 모양을 보았던 것이다.[203] 동시에 웨슬리는 루터의 갈라디아서 주해를 읽고 다음과 같은 반응을 보였다.

> 나는 전적으로 부끄러워하고 있다. 나는 이 책이 다른 사람들로부터 절찬 속에서 추천되었다는 사실을 들었다는 것뿐으로서, 그리고 겨우 때때로 이 책에서 인용된 몇 개의 뛰어난 문장을 읽었던 일이 있었던 까닭에 나는 이 책을 어떻게 평가해왔던 것일까? 그러나 내

가 나 스스로의 힘으로 판단할 수 있는 오늘, 나 자신의 안목으로 판단하는 오늘, 나는 무어라고 말해야 좋을 것인가? 하여튼 저자는 아무 것도 입증하지 않고 제법 어려운 문제를 하나도 설명하지 않고 많은 인용문에 관한 그의 설명은 천박하며 모든 인용문에 관하여 애매하고 혼란할 뿐 아니라 전체에 걸쳐 깊은 신비주의적 경향을 띠고 있어서 그것 때문에 한두 가지만 예로 든다면, 어찌하여 그는 그리스도의 복음에 대한 화해 불가능한 적이라면서 옳고 나쁨을 가리지 않고 이성을 헐뜯는가? 그리고 끊임없이 율법을 죄와 죽음과 지옥, 혹은 악마와 같은 것이라고 연상케 하며 그리스도는 우리를 이 모든 것들로부터 동등하게 해방한다고 가르치는 것으로서 그는 어찌하여 선한 행위와 하나님의 율법을 모독하는 말을 하는가? 내가 염려하는 것은 여기에 모라비안파 사람들의 중대한 과오의 진짜 원천이 있다. 그들은 "좋거나 나쁘거나" 루터를 따르고 있다. 그러므로 그들은 드디어 "행위 없이, 율법 없이, 계명 없이"라는 생각을 하게 된다.[204]

웨슬리는 루터가 선한 행위를 강조한 사실을 못보고 넘어 갔다. 웨슬리는 루터를 "하나님의 크신 은총을 받은 사람이며" "축복된 그릇"이라고 인정하고 있었기 때문에, "그러나 오! 그에게 충직한 친구가 없었다는 일은 얼마나 슬픈 일인가? 그가 온갖 위험한 일을 저지르고 하나님의 역사하시는 일에 대하여 커다란 방해가 되는 그의 난폭하고 제어하기 어려운 생각, 그리고 여러 가지 의견에 관한 격심한 열정에 대하여 솔직하고 예리하게 그를 꾸짖고자 하는 친구가 한 사람도 없다는 사실은 얼마나 애석한 일인가?"라고 웨슬리는 그의 저작 가운데 기록했다.[205] 분명히 웨슬리는 루터를 자기가 인도하는 반 가운데 한 곳에 참석시켜 "너희 죄를 서로 고백하며"(약 5:16)라는 훈계의 말씀을 적용하면서 루터의 생애 속의 "지푸라기" 몇 개를 골라 내고 싶었을 것이다. 웨슬리는 루터를 "오직 믿음"으로 말미암은 의인에 대한 유능한 해설자로 간주했으나, 성화의 교리에 있어서는 가장 무지하고 혼란한 생각을 가진 사람이라고 보았다.[206] 니버는 모라비안파 사람들과 웨슬리의 논쟁을 "문예부흥과 종교개혁 사이에 있어서의 전체적인 논쟁을 축소한 것"으로 요약했다.

후자(웨슬리)는 복음의 도덕적 명령을 올바르게 보유하고 있으나 그것이 완전히 실현될 수 있는 것이라고 잘못 생각하고 있다. 전자 (모라비안파 사람들)는 역사적 존재의 한계를 올바르게 이해하고 있기는 했으나, 잘못되어 "은혜의 충만함 때문에 죄에 머물러 있는" 일을 안티노미안주의의 유혹을 받았다.[207]

물론 루터는 안티노미안주의에 반대하여 몇 권의 작은 책자를 통해 "존 웨슬리의 품위있는 어휘 가운데서는 어디서도 찾아볼 수 없는 격렬한 어구로 안티노미안주의자들과 신비주의의 정적주의자들을 처리했다."[208] 그러나 루터는 "때와 장소를 따라서, 곧 질문이 행위에 관한 것으로서 의인의 교리에 이 항목에 위반되지 않는 경우"에 있어서만 선한 행위에 대하여 가르쳤다.[209] 분명히 그는 "오직 믿음"과의 관계에서 선한 행위에 관하여 논의할 수 없었는데, 이처럼 분리시키는 일은 위험한 일이다.[210] 루터는 토론 가운데서 이 "항목"에서 피할 수 있었을 때에는 웨슬리의 용어와 거의 같은 뜻에서 선한 행위에 관하여 말했다.[211]

신 정통파에서 얼마간의 신학의 원리에 복귀한 가운데서 선한 행위를 경시하는 경향이 재현되고 있다. 바르트는 그리스도 안에서 우리를 위하여 이루신 일과 성령을 통하여 우리 안에 이루신 일을 인정하고 감사하는 생각에서 우리가 무언가 값있는 일을 하지 않으면 안된다는 생각으로 변한다는 일은 우리를 "크게 위험한 상태"에 있게 하는 것이라고 주장했다. "깊은 틈"이 드러난다. 나는 여전히 있는 그대로이며 "현세적"(earthbound)이다. 있는 그대로의 자신과 다른 것이 된다는 일은 우리는 아직 길을 가고 있는 것뿐인데 마치 "종점"에 도달했다고 말하는 것과 같다.[212] 바르트는 다시금 "우리 측에서 해야 할 한 가지 활동이 있는데, 그것은 하나님의 활동이 아니라 우리의 활동이다. 그 활동은 우리가 하나님께로부터 들은 말씀을 증거하는 것으로서 오직 하나님만이 기뻐하신 바이다"라고 말했다.[213] 실제로는 그것은 우리가 듣기 이전의 것과 다를 바 없다. 브룬너는

"하나님께 받아들여진다는 것 이상으로 자기 자신을 보다 더 좋게 하려는 인간측의 도덕적 노력"을 거부하고 있다.[214] 이와 같은 신 정통파 학자들이 인간의 도덕적 노력을 부정한 일을 개혁파 신학의 입장에서 비판한 게리트 버쿠어(Gerrit Berkouwer)는 "브룬너는 안티노미안주의를 피하기 위하여 믿는 자를 '돌아오는 길을 비밀히 조사하지' 않으면 안된다"고 주장하고 있다. "율법을 초월해서"라는 분위기는 그에게 있어서는 색다르기 때문에 브룬너는 "율법 존중주의가 아닌 율법에 관해 말하기 시작하고 있다. 버쿠어에 의하면, 브룬너의 율법과 계명 사이의 상위점이나 율법과 사랑과의 사이의 상위점을 지지할 수 없다.[215]

이미 시사한 것처럼, 버쿠어는 웨슬리의 견해가 근행주의로 빠지는 것을 염려하고 있다. 그는 "웨슬리는 '구체적인 모양의 성화를 보고자' 했고, '선한 행위의 필요성의 문제로 번민하고' 공적과 조건과의 차이 때문에 번민했다. 이 관계에서 그는 선택과 불가항력적인 은혜와 성도들의 궁극적인 구원이라는 개혁파의 교리에 대하여 예리한 반대를 시도한 것이다"라고 생각하고 있다.[216] 버쿠어는 여기서 웨슬리와의 진정한 차이점은 선택과, 은혜와 궁극적 구원에 대한 것이라고 보고 있다. 만약에 오직 은혜와 오직 믿음이 무조건적 선택과 불가항력적 은혜와의 관계에서만 유효한 것이라고 한다면, 그것은 웨슬리에게는 "문을 닫아버리고 들어오지 못하게 하는" 격이 된다고 거듭 말할 수밖에 없다. 개혁파 사람들이 이와 같은 용어들로 의미한 점에서는 그것은 웨슬리가 "정당한 취급을 하는 일에 실패" 했다고 말할 수 있을런지 모른다. 그러나 웨슬리는 자기가 성서 가운데서 은혜와 믿음에 대한 이해를 한 것에 개혁자들도 온갖 대가를 치르고서라도 따라가려 했다고 생각하고 있었기 때문에, 그는 "오직 믿음으로 말미암아"라는 가르침에 정당한 취급을 했던 것이다.

만약 근행주의, 율법주의와 도덕주의는 인간이 율법을 준수하고 하나님께 순종하는 것이며 인간의 능력을 다하여 그렇게 하도록 노력한다는 것을 의미한다면, 웨슬리는 그 명칭에 대하여 죄책이 있다. 그러나 만약에 이들 용어가 하나님 앞에 받아들여지기 위하여 율법을 준수하고 순종하는 것으로 말미암아 인간이 그것들을 의뢰하고 있다는 뜻이라면, 웨슬리에게는 죄책이 없다. 이들 용어는 보통 후자의 뜻으로 이해되고 있으며, 그 행위자에게는 공적의 개념, 그리고 이행하는 것은 자기가 가지고 있는 생래적인 능력이라는 개념들을 가져오는 것으로 이해되었다. 이미 말한 대로 웨슬리는 이 모든 것을 전적으로 거부했다. 그러므로 웨슬리를 근행주의자라고 문책하는 일은 그의 은혜의 교리를 오해하고 있기 때문이라고 말할 수 있다.

그러면 웨슬리는 믿음과 마찬가지로 행위로 인한 구원을 믿고 있었던 것일까? 웨슬리는 확실히 구원에 있어서 행위는 불가결한 것이라고 믿고 있었다. 회개는 의인에 필요한 것인가라는 질문에 대하여 웨슬리는 다음과 같이 대답했다.

> 하나님은 의심할 것도 없이 우리에게 회개에 합당한 열매를 맺으라고 명령하셨다. 만약에 그것을 우리가 고의로 무시해 버린다면, 당연히 우리는 의롭다고 여겨지는 일을 기대할 수 없다. 그러므로 회개와 회개에 합당한 열매, 이 둘은 어떤 의미에서 의인을 위하여서는 필요하다. 그러나 그것은 믿음과 같은 의미에서, 또는 같은 정도로 필요한 것은 아니다. "같은 정도로 필요하지 않다"라는 것은 이들 회개의 열매는 만약에 맺기 위한 때와 기회가 있다는 조건 아래서만 필요한 것이다. 그렇지 않으면 십자가 위의 강도처럼 열매가 없더라도 의롭다고 여겨질 것이다. 그러나 인간은 믿음이 없이는 의롭다고 여겨질 수 없다. 이것은 불가능한 일이다. 이와 마찬가지로, 인간이 아무리 많이 회개하고, 회개에 합당한 열매를 아무리 많이 맺었다 하더라도 이 모든 것은 결코 도움이 되지 않는다. 믿기까지는 의롭다고 인정을 받을 수 없다. 그러나, 인간은 믿는 그 순간, 이들 열매가 있든지 없든지 의롭다고 인정된다. "같은 의미로서가 아니다"라는 것은 회개와 그 열매는 간접적으로만 필요하다. 다시 말해서 믿음을 위해서 필요하다. 그런 까닭에 믿음은 의인에 즉시 그리고 동시에 직접적으로 필요한 것이다. 믿음이 의인에 대하여 즉시, 동시에 필요한 유일의 조건이 된다는 사실에는 변함이 없다.[217]

또 다른 맥락에서, 웨슬리는 "회개는 절대로 믿음에 선행되지 않으면 안된다"고 말했는데, 그 의미는 "회개하려는 진정한 욕구와 참된 결단을 산출(産出)하는 죄에 대한 회오(悔悟)"인 것이다. 그러나 웨슬리는 이것을 신헌 행위라고는 하지 않았다. 왜냐하면 그것은 믿음에서 온 것이 아니기 때문이다.[218] 이미 말한 대로 이 회개의 행위는 예비적 은혜(선행 은혜)의 결과이며, 은혜로부터 흘러 나온 것이지만 인간 안에 있는 생래적인 능력에서 온 것은 아니다. 인간이 기쁨으로 은혜에 순종하려는 생각을 하는 그 선택이 회개와 믿음의 길로 인도하는 것이다. 그 선택은 인간에게 주어진 은혜와 협력하는 일이다. 그러므로 믿음 이전의 이와 같은 행위는 은혜로 말미암은 것이며 믿음에 선행되는 것이 아니면 안된다. 그러나 이와 같은 행위만으로서는 의인을 위하여 필요하나 충분하지는 못하다. 인간은 "직접"이라는 조건으로서 믿음도 주어지지 않으면 안된다.

웨슬리가 믿음을 하나님의 은사이지만 의인의 조건이라고 한 일에 대하여 주목하는 일은 흥미있는 일이다. 인간은 믿지 않으면 안된다. 만약에 인간이 회개했다 할지라도, 믿지 않는다면 구원을 얻을 수 없다. 인간의 이 행위는 하나님께로부터 주어진 은사이지만, 행위의 한 형체이다. 그러나 그것은 공적의 행위가 아니고 하나님의 행위이다. 이로 인하여 인간은 그리스도를 믿고 의지하는 것이다. 웨슬리가 처음에 믿음으로 말미암은 의인에 관하여 듣고 그것을 경험했을 때, 그 사실을 모든 영국 사람에게 선포했다. 그런데 이 설교에 대한 반대가 일어났다. 그러나 웨슬리와 그의 친구들은 이와 같은 박해를 예기하고 계속 설교했던 것이다.

웨슬리와 그의 친구들이 믿음으로 말미암은 의인에 관한 설교에 몰두했을 때, 비난의 태풍이 예기치 않은 방향에서 불어왔다. 그들의 친한 친구 몇 사람이 웨슬리와 그의 친구들은 행위로 말미암은 구원을 설교하고 있다고 공언했다. "우리는 이와 같은 일을 도무지 이해할 수 없었다. 이 사람들이 하는 말은 무엇을 의미한 것인지 우리에게는 이상한 일이었다." 행위로 말미암은 구원에 대하여 웨슬리와 그의 친구들은 매우 싫어했고, 자기들은 믿음으로 말미암은 구원을 설교하고 있다고 선언했다. 그러나 반대는 끝나지 않았다. 웨슬리는 자기들에게 반대하고 있는 사람들은 선량한 사람들이기 때문에 악의로 하는 것이 아니라고 생각했다. 웨슬리는 "그러므로 어찌하여 이 사람들은 우리의 영혼이 엄청나게 싫어하고, 끊임없이 반대하며, 온갖 힘을 다하여 반박하고 있는 이 가르침을 우리에게 뒤집어 씌운 것일까? 이상한 생각은 여전히 계속되었다"라고 그의 저서에 남겼다.

> 이 문제를 한꺼번에 해결하게 된 하나의 생각이 내 마음을 스쳤을 때 나는 곤혹스러웠다. "이것이 열쇠다. 다시 말해서 '모든 사람은 절대적으로 구원 아니면 파멸 어느 편엔가에 예정되어 있다'고 고집하는 자들은 행위로 말미암은 구원과 하나님의 의지로서의 구원과의 사이에 있는 것을 보지 않는다." 그래서 하나님의 의지로서의 구원을 거부하는 자는 누구든지(그들이 이해하는 바에 의하면) 그렇게 함으로서 행위로 말미암은 구원을 주장하는 것이다. 이 점에서 나는 그들이 옳다고 진심으로 믿고 있다. 나는 이전에는 이러한 생각을 싫어했지만, 다시 고려하여 중간의 것은 없으며, 있을 수 없다는 사실을 인정한다. 구원은 하나님의 의지로 말미암거나 아니면 (성서적인 의미로) 행위로 말미암거나 어느 하나이다.[219]

웨슬리는 계속해서, 그 어느 것이든 신앙으로 말미암은 것일 수는 없다고 말했다. 왜냐하면, "하나님의 무조건적 선언은 행위와 마찬가지로, 믿음을 제외하기 때문이다"라고 주장했다. 거기서 웨슬리는 사랑으로 말미암아 역사하는 것은 신앙이라는 좋은 이유와 함께, 오직 믿음으로만이라는 교리는 그 자리에 계속 서있을 수 있다고 깨달았다.[220] 가톨릭 신도들이 구원은 믿음과 행위에 의한 것이라고 말한 것처럼 웨슬리는 말하지 않았는가? 웨슬리가 그렇게 말하지 않았던 것은 구원은 그리스도의 공로에 전면적으로 의거하며 어떠한 행위에도 의하지 않기 때문에, 오직 믿음만이 직접 또는 최종의 조건이라는 점을 고수하고 있었기 때문이었다. 이러한 종류의 믿음은 그리스도 안에 있다는 긍지 이외의 모든 오만을 믿는 자로부터 물리쳐 버렸다.

웨슬리는 은혜의 수단을 굳게 믿었다. 그는 믿음이 생길 때까지 조용히 기다리면서 아무 것도 하지 않는다고 주장하는 모라비안파 사람들의 방법을 반대했다. 웨슬리는 하나님을 추구할 목적으로 반(band)과 속회(class)를 조직했다. 믿음이 생기도록 기다리는 동안에 기도하고 성경을 읽으며 금식하고 성찬에 참여하며 여러 가지 그리스도인의 의무를 다하여야 한다. 그러나 이와 같은 일 가운데 어느 것 하나라도 공적을 얻기 위한 것으로 생각해서는 안된다. 단지 그것은 은혜가 역사할 길을 준비하는 데 도움이 되는 것이다. 웨슬리는 "휫필드는 미국에서 위대한 활동을 했으나 그 활동은 실패하고 있었다. 왜냐하면 훈련과 반이 없었기 때문이었다"라고 생각했다.[221] 가능한 모든 은혜의 수단을 사용하지 않고, 또한 하나님의 계명에 순종하지 않고서는 은혜의 역사는 믿는 자들의 삶 속에서 진전할 수 없다.

성화에 관한 웨슬리의 가르침 가운데서 그는 믿음은 유일한 조건이라고 주장했다. 인간은 행위로 완전을 기할 수 없다.[222] 그러나 열심을 다하여 순종하고, 그리스도인으로서의 훈련된 생활을 힘쓰고, 자기 자신을 부인하는 삶을 살면서 자기가 할 수 있는 모든 일을 힘써 행하는 일 없이는 이 완성된 성화를 바랄 수 없다. 성화를 위한 회개조차 있었다.[223] 웨슬리는 이 성결은 천국에 적합한 사람이 되게 하기 위한 것이라는 의미로서의 최종적 구원을 위하여 필요한 것이라고 생각했다.[224] "성결 없이 아무도 주님을 볼 수 없다." 그러나 웨슬리는 거룩한 삶을 위한 모든 권면 가운데서 그 거룩한 삶을 보수를 위한 값으로 간주하지 않았다. 가장 거룩한 삶을 사는 사람에게 있어서 그의 믿음은 오직 그리스도뿐이다. 선한 행위와 성결은 항상 오직 믿음에 연결되어 있다. 웨슬리에게 있어서 믿음과 행위는 서로 떨어져 있지 않다.

실제로 웨슬리가 죄와 은혜에 관하여 개혁자들과 기본적으로 달랐던 점은 무조건적인 선택을 그는 거부했다는 점이다. 이 거부 곧,

조건적 선택은 인간의 활동—그 자체는 은혜로 말미암은 것인데—에 의하여 방해도 되고 도움도 될 수 있는 은혜의 역사는 인간에게 허용되어 있기 때문에 믿음이 성장하고 또한 더 많은 은혜가 주어져서 믿는 자가 은혜에 있어서 최고로 달성할 수 있도록 그 문은 넓게 열려져 있다. 다시 말하면, 은혜의 가능성은 가장 높은 곳을 지향하는 신자에게는 제한이 없다. 이 은혜와 협력하기 위하여 인간에게 주어진 능력은 하나님의 약속 안에 있으며 제한이 없다. 웨슬리는 인간이 이를 수 있는 한도까지 그 가능성을 탐구할 것을 기대했다. 그러나 웨슬리는 하나님의 은혜 이외에는 아무런 가치가 없는 자임을 알고 있는 사람으로서 그것을 행하는 사람이었다.

제3장
완전의 단계들

'완전'이란 말의 뜻이 단 하나뿐이라고 주장하는 것은 웨슬리를 거부하는 것 뿐만 아니라 성서를 거부하는 일이다. 웨슬리주의적 완전에 대한 반대 가운데는 흔히 완전이라는 말에 어떤 하나의 뜻을 정하고 그 특정한 의미를 띠고 있는 말을 웨슬리의 견해에 대립시켜서 사용하는 무리들에게서 야기되어 왔다. 웨슬리는 종종 자기를 비판하는 자들에게 그들이 완전이라는 말의 뜻으로 사용하는 것과 같은 뜻으로 나는 사용하지 않고 있다고 말했어야 좋았을 것이었다. 웨슬리는 항상 반대자들에게 어떤 점에 있어서 내가 잘못되었는지 성서의 말씀으로 제시하라고 도전했다.

> 내가 한 설교의 어느 부분이라도 성서에 위배된다거나 또는 성서에 의하여 지지를 받지 못한다고 지적하고, 그러한 사실을 제시해 달라. 나는 그와 같은 부분을 변호하는 것과 마찬가지로 스스로 자진하여 그것을 반대하는 일에 인색하지는 않는다. 나는 사람들의 칭찬을 받는다든지, 모멸을 받는 일에 괘념치 않고 진리, 평이한 성서의 진리를 추구하고 있다.[1]

웨슬리는 '완전'이라는 말에 특별한 애착을 느꼈던 것은 아니다.

그는 이 말을 드물게 사용했다. 그런데 웨슬리를 반대하는 사람들은 웨슬리에게 설명을 요구하며 '완전'이라는 말에 대하여 웨슬리를 일방적으로 몰아 붙였다고 그는 주장했다. 그는 이 말을 성서적이라고 생각했기 때문에 지지했던 것이다. 웨슬리는 "나는 항상 보다 더 많은 빛을 받는 것을 옳게 생각한다…그런 까닭에 누구라도 그리스도의 완전에 관하여 더 많은 빛을 가져다 주는 사람은 나에게 비할 데 없는 은총을 입히는 일이다"[2]라고 그의 저서에 남겼다. 웨슬리는 완전은 바울, 야고보, 베드로, 그리고 요한이 가르쳐준 것이라고 확신하고 있었다. 웨슬리는 이 교리를 자신의 것으로 삼는 일에 배타적인 입장에 서는 일을 거부했다. "왜냐하면 완전의 교리는 예수 그리스도께서 가르쳐 주신 바이며 특별히 강조된 그리스도의 교훈이기 때문이다." 웨슬리는 그리스도인이라면 누구든 그 참된 성서적 의미를 이해하게 되었을 때에는 완전에 관한 교리를 반대하는 말을 할 수 없을 것이라고 생각했다.[3]

웨슬리는 거듭 그리스도인의 완전이란 무엇인가에 대한 정의를 내리려고 시도했다. 그는 성서적 표현을 빌어서 '완전'이란 "마음과 뜻을 다하여 하나님을 사랑하는 것"이라고 말했다. 그것은 "하나님께 우리의 마음과 전 생애를 몽땅 쏟아 붓는 일"이며 "하나님의 온전한 형상을 다시 찾아 얻는" 일이다. '완전'이란 "그리스도 안에 있는 마음을 가지는 일"이며 "그리스도께서 걸어가신 발자취를 따라 한결같이 걸어 가는 일"이다. 웨슬리는 "이 사실을 반대하는가?", "그 이하의 것을 원하는가?"라고 질문했다. "그리스도인의 완전에 대하여 누구든지, 이 이상, 또는 이 이하의 것을 의미한다고 하더라도 나는 그것에 관계하지 않는다."[4] 만약에 완전을 지나치게 높이 정의한다면 사람들을 필요 이상으로 두려움에 몰아 넣는 일이 되며, 만약에 지나치게 낮은 자리에 자리잡게 한다면 사람들을 지옥으로 몰아 가는 일이 될 것이다.[5] 웨슬리는 성서가 뜻하는 대로 완전의 의미를 정의하려고 부심했다.

웨슬리가 사용한 모든 용어에 대한 쌩스터(Sangster)의 비판은 어떤 사람들에게 호소하기 위한 것인지는 모르나, 웨슬리가 마음 속에 지니고 있었던 진정한 문제에 접근하지 못했다.

완전이란 용어는 비범하고 어려운 말이다. 웨슬리나 플레쳐(Flecher)는 그렇게 생각하고 있었다. 그것이, 그들이 처해 있었던 시대에 있어서 파라다이스의 완전, 천사의 완전, 그리고 크리스천의 완전이라는 구별을 애써서 붙인 이유이며 웨슬리와 플레쳐에게 동조한 저작가들이 상대적 완전과 절대적 완전, 단계적 완전과 궁극적 완전이라고 말한 것을 구별한 셈이다. 이상하게도 그리고 슬프게도, 이 완전이라는 말과 함께 그 형용사로서 "크리스천"이라는 용어를 사용한 것은 완전이라는 명사(名詞)를 빛나게 하려 함이었을지 모르나 변색시켜 버렸다. 이와 같은 일은 피할 수 없는 일이었다. 수없이 많은 용어들은 그 하나 하나의 용어만의 빛으로 빛나야 할 것이다. 이와 같은 말을 갈고 닦아서 빛나게 하려는 잘못된 노력은 백합꽃을 도금하려는 것보다도 더 나쁘며, 기대했던 것보다는 반대의 효과를 가져온다. 웨슬리가 "크리스천"이라는 숭고한 용어를 탁월한 "완전"이라는 말에 관련시켰을 때, 그는 숭고함을 결여한 타이틀(title)을 만들어 낸 셈이다. 열심히 웨슬리를 따르던 사람들 가운데서 비판적인 무리들에게 있어서, 또는 웨슬리 자신의 정직한 해설에 있어서도 크리스천의 완전은 어쩐지 완전 이하의 것을 제시했으며, 웨슬리는 우리가 이미 마음 속에 묻어 두었던 조소(嘲笑) 곧, 완전한 인간이 아님에도 완전한 크리스천이 될 수 있다는 조소 앞에 몸을 드러내게 되었다.

웨슬리가 마음에 품고 있었던 것에 대해서는 "완전"이라는 말은 제외되지 않으면 안된다. 참으로, 웨슬리 자신, 완전이라는 말을 사용하지 말도록 원하고 있었던 일이 분명하다. 그가 좋아하지도 않으면서 문제와 오해를 많이 만든 명칭을 그가 그토록 자유롭게 사용했다는 사실은 하나의 수수께끼다. 의심의 여지없이, 웨슬리는 그가 메도디스트라는 명칭을 사용한 것과 같은 이유로서 "완전"이라는 말을 사용했다. 다른 사람들이 그것을 사용했기 때문이며, 그렇게 하는 일이 인정을 받기 위해서는 가장 손빠른 일이었기 때문이다.[6]

위와 같은 쌩스터의 반박에 대답함에 있어서, 웨슬리는 '완전'이라는 말을 반대자들의 반대에 직면하기 훨씬 전부터 사용해 왔다는 사실을 기억해 두어야 한다. 또한 웨슬리는 '완전'이라는 말을 성서에서 발견할 수 있었기 때문에 사용한다고 주장했다. 쌩스터가 완전이라는 말을 제외해야 한다고 말한 것은 마치 바울이 이 완전이라는 말을 사용한 것은 잘못되었다는 말과 같다. 웨슬리가 "크리스쳔"이라는 말을 완전이라는 말과 함께 사용한 것은 하나님의 완전, 천사의 완전, 아담의 완전,이라고 말한 크리스쳔과 별로 관계가 없는 그 밖의 모든 완전으로부터 크리스쳔의 완전을 구별하기 위함이었다.

바울적인 완전을 서술함에 있어서 플류(Flew)는 쌩스터보다는 웨슬리가 생각하고 있었던 것에 훨씬 더 접근하고 있다.

1. 첫째로 바울은 절대적 완전—그것은 장래를 위하여 비축된 완전이다(고전 13:10, 빌 3:12-14)—이라고 그 자신, 또는 그의 회심자들에 의하여 체험할 수 있다고 그가 간주한 어떤 상대적인 완전과 구별했다. 참으로 그 상대적 완전이야말로 사도적 역할이 목표하는 바이었다(골 1:28, 3:14, 4:12; 고전 2:6; 엡 4:12, 13).
2. 절대적 완전 곧 믿는 자들의 최종적 도달점은 하나님에게 얼굴과 얼굴을 마주 대면하는 것이라고 묘사되었다. 이것은 믿는 자가 지금 가지고 있는 희미한 환상(vision)과 대비된다(고전 13:12). 이 최종적 도달점을 우리는 "하나님의 그리스도 예수로 말미암아 위에서 부르신 부르심의 상" 또는 바울이 어떻게 해서라도 도달하려 했던 죽은 자 가운데서 부활하는 일과 동일시해도 좋을 것이다(빌 3:14, 11).
이처럼 절대적인 완전을 묘사하는 일로 인하여 많은 학자들이 빠져버린 오류, 곧 성 바울이 이 궁극적 목표 지점에 도달하지 않았다는 사실을 인정했다는 사실은 이 세상에 있어서의 그리스도인의 삶의 전 과장에 죄가 따른다고 인정한 것에 비등하다고 생각하는 것으로부터 우리를 지키는 일일 것이다.
3. 이 세상에서 도달할 수 있는 상대적 완전은 궁극적 도달점의 목표를 향하여 전진하는 것이다. 많은 사람들이 하는 것처럼 바울이 말하는 바는, 상대적 완전의 중심은 절대적 완전을 추구하여 힘을 다하는 일이라고 해석하고 중도에 그와 같은 일에서 떠나 버리는 것은 유혹적이다. 그러나 이렇게 말하는 것은 적당치 못하다. 믿는 자에 대한 하나님의 확실한 선물이 있다. 그리스도인은 성령으로 말미암아 걷고, 그리하여 그리스도의 율법을 완성할 수 있기 때문

이다(갈 6:2).[7]

웨슬리에게 있어서 완전이란 바울이 가르쳤다고 생각하는 것처럼, 이 세상에서 도달할 수 있는 것이기 때문에, 웨슬리는 완전에 대한 그의 정의를 이 개념에 맞추었던 것이다. 크리스천의 완전이란 무지, 과오, 연약함, 유혹으로부터 벗어 나거나 피하는 것은 아니다.[8] 그리고 천사들의 완전이나 아담의 완전도 아니다. 크리스천의 완전은 "하나님과 사람에 대한 사랑," "그리스도께서 품으셨던 마음," "성령의 열매," "하나님의 형상"이다. 그것은 보편적인 성결, 자기 자신을 온전히 하나님께 드리는 일, 죄로부터의 자유인 것이다.[9]

웨슬리는 완전과 성결(Holiness)을 동일시했다. 온전하다는 것은 거룩하다는 것이다. 종교란 성결과 다른 것이 아니다. 종교란 구원인 것이다. 구원이란 마음과 삶에 있어서의 성결인 것이다. 또한 깨끗하게 된다는 것은 거룩하다는 것이며, 실제로 웨슬리의 마음 속에는 완전, 성결, 종교, 구원, 성화는 대체로 같은 것이었다. 웨슬리는 이와 같은 모든 용어에 신학적인 내용보다는 종교적인 내용을 더 두었다. 웨슬리가 이 모든 용어에 보다 정확한 의미를 부여했던 때도 있었다. 그러나 일반적으로 말해서 모든 용어 사이에 구별을 붙이지는 않았다.[10]

웨슬리는 그리스도인의 삶에는 몇 단계가 있다고 가르쳤다. 어떤 그리스도인은 어린아이이며, 어떤 이는 젊은이, 어떤 이는 아버지라는 것이다. 모든 단계에 있어서 비록 어떤 의미로서의 완전이 존재한다고 할지라도 후자만이 완전한 그리스도인이었다.[11] 웨슬리는 죄로부터의 자유를, 의도적인 죄로부터의 자유, 또는 내적 죄로부터의 자유와의 쌍방적인 의미에서 완전한 자유라고 말했다.[12] 신생에 관하여 신생이란 성결 또는 완전의 시초인데 높은 단계 및 낮은 단계가 있다고 그의 저서에 남겼다.[13] 웨슬리는 용서를 구원의 시작, 성결을 구원의 계속, 천국을 구원의 완성이라고 말할 수 있었다.[14] 완전을 어떤 절대적인 개념으로 밖에는 생각하지 않는 사람들에게는 웨슬리의 완전에는 어떤 등급(정도의 차이)이 있다는 견해는 약점이 있는 것으로 생각될지도 모른다. 그러나 성결 안에 등급이 있다고 생각하는 일은 어려운 일이 아니다. 사람은 거룩하나 더욱 더 거룩하게 된다. 웨슬리에게 있어서는 완전하다는 것은 거룩하다는 것이므로 "완전은 확실히 등급을 용인하는 것이다." 웨슬리는 "여러 종류의 완전"과 "각양 각색의 등급의 완전"을 용인했다. 웨슬리는 고대(중세 이전)의 저작자이거나 웨슬리 당대의 저작자를 막론하고 이와 같은 구별에 동의하지 않는 인물을 본 일이 없다.[15] 그는 훠리(Miss Furly)에게 그녀가 외롭다고 인정을 받게 되었을 때 구원을 경험적으로 맛본 것이었다고 편지를 써서 보냈다. 외롭다고 인정된 이후 그녀는 낮은 등급에서의 구원을 체험한 것이다. 그녀는 점차적으로 변화함과 동시에 순간적인 변화도 대망(待望)하여야 할 것이다.[16] 이 모든 것들은 구원의 등급이며, 그런 까닭에 완전에는 각양 각색의 등급이 있다는 말이다.

죄가 깨어지고 사랑 안에서 마음이 온전케 되었다고 말할 수 있는 완전의 단계에 도달한 사람이라 할지라도 보다 더 높은 목표에는 도달하지 않았다. 성도 가운데 가장 뛰어난, 가장 거룩한 사람들이라 할지라도 아직 많은 점에 있어서 결함이 있다. 한 생애를 통해서, 영원에 있어서도 성장을 위한 여지는 있다. 가장 거룩한 사람이라 할지라도 아직 그가 도달하지 못한 완전이 있다.[17]

그러나 웨슬리는 이 궁극적인 완전을 완전의 유일한 종류라고 생각하는 것을 허용할 수 없었다. 그는 동생 찰스가 때로는 아무도 도달할 수 없을 정도로 목표를 지나치게 높이 정한다고 생각했다. 그렇게 하는 것은 완전을 추구하는 자들을 실망시켰다.[18] 웨슬리는 완전을 모든 사람이 도달할 수 있는 범위에 그 목표를 두기를 원했다. 성서에도 그렇게 되어 있다고 그는 생각했기 때문이다. 그러나 사람들로 하여금 도달 가능한 범위에다 목표를 두었다 하더라도 완전은 여러 가지 단계를 지니고 있었다. 완전은 시작하고 계속하며, 온전한 성화 또는 온전한 사랑이라는 정점에 도달하고 더욱 더 그 정점의 극에 도달한 후에도 인간은 완전 안에서 성장할 수 있다.

웨슬리는 1725년 이래, 완전을 추구하는 사람이 되었다. 그는 믿음으로 의롭게 여겨짐을 받았을 때에 완전에 도달한다고 믿도록 이끌렸다. 이 점에 있어서 그는 1738년에 실망을 맛보았다.[19] 그리하여 그는 크리스쳔의 완전을 향한 추구를 계속했다. 그는 다른 사람들에게 그와 함께 같은 노정을 걷자고 권면했다. 그는 후일에 믿음에는 각양 각색의 단계가 있다는 사실, 구원에도 여러 단계가 있다는 사실, 그리고 그 어느 단계에서도 완전은 절대적이 아니라는 사실을 이해했다. 웨슬리는 구원의 경험에 있어서 두 개의 기본적인 단계, 또는 레벨(levels)이 있다는 사실을 이해했다. 그 하나는 의인 및 신생이라는 초기적인 레벨이다. 다음 레벨은 웨슬리가 온전한 성화 또는 크리스쳔의 완전이라고 하는 경험으로 도달할 수 있는 것이다. 이 제2의 경험은 그리스도인에게 있어서 최종적인 도달점은 아니다. 제2의 전기(轉機) 이후에도 성장은 계속된다. 다음 장에서도 이 제2의 전기 또는 현재적 완전에 대하여 취급하려 한다. 여기서 완전의 모든 단계에 관하여 더욱 더 연구를 계속하게 될 것이다.

1. 의인(義認)

1738년 이전의 웨슬리는 성결, 구원, 그리고 완전을 추구하는 사람이었다. 올더스게이트 경험 이전에는 이것들 가운데 어느 부분도 그는 발견하고 있지 않았다고 말하는 것은 사람들을 오도(誤導)하는 것이 되며, 후일에 그가 정정한 것과도 모순되는 일이다. 1738년 이전에는 웨슬리는 완전을 향한 그의 노력, 그리고 부분적이기는 하나 완전에 도달한 것은 그의 의인의 근거를 제공한다고 상상하고 있었다. 모라비안파 사람들과 함께 웨슬리는 자기가 하나님 앞에 용납되었다는 사실에 대하여 의심하지 않았다.[20] 모라비안파 사람들과 함께 웨슬리는 인간은 믿음으로 말미암아 의롭다고 인정되는 사실을 믿게 되었으며, 자기가 완전한 신앙을 소유하고 있지 않았기 때문에 의롭게 된다는 사실을 의심했던 것이다. 이와 같은 믿음을 그는 추구했고 드디어 1738년 5월에 얻게 되었다고 주장한다. 그러나 그 믿음은 웨슬리가 처음에 바랬던 것이 주어진 것은 아니었다.[21] 그러나 그는 이제까지는 알지 못했던 그 무엇을 받았던 것이다.

웨슬리가 올더스게이트의 경험을 했을 때 실제로 크리스천의 완전에 도달했던 것이라고 결론을 내린 사람들도 있었다.[22] 이미 말한 것처럼, 그는 1738년 이전에는 종으로서의 믿음을 가지고 있었다고 말함으로써 그는 그의 일기를 정정했다. 그러나 웨슬리의 모든 원칙에 따르면, 그는 의롭다고 여겨졌던 것일까? 웨슬리 자신의 증언에 따르면, 그는 1738년 이전에는 "율법 아래" 있었다. 웨슬리는 자신 위에 하나님의 진노가 있다는 사실을 알았으며, 종종 죄 가운데 빠졌다. 웨슬리는 죄와 싸웠다. 그러나 종종 죄에 사로잡혔다. 그는 믿음으로 말미암아 의롭게 될 때까지 이와 같은 갈등에서 벗어날 수 없었다. 웨슬리의 모친도, 웨슬리가 이 의인의 신앙을 가지고 난 후에서야 기뻐할 수 있었다.[23] 그러나 웨슬리의 모친과 웨슬리는 이렇게 새로워진 경험을 하기 몇 년 전부터 경건한 삶을 살았던 것이다.

종교적 경험의 모든 면을 신학적인 표현으로 정확하게 맞추기는 어려운 일이다. 1738년 5월 24일에 웨슬리가 고백한 신앙은 용서를 얻기 위한 완전한 믿음이며, 그렇기 때문에 그것은 아들로서의 신앙이었다. 이와 같은 신앙과 함께 용서받음의 확증과 의식적으로 죄를 범하는 일에서 단절되는 일이 찾아왔다. 이와 같은 믿음은 즉시 시작되기는 했으나, 아직은 연약하고 불확실한 것이었다. 그 믿음은 웨슬리를 의롭다고 여겼던 것일까? 어떤 의미에 있어서 이 책에서 처음에 주목했던 것처럼, 그것은 의를 가져온 것이었다. 그러나 웨슬리는 그와 같은 경험을 믿음으로 말미암은 의인이라는 고전적인 명칭으로 부를 만큼 뻔뻔하지 않았다.

이와 같은 의인 신앙 이전에 완전은 실제로 시작되었던 것일까? 웨슬리는 하나님께서 들어 수셔서 빛과 진리를 주셨다는 사실을 1738년 이전에 확신하고 있었다.[24] 그는 어느 정도의 평안을 가진다는 것이 어떤 것인가를 알고 있었다.[25] 그의 결함은 무지의 탓이었고 죽음을 맞는 것과 같은 일이 있었다 하더라도, 영원한 죽음을 본다는 일을 말하는 것은 아니었다.[26] 웨슬리는 구원을 추구하는 사람이었다. 그러나 구원이란 온전한 성결, 또는 완전으로서 그는 이와 같은 것을 소유하지 못했다고 말했다. 조지아에 있었을 때, 하나님으로부터 거절을 당했기 때문에 구원되지 못한 것이 아니라, 하늘에 걸맞지 않은, 다시 말해서 완전하지 못했기 때문에 구원을 받지 못했던 것이다. 그러나, 이 구원은 이미 시작되었던 것이다. 구원은 "영혼 속에 은혜가 비로소 싹틀 때부터" 시작되기 때문이다. 영혼 깊은 곳에서의 이 구원에 관하여 웨슬리는 다음과 같이 말했다.

> 만약, 이것을 최대한의 의미로 이해한다면, 종종 생래적인 양심이라고 말하는—보다 더 적절하게는—선행 은총(先行恩寵)이라는 것으로 말미암아 인간의 영혼 속에 이루어지는 모든 것—성부가 끌어당기는 온갖 수단, 만약에 우리가 하나님의 뜻에 응답하게 될 때 점점 더 그 강도(强度)를 더하는 하나님을 향한 갈망—거기에다 성자가 "세상에 오는 모든 사람들을 비춰고" 모든 사람들에게 "정의를 행하고 자비를 사랑하고 겸손한 마음으로" 그의 하나님과 함께 걷는 일"을 가리키는 모든 빛—그리고 성령이 때때로 모든 사람들의 영혼 속에 자신의 죄를 인정하게 하는—을 포함하게 될 것이다.[27]

이와 같은 웨슬리의 글로 보아, 구원이란 선행 은총에서 시작되는 것으로 생각된다. 어떤 의미로서는 모든 인간의 마음 속에 있어서의 하나님의 극히 초기의 역사를 말미암아, 성결 또는 완전은 시작되는 것이다. 어떤 사람들은 이 은혜를 경멸하기 때문에 좋은 결과에 이르지 못하는 것이다.

이 선행 은총은 인간이 이 선행 은총에 응답할 때에 "자신의 죄를 인정하게 하는 은총"이 되는 것이다. 이 죄의 인정이야말로 구원의 과정에 있어서의 참된 첫 걸음이다.[28] 이와 같은 사실은, 이미 말한 것처럼, 의인 신앙의 조건인 회개에 이르게 한다. 이 은총, 회개, 인죄(認罪)는 구원의 첫 단계의 일부분으로서 참된 의인 전에 필요한 것이다.

웨슬리에게 있어서 의인이란 현재적인 죄의 용서(present forgiveness), 면죄(pardon), 또는 하나님의 용납하심을 뜻한다. 그것은 과거의 죄로부터의 사면이다. 인간은 참된 신앙을 가지게 될 때에 의롭다고 인정을 받게 되는 것이지 신앙 이전에는 결코 안 된다. 이 참된 신앙은 그 이전에 있는 은총, 인죄(認罪)—자기의 죄를 인정함—그리고 회개에서 나오는 것이다.[29] 용서의 근거는 인간이 행하는 어떠한 행위로 말미암는 것이 아니라 우리 주 예수 그리스도로 말미암는 것이다. 오직 그리스도로부터 면죄되고 용서를 받았다는 의미에 있어서만 그리스도의 의가 믿는 자에게 주어지는 것이다. 이 의인은 "그리스도께서 인간을 위해 행하시고 고난을 받으신" 그 일에 전적으로 기인한다.[30]

> 의인의 평이하고 명백한 성서적인 개념은, 면죄와 죄의 용서인 것이다. 그것은 성부의 행위이며 화해를 위해 지불된 보혈로 말미암아 "지나간 과거의 죄가 사면됨(remission)으로, 그의 의 또는 긍휼을 나타내 보이는 것이다." 의롭다고 여겨진 자, 또는 죄를 용서 받은 사람에게 하나님은 다시 죄를 돌리거나 문책하지 않으신다. 하나님은 이 세상에서도, 그리고 내세에 있어서도 죄로 인한 문책은 하시지 않는다. 인간의 죄, 생각으로나 말이나 행위로 인한 과거의 모든 죄가 없어졌으므로 그것에 관해서는 기억도 하시지 않으시며 그 죄에 관하여 언급하시지도 않으신다.[31]

인간이 의롭다고 여김을 받게 되는 믿음은 하나님의 선물이다.[32] 의인의 신앙은 성질상 무자각(無自覺) 가운데서 소유할 수 없다.[33]

분명히 이 신앙은 의롭다고 여겨지기 이전에도, 연약한 종과 같은 모양으로도 존재할 수 있다. 그러나 신앙이 참된 신앙, 곧 아들의 신앙이 될 때 인간은 은혜로 말미암아 의롭다고 여겨지는 것이다. 선행 은총은 인간을 여기까지는 도달하게 할 수 있다. 그러나 어느 시점에서는 구원이 정확히 성취되기 전에 의인의 신앙이 활동하지 않으면 안된다.[34]

웨슬리로서는 실제적으로 내적인 변화가 없이는 의인도 있을 수 없다. 이 내적인 변화는 이미 마음 속에 간직했다는 의미로서 의인 이전에 실제적으로 시작되었다. 그러나 신앙이 작용하는 순간에 인간은 의로 여겨질 뿐 아니라 커다란 내적 변화가 이루어진다. 이 내적인 변화는 의인은 아니다. 그리고 의인을 위한 필요 조건도 아니다. 그것은 의인과 동시에 이루어지는 하나님의 행위인 것이다. 의인과 성화는 같은 것이 아니다.

> 의인(義認)이란 무엇인가…이미 보아온 대로 명백한 것처럼 의인이란 실제적으로 의로워진 것은 아니다. 이것은 성화이며 진실로 그것은 어느 정도, 의인의 열매가 즉시 맺힌 것이다. 그러나 그렇다 하더라도 하나님의 특별하고도 귀한 선물이며, 그 성격을 전혀 달리 하는 것이다. 한편으로는 성자를 통해서 하나님께서 우리를 위해 하시는 일이며, 다른 한편으로는 성령을 통하여 우리 안에 이루시는 것을 뜻한다.[35]

이 두 가지 행위는 각각 별개의 것이기는 하지만, 하나님은 거룩하게 하시지 않은 자를 의롭다고 하시지는 않는다. 하나님은 의라고 선언하는 일로 잘못되는 일은 없으시다. 왜냐하면 사람들을 실제적으로 그 이상 다른 것으로 간주하지 않기 때문이다. 그 귀결은 다음과 같다. 곧, 하나님은 적어도 사람을 처음에는 깨끗하게 하시고, 그 결과로서 동시적으로 의로 선언된 그 사람이 실제적으로 의로 여김을 받는 일이 없이는 어떤 사람이라도 의롭다고 인정되지 않는다는 말이다. 이 두 가지 하나님의 행위는 동시적이기는 하나 다른 행위이

다.[36]

 웨슬리는 의인을 구원, 성결, 또는 완전의 현관, 또는 문이라고 결론할 수 있을 것이다. 믿음으로 말미암은 의인은, 완전의 시작에 있어서의 첫 단계이다. 은총의 준비적인 일은 사람을 회개와 믿음으로 인도한다. 의인은 현관을 열고, 그리고 나서 참된 구원이 시작된다. 의인 이전에도 빛과 구원의 서광이 존재한다는 사실을 기억해야 하지만, 의인은 구원의 순서에 있어서 첫번째 큰 단계를 두드러지게 한다.

 이와 같은 믿음으로 말미암는 의인은 계속적인 순종과 믿음으로 유지된다. 신앙이 존재하는 한 이 의인은 유지되고 있다. 그러나 이미 말한 대로 신앙은 잃어버릴 수 있는 성질의 것이다. 그러므로 최종적으로 의롭게 여겨지는 것은 마음의 성결로부터 생기는 계속적인 선행과 순종에 의존한다.[37] 이런 의미에서 성결은 최후의 날에 우리가 하나님 앞에 용납되기 위해서 꼭 필요한 것이다.

 웨슬리는 종교개혁자들이 의인에 있어서의 내적 변화에 관하여 교리적으로 빈약하다는 사실을 이해했지만, 그는 의인에 관하여 개혁자들과 동일한 의견을 가지고 있다고 믿었다.[38] 그러나 양자 사이에는 생명적인 차이가 있음은 분명하다. 개혁자들은 의인을 보다 더 포괄적으로 이해하고, 의인에 성결, 또는 성화의 개념까지도 한 데 포장해 버리려는 경향이 있었다. 개혁자들의 개념은 "의인의 모든 범위를 그리스도인의 생애의 거의 모든 내용을 내포하고 있으며, 궁극적인 구원 자체와 같은 의미의 말이 되도록 하는 데까지 확대하고 있다."[39] 웨슬리는 의인을 종교, 또는 구원 그 자체인 성결을 향한 현관이라고 하며, 최종적인 목표를 하나님의 형상을 온전히 회복하는 일이라고 했다. 웨슬리에게 있어서 의인이 그 의의를 잃어버린 것은 아니다. 다만, 의인은 의인 그것만으로서는 완전한 구원, 또는 완전을 이루지 못한다는 것이었다. 버쿠어(Berkouwer)는 이와 같은 생각은 오직 믿음으로만의 의인을 오해하는 것이 아닌가 두려워하고 있다.[40]

그러나, 이미 마음에 간직한 "오직 믿음"이라는 것을 무조건적인 선택과 동일시하지 않는 한 그렇다고 할 수는 없다.

웨슬리의 입장에서는, 의인은 성결 또는 완전이 아니라, 완전을 향해 필요한 하나의 단계였다. 웨슬리는 의인과 성화를 믿음으로 말미암은 구원의 두 부분이리고 생각했다. 어기에, 구원이란 성결보다 너넓은 의미로 생각했다.[41] 실제로 의인 없이는 성결이나 성화는 있을 수 없으며, 성화 없이는 의인도 없다. 만약에 일방적으로 그 어느 하나만을 취한다면, 그 사람은 다른 한 편도 소유하고 있는 것이다. 그러나 웨슬리는 이 둘은 동일한 것이 아니라고 생각했다. 참된 성화는 의인에서 시작된다. 그러나, 성결은 발전할 가능성이 있다는 사실에 대하여, 의인은 믿는 그 때에 완성되는 것이다. 믿을 때, 인간은 죄에서 용서를 받으며 하나님 앞에 용납된다. 그러나, 그는 아직까지는 온전한 구원에 도달한 것은 아니다. 그는 완전을 향한 길에 서 있는 것이다.

2. 신생(regeneration)

한편에서는 의인과 신생을 구별하는 선을 긋고, 다른 편에서는 신생과 성화 사이에 선을 긋고자 한다면, 이 모든 제목에 관한 중요한 신학과 즉시 대치하는 일이 될 것이다. 그러나 웨슬리를 이해하려 한다면, 이러한 선을 긋지 않을 수 없다. 웨슬리의 의인의 개념은 개혁자들의 개념보다는 좁은 뜻을 가진 것이라는 사실은 말한 대로이다. 루터는 의인을 "의로 선언한다"는 것과 함께 "의롭다고 한다"는 뜻을 포함하고 있다. 그는 믿음은 그리스도를 진심으로 마음으로 영접하는 것이라고 말했다. 그리스도의 의와 생명이 흘러나와 거기에 참여하는 자들의 중심에 흘러 들어간다는 것이다. 성령이 오셔서 믿는 자 안에 임하여 계신다는 것이다. 이와 같은 완전한 내적 변모를 루터는 "의인(justification), 의롭게 하다(making righteous), 의(righteousness)" 등 여러 가지 용어 아래 그 뜻을 포함시켰다. 제1의적인 개념은 용서인데, 내적 의인이라고도 일컫는 내적인 작용도 있어서 이것으로 인하여 마음은 정당하게 되고 믿게 되고, 또한 하나님을 공경하도록 되며 선하게 되는 것이다.[42] 루터는 분명히 의인과 신생, 그리고 초기적 성화를 동일시했다.

칼빈도 역시 의인에 있어서는 "사람은 자기 자신으로 말미암은 것이 아니라, 그리스도의 의를 옷을 입듯이 입혀짐으로써 그리스도의 의가 사람에게 전달되어서 의롭게 된다는 것이다"라고 생각했다. 이들 의롭다고 여겨진 사람들은 "그들의 죄에서 면죄를 받고 모든 부정함으로부터 깨끗이 씻음을 받아 정결하게 된 것처럼 온전히 의롭게 되었다"는 것이다.[43] 칼빈은 회개, 회심, 신생을 동일시 했다. 이것들은 믿는 자가 그리스도와 함께 참여한 효능이라는 것이다. 신생은 하나님의 형상의 회복이며 계속적인 과정이어서 하나님의 자녀로 받아들여진 사실을 확실히 한다는 것이다.[44] 칼빈은 의인이란 그리스도의 의를 받는다는 사실을 포함하여 그 때에 회개가 시작된다는 것이다. 이 회개는 회심, 신생, 그리고 성화와 동일시 되고 있으며, 죽음에 이를 때까지 계속되는 것으로서 이 현세에서는 완성되지 않는다는 것이다. 그러나 웨슬리는 회개는 신앙에 앞서야 하며 신앙에 수반되어야 한다는 점에서 의견을 달리한다. 웨슬리에게 있어서는 회심이란 신생이며 순간적으로 성취되며, 성화는 회심했을 때 시작했으나 계속적으로 성장한다. 이 모든 것—회개, 회심, 신생, 그리고 성화—은 의인과 구별되었던 것이다.[45]

웨슬리는 그리스도 안에서도, 의인이 사람을 의롭게 한다고는 생각하지 않았다. 이미 언급한 대로 웨슬리는 입혀진 의는 죄인을 위한 "의의 옷"이 아니라고 생각했다. 의인은 단지 그리스도의 의에 의뢰한다는 신앙에 의하여 그 사람을 의롭다고 선언하는 것일 뿐이다. 이 죄인이 의롭다고 정당화되었을 때, 그는 또한 새롭게 되었다, 또는 의로운 것으로 되어진 것이다. 그러나 이 "의로운 것으로 한다"(making righteous)는 것은 의인은 아니며 신생, 또는 회심이다. 죄인은 하나님께서 그 사람을 의로 선언했을 때에 분명히 그런 사람이 되도록 사망에서 생명으로 옮겨진 것이다. 하나님은 의로 인정하는 일에 있어서 결코 모순을 일으키지 않으신다. 의인과 같은 순간에 발생하는 이 변화는 무엇일까?

> 그것은 하나님께서 사람의 영혼 안에 역사하실 때에, 곧 하나님께서 사람의 영혼을 죄의 사망에서 의의 생명에로 일으켜 세울 때, 곧 하나님께서 사람의 영혼 안에 성취하는 커다란 변화인 것이다. 그것은 인간의 영혼이 "그리스도 안에서 새롭게 창조되는" 때, 다시 말해서 사람의 영혼이 "의와 참된 거룩함에 있어서 하나님의 형상으로 갱신될" 때, 곧 현세적인 사랑이 하나님의 사랑으로, 교만이 겸손으로, 정욕이 온유와 화평으로, 증오와, 질투와, 악의가 모든 사람에 대한 진실한 부드러운 희생적인 사랑으로 변모할 때에 하나님의 전능이신 성령으로 말미암아 사람의 영혼 안에 성취되는 변화인 것이다.[46]

웨슬리는 신생에 관하여 해석할 때 육체의 출생을 상징적으로 설명했다. 신생(regeneration) 이전에는 영적인 일들을, 볼 수도, 들을 수도 느낄 수도 없다. 그러나 그가 거듭날(born again) 때에는 전체적인 변화가 일어난다. 그의 영적인 감각이 살아났기 때문이다. 그러므로 그는 이제 "느끼는 것이다. 그의 마음 속에 하나님의 영이 이루어 놓으신 모든 은혜를 내적으로 지각하는 것이다." 그는 평화, 기쁨, 사랑을 자각하고 있다. 사람의 영혼 안에 영적인 생명이 시작된 것이다. 이야 말로 신생이라는 참된 시초이다. 그 이전에 있었던 것은 통상적인—일반적인—출생에 있어서와 마찬가지로 출생을 위한 준비였다. 어린 벌거숭이가 그런 것과 마찬가지로, 출생한 이후에 성장과 성숙이 있는 것이다. 믿는 자에게 있어서는 이 성장은 성화, 또는 그리스도인의 완전이다. 그러나, 생명을 향하여 실제적으로 출생하는

것은 신생이다.[47]

　웨슬리는 신생과 성화를 혼동해서는 안된다고 염려했다. 성화란 점차적으로 이루어지는 것으로서, 내적, 외적, 성결인 것이다. 이것들은 사람이 신생했을 때에 시작되는데, 어린아이의 출생을 그 아이의 출생 이후의 성장과 동일시 해서는 안되는 것처럼 신생과 동일시 해서는 안된다는 것이다. 그러므로 "사람들이 일반적인 출생과 성장 사이에 존재하는 관계가 신생과 성화 사이에도 존재한다. 새롭게 되는 일, 곧 신생은 성화의 일부이기는 하나 그 전체는 아니다. "신생은 성화의 현관이며 성화를 향해 들어가는 일이다."[48] 웨슬리는 신생이라는 용어를 넓은 의미로 사용한 때가 있었는데 특히 올더스게이트 체험 직후에는 더 그랬다. 1739년 2월, 그는 "충분한 의미로서의" 거듭 난 사람들, "낮은 의미로서의" 거듭난 사람들에 대하여 말했다. 의인―면죄―에 있어서의 초기의 경험을 "낮은 의미로서의" 그리고 웨슬리가 그 후에 온전한 성화라고 말한 "철저한 내적 변화"를 "충분한 의미로서의"라는 표현으로 그 의미를 나타냈다.[49] 그러나 통상적으로는 웨슬리가 신생을 그런 정도로 광의적(廣義的)으로 생각하지는 않았다.

　이 "낮은 의미"에서의 신생은 마음의 실제적인 변화이다. 타락한 마음 속이라 하더라도 새로운 마음은 주어진 것이다. 믿는 자 안에는 참된 의가 존재한다. 종교개혁자들에 따르면 그리스도인으로서의 성장 발전과 삶이 이루어진 뒤에도 이 의인은 도달하지 않았다는 것이다. 웨슬리는 먼저 의가 부여되고 성장 과정은 그 후의 일이라고 생각했다.[50] 웨슬리는 제2의 은혜를 위한 여지를 만들기 위하여 제1의 경험을 낮추는 일은 하지 않았다. 의인과 신생은 성결을 향한 현관이기는 하나, 참된 거룩한 삶이 이미 시작되었다는 것도 사실이었다.[51] 의가 믿는 자에게 주입되었던 것이다.[52] 사람 그 자체가 의롭게 되는 것이기는 하나, 그 자신에게서 의가 오는 것은 아니다. 그는 마음과 삶에 있어서 거룩하다. 이 주입된 의는 그 자신의 고유한 것이 된다.

만약에 사람이 "참으로 거룩하다면, 그는 내적으로 그 자신 거룩한 것이다."[53]

이와 같은 논의가 개혁파의 전통에 서 있는 사상가들을 깜짝 놀라게 함은 당연하다. 어떻게 사람은 온전히 거룩하게 될 때까지 거룩할 수 있겠는가? 사람은 완전히 의롭게 되기까지는 그 자신에게 있어서 의로운 것은 아니다. 돌트(Dort)회의 신조 가운데에, 믿는 자에 대하여 어느 정도의 변화를 허용할 수 있겠는가에 관한 질문이 있다. 어떠한 체험적인 변화에 대해서도 언급하는 일을 두려워하는 듯한 인상을 준다. 발생되는 최대한의 것은 시작되고 있을 뿐이다.[54] 버쿠어는 웨슬리가 "실제적인 형태"에 있어서의 변화, 그리고 "진부한 현실성"을 욕구하고 있었다고 생각하고 있다.[55] 웨슬리가 믿는 자 안에 실제적인 변화가 있다는 사실, 의롭다고 여겨진 사람은 의로운 자이며 하나님을 뵈옵기 위해 그렇게 되지 않으면 안된다고 주장했던 것은 진실된 것이다. 이 점에 있어서 웨슬리는 개혁파의 입장과 현저히 차이점이 있다.[56]

앞서 주목했던 것처럼, 웨슬리는 회심이라는 용어를 신생과 같은 뜻으로 사했다. 라텐버리(J. E. Rattenbury)는 에벌린 언더힐(Evelyn Underhill)의 말을 인용하여 회심, 또는 회개를 "영적 생활의 첫걸음이며" "그것은 지향의 변화로 되는 것"이라고 정의했다. 이것은 이 용어의 "비 메도디스트적 용법"이지, 적어도 어느 정도 개혁파의 용법에도 적용할 수 있다. 라텐버리는 "공관복음서에 있어서의 회심이라는 용법은 의심의 여지 없이 메도디스트의 용법보다는 에벌린 언더힐의 용법에 가깝다"고 했다. 그러나 웨슬리 시대에 이 용어는 다른 양상으로 쓰여지게 되었다. 메도디스트들에 의하면 "회개는 사람을 하나님께 데리고 가는 일이다. 그러나 회심은 그 사람이 뉘우치는 마음을 가지고 믿고 하나님 곁으로 갈 때, 하나님께서 그 사람 안에 이루어 놓으시는 일이다."[57] 회심한다는 것은 이와 같이 거듭나는 일이며, 이것은 마음 속에 있어서의 하나님의 행위이다.

이 회심, 또는 신생은 완전의 제1 단계이다. 웨슬리는 그리스도 안의 어린아이라 할지라도 "죄를 범하지 않는다"고 말하는 한도 안에서는 완전하다고 단언했다.[58] 여기에 웨슬리가 언급하고 있는 죄의 종류는 제2장에서 이미 논술되었다. 캐논(Cannon)은 "웨슬리는 죄라는 용어를 이중적인 의미에서 사용했다"고 말했다. 회심 이전에는 사람의 온갖 행위는 악하다. 그러나 회심에 즈음하여, 사람의 본성은 외적인 죄를 이겨 내기 위해서 충분한 정도로 깨끗해진다. 이 외적인 죄는 하나님의 율법을 의도적으로 범한다는 좁은 의미를 가지고 있다.[59] 웨슬리는 이와 같은 완전을 가르쳤다. 그러나 그것은 완전하게 하는 은혜의 과정에서 초기적인 단계이었다. 내적인 죄로부터 자유롭게 되었다고 말하는 완전은 오로지 충분히 성숙된 사람에게만 말할 수 있는 것이다.[60]

웨슬리는, 신생을 믿는 자의 삶에서 명백한 열매 곧 과오를 범하지 않는 열매를 맺는 것으로 보았다. 의인은 죄의 가시를 제하고, 신생은 죄의 세력을 물리친다는 것이다.[61] 죄는 믿는 자의 삶에서는 이미 지배력을 갖고 있지 않다. 믿는 자는 의도적으로 죄를 범하지 않는다는 사실에 있어서, 외적, 또는 내적 죄의 쌍방에 대하여 이길 수 있는 힘을 가지고 있다. 죄가 사람의 마음 속에 남아 있다 하더라도 믿는 자는 평안, 소망, 사랑을 소유하고 있다. 분명히 이 사실은 "하늘에 계신" 우리 인간의 아버지께서 "완전하심 같이" 우리 인간이 "완전하게 되어질" 때에 모든 그리스도인이 추구하고 있는 그 완전의 일부인 것이다.[62]

웨슬리가 이해하고 있는 점에서 볼 수 있는 것과 같은 신생의 개념은 신 정통주의의 모든 개념과는 정면으로 대립된다. 브룬너에게 있어서 신생은 "사람의 삶의 길잡이에 있어서의 완전한 전환"이다. 이와 같은 새로운 길잡이가 일어난다는 사실은, 인간의 그 생명은 "하나님께서 주신 선물이지, 하나님을 추구하여 노력하는 삶은 아니다"[63]라는 사실을 아는 것에 있다. 브룬너는 웨슬리가 내린 정의와 비슷한 경건파의 신생의 개념, 곧 신생을 하나님과의 관계 및 자기 자신에 대한 태도에 있어서의 참된 변화로 간주하는 것을 거부한다. 브룬너에게 있어서는 심리적 변화는 마술과 같은 것으로서 비성서적이라고 말할 수 있다.[64] 웨슬리에 있어서는 이 개념은 신생일 수 없고 의인이 훼손된 모양에 불과하다. 루디가 강조한 번모된 삶조차 브룬너, 바르트 두 사람으로부터 거부되고 있다. 바르트는 "영혼 안에 있는 신적 본성"이라는 주장을 이단으로 분류한다. 이들의 개념은 사도 바울, 또는 웨슬리와도 일치하지 않는다. "성 바울은 바르트가 금하는 일을 하고 있다. 다시 말해서, 바르트가 속죄에 있어서의 신적 주체의 탓으로만 돌리는 것을 바울은 속죄의 인적 주체에 돌리고 있기 때문이다." 신학자 바르트는 사람으로부터 "사람이 단연히 지녀야 할 주체성―인격의 깊이와 그 자유"를 탈취해 버렸던 것이다.[65]

웨슬리는 이와 같은 일방적인 경향을 바로잡았다. 하나님은 속죄의 대상 가운데 참된 행위를 행하신다는 것이다. 의로 여기는 신앙 이전의, 최초의 서광과 죄의 자각을 가져오는 선행 은총 가운데서 하나님은 그의 일을 시작하신다. 의로 여기는 믿음과 믿는 자의 영혼 안에 하나님의 용납하심과 새로운 생명이 부여된다. 구원 그 자체가 이제 시작되어 믿는 자는 성결, 또는 완전의 길에 오른 것이다. 그러나 앞길에는 아직도 있어야 할 일들이 많이 있다.

3. 초기적 성화

그리스도인의 완전, 성숙, 궁극적 영화(榮化; glorification)로 이어져 가는 완전의 과정에 관한 논의를 시작하기 전에, 초기적 단계에 있어서의 성화에 관한 웨슬리의 개념을 보다 더 면밀하게 탐구하는 일이 좋을 것이다. 분명히 때때로 웨슬리는 성화라는 용어를 온전한 성화라는 의미로 사용했다. 그러나 그가 명확한 구별을 했을 때에는 상위점이 있음을 밝혔다. 그러나 이 상위점이란 질적인 것이 아니라 정도의 차이였다. 성화는 신생에서 시작되고, 점차적인 성장으로 계속되며, 온전한 성화의 경험에 있어서 새로운 수준에 도달하고, 그 후에도 발전적으로 계속된다. 그러면 이 초기의 단계란 어떤 것일까?

웨슬리에게서는 한편에는 신생과 초기적 성화, 그리고 다른 한편에서 의인이라는 명확한 구별이 신생과 초기적 성화 사이에서는 볼 수 없다. 이미 밝힌 대로 성화는 단계적으로 되어지는 일임에 대하여, 의인은 순간적으로 성취된다. 이런 의미에서 완전한 의인이라는 것을 말할 수 있다. 신생에 대해서는 어떤가? 하나님의 행위로서 완전한 것일까? 아니면 성화가 그러하듯 불완전한 것일까? 이미 살펴본 대로, 신생은 성화로 들어가는 현관이며 시작이기는 하지만, 성화가 뜻하는 그 전부는 아니다. 결과적으로 신생과 성화는 전적으로 같은 것이라고 볼 수는 없다. 신생은 다만 성화의 불완전한 형체라고 말할 수도 없다. 어떤 의미에서는 신생 그 자체로서 하나의 완전한 행위이며, 불완전하다고 말할 수는 없다. 신생은 불완전한 것이라고 했지만, 이렇게 이해하는 일은 웨슬리의 견해를 바로 묘사한 것이 아니다.[66]

웨슬리가 신생에 대한 정의를 내렸을 때, 분명히 초기적인 성화라고 말할 수 있는 모든 개념을 포함시켰던 일은 사실이다. 웨슬리에게 있어서는 새로운 출생의 표시는 온전한 사랑, 계속적인 복종, 거룩함, 또는 완전을 포함했다.[67] 그러나 웨슬리에게 있어서 사랑이 온전히 이루는 일, 그리고 사람을 거룩하고 완전하게 하는 것은 하나님의 깨끗게 하시는 선물이었다. 그는 또한 성화를 "자랑, 노여움, 자기 주장, 다른 모든 악한 성질과 함께 세상을 사랑하는 일, 쾌락, 안일, 명예, 돈을 사랑하는 일"[68]을 추방하는 하나님의 능력에 의한 내적 갱신이라고 했다. 웨슬리는 신생과 성화는 같은 것은 아니라고 말한 것이었는데,[69] 사람이 원하는 만큼 명확하게 이 두 사이의 선을 잘못 그었다. 웨슬리는 완전에 대한 정의를 다음과 같이 적었다.

> 완전이란 단지 의심이나 두려움으로부터의 석방일 뿐 아니라, 죄로부터의 석방이다. 외적인 죄로부터 석방되는 것과 같이 모든 내적인 죄로부터의 석방. 악한 언행으로부터 석방되는 것과 마찬가지로 악한 것을 원하고 바라는 일과 악한 성품으로부터의 석방인 것이다. 그렇다. 그것은 단지 소극적인 축복, "내가 너희 마음에 할례를 행하리라"라는 표현에 포함되어 있는 모든 악한 성향으로부터의 석방일 뿐 아니라, 동시에 적극적인 "온 마음과 영을 다하여 주 너희 하나님을 사랑하라"는 또 하나의 표현에 밝히 그 뜻이 포함되어 있는 모든 선한 성향을 그 대신으로 심어두는 것이다.[70]

분명히 이와 같은 설명에는 신생의 요소—"온갖 선한 성향을 심어두는 일"과 성화의 요소"—온갖 악한 성향으로부터의 석방이 있다.

웨슬리가 사람이 진심으로 믿었을 때 그 사람은 의롭게 여겨지며 거듭나고 초기적으로 성결케 된다고 말한 것은 분명하다. 의인은 그 죄의 용서이며, 그 사람이 하나님께 용납되는 일이다. 그것은 믿는 자를 "위하여" 이루신 행위이다. 동시에 그 사람은 거듭 나고 갱신되어서 죽음에서 생명으로 옮겨진 것이다. 그 신생은 참된 변화이며, 믿는 자 "안에" 이루어진 행위이다. 같은 순간에 죄를 범하는 일에서 석방되고, 죄의 힘을 쳐부수는 일, 성결, 또는 완전이 시작되는 것이다. 이 최후의 것을 바로 초기적 성화라고 구분할 수 있을 것이다. 신생과 성화가 별개의 것이라는 사실은 펙크(Jesse Peck)에 의하여 밝히 언급되었다.

> 어떤 사물의 존재와 그 존재하고 있는 사물의 상태와의 사이, 생명의 사실과 생명의 형태, 영적으로 살아 있는 영혼과 그 살아 있는 영혼의 도덕적 상태와의 사이에는 커다란 차이가 있어서 그 구별이 필요하다.
> 신생은 전자에, 성화는 후자에 해당된다…
> 성화라는 말은 신생이 영혼에 생명을 가져오는 것을 보여주는 것처럼, 하나님이 생명으로 옮겨 놓으신 영혼에 대한 어떤 취급을 나타내는 것이다…

여기에 사실과 그 사실의 질, 사물과 그 사물의 돌발적인 사건이 다른 것처럼 각각 두 개의 전혀 다른 사실이 존재한다. 두 개의 용어, 전적으로 다른 뜻을 가진, 두 개의 사실—곧, 신생, 영적 생명을 산출(産出)하는 일, 성화, 영적으로 살아 있는 영혼에 대한 취급—을 각각 표현하여야 할 용어는 어학의 법칙을 범하는 일이 없이는 한편이 다른 한편의 직무를 다할 수는 없다.[71]

의인이 그러하듯이, 신생의 행위는 그 명확한 의미를 붙이는 일과 함께, 완전한 일인 것이다. 죄인의 죽은 영혼은 생명으로 옮겨지고, 은혜 또는 이 새로운 생명의 모든 소질이 믿는 자 안에 모조리 심겨진다. 이 새로운 생명은 신생아와 같이 유아기에 있어서 성장하는 일이 가능하다. 이 새로운 창조는 그 종류에 있어서 완전하나 여전히 성장할 수 있다. 새로운 생명이 영혼 안에 심겨짐과 동시에 하나님은 죄를 깨끗이 씻기 시작하신다. 죄의 세력은 깨어지는 것이다. 사람은 거룩하고 순결하고 깨끗하게 되어지는 것인데, 온전히 거룩하게 된 것은 아니다. 이 깨끗이 씻는 행위는 성화의 시작이다. 다시 말해서 시작된 성결이다. 그것이 시작된 것에 지나지 않는다는 것 때문에 초기적이라고 말한다. 이 새로운 생명은 어떤 악이 의연하게 존재하는 그곳에 존재하는 것이다.

그는 겸손했다. 그러나 온전히 겸손하지는 않았다. 그의 겸손은 오만과 혼합된 겸손이었다. 그는 온순했다. 그러나 그의 온순은 종종 분노와 어떤 불안한 소용돌이치는 감정으로 말미암아 중단되었다. 그의 하나님 사랑은 종종 피조물을 사랑하는 일로 방해를 받고, 이웃 사랑은 사랑에 거슬리는 기질이라고까지는 말하지 않더라도 악한 억측과 생각 때문에 방해를 받았다. 그의 의지는 하나님의 뜻에 전혀 융합되었던 것이 아니었다.[72]

이와 같은 말로 웨슬리는 거듭 나고 초기적으로 깨끗함을 입었으나 온전히 깨끗하게 되기 이전의 믿는 자를 묘사했던 것이다.

초기적 성화는 이처럼, 죄가 하나님의 영으로 말미암아 죽음에 이르는 타격을 받기는 했으나 완전히 전멸되지는 않았다는 그리스도인의 삶의 시작이라는 점이다. 의인과 신생은 순간적으로 부여되는 충분하고 완전한 일이지만, 성화의 초기의 행위는 불완전하여 성화의 완전한 성취는 후에 있을 한 순간을 기약하는 것이다. 그러나 믿는 자가 죄를 범하는 일이 없이 살 수 있기 때문에 그것은 시작된 완전이다. 그 초기의 행위는 사람으로 하여금 죄를 범하지 않도록 한다고 말할 수 있을 정도에까지 완전케 하는 초기의 완전이다. "초기적인 완전이 있고, 점차적인 완전이 있고, 궁극적인 완전이 있다."73) 이 초기의 단계는 "태아기, 유아기의 성결"이다.74) 웨슬리의 견해로서는 성결과 완전은 같은 뜻을 나타내는 말이기 때문에 시작된 성결은 또한 완전의 시작이기도 하다.

분명히 이 초기적 성결, 또는 완전은 아직 믿는 자의 것이 되어 있지 않은 그리스도 안에서의 완전뿐이라고 말하는 것은 아니다. 이미 언급한 것처럼 실제로는 그리스도에게만 속하는 완전을 입혀졌다고 말하는 것은 아니다. 그리스도가 거룩하셨기 때문에 사람은 거룩하게 되었다는 것이지, 그리스도가 거룩하셨다는 사실을 감안해서 거룩하다고 간주된다는 말은 아니다. 믿는 자는 사실상 거룩하기 때문에 거룩하다고 간주된다. 믿는 자는 그리스도의 거룩하심으로 말미암아 그 사람에게 거룩하게 되는 방법이 부여되었다는 것이다.

> 성서적 성결은 하나님의 형상, 그리스도 안에 있는 마음, 하나님과 사람에 대한 사랑, 겸손, 유순함, 절제, 인내, 순결이다. 당신은 냉담하게 이것은 다만 믿는 자에게 입혀진 것이다. 그 안에는 전혀 이 성결은 존재하지 않다고 단언하는 것인가? 주정뱅이에게 절제가 여전히, 매춘을 계속하는 여자에게 사랑이 단지 입혀질 뿐인가? 아니다. 믿는 자는 실제로 순결한 자, 절제하는 자이다. 만약 그렇다면, 그와 같이 그는 자기 자신에 있어서 거룩한 것이다.75)

물론 이 성결은 그 사람 "자신으로부터"의 것은 아니다. 그러나 참으로 거룩하게 된 믿는 자 안에 있는 것이다. 그는 참으로, 사랑, 인내, 그리고 성령의 다른 은총들을 가지고 있다. 이것들은 자라가야 하는 것이며, 아직까지도 남아 있는 악으로의 경향성은 씻어 깨끗하게 될 필요가 있다. 그가 사랑을 소유하고 있는 한, 그는 깨끗하고, 이와 같이 그리스도인을 위하여 아직도 앞길에 놓여 있는 많은 것들인 어느 정도의 완전을 가지고 있다.

의인으로 성결이 시작된다는 사실은 웨슬리주의의 전통에 서 있지 않은 많은 신학자들에게서도 인정을 받고 있다. 카이퍼(Kuyper)는 믿는 자가 의롭다고 여겨질 때에 성화는 시작된다는 사실을 인정했다. 그는 그리스도 안에 있어서의 완전한 성화의 사실과는 달리 사람은 정도에 따라 불완전하나 부분적으로 완전하다고 가르쳤다.[76] 그에게 있어서 천국에 들어가기 위하여 사람은 완전하지 않으면 안된다고 했는데, 이 궁극적인 완전에 사람은 도달할 수 없다.[77] 와필드(Warfield)와 버쿠어(Berkouwer)는 이 의인의 신앙을 가지게 될 때 믿는 자 안에 성결이 시작된다는 사실에 대하여 카이퍼 및 웨슬리의 의견은 같았다. 그러나 그 표현은 다양했다.[78]

웨슬리는 많은 개신교 사람들이 붙이지 않았던 구별을 붙였는데, 일반적으로 초기적 성화 및 그 성장에 관한 개념은 일반적인 개신교의 견해와 큰 차이는 없다. 웨슬리는 온전한 성화, 또는 믿는 자를 위한 현재적인 완전이라고 말하는 점에 있어서 개혁파의 견해에서 떠났다.[79] 웨슬리는 사람이 의롭다고 여겨졌을 때, 그 사람은 또한 초기적으로 깨끗하게 되어졌다는 사실, 그리고 이 완성을 위하여 앞으로 전진해야 한다는 사실을 믿었다.

4. 점진적 성화

　웨슬리가 점진적, 또는 순간적 성화의 쌍방을 가르쳤다는 사실은 주의 깊게 웨슬리를 배우는 사람들로부터 인정을 받고 있다. 많은 사람들이 웨슬리의 전적 성화의 교리에 주의하지 않을 때까지 점진적 성화에 관하여 웨슬리의 가르침을 추종했다. 다른 사람들은 종종 점진적인 면을 무시하고 순간적 경험을 강조했다. 플레처(Fletcher)와 마찬가지로 웨슬리도 명확히 점진적 및 순간적 성화의 두 면을 가르치고 이 양면을 올바른 균형 가운데 보전할 수 있었다. 그러나 초기의 메도디스트 운동에 있어서 다른 면을 무시하기 위해 한 면을 지나치게 강조한 경향을 볼 수 있다. 존 피터스(John Peters)는 리처드 왓슨(Richard Watson)이 점진적인 면을 가르치는 데 대하여 아담 클라(Adam Clarke)은 순간적인 성결의 면을 강조했던 사실에 주목하고 있다.[80] 이 두 사람의 저술은 미국 메도디스트 운동의 표준적인 교재가 되었다.[81] 피터스에 의하면 클라크와 왓슨 사이의 현저한 차이는 후일에 나타난 대로 한편에서는 메도디즘 운동, 그리고 다른 한편으로는 홀리네스 운동이라는 서로 다른 결과를 초래했다.[82]
　점진적 및 순간적 성화의 두 개의 개념은 공존할 수 없는 사실이라고 말할 수 있을런지도 모른다.

> 웨슬리의 생각이 순간적으로 부여되는 완전과 성장하는 것으로서의 완전과의 사이에 망설임이 있었던 까닭으로 일관성이 없는 것으로 느껴졌었다. 그러나 웨슬리 시대에 이 반대에 직면하여 이미 해답되어진 것으로 웨슬리는 믿고 있었다. 웨슬리의, 인간 출생에 있어서의 유사점은 그의 해답의 중심점인 것을 제시하고 있다. 출생 전의 태 내에서의 성육(成育), 또는 출생 후 긴 세월에 걸친 성장이 있기는 하나 출생 그것은 순간적인 일이며 시계 바늘로 시간을 나타내 보일 수 있는 일이다. 성결한 삶에 관하여 그것을 향해 자라가는 것이 아닌, 그 안에 출생하는 것이어서 거기에 있어 자라가는 것이라고 웨슬리는 말했을 것인지도 모른다. 웨슬리가 저술한 것들

가운데서 먼저 출생의 순간적 특성, 그리고 뒤를 이어 성장에 있어서 완만한 과정에 관한 각각 다른 것을 찾아 낸다면, 그 서로 상대하는 바를 첨예화하고 정반대의 표현의 일련성으로서의 명확한 모순이라고 보이는 점을 찾아내는 일은 그리 어려운 일은 아니다. 그러나 그것은 웨슬리가 뜻하고 있는 바를 해롭게 하는 일이다.[83]

확실히 성결의 개념은 두 가지 견해를 전해준다. 그 하나는 살아 있는 것(생물)의 성장과 발전이며, 다른 하나는 성육을 방해하는 질병을 제거하는 일이다. 이 두 가지 견해가 혼동될 때에, 그 자체로 불가능한 순간적인 성숙 상태를 위한 성장으로 생각되어, 마음을 깨끗이 하기 위한 하나님의 시간이 필요한 것처럼 들린다. 더러움으로부터 깨끗하게 되는 일, 그리스도인의 모든 덕행의 성장과의 사이에는 구별이 있어야 한다. 웨슬리는 바로 이 구별을 했던 것이라고 생각한다.

웨슬리는 종종 점진적인 성화를 표현함에 있어서, 죄를 깨끗이 씻어 버리는 일(cleansing: 깨끗이 하는 일)과 성장, 이 두 면을 뜻하는 용어를 사용한 사실은 의심의 여지가 없다. "우리가 거듭 난 그 때부터 점진적인 성화의 역사는 이루어진다." 웨슬리는 또한 "우리가 죄로 말미암아 점점 죽음에 이르게 되는 것과 동시에 점점 우리는 하나님에 대하여 살아 가는 것이다"[84]라고 말했다. 이 표현은 죄에 대하여 온전히 죽을 때 그 이상 더 성장하지 않는 것처럼 하나님에게 대하여 사는 것을 의미하는 것이라고 이해할 수 있다. 그러나 웨슬리는 성화의 역사의 모든 것이 한꺼번에 이루어지는 것이라고 말하기는 했으나, 위에서 말한 것과 같은 의미로 한 것은 아니다. 그리스도인은 서서히 자라가며 "그리스도의 분량에 도달하기 전에 많은 풍랑을" 겪어야 한다.[85]

그리스도인의 완전은, 그러므로 (어떤 사람이 상상한 것처럼) 무지, 과오, 약점, 유혹으로부터 벗어나는 것을 의미하지 않는다. 참으로 성결을 위한 오직 하나뿐인 다른 용어에 불과하다. 같은 일에 관한 두 개의 명칭인 것이다. 이와 같이 거룩한 자는 누구나 다 성서적 의미에서 완전하기도 하다. 그러나, 우리는 다음과 같은 사실을 인정해야 한다. 다시 말해서 이러한 의미로서, 이 땅 위에서는 어떠한 절대적 완선이란 있을 수 없다는 사실이다. 일반적으로 말하는 것처럼 "정도에 의한 완전," 계속적인 증대를 허용하지 않는 완전은 존재하지 않는다. 그러므로 어떠한 경지에 도달했다 하더라도, 얼마나 높은 정도로 완전하게 되었다 하더라도, 그 사람은 아직도 "은혜 안에서 성장"하여 가며, 구원의 주가 되시는 하나님을 아는 것과 또한 하나님을 사랑함으로 날마다 진보할 필요가 있다.⁸⁶⁾

분명 웨슬리는 단순히 성장이라고만 말한 것이 아니라, 그 성장 속에 있는 단계를 맞게 되는 그리스도인의 완전 또는 성결의 이념을 갖고 있었다.

웨슬리가 어떤 모양으로 사람의 마음 속에 있어서의 하나님의 은혜의 점진적인 역사를 논설했는지에 관해서는 이미 언급했다. 이 역사는 선행적 은총으로 시작되며, 궁극적인 영화(榮化, glorification)가 이루어질 때까지 계속된다.

> 구원이란 통상적으로 (매우 적절하게도) 선행적 은총이라고 말하는 것으로부터 시작하며, 하나님을 기쁘시게 하려는 소원의 시작, 그리고 하나님의 뜻에 관한 최초의 서광, 하나님 앞에서 범죄한 사실에 대한 최초의, 순간적인 인죄감(認罪感; 죄에 대한 자책감)을 포함한다. 이와 같은 일들은 사람의 마음이 새 생명을 향했다는 사실을 시사한다. 어느 정도의 구원, 맹목적인 무감동의 마음, 하나님에 대한 모든 일에 관하여 감동하지 않는 것으로부터의 석방이 시작되는 것이다. 구원이란 성서가 일상 회개라고 말하고 있는 "인죄에 이르게 하는 은총" 곧 자기 자신에 대한 보다 큰 지식, 또한 돌같이 굳은 마음으로부터 석방되는 일에 따라 지속된다. 그 후에 우리는 참된 그리스도인이 되는 구원을 체험하게 된다. 그리하여 우리는 "은혜로 말미암고 믿음으로 말미암아 구원을 얻는 것"이며, 이것은 의인과 성화의 두 요소로 이루어지는 것이다. 의인으로 말미암아 우리는 죄책으로부터 구원되며, 하나님의 은총을 입고, 성화로 말미암아 죄의 뿌리와 세력으로부터 건져냄을 받고, 하나님의 형상을 회복하게 되는 것이다. 성서와 함께 모든 경험은 이 구원이 순간적이며 또한 점진적이라는 사실을 말해준다. 이 구원은 우리가 의롭다

고 여겨지는 순간에 하나님과 사람에 대한 거룩하고 겸손한, 온유한, 강한 인내의 사랑으로 시작된다. 그 순간부터 서서히 "처음으로 모든 씨앗 가운데 가장 작으나 후에는 커다란 가지들이 생겨 큰 나무가 되는 겨자나무"와 같이, 또 하나의 순간에 모든 죄에서 마음이 깨끗하여지고 하나님과 사람에 대한 순수한 사랑으로 충만해질 때까지 자라며 커지는 것이다. 그러나 그 사랑이라 할지라도 우리가 모든 일에 있어서 우리의 머리가 되시는 그리스도의 분량으로 자랄 때까지 "그리고," "그리스도의 차고 넘치는 신장의 분량"에 도달할 때까지 점점 더 자라고 증가하는 것이다.[87]

웨슬리의 붓으로 쓰여진 중요한 문구로 말미암아, 우리는 몇 가지 중요한 사실에 주목해야 한다. 첫째로, 구원은 은혜의 제일 초기에 서광으로 시작하여 영광 중에 그 완성에 이를 때까지 점진적으로 이루어지는 것이며, 웨슬리에게 있어서 구원이란 성결을 말하는 것이며, 성결은 완전이기 때문에 충분한 성결 또는 온전한 완전의 성취는 온전한 구원에 이른다는 사실과 같다는 점. 둘째로, 이 과정에 있어서 "그리스도인이 되는, 엄밀한 의미로서의 구원은 회개 후에 신앙을 가지게 되었을 때에 온다는 사실. 셋째로, 구원이란 "우리가 의로 인정된 그 순간에" 시작되어 서서히 증대한다는 사실. 넷째로, 또 하나의 순간이 마음이 전적으로 깨끗하여지고, 깨끗함으로 채워졌을 때에 찾아온다는 사실. 다섯째로, 깨끗함으로 채워진 후에도 사랑의 증대가 있게 된다는 사실 등이다.

분명히 웨슬리의 성화 또는 구원에 대한 이념은 두 면, 곧 소극적인 면과 적극적인 면이 있다. 소극적인 면은 죄 또는 "돌 같은 마음"을 취급한다. 이 죄로부터 인간은 석방되어야 한다. 이 석방은 마치 인공위성을 달 궤도에 올려 놓는 로켓과 같이 순간적인 단계와 함께 또한 점진적인 것이다. 의인은 죄과로부터 풀어놓는 것으로서, 사람은 서서히 이 순간에 근접하여 간다. 의인과 같은 순간에 성화는 사람을 죄의 세력으로부터 풀어놓으며, 그 후의 한 순간에 죄의 "뿌리"로부터 석방한다. 이후의 한 순간을 향해 "죄에 대하여 죽어가는" 것으로 서서히 접근하게 되는 것이다. 죄에 대해 죽고 그 마음이 순결하게 될 때, 또는 오직 순수한 사랑이 마음에 가득히 채워질 때, 그 순간이 찾아온다.

구원의 또 다른 한 면은 적극적인 것이다. 죄인에게 빛이 비추어진다는 것인데, 새로운 선한 희망과 욕구가 시작된다. 인간은 의롭다고 여겨질 때 거듭 나게 된 것이다. 새로운 생명이 그 안에 자리잡게 된다. 마음 속에 하나님의 사랑이 흘러들어간다. 이 새 생명은 온갖 덕과 함께 점점 증대된다. 보다 더 큰 사랑, 보다 더 큰 기쁨, 보다 더 좋은 평안과 하나님의 보다 더 좋은 것들이 있게 된다. 소극적인 성화는 그 성장이 보다 신속히 이루어지도록 장애물을 제거한다. 온전한 성화는 구원의 이 적극적인 면을 크게 후원한다. 그러나 아직은 앞길에 많은 것들이 가로놓여 있다. 성화의 소극적인 면이 온전한 성화의 순간에 완전하게 되며, 그리고 온전하게 되는 데 비하여 적극적인 역사는 이 세상에서도, 영원에 있어서도 결코 끝나지 않는다.[86]

이미 살펴본 대로, 웨슬리는 은혜가 그 삶 속에 효력을 발생할 수 있도록 하기 위해서 하나님의 은혜에 협력하지 않으면 안된다고 말했다. 인간에게는 하나님의 선물이 영혼 안에서 증대할 수 있도록 감당해야 할 일이 있다. 사실은 해야 할 일을 하지 않으면 은혜를, 의인의 은혜까지도 상실하게 된다. 웨슬리는 구원의 시초를 맛본 사람으로서 완전을 향한 일에 실패한 자들에게 지옥과 저주를 선언하는 일은 하지 않았다. 그는 이런 사람들은 선한 길로 걷고 있으며, 드디어는 긍휼함을 입게 될 것이라고 생각했다. 그러나 완전히 행보를 계속하지 않는 것은 큰 손실을 가져오게 된다고 생각했다. "보다 더 좋은 길"을 걸어 가도록 그리스도인은 아침에 일찍 일어나서 뜨겁게 기도하고, 하나님의 영광을 위하여 하나님께서 하시는 일에 종사해야 할 것이다. 자기 부인의 실천, 언행을 바르게 하고, 불필요한 일은 피하고, 자기의 부요함을 정당하게 사용해야 한다."[86] 믿는 자 측에 있는 이 적극적인 응답은 하나님께서 그 은혜를 사람들에게 증가하여 하나님께서 이루고자 하시는 일을 사람들 안에서 완성시키는 일을 가능하게 한다.

웨슬리는 선행과 성화를 동일시하지 않았다. 그러나 선행은 성결의 조건이라고 했다. 신앙은 온전한 성화의 직접적인 조건이다. 그러나 하나님의 역사하심을 대망하는 가운데 선행도 필요하게 된다.[90] 라텐버리(Rattenbury)는 흥미있는 관찰 결과, 웨슬리는 신앙, 아침 4시의 기상, 금식으로 인한 성화를 가르쳤다고 보았다.[91] 믿음은 그와 같은 실천을 통해서만 생긴다.

> 영혼의 본연의 자세, 성향, 곧 진지함이 없이는 하나님의 영은 우리의 마음을 깨끗하게 하려는 힘을 모아 주시지 않는다. 성령의 선행적 협력적 은총을 통해서 이 성향을 우리 안에 갖추는 일은 우리의 힘으로 할 수 있는 바이다. 이것은 경험에 이어지는 성령에 의한 모든 역사의 기초를 이루는 일이므로 우리가 그것을 갖추도록 성령은 기대하신다. 그런데 우리의 마음을 냉정하고 진지한 성향으로 보전하는 일, 우리의 감정을 다스리며 진정시키고, 이 세상의 공허한 것과 쾌락을 불법적으로 추구하려는 우리의 욕정을 거두고 견제함에 있다. 우리가 용이주도하게 성령께서 촉구하시는 일에 응하지 않는한, 성령께서 우리의 성향을 깨끗하게 하시지 않는다는 일만큼 분명한 일은 없을 것이다. 성령의 촉구는 우리가 필요치 않은 일과 함께 우리의 생각을 헛되게 낭비하고 도리어 가장 필요한 한 가지일, 곧 우리의 영적 진보를 생각하지 않고 소홀히 여기는 사이에 상실된다.[92]

웨슬리는 구원을 위한 공적을 쌓기 위하여 필요한 선행을 행한다는 의미로서는 도덕가이지는 않았다. 규칙을 정하기 위하여 외적인 복종을 강요한다는 의미에 있어서도 그는 도덕가이지는 않았다. 웨슬리에게 있어서 참된 종교란 항상 내적인 것이었기 때문이다.[93] 그러나 내적 성결은 외적 성결로부터 나눌 수는 없는 것이다.[94] 성결을 율법주의의 한 형태로 취급하는 자는 웨슬리의 사상이 뜻하는 모든 것을 이해하는 일에 있어서는 실패자이다. 사람은 마음에 있어서 거룩하다고 여겨진 것이며 자기 능력의 한계까지라도 대응시키려고 노력한다. 마음 속에서 내적인 죄가 없어질 순간까지 내적인 죄는 서서히 파괴되는 것이다. 이와 같은 순간 전에 그리고 그 이후에도 진정한 그리스도인은 내적인 빛을 그의 외적인 삶을 향해 비추려고 한다. 하나의 목표, 내적인 성결은 믿음으로 말미암아 이 지상생활 중에 달성할 수 있다. 그러나, 제2의 목표는 앞에서 배우게 될 것이지만, 이 현세에서는 완성될 수 없는 일생을 걸어야 하는 종신적(終身的)인 과업이다.

19세기 후반의 메도디스트의 저술가인 우드(J. A. Wood)는 순결과 성숙의 사이를 구별했다. 그에 따르면, 순결이란 성결이며, 온전한 성화는 경험에 의하여 달성된다는 것이다. 이 순결은 이미 주목되었던 것처럼 성결의 소극적인 면이다. 성숙이란 중생에 있어서 심어진 모든 덕이 자라가는 일이다. 마음이 불순한 한, 성장은 방해를 받는다. 그러나, 믿는 자 안에 죄가 파괴될 때, 성장은 한층 더 자유롭게 되며 신속히 진행된다.[95]

우드는 히바드 박사(Hibbard)의 말을 인용하여 "서서히 자라서 죄로부터 벗어난다"고 말하는 것을 부정한다. 은혜 안에서의 성장은 있으나 이와 같은 성장은 그 자체가 죄를 제거하는 일은 아니며, 마음이 순결하지 않아도 은혜 안에서 자라며 선한 일 행하고 어느 정도의 성숙에 도달할 수 있다는 것이다. 순결은 믿는 자의 마음 속에 있어서의 하나님이 행하신 일의 결과인 것이다.[96] 순결은 서서히가 아니라, 믿음에 의하여 순간적으로 이루어지는 것이다.[97] 성숙은 오랜 세월의 성장과 함양(涵養)을 거친 후에 부여된다. 이와 같은 구별을 붙이면, 웨슬리의 가르침은 훨씬 명확하게 되는데 앞에서와 같은 구별은 붙이지 않았다.

그러나 우드가 성결의 순간적인 성격을 한 순간의 것으로 강조한데 비하여, 웨슬리는 중생에 있어서의 성화의 시작보다 온전한 성화에 있어서의 그 완성까지의 점진적인 성결을 보다 더 강하게 주장했다. 웨슬리는 두 개의 은총으로 말미암아 하나님께서 행하시는 일 사이에 성숙에 있어서와 마찬가지로 순결에 있어서도 중대함이 있다는 사실을 알았다. 죄에 대하여 죽어간다고 말하는 사실이 있는 것이다.[98] 온전케 하는 은혜는 적극적인 동시에 소극적인 것이다.[99]

웨슬리는 신생을 종교개혁자 종교개혁자들보다 한층 더 극적인 내적 변화라고 하여, 이 점에서는 그들의 견해와 다르지만, 웨슬리의 점진적 성화의 개념은 그들의 견해와 그렇게 다른 것은 아니었다. 루터는 믿는 자는 "은혜"와 "선물"을 가진다고 가르쳤다. 은혜는 믿는 자를 전적으로 더 깊은 은혜 가운데 있게 하며, "모든 죄가 온전히 용서를 받게 된다." 그러나 믿는 자는 온전히 치유된 것은 아니다. "선물"은 깨끗하게 하는 선물이다.[100] 물론 루터는 웨슬리처럼 현세에서 그 치유가 완성된다고는 생각하지 않았다.

흥미있는 일은 칼빈주의자 가운데 한 사람인 와필드(Warfield)는 완전주의를 강하게 반대했는데, 현세에 있어서의 죄의 근원의 불완전한 근절을 말했다. 그는 성서는 단지 죄의 근절은 허용했으나, 죄의 반작용은 허용하지 않았다고 주장했다. 흐르는 물을 깨끗이 하려면, 원천을 깨끗하게 하지 않으면 안된다는 것이다. 그러나 와필드는 현세에서는 완전한 정결이란 없고, 다만 죽음 후에 완성되어야 할 계속적인 일이라고 생각했다.[101] 칼빈은 계속적인 과정에 의하여 믿는 자 안에 죄는 파괴되지만, 이와 같은 정결은 죽음 이전에는 완성될 수 없다고 말했다.[102]

점진적 성화에 관하여 웨슬리는 개혁파의 주장을 추종하는 듯이 보였다. 이 점에 관하여 웨슬리는 반대편에 있는 사람들과 거의 논쟁하지 않았다. 참된 불일치는 웨슬리가 온전한 성화, 또는 그리스도인의 완전을 현세에서 가질 수 있는 것이라고 말한 것에서 일어났다. 많은 사람들은 온전케하는 은혜가 서서히 완전케 하는 일을 이루어 나간다는 사실을 말함에 있어서는 즉시 찬성했으나, 소수의 사람들만이 이 과정이 현세에서 완성된다는 사실에 동의했다. 이와 같은 생각이 웨슬리가 완전의 교리에 있어서 주로 강조한 바라는 사실에 우리는 직면하게 된다.

5. 완전한 성화

완전의 초기의 모든 단계에 관하여 웨슬리에게 동조하는 많은 사람들이, 온전한 성화의 가능성을 현세에 속한 것이라는 데 대하여 거부한다. 그들에게 있어서 온전한 성화는 하늘에 존재하는 자들을 위해 남겨둔 "내세의 축복"이다. 그리스도인은 그 시작을 현세에서 경험할지 모르나, 그 완성은 하늘에 있는 성도들만을 위한 것이다.

그러나, 웨슬리는 그리스도인 완전의 이 높은 단계도 이 세상에 있는 그리스도인을 위한 것이라고 주장했다. 일찍이 1726년에 웨슬리는 "우리의 언행의 모든 면에 있어서의 하나님의 의도, 모든 성향을 지배하는 하나의 욕구"와 함께 "의도의 단순함, 애정의 순결"은 하나님을 향하여 올라가기 위한 필수적인 조건이라고 보았다. 1733년에 웨슬리는 이 완전은 "성서에서 성결이라고 일컫는 영혼의 상승적 성향이며, 그것은 곧 죄로부터 정결하게 되고 예수 그리스도안 있었던 모든 덕을 부여받게 되는 것을 뜻하는 것임"을 가르쳤다.[103] 1777년에도 같은 견해를 갖고 있다고 웨슬리는 주장했다.[104]

이미 시사된 바와 같이, 웨슬리는 두 개의 순간적인 경험이 있다고 믿었다. 먼저 의인―이것은 신생과 동시적인데―과 구원의 신앙에 응답하여 순간적으로 부여되는 초기적 성화가 있다. 회개와 신앙으로 인도하는 하나님의 점진적인 행위가 그 전에 있다. 이 최초의 경험 후에, 죄에 대하여 죽어가고 은혜에 대하여 자라가는 두 면을 포함한 점진적인 성화가 있다. 이 통로의 또 다른 중요한 지점에서, 하나님은 또 한 번 말씀하시고 믿는 자는 온전히 정결하게 된다. 이 두번째 은혜의 순간으로 말미암아 은혜에 있어서의 성장은 성도의 최종적인 개선을 향하여 계속하여 나아간다.

　제3장에서는 웨슬리가 이 특별한 경험에 어떤 중요성을 두었는가를 지적한다. 이 성화의 단계는 그리스도인의 완전이라고 일컬어지며, 그것이 웨슬리의 특이한 메시지였으므로 제4장 전체를 이 "현재적인 완전"을 위해 쓸 것이다. 이 온전한 성화의 경험은 순간적이며 믿음으로 말미암아 오는 것이다. 웨슬리에게 있어서 이 경험은 성서적이며 체험에 의하여 증명될 수 있는 것이었다. 이 특별한 축복은 잃어버릴 수도 있고 되찾을 수도 있는 것이다. 그리스도인에게 있어서 한층 더 높은 길인데, 앞길에 더 많은 것을 바라면서 보다 더 완전한 삶을 사는 일을 가능하게 하는 일이다. 기본적으로 온전한 성화는 마음 속의 깊은 죄로부터의 석방이다.

　최초에 웨슬리는 이 온전한 성화가 순간적으로 획득할 수 있는 것인지 아닌지 확실하지 않았다. 문제는 획득할 수 있는지 아닌지에 있지 않았다. 웨슬리는 획득할 수 있는 것이라고 믿었다. 그러나 획득하는 양태(모양, 樣態)가 논의되었다. 웨슬리는 "성서는 이 점에 대하여 언급하지 않았다. 이 점은 적어도 명확한 표현으로는 하나님의 말씀의 어느 부분에도 정해지지 않았다"라고 선언했다. 이와 같은 성서의 침묵 때문에 웨슬리는 이 점에 관하여 어느 정도의 자유가 허용될 수 있는 것이라고 생각했다. 그러나 순간적이거나 점진적이거나 하나님과 함께 영광 가운데 살기를 원하는 사람은 하나님께서 행하시는 일이 영혼 안에 성취될 때까지는 안심해서는 안된다고 말했다.[105]

　그렇다면, 웨슬리는 무엇 때문에 순간성에 대하여 그토록 주장했던 것일까? 그는 45년 이상의 세월에 걸쳐 이 은혜를 소유했다고 고백한 많은 사람들의 생애를 친히 관찰했다. 웨슬리는 그 긴 세월에 걸친 기간에 점진적인 양태로 온전히 정결하게 되었다고 주장하는 사람은 한 사람도 찾아 볼 수 없었다. 변화는 언제나 순간적으로 이루어졌다. 웨슬리는 점진적인 변화에 관한 증언도 수락받을 수 있으리라 생각했다. 그러나 어느 누구 한 사람도 증언하는 사람은 없었던 것이다. 이처럼, 웨슬리는 경험에 근거하여 온전한 성화는 일반적으로 또는 언제라고 말할 수 없을 만큼 순간적인 하나님의 일이라고 결론짓도록 강요되었던 것이다.[106] 1760년 이래로 웨슬리는 순간적 변화에 관한 견해를 한층 더 확실하게 가지게 되었으며, 보다 더 단호하게 선언했다.[107] 의심의 여지없이 그것은 웨슬리의 사역의 중요한 교리였다.[108]

사실상 웨슬리는 순간적 성화에 관하여 가르치는 일은 점진적인 성화를 위하여 필수적인 것이라고 믿었다.

> 우리가 죽음 이전에 모든 죄로부터 구원을 얻게 되리라는 사실에 대하여 모두가 동의하고 있다. 이처럼 실질적인 사실은 결정되어 있다. 그러나 그 주변의 것에 대해 말한다면, 변화는 점진적인 것이거나 순간적인 것, 그 두 가지이다. 우리가 의롭다고 여겨진 순간부터 점진적 성화 곧 은혜 안에서의 성장, 하나님의 지식과 사랑에 있어서의 매일의 진보가 시작된다. 그리고 죄가 죽음 이전에 끝나는 때가 있다고 한다면, 일의 성질상 그것은 순간적이지 않으면 안된다. 죄가 아직 존재하는 최후의 순간이 있으면, 죄가 이미 존재하지 않는 최초의 순간이 있어야 할 것이다…분명히 우리는 점진적인 변화를 주장하지 않으면 안된다. 그리고 열심히, 그리고 계속적으로 순간적인 변화도 우리가 주장해야 할 것이 아니겠는가? 죽음 이전에 이와 같은 축복에 넘친 변화가 있다면, 모든 믿는 자들에 그와 같은 것을 기대하도록 장려해야 되지 않겠는가? 그리고, 오히려 한결같은 경험이 보여주는 것처럼 보다 더 열심히 기대하면 할수록 보다 더 빨리, 또한 착실히 점진적인 하나님의 하시는 일은 사람의 영혼 안에 성취되어간다. 보다 주의깊게 모든 죄를 경계하면 할수록, 은혜 안에 성장하며 선한 일로 말미암아 더욱 열성적이 되며 보다 더 주의깊게 하나님께서 정해 놓으신 일을 준수하는 일에 한층 더 충실해질 것이다. 이와 반대로, 이 기대가 끝날 때는 언제든지 그 결과는 역효과가 나타난다. 그러므로 믿는 자 안에 점진적인 변화를 밀고 나가려는 사람은 누구든 순간적인 변화를 강력히 주장해야 한다.[109]

명백히 웨슬리는 점진적 또는 순간적인 성화의 쌍방을 다 수용했다는 점에 있어서 하등의 모순이나 중복을 느끼지 않았다.

온전한 성화는 믿음으로 말미암아 오는 것이다. 웨슬리의 생각으로서는 이러한 경험은 그것이 부여되어지는 모든 조건에 있어서는 의인의 경우와 같은 것이었다. 모든 행위는 신앙에 있어서 중요하며, 넓은 의미에 있어서는 성화의 조건이기는 했다. 그러나 직접적인 조건은 믿음이다. "믿으라! 그리하면 구원을 얻으리라." 이 성화는 명백하고 단순한 믿음으로 말미암아 얻게 된다.[110] 가톨릭 신도는 순간적인 성화를 말하지는 않으나, 웨슬리의 이와 같은 사고는 가톨릭의 전통 가운데서 볼 수 있는 것이다.[111]

웨슬리는 언제나 온전한 성화의 목표는 적절한 수준에—곧 너무 지나칠 정도로 높지 않게 정해야 한다고 주장했다. 그것은 인간의 현재의 본연의 자세에 알맞은 완전이며 성서적인 범위 안에서 보전되어야 한다. 웨슬리의 주장에 반대하는 사람들은 언제나 이 상태를 지나치게 높이 자리잡았다. 현대의 어떤 저술가는 기독자의 완전에 대한 다른 정의 때문에 그리스도인의 완전에 반대한다.

> 그리스도인의 완전이란 구원의 자비를 얻으려고 그리스도에게 나아오는 모든 사람들이 동등하게 경험하는 것으로서, 그들은 그들 자신 안에 있어서는 정결하지 않은 대로 있지만, 그리스도 안에 있어서는 죄없이 완전하다. 마음이 새로워졌기 때문에—갱신되었기 때문에—그리스도인은 거룩한 애정을 맛보며 즐거워 한다. 그러나 사람의 의지의 결함이 남아 있어서 그리스도의 심정에 진심으로 동의하지만 행위에 있어서의 완전을 대응시키는 일을 결정하는 데 있어서는 불가능한 점을 발견할 수 있다. 절대적인 완전이란 선한 행위를 수반시킨 선한 의도에 있기 때문에 구원을 얻게 하는 선은 그리스도 안에 있는 것이지 그리스도인에게는 없는 것이다.[112]

카넬(E. J Carnell)에 의한 이 정의는 웨슬리나 가톨릭 신도들, 그리고 바울도 의도하지 않았던 것으로 취급해 버린다. 웨슬리에 의하면 "절대적 완전"과 위에서 언급된 "신생" 중간에 믿음으로 말미암아 도달할 수 있는 그리스도인의 완전이 있다.

웨슬리는 이 완전에 모든 사람이 도달할 수 있는 것이라고 말했지만, 이 완전에 도달한 사람은 극히 소수라고 믿었다.[113] 이 완전에 도달한 많은 사람들은 그 후에 그것을 잃어버리고 말았다. 그렇다 하더라도, 그것을 회복할 수 있었다.[114] 그것은 그리스도인의 특권이며, 모든 그리스도인은 그것을 구하고자 노력해야 한다. 그러나 웨슬리는 그것을 얻는 것이 구원에 있어서 불가결한 것이라고는 말하지 않았다. 그는 "이 길을 걷지 않는 사람은 모두 지옥으로 향하는 넓은 길을 걷고 있다고 나는 단언하지 않았다는 사실을 기억하라"고 말했다. 만약에 그리스도인들이 낮은 길을 걸었다면, 그런 그리스도인은 "계약의 피(The Blood of The Covenant)로 삶의 마지막을 맞을 때 하나님의 긍휼하심을 얻게 될 것이다."[115] 그러나 그리스도인의 완전, 다시 말해서 보다 더 높은 길은 그리스도인이라면 누구나 도달할 수 있는 곳에 있다.[116]

웨슬리는 그리스도인의 완전을 그리스도인의 생애의 최종 목표라고 정하지도 않았다. 온전히 정결하게 된 사람들을 위하여 아직도 많은 것이 그 앞에 놓여 있다.[117] 바울이 말한 것에 따르면, 온전히 정결하게 된 사람은 한편으로는 완전한 자, 곧 경기를 하고 있는 "굳센 믿음의 사람"(빌 3:15) 가운데 있으면서, 다른 한편으로는 받고자 하는 상과 함께 얻는 완전은 아직 얻지 않았다고(빌 3:12) 말할 수 있었다. 웨슬리는 이 부분을 주석하여 완전한 사람과 완성되어진 사람 사이의 상위점이 있음에 착안했다. "전자는 경기를 할 수 있는 자격이 있는 사람(15절)이며, 후자는 상을 얻기에 적당한 사람"[118]이라는 것이었다.

그러나, 웨슬리는 완전의 이 단계—이 그리스도인의 완전—는 의도적으로 죄를 범하는 것에서 벗어나는 일이라고 주장했다. 이것은 신생과 함께 오는 것으로서 타고난 죄(Inbred Sin)를 극복하는 이상의 힘인 것이다. 이 승리도 또한 모든 그리스도인의 것이다. 그리스도인의 완전은 분명히 믿는 자 안에 남아 있는 모든 내적인 죄로부터의 석방이다. "단지 의심이나 두려움으로부터의 석방에 머무는 것이 아니라, 죄로부터, 외적인 죄에서 석방되는 것처럼 모든 내적인 죄로부터, 악한 언행에서와 마찬가지로 악한 욕망, 악한 성향으로부터의 석방이다."[119] 성결에 관해서는 제4장에서 자세히 취급하겠지만 웨슬리는 이 점에 있어서 최대의 반대에 봉착했다.

이와 같은 종류의 완전—현세에 있어서의 모든 죄로부터의 자유—이야말로, 종교 개혁자, 또는 개혁파의 전통 위에 서 있는 사람들에게는 수용될 수 없는 것이었다. "칼빈이나 루터도 죄에서 자유롭게 되어질 만큼 사랑에 넘친 생애를 현세에서 보낼 수 있다는 생각은 하지 않았다."[120] 19세기 개혁파 신학자 카이퍼(A. Kuyper)는, 육신은 극히 타락했으므로 육신에서 해방되지 않고서는 죄로부터의 자유는 있을 수 없다고 생각했다. 그러나 이와 같은 안전은 그에게 있어서는 천국을 위한 필요 조건이었다.[121] 루터는 "믿는 자는 서서히 새 사람으로 온전히 변모될 수 있으리라는 추정을 해서는 안된다. 아무리 선하게, 그리고 완전했다 하더라도 그리스도인은 아직 그에게 붙어있는 옛 악덕을 얼마 만큼은 계속 지니게 된다"라고 말했다. 그 이유는 우리는 아직까지 탐내어 욕구하는 육신으로 살고 있기 때문이라는 것이다.[122] 칼빈은 남아 있는 죄의 "유물"에서 석방된다는 생각에 미치지 못했다. 이 깊은 죄는 그리스도인을 겸손하게 하고 구원하시는 그리스도에게 맡겨야 한다.[123]

웨슬리의 사상에 있어서의 완전의 이 단계는 근거가 있는 것인가? 그렇다. 웨슬리는 확신하고 있었다. 이것 없이는 성결의 정당한 이유는 모조리 상실될 것이라고 생각했다. 만약에 도달할 수 있다는 목표가 믿는 자들 앞에 제시되어 있는 것이 아니라면, 믿는 자는 낙심하고 성장하는 일에 실패하게 될 것이다. 사람들은 완전하게 될 수 없다라고 교육되어 있다면 그들을 문책하기는 어렵다. 데이빗 로버츠 (David Roberts)는 『심리 치료법과 그리스도인의 인간관』 (*Psychohterapy and A Christian View of Man*)이라는 저서에서 매우 흥미 있는 그의 의견을 진술했다.

> 하나님의 사랑(아가페)은 인간의 삶의 규범으로 되었다. 그러므로 인간이 그 규범을 따르지 못한다면, 그 죄는 크다. 그와 반대로 인간 안에 하나님의 이가페익 사랑이 받아들여진다면—그 사랑을 믿음으로 받아들이면—그는 속죄함을 얻고 구원을 향하고 있는 것이다. 그러나 오직 그리스도만이 이 아가페의 사랑을 구현했고, 또한 구현할 수 있는 오직 한 사람만이라고 생각하기 때문에, 이 규범은 그리스도 이외의 인간에게는 도달할 수 없는 자리에 놓여 있다. 이런 관점에서 인간이 그리스도를 따르는 일에 실패했다는 일을 가지고서 인간은 언제나 단죄를 받을 수 있다. 그러나 만약에 인간이 오직 그리스도만이 이와 같은 하나님의 사랑을 성취할 수 있다는 사실을 받아들인다면, 인간을 정죄하는 일이 부당하다고 생각한다고 해서 이를 문책할 수는 없다. 이 교리는 인간이 그리스도를 본받지 않았다는 점에서 문책을 받게 될 것이며, 또한 만약에 우리가 믿었다면 그렇게 될 수 있었을 것이라고 생각한다면, 이것도 또한 문책을 받게 된다. 만약에 한 개인 안에 그리스도를 닮은 데가 아무 것도 없다면 그리스도는 인간의 삶을 위한 규범으로서는 상당히 먼 거리에 있는 것이며 무력한 것임에 불과하다.[124]

웨슬리는, 그리스도인은 "그리스도를 닮은 자"이며, 그리스도는 "그리스도인의 삶의 규범"이시며, 또한 하나님의 능력과 사랑에 의하여 그리스도인이 기대하는 것이 성취될 수 있다고 믿고 있었다. 변모(transformation)가 필요한데 이 변모는—의인 그 때의 변모보다는—철저한 변모가 믿는 자 안에 이르러, 믿는 자를 거룩하게 살 수 있는 높은 봉우리에 끌어 올리는 것이다. 이 온전한 수준에서 인간은 "살고" 또한 "성장하며" 그 마음 속에 하나님의 순수한 사랑(아가페)을 경험하게 된다. 그러므로 인간은 타락으로 인하여 하나님의 형상이 훼손되고, 하나님으로부터 잃어버린바 되었으나 온전히 회복된 하나님의 형상을 회복하게 되었다. 이와 같은 실현 가능성이 있는 목표야말로 기독교에 있어서는 필요한 것이다.

이제 우리는 현세에서 실현할 수 있는 이상을 추구하는 것이 기독교에 있어서 절대적으로 필요하다는 결론에 이르렀다. 공동체인 교회의 생명으로서, 이 원칙을 교회의 교리, 찬송가, 신앙고백, 또는 모든 기관의 중심에 자리잡도록 하는 일이 절대로 필요하다. 그리스도인 개인에게 있어서도 앞에 놓여 있는 목표가 단지 회심에 머물지 않고, 봉사의 삶이라는 의미만이 아니라 완전하게 된다는 것에 있다는 사실에 절대로 필요하다. 만약에 "완전"이라는 말이 싫으면, 웨슬리가 늘 사용하는 말 "온전한 사랑" 또는 "거룩하게 되는 일", "성결"이라도 좋다. 만약에 우리가 의, 곧 그리스도에 대한 기갈을 느끼지 못한다면 그리스도인이 아니다. 완전을 목표로 하지 않는 것은 기독교가 아니다.[125]

6. 영화(榮化, glorification)

완전의 최종 단계(최종이라고 말할 수 있다면)는 부활로 말미암아 성취된다. 그러므로 그것은 부활의 완전이라고도 말할 수 있다. 웨슬리는 구원의 중요한 세 단계를 인정할 수 있었다. 그것은 의인, 성화, 그리고 영화이다. 이 최종 단계는 하늘에서, 또는 죽음 후에 오는 것이었다.[126] 웨슬리의 사상을 명확히 분석할 때, 그는 영화를 인간에게 있어서의 하나의 큰 변화로 생각했다는 사실을 알 수 있다. 그리스도인의 완전이 영화를 가져온다는 가르침을 웨슬리의 것으로 돌린다면, 사람들을 오도하는 일이 될 것이다.

웨슬리는 어느 정도의 완전은 현세에서도 성취할 수 있다고 인정했지만, 그는 언제나 최종적인 완전은 죽음 후에 이룰 수 있는 것이라고 주장했다. 천사에게만 속하는 어떤 완전을 현세에서 소유할 수 있다고 생각하는 사람이 있다면, 그는 잘못 생각하고 있는 것이다. 아담일지라도, 사람이 죽기 전에는 도달할 수 없는 완전을 에덴 동산에서 소유하고 있었다.[127] 지식의 완전, 과오, 약점, 그리고 유혹으로부터 자유라고 말한, 다음 세상에서만 부여될 수 있는 완전도 있었다.[128] 웨슬리는 부활의 요소를 포함함으로써 그리스도인의 완전을 지나치게 높은 자리에 두는 일에 항상 반대했다.[129]

웨슬리는 메도디스트들에 의하여 지니고 있었던 완전에 관한 어떤 종류의 생각을 부정함에 있어서 주저하지 않았다. 웨슬리는 「메도디스트 신도의 특성」(The Character of A Methodist)이라는 논문에서 "나는 이미 얻었노라, 온전히 이루었다고 말하지 말라"는 머리말을 붙였다. 그는 완전하다, "생각하는 것이나 말과 행실에 있어서도" 죄가 없다고 주장하는 일을 극구 사양했다. 그는 "온 세계에 대하여 나는 완전하지 못하다는 사실을 말했다…내가 그런 품성에 아직도 도달하지 못했다고 나는 단적으로 말할 수 있다"[130]라고 말했다. 웨슬리는 이와 같이 부정함으로 그리스도인의 완전을 부정한 것이 아니라, 오히려 그리스도인의 생애 가운데 완전이 절대적인 것이 되는 것을 부정한 것이다. 제5장에서 살펴보게 되겠지만, 그는 죽음 이전, 또는 죽음 후에도 획득해야 할 많은 것들이 있음을 알고 있었다.

이미 시사된 바와 마찬가지로, 웨슬리는 아직도 온전히 성화를 이루지 못한 사람은 정죄 아래 놓여 있다고 말하지 않았다.

> "완전"이란 말에 대하여 내가 뜻하는 바는 "온전한 사랑", 또는 항상 기뻐하고, 쉬지 않고 기도하며, 모든 일에 감사하는 정도로 온 마음을 다하여 하나님을 사랑하는 것이다. 그리스도인이라면 누구라도 이와 같은 상태에 도달하면 좋을 것이라는 사실을 나는 확신하고 있다. 그러나 그리스도인이 거기에 도달하기까지는 정죄 아래 놓여 있다거나 하나님의 저주 아래 있다고 나는 말하지 않는다. 아니, 그는 믿고 있는 한 은혜 아래 있으며, 하나님의 은총 가운데 있다. "완전에 도달하지 못하고 죽음을 맞으면 멸망하게 된다"고 나는 말하지 않는다. 오히려 거룩하지 않은 기질(성질)로부터 구원을 얻게 될 때까지 영광을 위해서는 미숙한 상태에 있다고 말하는 것이 타당할 것이다. 그러므로 하나님께서 그대(미숙한 그리스도인)를 그 곁에 있게 하실 때까지는 그대의 영혼 안에 아직도 성취해야 할 약속은 존재하는 것이다.[131]

이렇게 말하고 있으나, 웨슬리는 만약에 인간이 영원히 구원되어야 한다면, 인간은 죽기 전에 영광을 위하여 갖추어져 있어야 할 것이라고 생각했다. 이 말의 뜻은 믿음 안에 살고 있는 신앙인으로서 아직도 온전한 성화의 변모를 경험하지 않은 사람은, 만약에 죽음이 그를 갑자기 덮칠 경우가 있다면 하나님의 주권으로 말미암아 이처럼 완전하게 된다는 것을 의미하는 것이었다.[132]

마음속의 여러 가지 죄, 또는 내적인 큰 죄, 육체의 약점 및 허약성은 웨슬리에 따르면 의미 깊게 구별되어 있다. 그는 모든 죄, 곧 외적 및 내적 죄는 죽음이 이르기 전에 없어지지 않으면 안된다고 믿었다. 죽음은 우리를 죄로부터 떼어 놓지는 않는다. 이와 같은 분리는 마음속 또는 사람의 마음속에 있어서의 하나님의 초자연적인 역사로 말미암아 부여되는 것으로서 현세에서 이루어지는 변화였다.[133] 그러나 죄로부터의 석방은 육체, 또는 유한한 존재로부터의 자유를 의미하는 것은 아니었다. 인간의 육체는 타락했으나 죄가 큰 것은 아니다.

> 죄가 많은 육체(a sinful body)라고? 이 얼마나 모호하고 기괴한 표현인가를 살펴보라. 성서에는 이와 같은 표현을 뒷받침하는 곳은 없다. 그런 표현은 전적으로 비성서적인 것처럼 분명히 도리에 맞지 않는다. 왜냐하면 어떠한 육체도, 또한 어떠한 물질도 죄가 클 수는 없기 때문이다. 영혼만이 죄를 범할 수 있다. 육체의 어떤 부분에 죄가 머물러 있을 수 있을 것인가…만일 그렇다면 말해 보라. 영혼만이 죄의 자리가 될 수 있다.[134]

바울이 사용했던 '육'(flesh)이라는 말의 용법에 있어서 많은 경우에 육체가 아니라 하나님을 떠난 불신앙 가운데 있는 나면서부터의 인간으로서의 상태를 가리키는 것이라고 웨슬리는 생각했다. 웨슬리는 육체 밖에 있어서와 마찬가지로 육체 안에 있어서의 사람을 성화케 하는 일은 가능하다고 생각했다. 사실상 영혼이 이 지상적인 육체에 머물러 있는 동 안에 순화시키는 일이 하나님의 목적이었다.

육체는 영혼이 순결하게 되며 거룩하게 되는 일을 만류할 수 있는 것은 아니지만, 성결한 삶을 보냄에 있어서 방해물이 될 수는 있다. 이런 상태에 있어서는 우리의 육체는 방해물이 되어 영혼의 자유를 속박하고 제한한다. 우리의 어리석음, 태만, 또는 불활동적인 육체는 종종 영혼의 명령에 따르지 않거나 또는 따르는 일에 둔하다.[135] 인간의 현재적 완전의 제한성에 대해서는 제5장에서 언급하게 된다. 여기서 명백히 해야 할 요점은, 웨슬리가 썩어질 육체로 있는 동안에 도달할 수 있는 완전을 가르쳤다는 사실이다. 궁극적인 완전의 단계는 이 육체가 변화할 때에만 가능하다. 이 영화에 있어서 죄의 결과가 처리된다.

> 그러나, 진실로 이 죽을 수밖에 없는 육체(mortal)와 영화된 것 사이에는 중요한 상위점이 있다. 이 육체는 우리의 가장 위험한 적이다. 그러므로 우리는 세례로 말미암아 이것을 거부하고 버리게 된다. 육체는 언제나 우리를 악을 행하도록 유혹한다. 모든 감각은 우리에게는 올가미이다. 가장 뛰어난 사람이라 할지라도 그 올가미에서 자신을 지키도록 강요된다. 우리의 마음이 거룩한 일에 힘쓸 때 얼마나 신속히 우리를 지치게 하는지…또한 육체의 매혹적인 쾌락 때문에 우리의 마음은 얼마나 쉽사리 고귀한 수업(修業)으로부터 이탈하게 되는지…그러나 우리가 영원한 생명 아래 있는 부활을 획득하게 될 때 우리의 육체는 영적인 것이 되어 깨끗하게 되며 지상적인 조악(粗惡, grossness) 함에서 순결하게 되어진다. 그때야말로 육체는 영혼이 하나님과 하늘에 쓰여질 그릇에 걸맞게 되어진다. 우리는 세세 무궁토록 하나님의 영광을 찬양하는 일에 피곤하지 않을 것이다.[136]

웨슬리가 본, 타락하고 부패할 수밖에 없으며, 연약하고 오류를 범할 수밖에 없는 인간성과 사악함과의 유일한 관련은 타락한 육체가 죄를 범하는 기회가 되어 영혼이 그 정결한 요구들을 완전히 표현하는 일에 방해가 될 수 있다는 점이었다. 그러나 어떠한 의미에서도 자연적인 몸은 그 자체로서는 사악한 것도 아니며, 영혼을 순결함으로부터 멀어지게 하는 것일 수도 없다.

이러한 개념에서 웨슬리는 개혁파의 입장과는 달랐다. 종교개혁자들이 죄를 인간의 물질적인 본성에 자리잡게 한 것인지 아닌지에 대해서는 물어보아야 할 일이다. 그러나 육체와의 관련성은 매우 접근된 상태이어서 죄와 육체를 따로 떼어 놓는 일은 불가능하다는 것이다. 루터는 "그리스도인은 육체를 가지고 있으며, 그 지체 안에 죄가 머물러 있어서 싸우게 된다"고 말했다. 이 죄의 뿌리는 "세례를 받은 모든 그리스도인의 육체 안에 뿌리를 뻗는 나무"이며, 육체를 포로로 만들고 있다. 이 죄는 총력을 다하여 잘못된 일을 강요한다.[137] 루터는 또한 "모든 사도와 성도들은 몸이 재가 되고 정욕과 죄로부터 해방된 새로운 몸이 될 때까지 죄 또는 죄로 가득찬 정욕이 우리 속에 머물러 있다고 고백했다"라고 말했다.[138] 루터에게 있어서 영화란 온전한 성화를 의미한다.

바르트에 따르면, 현세의 상태에 처해 있는 사람의 죄로 가득차 있다는 것과 같은 것이었다. 지금 우리가 어떠한 변화를 기대하는 것은 시간이 흘러 우리가 목적지에 도달한 그 자리에 서게 되는 것뿐이라는 것이다. 현세에서는 인간은 오히려 악과 마귀의 포로이다.[139] 이와 같은 자신의 견해를 바르트는 그 후에 수정한 것인데, 죄와 인간으로서의 존재를 동일시한 것으로 죄로부터의 어떠한 자유도 현세에서는 불가능한 것이라고 바르트는 말했다. 니버(R. Niebuhr)는 인간으로서의 존재에 있어서는 죄란 불가피한 것으로 생각하고 있다.[140] 그러나 웨슬리는 유일한 불가피적 죄들(不可避的罪, the only inevitable sins)은 타락한 인간으로서의 존재에서 산출된 죄들인데, 이것은 올바른 성서적인 의미로서는 죄가 아니라고 보았다. 이와 같은 '죄'와 의도적인 죄(고범죄) 또는 마음의 죄들과의 사이에 선을 그을 수 있다고 웨슬리는 시도했다. 그러나 니버에게 있어서 "네 이웃을 사랑하라"는 명령은 '불가능한 가능성'이다. 이것을 가능하다고 생각한 신조는 인간성의 잘못된 분석에 근거한 것이며, 인간을 유한한 피조물이라고 잘못 보고 있는 것이다.[141]

만약 니버의 주장이 옳은 것이라고 한다면, 웨슬리의 생각으로서는 인간성에 의한 잘못된 분석은 성서를 통해서 알 수 있는 것이지 신조를 통해서만 알 수 있는 것은 아니다. 성서는 죄로부터의 현재적 해방을 말하고 있으나, 이 해방은 유한성으로부터의 자유는 아니다. 현재의 인간 존재는 인간이 영화(榮化)되고 이 자연적인 몸이 온전하게 될 때 끝난다. 그 때에 인간의 육체는 영혼을 위하여 완전한 그릇이 된다. 웨슬리는 현세에서 이루어질 수 있는 영혼의 현재적인 완전과, 다음 세상에서 성취할 수 있는 인간성의 미래적인 완전과 명확히 구별했다. 다시 말해서, 첫째로 믿는 자를 마음의 깊은 죄로부터 해방하고, 둘째로 죄의 모든 악한 결과에서 인간을 해방한다는 것이다.

제4장

현재적 완전

웨슬리가 믿는 자들이 현세에서 도달할 수 있는 완전에 대하여 가르쳤다는 사실을 그의 저서를 읽어본 사람이라면 아무도 부인하지 않는다. 웨슬리 당시에 문제가 되었던 것은, 그리고 완전과 불완전에 관한 가르침 사이에 전열(戰列)이 설정될 때 오히려 논쟁점이 되는 것은 이 가르침에 관한 것이다. 어느 진영도 이 논쟁에서 승리를 거두지 않았고 승리를 거둘 수도 없다. 그러나 논쟁이 모든 정의에 대한 동정적인 이해로 바꾸어질 때에만 화해를 발견할 수 있다.

헨리 부록케트(Henry Brockett)에 따르면, 완전에 관하여 서로 대립되는 학파를 몇 개의 범주로 분류할 수 있다.

첫째 범주에 속하는 것은 그리스도의 피로 말미암은 근본적인 정결, 또는 내주하는 죄로부터의 해방 및 명확한 제2의 은총의 역사로서의 성령과 불의 세례를 주장하는 학파이다…둘째 범주에 속하는 것은 봉사를 위한 능력 때문에 성령 충만의 필요성을 주장하나 그들은 마음 속에 내주하는 죄를 그리스도가 어떻게 깨끗게 했는지에 관해서는 말하지 않았다. 그들은 어떤 종류의 정결에 대하여 주장하고 있는 것 같으나, 오히려 내주하는 죄를 마음 속에 지니고 있다. 셋째 범주에 속하는 주장은 현세에 있어서 내주하는 죄로부

> 터의 실제적인 마음의 정결이라는 견해에 대하여 꺼리는 사람들이
> 있다. 그들은 그러한 견해에 대하여 결단코 반대하며, 이 세상에 있
> 는 한 모든 그리스도인의 마음 속에 내주하는 죄가 필연적으로 존
> 속하게 된다는 주장을 강하게 펴고 있다.[1]

이와 같은 부룩케트에 따른 분류는 최근의 것이다. 첫째 그룹은 정결이 성령 세례와 관계되고 있음을 지적한다. 그리고 진정한 논쟁점은 마음속의 죄가 어떻게 될 것인가 하는 점에 있음을 제시하고 있다.

와필드(Warfield)는 어떠한 완전주의에 대해서도 줄곧 반대했다. 그에게 있어서는 "완전은 최상급의 개념으로서, 그것을 넘어선 발전은 허용할 수 없다"[2]고 말했다. 이러한 정의로서는 어떠한 종류의 완전도 현세에서는 이룰 수 없다. 이룰 수 있다고 생각한다면 큰 잘못이다.

> 완전주의자의 가르침의 가장 큰 악 가운데 하나는 현세에서의 완전
> 의 도달에 만족하여 하늘의 영광을 잊어버리도록 우리를 유혹하고
> 있다. 사람은 한층 더 성도답게 되면 거기 따라 스스로 성도답지
> 않다고 느끼며, 자기 안에서 보다 더 적은 악만을 인정하게 되면
> 남아 있는 악이 보다 더 악하게 되는 것을 알게 된다는 옛 말이 있
> 다.[3]

와필드는 그리스도인의 완전의 교리에 관하여 웨슬리가 무엇을 말하려고 시도하고 있는지에 대하여 전혀 이해하지 못하고 있음이 분명하다. 그의 두 권으로 되어진 저서에서 와필드는 완전주의자들이 주장한 대부분의 자료에 따른 것이라고 하나 사실상 와필드는 웨슬리의 저작을 자세히 분석하고 음미하지 않았다. 웨슬리가 사용한 용어들에 대하여 찬성하든 아니하든, 웨슬리가 이와 같은 용어로 무엇을 주장하려 했는지 발견하려는 노력을 기울여야 한다는 사실은 분명하다.

맥콘넬(McConnell)은 웨슬리가 현세에서 도달할 수 있음을 목표

로 한 의미로서의 완전의 용어를 사용하고 있는 일에 대하여 비판했다. 완전은 단지 목표이어야 한다는 것이다. 웨슬리가 사람들이 완전의 목표를 향하여 전진하도록 권면한 일은 건전하나, 완전에 도달할 수 있다고 주장한 점에 대해서 이는 건전치 못한 주장이라고 비난했다. 그는 웨슬리가 모든 사실을 조징하려고 시도했으나 혼란을 야기시켰다고 생각했다. "메도디스트의 완전에 관한 해설 대부분에는 영적 건덕에 대하여 어떠한 유익을 주었다는 사실을 발견할 수 없다."[4] 그러나 완전에 대한 해설에 영적 건덕에 유익한 것이 있든 없든, 웨슬리가 가르친 진리에 대하여 완전이라는 용어보다 더 좋은 용어가 없었다는 점을 간과해서는 안될 것이다.

여기서 우리는 현재의 사실로서의 그리스도인의 완전에 관한 웨슬리의 개념을 조사 연구하기로 한다. 현세에서 크리스천들이 얻을 수 있는 경험은 무엇이었던가? 그리스도인의 성장 과정에서 그리스도인이 사랑에 있어서 완성되는 레벨(level)이 있는 것일까? 이 새로운 레벨은 온전한 성화 또는 죄로부터의 자유라고 말할 수 있는 것인가? 이것은 틀림없이 제2의 은총의 역사라고 말할 수 있는 것인가? 만약에 그렇다면 이와 같은 일이 모든 그리스도인에게 있어서 가능할 것인가? 이러한 하나님의 역사에 있어서 그리스도인 안에서 무엇이 실제적으로 이루어지는 것일까? 아니면 이루어지지 않는 것일까? 이와 같은 물음에 대한 회답은 혼란의 일부분을 물리칠 수 있을지도 모른다.

1. 완전에 도달할 수 있다.

마틴 포스(Martin Foss)는 완전을 "그 개념에 현실이 합치되는 일이다"라고 정의한다. "어떤 사물이 우리가 그것에 관하여 품고 있는 생각에 적합한 것이라고 생각될 때, 그 사물은 완전한 것이다"라고 말한다. 그리고 "목적, 목표가 완전의 본질(essence)이다"라고 했다.

> 완전한 하인, 완전한 요리사, 완전한 의사에 관하여 생각해 보자. 사람이 흔히 객관화 되어 그 사람들의 용도에 따라, 또는 그들의 유용성(有用性)에 따라 분류되는 사회에서는 완전의 개념은 커다란 역할을 한다. 사회는 그들의 사회적 모든 용도, 사회적 직업의 수행자에게 사회에 속해 있는 사람들을 단순하게 간결화한다. 이러한 범위 안에서만 그들은 평가되며, 만일에 그들이 사회의 구조 안에서 그들의 용도에 응할 수 있다면 그들을 완전하다고 할 수 있다. 이처럼 우리는 완전한 타자수, 완전한 법률가, 완전한 회계사를 가지고 있다.[5]

확실히 만약에 완전이라는 용어가 생활의 모든 면을 표현하기 위해 이 상대적인 상태에서 사용될 수 있다면, 절대적인 완전에 도달되지 않는 그리스도인의 생활에 있어서의 완전의 어떤 단계에 관하여 말하는 것이 쓸데없는 일은 아니다. 어떤 목표, 또는 목적이 지향하고 있는 것에 대하여 체계적으로 지시할 때, 그것에 도달하는 일은 완전으로 분류될 수 있다. 이것이야말로 웨슬리가 진지하게 그리스도와 바울을 따르려고 시도하고 행한 일이다. 믿는 자에게 있어서 이 현세에서 도달할 수 있는 한 목표가 있다. 그 목표에 도달했을 때 어떤 의미로서는 그 사람은 완전한 것이다.[6]

완전에 관한 용어에 대한 이와 같은 용법은 확실하게 정의해 둘 필요가 있다. 웨슬리는 그렇게 하는 일에 있어서 숙달한 사람이었다. 그가 정의를 내리고 때로는 그 정의에 변화를 가져온 까닭에 어떤 사람들은 웨슬리가 완전에 대한 견해를 바꾸었다고 말하면서 웨슬리를 비난했다. "웨슬리는 완전의 문제에 관한 그의 가르침을 이전보다 약화시키는 주장에 대한 수정은 하지 않았다. 어느 편인가 하면 보다 더 강력히 주장하는 편으로 바꾸었다."[7]

항상 웨슬리는 지엽적인 문제들에 있어서는 수정을 가했으나, 가장 근간적이라고 생각되는 부분에 대해서는 끈질기게 고집했다. 이처럼 그는 그의 생애 중에 그리스도인의 완전의 교리를 강조하여 성서적 성화의 의무를 강력히 제시했다. 완전이라는 말은 현저히 성서 가운데 언급되어 있었고, 중요한 그리스도인과 성서의 모든 교리를 포함하고 있다. 웨슬리는 이와 같은 용어 또는 이 용어의 뜻을 기르치는 일을 포기하지 않았다. 그러나 웨슬리는 어떤 부수적인 의문점이라든가 또는 그와 관련된 것으로서 중요하지 않은 것에 관해서는 강하게 주장했다고는 말할 수 없다.[8]

　웨슬리는 그가 내린 모든 정의에서 완전의 목표를 성취할 수 있는 점을 고수(固守)하도록 강력히 주장했다. 그는 목표를 지나치게 높이 설정하는 일은 목표를 낮게 설정하는 것과 마찬가지로 잘못된 일이라고 생각했다. 웨슬리가 이 목표를 성서적인 것으로서 특히 모든 사람들이 도달할 수 있는 범위 안에 자리잡도록 하는 일에 성공했는지 아닌지에 대해서는 다음의 두 개의 구분으로 주목될 것이다. 여기서 웨슬리가 그리스도인인 믿는 자들을 위하여 도달 가능한 목표를 설정할 권리와 의무를 가지고 있다고 암시했다. 도달할 수 없다고 말한 목표를 위해 누가 노력할 것인가? 패배자에게 있어서 가장 확실한 것은 결코 도달할 수 없다고 생각하고 있기 때문이다. 웨슬리는 의인과 최종적 영광 사이에 있는 어떤 점에 모든 믿는 자들을 위하여 여기에 지금 하나의 경험이 있으며 사람들이 그 은총을 얻도록 도와주기 위하여 부름 받았다는 사실을 굳게 믿고 있었다. 모든 사람이 은총에 도달할 수 있도록 하기 위하여 희망을 제시했다.[9]

　그리스도인의 생애에 있어서의 도달 가능한 목표에 대하여 잘못된 주장을 하는 일은 기독교를 약화시키는 결과를 가져온다. 쌩스터(Sangster)는 교회에 심히 결핍된 것은 성결이라고 생각했다. 너무나도 많은 사람이 와필드의 '완전주의'와 같은 서적을 두세 권 정도 읽고 성결을 변덕스러운 사람들에게 맡겨 두기를 원하고 있다고 생각했다. 쌩스터는 "하나님의 은총이 어떤 일을 할 수 있는가에 대하여 제한하는 권리를 어느 누구도 가지고 있지 않다"고 말한다. 설교자가 완전이라는 말을 좋아하든 아니하든 만약에 성결에 관하여 잘못 설명하면 그는 삯군이라고 쌩스터는 결론적으로 말한다.[10] 쌩스터는 플류 박사와 빈센트 테일러 박사(Vincent Taylor) 등 현대 신학자들이 "신약성서는 명백히 그리스도인은 죄를 범할 필요가 없다고 가르치고 있다"는 말로 결론을 내리는데, 이는 웨슬리와 같은 입장이라고 볼 수 있다.

하나님의 은총이 어떤 사람들이 주장하고 있는 지점까지 믿는 자의 마음을 온전하게 하는지 아닌지는 별 문제로 하더라도, 그것은 믿는 자를 어떠한 지점에 데려간다. 이 어떤 지점은 정의를 필요로 한다.

> 마음의 성화가 얼마나 먼 곳에 있는가에 대한 논의는 자유롭게 하도록 해도 좋을 것이다. 이 땅에서의 생애를 누리는 동안에 성결에 이르는 가능성에 관해서는 여러 가지 신학적 전통 사이에 예리한 의견의 본질적인 차이가 있다. 이 문제에 대한 철저한 취급은 불가능한 일이다. 완전에 관한 연구가 지나치게 요약적으로 취급되어 왔기 때문에, 현세에 있어서 완전에 도달하는 일에 대한 가능성을 긍정하는 일에 따르는 모든 문제는 그 가능성이 부정될 때의 불완전한 상태에서 기분 좋게 만족하고 있는 위험보다는 작은 것이다. 예수의 "마음이 청결한 자는 복이 있나니 저희가 하나님을 볼 것임이요"라는 말씀은 내적 생활의 온전한 헌신의 필요를 제시하고 있다. …마음의 청결은 구원의 길을 계속적으로 걸어가기 위하여 불가결한 것이다(저작권 Pierce 및 Smith, 1950).

그러나 도달할 수 있는 경험의 어떠한 정의라 할지라도 각각 제약을 지니고 있다. 많은 사람들은 이론에 있어서 명료하게 계통을 세울 수 없는 무엇인가를 경험하는 것이다.

> 터무니없는 생각과 오해에도 불구하고 이 경험은 부정하기에는 너무나 보편적인 것이고, 조소와 모멸로 파괴하기에는 너무나 중요한 것이다. 이처럼 분명히 많은 진실한 사람들의 상세한 고백을 읽을 수 있게 되었는데, 그것을 호언장담으로 결론을 내린 사람들은 어딘가 색다른 데가 있는 변태적인 한낱 이론의 범위 안에 넣어 두기

에는 너무나 위대한 것이며, 또한 공통인자(共通因子)를 찾아 내기에는 너무나 다양한 성령의 역사가 있었다고 말하는 편이 한층 더 도리에 부합된다고 말할 수 있다. 이러한 경험을 일정한 틀에 맞추어 넣으려는 시도는 항상 영혼을 감옥으로 연결하는 위험이 따른다.[13]

웨슬리는 영혼을 감옥으로 연결하지 아니하고 커다란 영적 높은 차원으로의 가능성을 남겼다. 많은 웨슬리 후계자들이 하나님의 역사의 획일적 개념을 발전시켰는지는 알 수 없으나, 존 웨슬리는 그렇게 하지 않았다. 그는 줄곧 성결을 구하기 위하여 영혼을 움직일 수 있도록 보다 좋은 방법을 탐구했다.[14]

로버츠(Roberts)는 구원에 있어서의 중심적인 문제는 이상적 기준의 유효성에 관계가 있다고 주장한다. 두 개의 상관되는 견해 곧 정적 및 동적 견해가 있다. 정적인 견해는 도덕적 종교적 진보는 항구적으로 자신의 잘못에 대하여 스스로 부끄러워하게 하는 완전의 비전을 사람들 목전에 제시하는 것으로 인하여 가장 잘 증진되며, 무관심, 무책임이라는 위험에서 가장 잘 피할 수 있다고 생각한다. 이와 같은 이상은 그리스도에게서 실현되었고, 하나님의 은총에 의하여 인류는 이 실현을 할 수 있게 된다. 인간 스스로의 힘으로서는 그것을 수행할 수 없었다. 그러나 그리스도께서 성취하신 것이다. 그러나 그것은 개인을 변화시킬 필요를 고려하지 않고 의무가 되는 모범을 사람에게 강요했다. 이와 같은 모범을 토대로 하여 사람은 칭찬 또는 견책을 받게 된다. "이러한 견해는 믿음과 행위를 상호 긴장관계에서 유지하게 하고, 또한 이와 같은 것은 사람은 스스로 믿고 있는 곳으로부터 항상 시험에 빠지게 된다는 사실을 예상하고 단언하지 않으면 안된다. 그런고로 이것을 신봉하는 자는 항상 회개해야 한다. 인간의 구원은 자신과 그의 필요에서 떠나 그의 바깥 편에 있는 것이다."진실로 만약에 구원에 대하여 무엇인가 적극적인 공헌을 할 수 있다고 그가 믿고 있다면, 다시 말해서 그가 전적으로 하나님에게 의존하고 있다는 사실을 인정하지 않았다는 그 자체가 오만의 표시이며, 그가 죄에 사로잡혀 있다는 틀림없는 징후인 것이다. 구원이 그 사실에 대한 발견이며 인간에게 있는 인간의 힘에 의한 변화가 아니라 하나님 앞에서의 입장의 변화로서 생각되어지기 때문에, 이 해답은 정적이다. 이와 같은 해답은 위선, 눈에 보이는 의(義), 또는 절망의 결과를 가져온다.[15]

다른 한편으로 구원의 동적 견해는 바람직하다. 이것은 긴장 관계를 해결하며 유기적인 조화를 산출한다. "그것은 무엔가 애매한 승낙(All right!)에 대하여 보증을 강요당하는 것과 같이 몰아 붙이는 식으로 하는 것이 아니라 죄과(guilt)의 모든 원인을 제거하는 힘을 방출하는 것으로서 죄의 허물을 치료한다." 여기에 대한 통상적인 반론은 사람은 스스로를 낮은 레벨에서 받아들인다는 것이다. "그러나 정신치료법의 임상자료에 의하면 반대의 결론을 제시한다. 많은 감정적 혼란, 거동의 모든 문제의 임상 자료에 따르면, 개인이 스스로를 받아들이는 자리에 이르지 않았다는 패턴을 나타내고 있다." 구원이란 이처럼 실현 가능의 이상을 필요로 하고 있으며, 인간의 "다이나믹한 변모"라는 견지에서 생각되어야 할 것이다. 이 변환 속에 "하나님의 창조적 속죄적 능력"은 건강과 자유의 상태를 가져온다.[16]

이와 같은 로버츠의 구원에 대한 동적 견해는 웨슬리의 개념을 잘 표현하고 있다. 웨슬리와 같은 시대에 칼빈주의 편에 서있는 많은 사람들은 완전한 성결은 죽음에 처하는 순간에 하나님의 능력의 일격(stroke)에 의하여 찾아 오는 것이라고 주장했다. 그러나 웨슬리는 죽음에 이르기 5년, 10년, 20년 전에 성결에 도달하는 승리를 얻을 수 있다고 생각했다. 웨슬리는 사람이 죽음에 임하여 도달할 수 있는 것이라면, 현 시점에서도 도달할 수 있다고 주장했다.[17] 니버가 "웨슬리는 죽음의 순간 직전 이외에는 참된 완전을 주장할 수 있는 순간은 존재하지 않는다고 선언했다"고 말했는데, 이와 같은 니버의 말은 정확하지 않다.[18] 웨슬리의 저작을 대충 읽어본 사람이라면, 웨슬리가 죽음 이전에 도달할 수 있는 완전을 주장하고 믿는 자들이 완전을 목표로 해야 한다고 항상 권고했다는 사실을 알 수 있을 것이다. 이것은 '궁극적' 또는 '절대적'이 아니라 하더라도 '참된' 완전이었다. 순간적 성화에 관하여 웨슬리는 다음과 같이 말했다.

> 당신은 매 순간 그것(완전, 성결)을 바라고 기다리라. 위에서 말한 바와 같이 바라고 기다리라. "예수 그리스도 안에서 새롭게 창조된" 목적인 모든 선한 행위 가운데서…이렇게 하면 위험한 일은 없을 것이며 보다 더 선하게 되지 않는다 하더라도 이와 같은 기대 때문에 보다 더 악하게 되지는 않을 것이다. 설혹, 희망에 어긋나게 되었다 하더라도 잃어 버리는 것은 아무 것도 없다. 설혹 잃은 것이 있다 하더라도 희망이 배신을 당하는 일은 결단코 없을 것이다. 희망은 반드시 실현된다. 결단코 정체되지는 않는다. 그렇다면 매일, 매 시, 매 순간 바라고 기다리라. 확실히 믿음으로 말미암는다고 기대한다면(확신한다면) 당신이 기대하는 대로 지금, 곧 기대하라 (Expect it by Faith, Expect it as You Are, and Expect it Now!: 믿으면 믿는 대로 이루어진다: 역자 주).[19]

웨슬리가 목표하고 다른 사람들에게 권고한 것, 그 실체가 무엇이든, 이 현세에서 이루어질 수 있다고 생각한 것은 명백한 사실이다. 웨슬리는 그가 주장한 바 모든 것에 대한 확신을 가지고 있었다. 웨슬리가 이 도달할 수 있는 목표에 도달했다고 말하는 것은 논리적으로 생각된다. 다음의 의문점은 웨슬리가 이 목표 가운데 인간이 현세에서 이룰 수 없는 모든 요소를 포함시켰는지 아닌지에 대한 문제이다. 웨슬리는 제멋대로 성서, 또는 정당한 경험을 무시하고 생각했던 것일까?

2. 완전은 성서적이다

니버는 웨슬리의 완전의 개념은 다른 완전주의자들의 주장과 비교하여 웨슬리의 개념은 누구보다도 더 성서적 요소를 수용했다고 생각했다. 웨슬리가 가르친 해방은 죄로부터의 해방이지 유한성으로부터의 해방은 아니었다. 그 과정은 사변적인 것이 아니고 실존적 조건 아래 있는 것이었다.[20] 웨슬리는 그 자신 그 교리는 성서적이라고 생각했으며 성서적이 아니라고 판단한 어떤 이론에도 반대했을 것이다. 웨슬리를 비판하는 사람들 가운데 많은 사람들은 구원에 관한 전반적인 견해에 있어서 웨슬리가 성서적이었다고 찬동하나 현세에 있어서 믿는 자들이 온전히 성결하게 된다는 웨슬리의 견해에는 반대했다. 이 현세적인 완전의 주장이 다른 사람들의 주장과 충돌했던 것이다.

쌩스터는 1895년의 Keswick Convention에서 웹 페플로(Webb Peoploe) 목사가 말한 것이라는 다음과 같은 글을 인용했다.

> "악한 뿌리, 육욕적인 마음이 내 안에서 파괴되어 죄는 이미 존재하지 않는다"는 말을 친애하는 존 웨슬리의 말로 읽을 때, 나는 하나님의 말씀을 성령으로 말미암아 배워서 알게 된 인간이 이처럼 스스로를 기만하는 일, 혹은 다른 사람을 기만할 수 있을 것인가 하고 어이없이 놀랄 뿐이다.[21]

웨슬리는 성서적인 의미로서의 죄로부터의 해방을 오해하는 일을 웹 페플로가 말한 '맹목'(blindness)이라는 이유 때문에 의아하게 생각했을 것임에 틀림없다. 죄의 정의가 이해의 차이를 발생할 수 있다는 점을 다시 강조하지 않으면 안된다. 만약에 다음과 같은 것이 죄의 심대함을 허용하는 사람들의 해석이라면, 그 해석의 건전함에 의문을 가질 수밖에 없을 것이다.

"하나님으로부터 난 자는 죄를 범하지 아니한다"라는 선언의 경우, 그 현재형은 특정된 행위라기보다는 전반적인 생애적인 표현에 관한 것이라고 이해하는 길을 열어놓는 것과 같이 생각된다. 이와 같은 경우 요한 서신의 저자의 뜻은 하나님으로부터 난 자는 결단코 죄를 범하지 않는다는 것이 아니라 "죄를 범하는 것이 그의 생애의 특징은 아니다"라는 것이라고 생각한다. 이상적인 면에서는 원칙적으로 "하나님에게서 난 자는 죄를 범하지 않는다"라고도 말할 수 있다. 단지, 하나님에게서 난 자가 되는 것은 죄를 범하지 않는다는 것이다. 그리고 하나님으로 말미암아 난 그리스도인은, 그렇기 때문에 죄가 없는 자가 되는 과정에 있다고 말하는 것이 아마도 최선의 표현일 것이다. 그들이 죄가 없는 자가 아니라는 것은, 그들이 하나님에게서 난 자가 아니라는 것을 증명하는 것이 아니라 그들이 그 목표에 도달하지 않았다는 것을 증명하고 있다.[22]

웨슬리가 요한이 선언한 것과 같이 새롭게 변화하여 태어난 죄인은 이와 같은 종류의 죄와 관계를 단절했다고 할 때, 웨슬리의 주장은 옳다.[23] 죄의 뿌리로부터 깨끗하게 된 사람은 어떻게 되어야 하는 것일까? 이에 관한 성서적 근거를 웨슬리는 가지고 있었던가?

문법적 근거의 견지에서 완전을 현세에서는 성취할 수 없는 것이라고 성서가 말하고 있다고는 생각할 수 없다. 신약성서가 말하는 완전은 "단순한 이상"이란 뜻으로 시사 되었거나 또는 높은 인간들이 도달할 가능성에 대한 기대도 없이 우리 앞에 놓여진 것이라든가, 성서의 엄숙한 훈계를 불가능한 일을 두고 하는 격언 "마차를 하늘의 별에다 매어 두라"는 것과 같은 범주에 넣어 성서의 훈계를 진지하게 취급하고 있다는 것은 문법상의 형태로서는 올바른 추론은 아니다.
하나님이 전혀 성취 불가능한 명령을 후패할 수밖에 없는 인간에게 명령한다는 것을 암시하는 것은 신약성서의 윤리에 대한 열정을 웃음거리로 만드는 것으로서 하나님의 신성을 도착하여 반영하는 일이다. 하나님이든 인간이든 명령형이 아니고서 어떻게 다른 사람에게 명령할 수 있을 것인가? 미래형이 사용되어 있기 때문에 필연적으로 죽은 후 먼 훗날에 있을 일이라고 추론할 필요는 없다.[24]

웨슬리주의의 메시지에 대한 성서적 근거에 관한 터너(Turner)의 연구에 따르면 구약에 관해서 다음과 같은 결론을 내렸다.

(1) 도덕적 성실, 만전(萬全; wholeness), 건전, 진실, 또는 완전에 관한 권고는 구약 특히 예언서 가운데 현저히 나타나 있다.
(2) 완전에 관하여 사용된 230여 개의 유사어 가운데 75개의 용어는 사람의 품성에 관한 것이다.
(3) '완전'한 사람이란 도덕적으로 성실함, 진실함, 여호와에게 대한 충실함으로 특징지어져 있다.
(4) 이러한 완전이 모든 하나님의 백성에게 명령되었고, 그들에게 기대되었다.
(5) 이 완전의 개념은 품성에 있어서 사람이 여호와처럼 되는 가능성을 강조했다.
(6) 이와 같은 하나님과 인간의 교제는 하나님 앞에 성별되는 것이든, 의식적(儀式的)인 것이든, 도덕적이든, 모든 더러움에서의 정결과 같은 성결의 이념에 근거한다.[25]

신약성서 연구의 결과에 관하여 터너는 다음과 같이 말했다.

신약성서의 완전에 대한 개념은 대체로 밝히 언명되었다기보다는 함의적(含意的)인 것이기는 하나, 죄로부터의 완전한 구속을 묘사하고 있다. 그것은 다음과 같은 신앙 내용으로부터 나온 것이다.
(1) 죄는 예사로운 행위일 뿐 아니라 원리이다.
(2) 이것은 (죄) 믿는 자 안에 아직도 남아 있다.
(3) 믿는 자는 다음 두 가지 가운데 하나를 선택할 수 있다. ① '현상' 그 상태에 머물러 있든지, ② 완전=순화 그리고 사랑과 은혜로 말미암은 성숙을 향해 전진할 것인가이다.
(4) 하나님은 거룩하시며 그가 계신 곳도 거룩하며 죄는 내세, 죽음이 임할 때 또는 현세 어디에선가 처리되지 않으면 안된다.
(5) 하나님이 '자기 백성을 죄에서 구원 하시고' 또한 사랑으로 온전케 하겠다는 약속은 이 현세의 생애에서의 일이다. 영지주의와는 달리 구원은 물질로부터의 인간 해방이 아니며, 철학과도 다르며, 또한 무지로부터의 해방도 아니다. 그것은 오히려 죄로부터의 해방으로서 그 보증은 무조건적이며 하나님의 말씀에 나타나 있다.[26]

하나님은 그의 백성들에게 성결을 요구하신다. 또한 그들을 완전하게 하시겠다고 약속하신다. 그리고 완전케 하시는 행위는 이미 시작되어 생애 중에 계속된다는 사실에 대하여 많은 사람들은 터너의 주장에 동의할 것이다. 그러나 이 거룩한 행위가 죽기 전에 그 종점을 가지고 있다고 주장하면 다수의 사람들이 반대한다. 성서가 이 승리는 죽기 전에 이루어질 수 있다는 사실을 주장하고 있다고 확신할 수 있으며, 또한 웨슬리는 그 점에 대하여 확실했던가?

웨슬리는 이 문제를 종종 특별히 취급했다. 그는 칼빈주의자들이 이미 죽은 많은 사람들이 죽음 직전까지 성결하게 되지 않았다고 주장하는 사실에 있어서 옳다고 용인했다. 웨슬리는 의롭다고 인정된 자는 온전하지는 않다고 하더라도 성화되었다는 사실에 동의했다. 그는 영감을 받은 성서 기자들은 온전히 성화된 자들을 위해서는 기록하지 않고 주로 의롭다고 인정된 신자들에게 써서 보냈다는 사실을 인정했다. 반대자와 의견을 달리하는 점은 죽음 이전에 믿는 자가 성화될 수 있다는 사실, 또는 모든 죄로부터 구원된다는 점이라는 사실을 웨슬리는 보았다. 이처럼 그는 이 점 곧, 하나님이 우리를 '모든' 죄에서 구원하셨다는 점에 관한 명백한 성서의 약속이 있느냐고 물었다.

> 그렇다. "하나님이 이스라엘을 그 '모든' 죄악에서 구속하시리로다"(시 130:8). 이 말씀은 에스겔서에 더 확실하게 표현되어 있다. "맑은 물로 너희에게 뿌려서 너희로 정결케 하되 곧 너희 '모든' 더러운 것에서와 '모든' 우상을 섬김에서 너희를 정결케 할 것이며, 내가 너희를 '모든' 더러운 데서 구원하고"(겔 36:25, 29). 이 이상 더 확실한 약속은 있을 수 없다. 사도 바울은 분명히 "그런즉 사랑하는 자들아 이 약속을 가진 우리가 하나님을 두려워하는 가운데서 거룩함을 온전히 이루어 육과 영의 온갖 더러운 것에서 자신을 깨끗하게 하자"(고후 7:1)는 권면의 말로 에스겔의 말에 언급했다. 이와 대등하고 명확한 것은 하나님의 옛 약속 곧 "네 하나님 여호와께서 네 마음과 네 자손의 마음에 할례를 베푸사 너로 마음을 다하며 성품을 다하여 네 하나님 여호와를 사랑하게 하사 너로 생명을 얻게 할 것이며"(신 30:6)이다.[27]

웨슬리는 이처럼 신약성서에서 볼 수 있는 완전과 성결에 관한 모든 약속과 기도와 명령을 나열했다. 그리고 그는 "죽음의 순간 이전에 이와 같은 것들이 이루어지는 일에 대하여 어떻게 생각하고 있느냐"라고 묻고 있다. 그의 해답은 "죽은 자에게서가 아니라 산 자에게 주어진 명령의 성격 그것으로서의 사랑하라"는 명령은 지금, 살아 있는 동안에 사랑하라는 명령이다. 그리고 그는 디도서 2:11-14을 인용하여 "오늘 이 현세에 있어서 진지하고 경건하며 올바르게 우리가 살도록," "우리가 선한 일에 열심을 다 하는 선민"으로 깨끗한 삶을 살도록 선언되어 있다. 또한 누가복음 1:69-75에 따르면, 우리는 "우리 생애에 있어서 모든 나날에" 거룩함과 의로 하나님을 섬기며 사랑하도록 우리의 원수들(죄악)로부터 건져냄을 받아야 한다는 것이다. 웨슬리는 이들 모든 성구에서 믿는 자를 위하여, 죽은 후가 아니라 현세에서의 경험이라는 것을 볼 수 있었다. 이 성결, 또는 완전은 오늘 현세에 살고 있는 동안에 필요한 것이다. 죽는 시간까지 연장할 필요가 없으며, 또 그렇게 해서는 안된다.[28]

웨슬리는 "성서적 완전"을 확신했다. "성령을 학교에 보내서 언어를 만드신 분을 가르친"것이 아니었다면, 아무도 이것을 양심적으로 반대할 수 없다. 하나님과 그 이웃을 사랑하는 자는 성서적으로 완전하다. 만약에 사람이 아직 거기에 이르지 못했다 하더라도, 하나님은 그렇게 하실 수 있다. 왜냐하면 "성서는 약속을 파기한 일이 없기" 때문이다. 웨슬리는 결코 절대적이거나 불가능한 완전을 주장하지 않았다. 그는 성서 안에서 죄없는 완전을 볼 수 없었다. 말씀 안에서 모든 율법을 요구한 완전을 발견할 수 없었다. 그래서 웨슬리는 이와 같은 완전에 대하여(완전에 대한 이해) 항의했던 것이다. 그는 완전의 개념을 오직 성서적 의미 속에 머물기를 원했다.[29] 웨슬리는 그가 읽은 성서를 아는 사람이었다. 그는 "한 권의 책"의 삶임을 주장했다.[30] 그는 성서의 원어를 알고 있었다. 그는 성령의 인도하심과 도우심을 바랐다. 그에게 있어서 믿음으로 말미암아 의롭다고 인정받은 의인 신앙은 새로운 가르침이 아니었던 것처럼, 성서적 완전은 새로운 교리가 아니었다. 그는 60년 또는 그 이상의 기간에 걸쳐서 이것을 가르치고, 믿으면서 그의 개념을 기본적으로 바꾼 일은 없다고 의식하고 있었다.[31] 그에게 있어서는 그것은 그의 소명 때문이며 부흥운동의 기초였다. 그리스도의 교회에 있어서는 이 교리야말로 웨슬리의 위대한 공헌으로 이루어진 것이다.

> 웨슬리의 교리를 세심하게 연구하는 사람의 마음을 울리게 하는 첫번째 사항은 그의 주장에 깔려 있는 진지함 때문이다. 거기에는 신학적 교활함도, 맹신적인 과장도 없다. 그것은 평이한 교훈이며 믿는 자들의 보편적인 실제 경험이다. 만약에 그리스도인의 완전이 신약성서에 반영되어 있으면서도 웨슬리를 따르는 사람들의 생애에서 새롭게 발견되어진 것으로서의 믿는 자의 체험에 있어서의 실제적인 요소를 가지지 않았다면, 웨슬리는 결단코 그것을 주장하지 않았을 것이다.[32]

웨슬리의 그리스도인의 완전의 교리가 성서에 근거한다는 사실에 동의하거나 아니하거나 하는 것은 그 사람의 관점 및 종교적 편견 여하에 달린 것이다. 프로테스탄트주의의 역사에 있어서의 웨슬리의 특별한 역할을 감소시키지 않는다면, 웨슬리의 중심적 메시지를 버리는 일은 있을 수 없다. 웨슬리의 중심적 교리를 무시한다는 일은 성서의 중심적 메시지를 잃어버리는 일과 같은 것일지도 모른다

3. 완전은 한 경험이다.

경험이라는 말은 매우 넓은 뜻으로 이해될 수 있다. 그것이 "개인적 관찰과 시행에 의한 어떤 일에 대한 특정한 지식"을 가리킬 때, 외적인 사항, 또는 모든 내적인 감정의 상태에 대한 개인적 지식과 같은 뜻이 된다. 객관적인 모든 사실을 "실험", 그리고 주관적인 것

을 경험으로 간주하는 편이 좋다. "경험은 보다 더 명확하게는 내적 상태에 대하여 현재의 것으로 존재하고 과거의 것으로서는 생각되는 모든 감정에 사람이 통과하고 또는 진행하고 있는 여러 가지 의식에 관계하고 있다."33) 그리스도인의 경험이란 이처럼 "영혼에 심겨지고 그 사람이 의식하게 된 주관적 삶"이다. 사람의 영혼에 대한 하나님의 직접적인 행위이며, 그로 말미암아 그 사람은 그리스도인으로서의 존재가 되었다. 이러한 경험은 개인에 따라 차이가 있고, 계속적인 단계를 가지고 있다. 그러나 같은 한 성령에 의하여 되어진 것이다.34)

웨슬리에게 있어서 구원은 체험되지 않으면 안되는 것이었다. 구원은 과거에 하나님으로 말미암은 사건이지 복음의 선포에서 사람에게 알려진 것은 아니다. 이 객관적 사실은 사람을 위한, 그리스도 안에서의 위대한 하나님의 행위이다. 다른 한편 구원은 성령으로 말미암은 사람의 마음과 그 사람의 생애를 통한 하나님의 역사이다. 인간의 의식의 지극히 초기에 은혜는 사람들의 마음 속에서 이미 역사하기 시작했다. 사람들이 그 은혜에 자신을 전적으로 위임함으로 그들은 점점 그 능력을 경험하게 된다. 초기에 일어나는 인죄(認罪)로부터 죽은 후의 궁극적 영화에까지 은혜는 이어지는 단계에 따라 경험을 더해 간다. 웨슬리에게 있어서 이것은 시간과 영원에 걸친 영광 가운데 증가되는 하나의 길고도 장대한 경험이었다.

그러나 웨슬리는 그리스도인의 경험을 은혜의 계속적인 역사로서만 아니라 순간적 전기(轉機)로 생각했다는 사실을 생각해 두어야 한다. 그는 실제로 구원의 행위에 있어서의 주요한 두 개의 전기에 대해 말했다. 그 제1의 것을 신생, 또는 최초의 성화, 또는 아들이라고 불리게 됨 포함하고 있는데, 이것을 의인이라고 했다. 이것들은 동일한 순간에 일어나는 것이다. 이 전기적 경험을 향해 점진적 접근이 있기는 했으나 은사가 주어지고 은총의 행위가 성취되는 순간이 찾아 왔다. 이 순간적인 하나님의 행위는 죄인이 온전히 구원되고,

새로운 생명이 주어져서 참으로 하나님의 가족으로 받아들여진다는 의미에 있어서 완전한 것이다. 초기적 성화는 죄의 세력이 파괴되었다는 것으로 현실적이기는 하나 아직 성화의 행위의 완성은 아직 남아 있다.

이 제1의 진기에 있어서의 믿는 자의 미완성의 성화의 사실 가운데 웨슬리는 제2의 은혜의 행위가 필요하다는 사실을 알게 되었다. 이 제2의 경험에는 점진적 성화가 우선되며 계속적인 성장이 수반되어 있었다. 그러나 사람의 마음의 온전한 성화에 하나님의 보다 깊은 행위를 경험할 때 믿는 자의 생애 속에 어떠한 순간이 찾아온다. 현재적 완전에 관한 이 부분이 관계되어 있음은 이 보다 더 깊은 제2의 경험인 것이다.

종교를 하나의 경험으로 간주하는 웨슬리의 견해는 옳은 것일까? 경험의 신학을 형성하는 일에 당면하여 웨슬리가 차지하고 있는 위치를 이해하는 일은 매우 중요하다.

16세기의 종교적(기독교의) 문헌에서 웨슬리의 저작의 음미에 들어간 학자들은 신학에 "경험"이라는 새로운 용어가 나타난 데 대하여 놀라게 된다. 크리스천 사상사에 관한 충분한 지식을 가지고 신학자가 웨슬리의 주제에 접근하게 된다면, 보다 더 강한 인상을 받게 될 것이다. 웨슬리 이전에는 "경험"이라는 용어는 교리적, 또는 실천적 기독교의 위대한 설교자의 설교나 교훈 또는 저작에 현저한 위치를 차지하지 않았다. 경험이라는 용어를 언급한 것은 크리스천 사상사 가운데서 웨슬리주의의 복음 이해에 있어서 비로소 현저한 입장을 차지하게 되었다. 사실상 경험에 호소한 일은 복음의 역사적인 개인성을 결정지을 정도의 전환이며 강력한 것이었다. 그것이 바로 경험의 신학이었다. 그것은 물론 두 개의 기둥 곧 성서와 경험 위에 기초를 두고 있다. 이것들은 수용할 수 없는 서로 대립된 것이 아니라 같은 종류 그리고 같은 원리로 서로 수용되는 것이다. 초기 종교개혁자들, 루터와 칼빈은 성서 신학에 개인적 판단의 원칙을 끌어 들여 성서의 실천적 종교적 용법에 있어서 활발하게 활동하는 마음이 기본적인 것이라고 생각했다. 그러나 잘 알려진 모든 사정에서 성서의 주제에 관한 자유로운 활동은 16세기에 있어서는 좁은 범위 안에 갇혀버리고 말았다. 2세기가 지나서 프로테스탄트주의 신학에 있어서 경험에 대한 언급이 과학적 위대한 발견의 시대 속에서 웨슬리안주의의 복음 이해에서 큰 힘을 나타냈다.[35]

이 크리스천의 경험에 관한 일을 객관적 권위라고 할 만큼 밀고 나가는 일도 가능하다.

첫째로, 웨슬리와 초기 메도디스트들은 종교와 신학을 경험이라는 사실을 근거로 했다. 이것은 신학상의 실천에 있어서는 혁명적인 것이었다. 왜냐하면 그것은 참으로 과학적 방법에 속하는 것을 신학에 적용했다는 점에서 혁명적이었다. 종교개혁 때, 가톨릭주의는 그 최종적인 거점을 교회의 권위에 두었고, 프로테스탄트주의는 그 최초의 거점을 성서의 권위에 두었다. 메도디스트주의는 무엇을 하고 있는가에 대하여 전혀 알아차리지 못한 채 종교의 궁극적인 권위를 최종적이며 또한 가장 정당한 "종교적 경험이라는 곳에 거점을 옮겨놓았다.[36]

베트(Henry Bett)는 "아마도 웨슬리는 반드시 그렇다고 생각하지 않았을지도 모르지만 경험이 언제나 최종적인 테스트이었던 것은 사실상 잘못 인식했던 일은 아니었다"라고 주장했다.[37] 이러한 베트의 주장은 정확한 것이라고 말할 수 없다. 왜냐하면 웨슬리는 "경험"이라는 사실이 성서에 근거한 것이 아니라면 정당한 것이라고 주장할 수 없었기 때문이다. 그러므로 성서는 "경험의 확실한 증언"에 따라 믿을 수 있는 것이 된다.[38] 쎌(Cell, George Croft)은 성서 플러스 경험을 웨슬리가 최종적인 권위로 삼았다고 생각했다.

이와 같은 웨슬리의 경험에 관한 주장은 그를 신비주의의 전통 안에 자리잡게 했다. 그러나 많은 신비주의자들은 하나님의 말씀의 권위를 강조하지 않았다.

신비주의와 메도디스트주의는 둘 다 논의나 관찰로서가 아니라 자각적인 영적 경험 위에 기초를 쌓아 올렸다. 확증의 교리는 "내적인 빛"(Inner Light)에 대한 신앙과 그리 먼 곳에 있지 않다. 그러므로 그 주장이 신비주의자에 의하여 메도디스트보다도 한층 더 조심스럽지 못한 말로 언급되어 있으나 영적 확실성에 대한 주장에 있어서는 신비주의자와 메도디스트들은 같다.[39]

웨슬리가 신비주의자들에 관하여 호된 말로 경고한 것은 사실인데, 그것은 정적주의자들을 향한 말이었다.[40] 정적주의자들은 도덕적 노력이나 은총의 수단은 절대로 필요한 것은 아니라고 주장했기 때문이다. 웨슬리는 성서, 이성, 또는 은혜의 수단을 그가 보다 더 깊은 경험을 추구함에 있어서 포기할 수 없었다. 웨슬리는 전적으로 감정에 의존하면서 그 밖에 다른 어떠한 권위에 대해서도 인정하려 하지 않았던 열광주의자에 대하여 반대했다.[41]

신성한 것들(하나님이 하시는 일들)에 대하여 바로 알기 위하여 "영적 감각"이 활용되지 않으면 안된다고 웨슬리는 확신하고 있었다. "들을 수 있는 귀, 그리고 볼 수 있는 눈이라고까지 강조한 영적 감각을 소유할 필요가 있다." 이것들은 혈육의 기관과는 다른 것으로서 영혼 앞에 열려진 새로운 부류의 감각인 부서이다. 이와 같은 영적 감각은 "보이지 않는 세계를 향한 대로(大路)"이며 "영적 대상"을 분별할 수 있다. 이들 "내적 감각"을 가지게 될 때까지 인간은 하나님에 관한 신성한 일에 대한 생각은 전혀 가지고 있지 않다. 인간은 "전능하신 분이 협력자로 오셔서 지금까지 멸시되었던 신앙이 주어질 때까지는 심연을 건너서 이 지식에 도달할 수 없다."[42] 실제로 "하나님의 영의 내적인 역사"[43]를 인정할 때까지는 하나님의 사랑을 이해할 수 없다. 다시 말해서, 누구도 사죄, 새로운 생명, 그리고 성화를 영혼 안에서 경험하기까지는 참으로 이해할 수 없다. "많은 사람들에게 있어서 필요한 것은 정의가 아니라 경험이며, 경험하게 되면 충분한 사실에 대한 정의는 보여지게 되는 것이다."[44]

개혁파 신학에서는 믿는 자의 내적 변모를 강조하지 않고 하나님과의 관계의 변화에 큰 강조점을 둔다. 믿는 자의 참된 경험은 믿음의 선물이며, 이 경험으로 말미암아 스스로 죄인임을 인정하고 아무 것도 할 수 없는 자임을 깨닫는 동시에 죄의 용서를 위하여 그리스도에게 전적으로 의뢰하게 된다는 것이다. 크리스천의 마음 속에 이루어지는 내적 변화에 대해서는 그렇게―또는 전혀―강조하지 않았다. 우리를 위하여(for us) 하나님께서 그리스도로 말미암아 성취하신다는 사실을 많이 말하고, 우리 안에 (in us) 하나님께서 성취하신다는 말을 많이 하지 않는다. 분명히 이와 같은 사실은 경험이라는 것을 과소평가하는 결과를 가져오게 했다. 확실히 루터는 그리스도인의 경험을 알고 있었고, 믿는 자 안에서의 하나님의 역사하심을 인정했다. 힐데브란트(Hildebrant)는 루터가 웨슬리처럼 신비주의자요 정열적인 사람이었다고 믿고 있다. 그러나 웨슬리가 루터보다는 앞서 경험을 중요하게 생각했다는 사실은 분명하다. 원래 루터에게 있어서는 믿는 자의 성결은 그 사람 자신의 외부에 있는 것이며 거룩한 성결이었다. 성화의 시작은 있으나 전면적인 성결은 결코 경험할 수 없다는 것이다.[45]

디젠(Henry Thiessen)에 의하면 믿는 자는 그리스도 안에서 거룩한 것이어서 완전한 신분적(positional) 성화를 소유한다. 사람이 그리스도 안에서 현재 소유한 것을 그는 그의 생애 속에서 구현해야 한다. 성화의 과정은 인간의 행위로 수행해 가는 것이지 하나님의 행위로 되어지는 것은 아니다. 믿는 자가 스스로를 성별하는 것이지 하나님이 하시는 것은 아니다.[46] 와팔드는 이 성화의 계속적 행위를 하나님의 행위로 보았다.[47] 그러나 충분한 성결의 한 순간의 경험은 없다고 했다. 존 머레이(J. Murray)는 성화를 특히 내주하시는 성령의 역사로 본다. 그러나 경험에 있어서는 성령의 역사는 점진적인 것이지 이 세상에서는 완성되지 않을 것으로 보았다.[48] 칼빈파의 전통에 서 있는 이들 저작자들 가운데 그 누구도 현세적인 완전한 성화의 경험을 용인하지 않았다.

그럼에도 불구하고 그들에 의하여 여러 가지 양상으로 묘사된 죽음 이전에 누구인가에게 찾아오는 그 경험에 대한 어떤 설명이 없어서는 안된다. 하나님의 은총으로 말미암은 그리스도인의 충분하고도 심오한 경험에 대한 교리가 의심스럽다고 말하는 것은 하나의 사항이다. 그러나 믿는 자 안에 커다란 변모를 가져오는 하나님의 능력을 제한하거나 부인한다는 것은 별개의 것이다. 많은 증인들이 의인으로 말미암은 제1의 경험에 이어서 그들 안에서 일어난 경험을 하나님께서 부어하시고 이 경험은 순간적, 또한 죄에 대한 완선한 승리를 가져오는 것이라고 언명했다. 이 "제2의 은총"을 경험한 사람들이 그 설명에 당면하여 혹은 잘못 되었다고 말한다는 것은 용인할 수 있다. 그러나 이와 같은 경험을 가지지 못한 사람이 보다 더 좋은 해설을 할 수 있다는 것은 의심스럽다.

쎄실 노드코트(Cecil Northcott)는 열광주의를 "마음의 종교"(Religion of The Heart)라고 말하고, 종교 경험이 개인적으로 또는 교회 봉사를 통해서 오는 것이라고 말했다. 그의 저서『열광주의』에서 로날드 녹스(Ronald Knox)에게 동의하면서 왈도파 신도들(Waldenesians), 후스의 추종자들(Hussistes), 카타리파 사람들(Catharisists), 롤라드(Lollards)의 동지들, 그리고 웨슬리에게 동일한 올바른 경험이 있었다고 말했다. 이 열광주의가 때로는 새로운 분열을 야기했으나 종교에 새로운 생명력과 새로운 운동에 대한 추진력도 갖추게 했다.

노드코트는 개인적 경험과 전통과의 사이의 "커다란 분열"의 각각 그 측면에 "동등하고도 정당한 활력에 넘친" 열광주의가 존재한다고 주장했다. 그는 전통적인 교회의 수단에 유래된 경험과 각 사람이 개인적으로 겪은 경험과의 사이의 분리가 있었다고 생각한다. 어째서 그 분리는 합류될 수 없는 것이냐고 그는 묻고 있다. 전통적인 크리스천의 예배를 통하여 발생되는 모든 종교적 경험을 대망하는 그곳에서도 우리는 올바르고도 진정한 개인적 경험의 리바이블을 기대할 수 없겠는가?[49] 이러한 견해는 점진적 경험과 순간적 경험 쌍방을 주장한 웨슬리의 견해와 잘 부합된다.

각 시대에 있었던 신비주의자들의 위대한 경험을 간단히 처리하기는 어렵다. 요한복음서에서 바울, 어거스틴, 버나드, 보나벤추라, 토머스, 에크하르트, 타울러, 그루트, 시에나의 캐더린, 뚱뚱보 존, 팍스, 파스칼 가운데서, 그리고 그 밖에도 많은 공통적인 증언을 볼 수 있다. 다양하기는 하나 그들이 주장하는 바에 따르면 한결같이 "그들은 현세에서 직접적으로 살아계신 하나님을 알 수 있었다. 하나님이 그들 영혼에 침입하여 그들의 존재의 근저를 하나님 자신의 존재와 조화하도록 변모시키기 시작하셨다"는 것이다. 이와 같은 변화는 단지 신앙, 희망, 간절한 소원, 또는 약속이 아니라 "그들에게 일어났던 사실이다." 이들 신비주의자들은 이러한 것들이 하나님께로부터 부여된 특별한 은총으로 생각했으나, 이러한 것을 소유하지 않는 사람은 하나님의 자녀가 아니라고는 주장하지 않았다. 이러한 경험은 사람을 끌어당기는 흡인력에서는 보편적이며, 누구에게나 다 열려져 있는 것이었다. 이들 신비주의자들은 죽음 전에 약속의 땅에 들어가서 그 축복을 소유하고 돌아온 것이다. 이 변모의 보다 더 깊은 레벨은 금식과 기도, 육체의 욕망을 죽임으로써 갖추어지는 것인데 이런 것들로 경험이 부여되어지는 것은 아니다. 그것은 단지 갈급함을 표현하는 것뿐이다. 이와 같은 것들에게 있어서 은총은 항상 최고의 것이다.[50] 웨슬리는 이러한 신비주의자들의 경험이 모든 사람들에게 있어서도 가능하다는 사실에 의심하지 않았다. 신비주의자 및 메도디스트들이 자기네들의 것이라고 주장한 바를 웨슬리는 현재적인 완전의 경험으로 정의를 내리려고 했던 것이다.

어떻게 하면 믿는 자가 이 제2의 전기를 이루는 경험을 할 수 있을 것인가? 웨슬리는 신비주의자들과 함께 이 하나님의 선물을 얻기 위한 길이 선한 행위로 준비될 수 있다고 믿었다. 금식, 기도, 금욕으로 자신을 깨끗하게 하는 것이 아니라 이런 일들을 하는 중에 사람을 깨끗하게 하는 믿음으로의 길을 준비하는 것이었다. 이 경험을 위하여 선한 행위는 "극히 간접적으로 필요"한 것뿐이고 믿음이 직접적인 유일한 조건이다. 다시 말해서 여러 가지 가능한 수단을 통하여 인간이 경험을 향하여 노력하고 있지 않으면, 이와 같은 경험에 있어서 기본적인 믿음을 하나님께서 부여하시리라는 기대를 할 수 없다. 매 순간 "이 은총"을 대망하여야 할 것인데, "예수 그리스도 안에서 새롭게 창조된" 목적인 "선행"을 수행하면서 대망하여야 한다. 그렇게 말하지만 어떤 일들이 먼저 이루어지지 않으면 안된다. 이제 사람이 있는 그대로 이 순간적 경험을 기다려야 할 것이다.[51]

웨슬리는 그를 따르는 사람들 가운데 많은 사람들이 이 그리스도인의 완전의 경험에 들어와 있었다는 사실을 확신했다. 웨슬리는 이와 같은 증언 가운데 두 개의 세목(細目)을 기록한 후 1760년에 다음과 같이 논술했다.

> 이 두 사람의 마음과 경험이 전혀 평행을 이루고 있음을 나는 관찰했다. 성부와 성자의 하나님과의 매일 매일의 교제가 이 두 사람의 마음을 겸허한 사랑으로 채웠다. 이야말로 내가 항상 완전을 뜻하는 것이었고 현재에 있어서도 그러하다. 나는 많은 사람들이 여기에 도달했다는 사실, 또한 많은 사람들이 의롭다고 인정된 사실의 증거가 바로 내가 믿고 증거한 바와 동일한 것에 근거하고 있음을 확인할 수 있었다. 바라기는 이와 같은 사람들의 수효가 몇 천 배로 더 늘어나기를 …[52]

웨슬리는 스스로 의식적으로 기만 당하는 일을 용납하지 않았다. 1760년 3월 12일, 그가 행한 심문은 고통스러운 일이었다.

> 가까운 몇몇 마을에 살고 있는 사람들 가운데 죄로부터 구원을 얻었다는 많은 사람들이 나에게 면담을 청했기에 나는 그들 한 사람 한 사람을 면담 조사하는 일에 하루 종일 시간을 소비했다. 어떤 사람의 증언은 수용할 수 없었다. 그러나 보다 더 많은 사람들에 관하여 그들이 의도적으로 거짓말을 한다고 가정하지 않는 한 다음과 같은 일이 명백하다. (1) 그들이 내적인 죄를 감지하지 않고 그들이 알고 있는 최선에 있어서 외적인 죄를 범하지 않았다. (2) 그들은 매 순간 하나님을 뵈옵고, 하나님을 사랑하며 항상 기도하고 기뻐하며 감사하고 있다. (3) 그들은 의인의 증언을 소유하고 있는 것처럼 성화에 관한 하나님으로 말미암은 증언을 끊임없이 소유하

고 있다. 나는 이와 같은 사실을 기뻐하며 사람들이 그와 같은 것을 좋아하듯 나도 기뻐할 것이다. 수천 명의 사람들이 이 정도로 경험할 것을 나는 하나님께 간구했다. 하나님께서 좋게 생각하신다면, 그들이 앞으로도 보다 더 많은 것을 경험하기를 바란다.[53]

웨슬리는 "매우 많은 사람들이 지금까지 그들을 지배하고 있었던 심히 큰 죄의 욕망으로부터 순간적으로 하나님의 뜻을 행하고자 하는 청순한 소원을 품도록 변모했다"고 주장하는 일에 주저하지 않았다. 웨슬리는 "이런 것들은 사실이며, 그는 거의 매일같이 그 사실을 증거하는 증인이었다"고 말했다. 웨슬리는 이와 같은 내용의 편지를 1738년 4월에 썼다.[54] 시간이 경과함에 따라 웨슬리는 제2의 경험에 관한 증거를 받아들이는 일에 깊은 관심을 가지게 되었다. 1747년 "우리는 성급하게 믿을 것이 아니라 사람들이 완전에 도달했다는 충분하고도 굳센 증거를 소유할 때까지 판단을 유보해야 할 것이다"라고 권면했다.[55] 이러한 경험을 소유한다고 주장하는 사람들에게 물어본 질문을 음미해 보면, 웨슬리의 테스트가 얼마나 엄격한 것이었는가를 알 수 있다.[56] 그가 조사한 사람 가운데 한 사람도 이러한 경험을 서서히 경험한 사람은 없고 믿음으로 말미암아 한 순간에 얻었던 것이다. 웨슬리에게 있어서는 이런 종류의 증거는 확정적인 것이었다.[57]

분명한 것은 웨슬리 당대나 또는 웨슬리의 시대를 전후하여 많은 사람들은 그리스도인이 된 이후부터 죽음에 이르기 전에 어떤 종류의 개인적 경험을 가지게 되었다는 사실이다. 그들이 경험한 것은 무엇이었던가? 이 은총으로 말미암은 도달점은 신약성서의 성결, 그리고 완전의 이념에 알맞는 것이었던가? 웨슬리가 그러한 것처럼, 많은 사람들은 그렇게 생각한다. 다른 사람들로부터 각양각색의 설명이 나왔다. 이 사람들이 그들 생애 속에서 경험한 바가 무엇이었든 공통인자가 존재한다. 곧, 그들은 이전보다 더 하나님을 의식하게 되었고, 죄에 대한 내적 승리를 소유하고 있다. 한층 더 깊은 순수한 사랑을 그들에게서 볼 수 있다. 성령의 역사가 특별히 강조되었다. 이 사람들에게서 일어난 일이 무엇이든 웨슬리는 그것을 그리스도인의 완전이라고 일컫고 제2의 은총이라고 생각했다.

웨슬리는 이러한 경험에 들어가는 일이 가능하며, 경험 이후 그것을 잘 유지하시 못한 결과로 도달했던 새로운 경험의 레벨을 상실할 수도 있는 것이라고 가르쳤다. 사실상 어떤 사람은 제1의 의인의 경험조차도 상실할 만큼 타락한다. 이 은총에 머물러 있는 일에 실패했을 때, 이 타락은 그들보다 더 굳센 자들에게조차 있었다. 그러나 그들이 이 성결의 경험, 또는 제1의 의인의 경험을 상실했다 하더라도 그들은 그것을 되찾았다. "그들은 이전에 소유했던 은총을 보다 더 많이 받았던 것이다." 하물며 신생의 경험조차 상실했던 자들도 "즉시 하나님의 은혜로우신 보살핌의 자각과 하나님의 순수한 사랑의 경험을 회복했다."[38] 웨슬리에게 있어서 경험은 "한 번 획득하고 영구히 보유한다"고 말한 것이 아니라 만약에 보유하게 된다고 하면, 하나님의 내적인 행위야말로 계속되어져야 하는 것이다.

웨슬리의 경험에 대한 강조는 인간의 신앙 및 하나님의 행위에 대한 그의 이해를 설명하는 일을 도울 수 있을지도 모른다. 칼빈파의 전통에 서 있는 사람들은 믿는 자가 영적 생명, 또는 죄의 용서함을 잃어버릴 수 있다는 어떠한 암시에도 마음이 어지러워진다. 그들에게 있어서 이 신앙의 선물은 생명의 선물이다. 하나님의 행위이기 때문에 그것은 견고히 지속되며 누구도 그것을 잃어버릴 수 없다는 것이다.[39] 이렇게 믿는 사람들이 그리스도의 행위를 인간 안에서라고 말하기보다는 인간을 위하여서 되어진 일이라고 보는 것은 당연하다. 그리스도 안에서 이루어진 행위는 변할 수 없기 때문에 믿는 자는 안전하다. 그러나 웨슬리는 이보다 훨씬 앞선다. 그는 그리스도가 우리를 위하여 이루신 일은 우리 안에 이루어져야 할 것이라고 가르쳤다. 그리스도 안에 있는 신앙만이 죄의 용서함을 가져온다. 그러나 이 변화는 경험될 수 있는 것이다. 이 변화는 경험된다. 곧 주관적인 변화이기 때문에 그것은 유지되어야 할 필요가 있다. 그렇지 않으면 상실되어진다. 만약에 상실되었다면 다시 얻을 수 있다. 웨슬리가 그리스도인의 경험에 있어서의 여러 가지 단계를 획득하는 일, 또는 상실하는 일, 다시 획득하는 일에 대하여 말했을 때, 그는 그리스도 예수 안에서의 하나님의 객관적 행위에 관하여 말했던 것이 아니고 믿는 자의 생애에 있어서의 성령의 주관적 활동에 관하여 말했던 것이다.

4. 완전은 순결이다.

웨슬리가 현재적인 완전을 궁극적인 완전과 혼동할 의도를 가지고 있지 않았다는 사실은 이미 명백한 것이리라. 그가 성서적 또는 그리스도인의 완전이라고 일컬었던 현재적 완전을 성서가 가르치고 있다는 사실을 그는 믿었다. 그러나 현세에서 가능한 완전을 묘사함에 있어서 그가 그 이상을 낮은 레벨에 둔 것이라고는 그가 생각하지 않았다. 완전에 대한 이 개념에 그가 부여한 본질적인 의미는 순결이었다. 깨끗한 마음은 온전한 마음이다.[60] 그것은 성결 안에 있는 완전이다.

> 그런데 그대 "온갖 영과 육의 더러움으로부터 스스로를 깨끗게 하고, 동시에 하나님을 두려워하고 온전히 성결케 되어" 모든 깨끗하지 않은 정욕을 믿음으로 깨끗게 하고 그 마음을 깨끗게 하라. 하나님의 은총의 힘에 의하여 영혼의 가난함을 깊이 깨달아 아는 것으로 말미암아 오만으로부터, 그리고 온유함과 긍휼로 노여움과 모든 불친절하고 미친 듯이 날뛰는 정욕으로부터 의에 주리고 목마름 같이 하는 일로 인하여 하나님을 기쁘시게 해드리고 또한 하나님을 기뻐하는 일 이외의 모든 욕망으로부터 깨끗이 되어 그대의 마음과 모든 힘으로 주가 되시는 그대의 하나님을 섬길지니라.[61]

웨슬리에게 있어서 분명한 것은 악한 소욕, 악한 본성, 오만으로부터 마음을 깨끗이 하는 것은 성결에 있어서 마음이 완전하게 되는 일과 같은 것이었다. 어느 사이에 "자랑, 성냄, 자기 주장과 고집, 불신앙"이 없어지는 커다란 변화를 경험하는 순간부터 그 사람은 같은 순간에 "신앙과, 사랑의 모든 것"을 소유한다. 그 순간부디 "항상 기뻐하고 기도하며 감사하면서" 하나님과 끊임없는 교제를 가지게 된다.[62] 사랑과 찬미에 위배되지 않는 삶, 그것이 바로 완전의 특색이다.

우드(J. A. Wood)는 그리스도인의 순결을 "참된 그리스도인을 조형(造型)하고 있는 상태에 있어서 존재하는 마음의 상태"라고 정의를 내렸다. 온전히 깨끗하게 된 사람을 안전 또는 완성되었다고 하는 뜻은 순결하여졌을 때의 일이다. "성령의 열매가 성령을 거스리는 모든 원리와 기질을 몰아내고 영혼 안에 존재할 때 그것은 완전한 것이며, 그 완전은 질적인 완전이어야 한다." 그런 의미에서 신앙은 불신앙이 존재하지 않는 한도에서 완전하며, 사랑은 사랑에 거슬리는 일이 없는 한 완전하며, 인내는 성급함이 추방되었을 때 완전한 것이다.[63] 이것은 사랑이 성숙에 도달했다거나, 신앙이 그 이상 확대될 수 없다거나, 또는 인내가 다시 강하고 굳센 것으로 되어지지 않는다고 말하는 것과는 다른 것이다. 이런 것들은 질적으로 순수한 것이며, 양적으로는 증대될 수 있는 것이다. 이 좁은 의미에 있어서 웨슬리는 그리스도인의 현재적인 완전을 이해했던 것이다.

이와 같은 주제에 관하여 제숍(Jessop)은 토머스 쿡(Thomas Cook)의 저서 『신약의 정결』로부터 다음과 같이 인용했다.

> 불순에는 여러 가지 모양의 단계가 있다. 그러나 엄밀한 의미로서 "순수함"에는 단계가 없다. 웹스터(Webster)에 의하면 "순수한"이라는 말은 "순수한 물, 맑은 공기, 순은, 순금처럼 모든 이물질과 인연이 없는 것들로부터의 완전한 분리이며, 맑게 개여 있는 상태, 습기로부터 떠나 있는 것"을 의미한다.
> 신약성서의 단어에서 가장 많이 "깨끗이"라고 번역된 말은 몇 개의 어형(語形)으로 70회 가까이 사용되었다…순수하다는 뜻은 한 가지

만으로 성립되었다는 사고방식이며 복합적인 것은 아니다. 습기, 또는 변조(變造)됨이 없다는 뜻이다. 그 성분만 가지고 있고 그 성분 이외의 것은 무엇이든지 가지고 있지 않아야 한다. 금이 다른 혼합물에서 떠나서 다른 헐 값의 금속물이 포함되지 않았을 때 그것을 순금이라고 한다. 우유가 본래 가지고 있는 모든 성분 이외에 것을 포함하지 않았을 때 그것은 순 우유이다. 밀초(wax) 성분이나 설탕이 섞이지 않은 꿀이 순수한 꿀이다. 이처럼 깨끗한(pure) 마음은 하나님을 거스리는 어떠한 것도 들어 있지 않은 상태이다. 혼합물(이물질)이 섞이면 순결은 있을 수 없다. 마음이 깨끗하다는 것과 더럽게 만드는 것, 곧 얼룩이 없는 마음, 악한 얼룩에서 벗어난 자유로운 마음, 세상적인 혼합물이 없는 마음의 상태를 뜻하는 것이다. 순결이란 거룩하신 하나님 앞에, 그리고 하나님과의 교제를 위해 하나님께서 인간을 영입(迎入)하려 할 때 그 길을 가로막고 방해하는 모든 것을 제거하는 일이다. 다시 말해서 죄 그 자체를 치료하는 일이다.

위에 언급된 모든 것은 성숙(成熟) 이상의 것을 의미한다. 마음의 순결과 크리스쳔의 품성의 성숙을 혼동하는 과오가, 점진적, 그리고, 순간적 성화를 향한 모든 것이라고 말할 수 있는 반대론의 근거가 된다.

성서는 항상 마음의 순결과 그리스도인의 미덕의 원숙함과 충실함을 구별하고 있다. 한편으로는 정결케 하시는 성령의 능력으로 말미암아 순간적으로 우리 안에 이루어 놓으신 거룩한 행위이시며, 다른 한편으로서는 함양과 훈육을 포함하는 자연적인 과정이었다. 순결은 종류와 질에 관련되어 있으나 성숙은 정도, 양(量)에 관련되어 있다. 성결은 은사이며 과정이어서 순간적이며 동시에 점진적이다.[64]

이 인용문에는 웨슬리의 성결에 대한 가르침에 그 뜻이 포함되어 있는 진리가 올바르고 명료하고 그리고 명백하게 표현되어 있다. 신앙의 성장은 믿는 자 안에 깨끗하지 못한 것이 아직은 남아 있는 그 때에 신생은 시작된다. 깨끗하게 하시는 하나님의 은총의 거룩한 행위는 성장을 향한 장애로부터 해방되고, 그리스도인의 모든 덕행에 한층더 건전하게 성숙하여지는 일을 가능케 한다.

웨슬리가 죄로부터의 자유로 말미암은 완전을 가르쳤다는 사실은 의심의 여지가 없다. 이미 말한 것과 같이 죄가 멈추어진다는 것은,

잘못된 행위, 그리고 의도적으로 범하는 고범죄의 끝장을 말하는 것 뿐 아니라, 악한 소욕, 그리고 악한 본성의 파멸인 것이다. 웨슬리의 요한일서 1:9의 "만일 우리가 우리 죄를 자백하면 하나님은 미쁘시고 의로우사 우리 죄를 사하시며 모든 불의에서 우리를 깨끗게 하실 것이라"는 성구에 대한 주해는 이 해방은 현세적이며 살아 있는 그리스도인을 위한 것이라는 뜻으로 밝혀주고 있다. 그것은 모든 불의로부터의 해방이다. 만약에 죄가 얼마이든 간에 남아 있다면, 위의 성서의 말씀은 그 의미를 상실하게 되기 때문이다. 그러나 이는 죄과(罪科)로부터 정결케 하는 일(cleansing)을 의미한다고 말할 수 없다. 왜냐하면 위에 언급된 성서 본문(요일 1:9) 전반에 있는 "죄사함"으로 말미암아 이미 정결케 되었기 때문이다. "그래서 그리스도인은 이 세상에 있어서 모든 죄로부터, 모든 불의로부터 구원을 얻는다. 다시 말해서 그들은 이미 이런 의미에서 죄를 범하지 않으면, 악한 생각과 악한 본성으로부터 자유롭게 되었다는 점에서 완전하다."[65]

웨슬리는 이 완전과 순결, 그리고 성결이 오직 그리스도에게만 있고 믿는 자 안에는 있지 않는다고는 생각할 수 없었다. 그리스도만이 정결하고, 의로우시며 인간은 여전히 더럽혀져 있고 의롭지 못한 채 그대로 있다고 말하는 것은 모든 성결의 "근저(根底)에 타격을 가하는 일이다." 이러한 것은 그리스도를 그의 친구의 집에서 칼로 찔러 죽이는 일이라고 웨슬리는 생각했다.

여기에 한 지혜가 있다! 성자의 지혜가 아니고 하찮은 지혜다! 악마의 걸작품이다. 이것보다 더 이상의 것은 악마도 할 수 없다. 인간에게 한 알갱이만큼의 성결도 없이 거룩하다는 사실! 인간 자신이 깨끗하지 못하여도 그리스도 안에서 거룩하다는 사실. 인간의 마음속에 그리스도의 마음이 한 점도 없이 그들이 그리스도 안에 있다는 사실. 인간의 본성 그대로를 가지고 있으면서 그리스도 안에 있는 것이라고 말하는 것, 인간 자신은 예로부터 오만하고 헛되며 탐욕과 정욕으로 가득차 있으면서…바로 그 인간이 "그들 안에

현재적 완전 177

서 완전" 하다고는…이젠 그만해 두자! …그리스도가 "모든 의를 성취하셨기 때문에 인간은 의롭지 않은 상태로 있어도 좋단 말인가?[66]

웨슬리가 그리스도인 안에 아무런 변화도 일어나지 않았다는 교리를 신뢰하지 않았다는 사실은 명백하다. 믿는 자의 변화는 죄로부터 성결에 이르는 변화이었다. 성결에 있어서 온전하다는 사실은 죄로부터 자유하다는 사실을 의미한다. 이 자유는 현세에서 경험되어야 한다.

온전한 사랑과 그리스도인의 자유는 웨슬리에게 있어서는 동일한 것이었다. 이와 같은 표현은 둘 다 성서적이며, 성결을 의미하는 것과 같은 것임을 가리킨다. 이 그리스도인의 자유를 얻는다는 것은 죄가 파괴되는 것을 의미한다. 하나님과 이웃을 향한 사랑이란 선한 본성인 것이다. 이 사랑이 영혼 속에 있어서 인간을 지배할 때 반대되는 본성 곧 "세속적인 생각과 마음, 악의(惡意), 가혹함, 복수심"은 파괴된다. "파괴된다는 말을 나는 사용한다. 왜냐하면 바울이 이 말을 사용했기 때문이다. 나는 성서 가운데 '중지했다'(suspended)라는 말을 찾아볼 수 없다." 이와 같은 정결함은 그리스도에게서 나온 것인데, 온전히 성화된 사람들 마음 속에 있는 것이다.[67]

죄로부터의 자유는 '죄에 대한 죽음'이라는 용어로도 표현될 수 있다. 실제로 죄에 대한 죽음은 자신에 대한 죽음인데 "마음이 가난함, 슬픔, 온유, 의에 주리고 목마름, 우리 이웃에 대한 사랑, 마음이 청결함"을 가져오는 것과 같은 방법으로 자기 자신을 죽이는 것이다.

그대, 스스로의 마음의 눈으로 볼 때 가난하고, 작고, 낮고, 천하고 하찮은 사람이 되라. 그대의 주님이신 그리스도에게서 볼 수 있는 하나님의 사랑에 놀라고 티끌 앞에 엎드리라. 그리고 성실하라! 그대의 생각과 말과 행위의 모든 행동을 커다란 심연(gulf, 深淵)의 끝에 서 있다고 생각되는 깊은 자각에서 흘러 나오는 것으로 하라. 온유하라! 그대의 영혼을 모든 사람에 대한 부드러움, 친절, 인내, 관용으로 채우라. 동시에 그대 안에 있는 것을 다 가지고 하나님을

갈망하라."⁶⁸⁾

의인의 순간에서 "죄에 대한 완전한 죽음을 경험하는" 순간에 이르기까지 생래적인 죄는 시서히 암살을 당한다. 이와 같이 죽어가는 과정이 장기간 계속될지도 모른다. 그러나 "죄가 영혼에서 분리될 때까지는" 죄에 대하여 죽은 것은 아니다. 완전한 죽음, 또는 죄로부터의 석방되는 그 순간에 영혼은 "사랑의 풍성한 생애를 살아가기 시작한다."⁶⁹⁾

웨슬리는 죄가 "근절" 된다는 사실에 대하여 가르쳤던 것일까? 그는 그 진리가 보전되리라고 말할 수 있으리 만큼, 그 진리를 표현하기에 적당한 용어에 괘념하지 않았다. 정의를 내리도록 추궁 당했을 때, 웨슬리는 이 순화(純化)를 나타내는 데 강한 말을 사용했다. 인간은 그가 소유한 "신생"의 은총으로서는 "오만, 자기 의지, 또는 생래적인 죄를 추방할 수 없다"고 웨슬리는 선언했다. 인간은 "육체의 행실을 죽이는 일은" 할 수 있다. 적을 "약하게 할 수는" 있으나 추방할 수는 없다. 적을 박멸할 수도 없다. 그리스도인이 자신을 "온전히 정결케 할" 방법은 없다. "우리의 주님께서" 재차 말씀하시고 '깨끗하라' 고 선포하고 이것을 옳다고 하실 때까지 인간은 정결케 될 수 없다는 사실은 확실하다. 하나님께서 거듭 말씀 하실 때에만 문둥병은 깨끗하게 된다. 그 때에만 악한 뿌리, 육적인 마음은 파괴된다. 그리고 생래적인 죄는 드디어 존재하지 않는다."⁷⁰⁾ 만약에 근절한다는 것이 "추방한다," "방축(放逐)한다," "박멸한다," "온전히 깨끗하게 한다"는 말과 같은 것을 의미한다면, "근절"이란 말은 웨슬리의 개념을 올바로 표현한 것이다.

포프(Pope)는 죄로부터의 정결을 묘사함에 있어서 "온전히 멸절한다"라는 말을 사용함에 주저하지 않았다.⁷¹⁾ 영적인 일을 표현하기에는 모든 말이 그러했던 것처럼, "근절"이라는 용어는 결함을 지니고 있기는 하나 하나님의 행위의 완전함과 결정적인 사항을 나타내고 있다.[72] 확실히 웨슬리가 사용한 모든 용어보다 지나치게 강한 뜻을 가진 것은 아니다. 와필드는 이 정결을 "근절"이라는 것으로 묘사하고 있다.

> 우리의 행위에 있어서의 죄의 원리의 효과로부터 자유롭게 될 뿐아니라, 우리 안에 있는 "죄의 원리"로부터 자유롭게 된다는 편이 확실히 더 좋을 것이다. 그리고 이것이야말로 사실상 성서가 마련한 말이다. 성서의 가르침은 옳다. 오직 "근절"이다. 성서는 "죄의 원리"로부터 우리를 자유케 함으로써 죄를 범하는 일로부터 우리를 해방하려고 한다…거기에 대한 반대인력(反對引力)도 있고 억압도 있으나 근본적으로는 근절인 것이다.

이 근절은 진행을 계속한다. 그러나 저 세상(hereafter)에서 완성되는 것은 아니다.[73] 와필드와 웨슬리는 정결의 성질에 관해서는 같은 생각이었으나, 그 완성이 언제 발생하는가 하는 점에서는 달랐다. 웨슬리의 죄의 정의가 그렇게 만들었던 것이다.

쌩스터는 "근절" "멸절" "중지" "압박"등의 용어는 다 잘못 사용한 것이고 오해의 여지가 있다고 생각했다. 죄는 "물건"이 아니기 때문에 이들 용어는 적당치 않다.[74] 그러나 쌩스터처럼 말할 때 "깨끗하게 한다" "멸한다"라는 성서적 용어도 내어버리는 결과를 가져온다. 웨슬리와 그의 후계자들은 그들에게 동의하거나 동의하지 않거나 이는 별도로, "근절"이라는 용어에 있어서 만큼은 성서적이었다고 생각하지 않으면 안된다. 용어가 어떠한 것을 의미하도록 이해되든, 죄에 그 무엇인가 일어나게 된다.

> 사람의 마음이 죄로부터 깨끗이 씻음을 받는다는 사실을 믿는 일은 대담하고도 위대한 신앙이다. 자기 자신에 대하여 정직하다는 사실을 교묘하게 방해하는 일은 그 위험이 적지 않은 것인데, 이와 같은 신앙이 가공할 만한 위험을 내포하고 있기 때문에 깨끗하게 되었다고 쉽게 억측하는 일에 대하여 우리는 항의해왔다. 그러나 이와 반대되는 일을 확신한다는 일도 필자에게 있어서는 마찬가지로 가공할 만한 일이다. 단지 깨끗하게 하는 일은 불가능한 일이라고

해서 언제나 죄를 우리 생애에서 용인하는 대비책을 가지고 있지 않으면 안된다는 견고한 확신을 품는다는 사실은 죄로 가득찬 우리 마음에 온갖 "죄에 대한" 이유를 달아주는 것이 된다. "육체를 위하여 준비하여 그 정욕을 행하지 말라"는 바울의 권고를 얼마나 경시하는 일이 되어버리는 것일까? 얼마나 열심히 "죄를" 원하는 이 마음은 "불가피"라는 사실에 빌을 붙이기 쉽게 하는 변명을 발견하는 일인가? 전혀 도달할 수 없는 일에 사람은 확고히, 그리고 흔들리지 말고 힘써 나아갈 수 있을 것인가?[75]

정결케 될 죄에 관한 상세한 정의에 관하여 동의점을 발견하는 일이 가능하다면, 정결케 하는 행위에 있어서 죄에 어떤 일이 발생하는 것인가를 묘사하는 이들 모든 용어에 대한 반대가 줄어드는 일도 가능할 것이다. 웨슬리의 죄에 개념에 대해서는 이미 언급되었다. 내적인 본성으로서의 죄의 깊음이라는 이념이 연약함과 과실의 모든 것과 혼동되지 않을 때는 완성될 수 있는 현재적인 정결을 생각하는 일이 용이하게 된다. 만약에 죄가 인간성과 거의 동일시 되든지 죄에서 생기는 결함에 있다면, 어떠한 정결도 현세에서는 불가능하게 된다. 이러한 결함, 그리고 모든 제약을 "소멸"하는 일은 우리를 인간으로의 존재로부터 제거하는 일일 것이다. 웨슬리는 죄를—적어도 순결케 하는 일을 필요로 하는 죄를—이렇게는 생각하지 않았다. 그러므로 웨슬리를 이와 같은 이유로 비난한다는 일은 잘못이다.

쌩스터와 플류는 함께 웨슬리의 죄의 정의를 비판했다. 플류는 "죄를 범하는 자의 의식 및 계획된 의도를 강조하는 일은 웨슬리의 이상의 개념에 있어서 가장 두려워 해야 할 결함이다"라고 생각한다.[76] 플류나 쌩스터도 웨슬리는 죄를 "물건"으로 보고 있었다고 생각한다.[77] 웨슬리는 죄를 어떤 물건으로 생각했다기보다는 이러한 의미를 전달할지도 모르는 성서적 용어로 죄를 생각했던 것이다. 웨슬리에게서 세밀히 배운다면, 그에게 있어서 죄는 "어떤 물체"가 아니었음은 명백하다. 죄는 인간의 육체 또는 그 어떤 부분에도 부수되는 것은 아니다. 사랑이 물질적인 요소를 가지고 있지 않음과 같이, 죄도 물적 요소를 가지고 존재하는 것은 아니다. "의식이라든가, 감히 의도적으로 계획된 것"이 어떻게 "물건"일 수 있겠는가? 이것은 육체가 아니라 영에 관한 개념이다.

쎌은 웨슬리의 죄의 개념이 바울에서 칼빈에 이르는 역사적 기독교의 죄악관과 동일하다는 것을 의식한다. "죄는 그 이상으로 어두운 것일 수는 없다."[78] 구원의 과정에서 믿는 자가 정결한 마음에서 나오는 완전의 한 부분에 도달할 수 있다는 사실은 웨슬리에게 있어서 죄의 깊음을 한층 작게 한다는 것을 뜻하지 아니한다. 죄가 어두운 것일수록 죄를 깨끗게 하는 은총은 보다 더 크다. 웨슬리가 "사람의 마음은 속이는 것으로서 절대적으로 악하다"고 선언했을 때, 그는 그런 뜻으로 말한 것이다. 그리고 웨슬리는 죄 그것과는 관계가 없는 인간 본성 안에 죄가 있었다는 흔적이 남는다고 믿었다. 웨슬리의 사상에서 볼 수 있는 이 구별은 다음 두 장에서 더 연구하기로 한다.

"웨슬리가 그의 표현을 정의하여 그 한정 조건을 말하도록 허락될 때에 그의 교리 가운데 이 부분에 관한 성서적 근거가 다분히 인정될 것이다."[79] 웨슬리는 죄는 "무자각"(無自覺)일 수 있으며, 다만 성령만이 사람으로 하여금 그 필요의 깊은 자각을 가져올 수 있다고 가르쳤다. 플류는 만약에 그가 "스스로 죄의 상태에 대하여 알아 차리지 못하는" "선량한 사람들"과 "정당한 자존심으로서만 활력을 얻는다"고 믿는 "복수심이 강한 사람"을 변호했다고 생각했다면, 그는 웨슬리의 사고 방식으로 인한 가장 심오한 뜻을 잘못 파악하고 있는 것이다.[80] 웨슬리의 "믿는 자의 회개"에 관한 설교를 주의깊게 생각해보면, 웨슬리가 이기적인 의지, 이 세상을 사랑하는 일, 자만심, 복수심 그리고 믿는 자의 마음 속에 있는 어떠한 악일지라도 변호했다고는 말할 수 없다는 사실을 알게 된다. 믿는 자는 온전한 정결을 체험하기 전에 이들 죄를 죄로 인정하지 않으면 안된다. 이들 죄는 성령으로 말미암아 노출되며, 사람은 그것들을 의식하게 된다.[81]

사람의 마음속 깊이 숨어드는 죄를 성령에 의하여 알게 될 때, 믿는 자는 그 때야말로 믿음으로 말미암아 깨끗하게 된다. 그에게 나타나 있던 죄는 제거된다. "그(그리스도)는 마음에 남아 있는 모든 죄로부터 당신을 구원하여 얻게 될 것이다." 죄를 인정하게 하고 죄를 깨끗게 하시는 성령이 "매 순간 순간" 마음을 지키기 위하여 마음에 머물러 계신다. 믿는 자가 그의 믿음을 건지하고 있는 한 죄에 대한 승리는 유지된다.[82] 이와 같은 사실에 비추어 보아 웨슬리의 죄의 개념, 그리고 성화의 정도는 그 사람의 정결 이전의 도덕적 발달과 동기에 관한 그 사람 자신의 통찰, 그리고 자기에 관한 지식에 의존한다는 사실을 인정하지 않을 수 없다고 해버린다면, 플류가 말한 것은 적절하지 않다.[83] 플류는 각성과 이해를 가져오는 성령의 능력 곧 성령의 깊은 곳에서의 역사를 고려하고 있지 않다. 만약에 믿는 자가 자기 자신을 이해하고 정결케 하는 통찰력을 떠났다면, 속이는 인간 본성 때문에 위험에 빠지게 될 것이다. 그러나 웨슬리의 견해로서는 믿는 자는 내버려져 있지 않다.

이 세상에서 깨끗하게 되어질 죄는 용이하게 인정된다거나 제거되는 것은 아니다. 죄는 질병이며, 그 병균은 인간의 본성을 침범해 왔다. 단지 병의 증상을 없앤다고 병이 치료된 것은 아니다. 매사에 있어서 중심에 다가설 필요가 있다. 병, 그것은 치료되지 않으면 안 된다. 완전은 죄에 대한 죽음을 의미하나 죄가 남긴 흔적을 없이 하는 것은 아니다.[84] 하나님의 초자연적인 힘에 의하여 죽는 그 시간까지 깨어진 육체와 인간성이 약해진 상태로 존속하는 한편, 죄는 "이미 존재하지 않게 된다." 죄에 관하여 이렇게 생각될 때에만 현재적인 치료는 받아들일 수 있게 된다.

그러므로 죄는 죄로서 육체에 자리잡고 있는 것은 아니다. 죄가 육체에 자리잡고 있다고 생각하는 것은 죄의 개념을 약화시키는 것이 된다. 육체의 상태가 영혼의 갈등에 영향을 미칠 수 있으나, 그렇다고 해서 사람의 도덕적 갈등에 있어서의 기본적, 또는 결정적 요인이라고 하는 것은 수용할 수 없다.[85] 죄는 "육신에 머문다"(롬 8:3).

여기서 말하는 육신이란 하나님의 은총을 입지 않은 인간 본성이라고 해석해야 한다. 이런 의미에서 죄는 마음에 대한 "증오해야 할 침입자"이며, 마음에서 추방되지 않으면 안된다.[86] 사람의 본성에는 이 이질적인 요소는 사랑에 반대되는 것이라고 생각되지 않으면 안된다. 웨슬리가 생각했던 것처럼, 사랑이 성령으로부터 부여된 선물이라고 간주될 때 사랑에 반대되는 죄는 추방된다. 이 적대자가 추방될 때까지 사랑의 지고적(至高的)인 지배는 불가능하다. 사랑은 온전히 성화된 자를 "완전히 소유한다."[87]

이 순수한 마음의 몇 가지 표징이란 어떤 것일까? 웨슬리는 이 내적 순결을 몇 가지로 표현했다. "한결같이 성실하게 하나님을 헌신적으로 사랑하는 것" "하나님께 온전히 봉헌해 버린 마음과 생애" 등이다.[88] "세상에 대하여 죽은 자는 하나님에 대하여 살아 있다." 온 마음을 하나님께 바쳤기 때문에 "하나님께 도달" 하는 기대 이외에는 아무런 기쁨도 없다.[89] 완전한 자는 "사랑 이외에 다른 것은 생각하지 않는다." 그리고 사랑에 위배되는 어떠한 생각도 하지 않는다.[90] 이와 같은 사람은 자신의 죄의 상태를 진정으로 회개하고, 그리스도의 공로에 전면적으로 의뢰하고, 또한 그와 같은 일이 계속되고 있다고는 하나, 이런 종류의 사랑에 있어서 배반을 당하지 않는다고 웨슬리는 믿지 않았다. 이 내적인 순결은 외적 성결은 아니다. 다만 외적 성결에 대한 준비를 하여 거기에서 결과를 보게 되는 것이다.[91] 마음이 순결하고 그 외적 증거가 되는 그 무엇을 나타내지 않는 일은 우선 없다. 그러나 완전이 외적 증거에 존재하는 것이라고 생각해서는 안된다. 어디까지나 완전은 마음속의 것이다.

더욱이 완전이란 의도의 순결이다. 외적인 행위는 "순수하고 거룩한 의도에 의하여"[92] 하나님에게 다 바쳐진 것이다. 외적인 행위는 아무리 선하게 보인다고 해도 순수한 내적 기질과 떼어 놓고서는 하나님을 기쁘시게 할 수 없다. 이 내적인 거룩한 의도 없이는, 모든 외적 행위는 그것이 틀림없이 선한 것이라 하더라도 바리새적일 뿐이다. 바리새인들의 의는 우리에게 있어서 잘못된 것은 아니지만, 의는 순수함과 그 영적인 것에 있어서 저들의 것보다 더 좋은 것이 되지 않으면 안된다. 맥코넬(McConnell)은 웨슬리의 순수한 의도라는 생각을 비판하여 누구든지 올바른 의도를 가지고 있으며 의도적으로 악을 행했다고 의심받는 일을 바라시 않는다고 시사했다.[93] 그러나 이와 같은 비판은 웨슬리의 생각의 핵심에 접근하지 못한 것이다. 웨슬리는 "보다 더 깊고 보다 더 먼 곳에 있는" 한 부분에 관하여 말한 것이다.

이 완전은 "의도의 단순함" "애정의 순결"에 있다. 그것은 "우리가 말하든지 행하든지 모든 것에 있어서 하나의 의도를 가지고 있으며 우리의 모든 기질을 지배하는 하나의 바램"을 가진다는 것이다. "평소의 영혼의 성향" "마음의 순결한 의도, 모든 일에 하나님의 영광을 항상 고려하는 일"이다.[94] 이것은 무엇이 옳은가를 결정함에 있어서 적절한 마음을 쓰는 노력 없이 다만 "옳은 일을 해야겠다는 의향으로 채워진 기분"과는 전혀 다른 것이다.[95]

웨슬리의 죄로부터의 자유에 관한 교리를 오해한 자들이 직면한 두 개의 문제점이 있다. 첫째 문제는 자신의 내적 본성에 관하여 맹목적인 사람의 인간적 노력으로써 "성결"의 달성을 고려한 데서 발생된 문제이다. 확실히 "죄의 문제"는 사람의 능력만으로서는 해결이 되지 않는다. 죄의 문제는 남게 될 것이다. 또 다른 문제는 본질적인 죄의 결과로 발생되는 모든 허약함을 죄에 포함시켜 버리는 데서 야기되는 문제이다. 만약에 죄로부터의 자유에서 성취되는 완전이 허약함으로부터의 해방까지 필요로 한다면, 죄의 문제는 현세에서 해결될 수 없는 곳에 놓여 있는 것이 된다. 웨슬리는 그의 사상에 있어서 이러한 두 개의 문제점을 만들어 내지 않았다. 그에 따르면, 본래 죄란 사람이 타고 난 것(천부적인 것)은 아니다. 깊이 자리잡은 질병이며 치료될 수 있는 것이었다. 이 치료는 인간 본성에 죄가 발생된 여러 가지 약점을 제거한다는 의미가 아니다. 이 치료는 인간측의 노력, 자연적인 성장으로부터 오는 것도 아니며, 우리를 죄에서 구속하시려는 주님의 정결케 하는 능력으로 말미암은 것이다. 사람에게 있어서는 완전은 초자연적 선물이다. 이 선물은 우선 되는 준비와 점진적인 성장 기간이 있다 하더라도 어떠한 순간에 부여된다. 그리고 거기에는 끊임없는 성장과 점점 증가되는 은총이 뒤를 따른다.

5. 완전은 성령의 역사이다.

성령 내지는 성화를 취급한 신학 저서를 잠깐 보기만 해도, 성화는 성령의 특별한 행위라는 것에 관하여 광범위한 의견의 일치를 이루고 있음을 알 수 있다. 개혁과 사람들의 저자들은 성화는 성령의 행위임을 가르쳤다. 루터는, 성령은 "보화를 투자하기 위하여" 부여한다고 가르쳤다. 성령은 사람들 마음 속에 그리스도를 보내어 필요한 모든 선한 일을 성취하신다. 이 일은 인간 안에 죄와 무지가 남아 있기 때문에 완성되지는 않는다. 그러나 성령은 믿는 자 안에 머물러 계셔서 하나님께 대한 사랑을 깨닫게 하신다. 성령은 죄와 두려움으로부터 인간을 해방한다는 것인데, 하나님의 이와 같은 행위는 완성되지는 않는다.[96] 이처럼 루터에게 있어서도 참된 성화의 출발은 성령의 역사에 있다고 말한다. 카이퍼(Cuyper)는 "피조물을 그 정한 곳으로 인도하여 그 본성에 따라 발전하도록 하고 완전케 하는 일은 성령에게 있어서 타당한 행위이다"라고 했다.[97] 마찬가지로 버쿠어(Berkouwer)도 성화를 사람 안에 있어서의 성령의 행위라고 본다.

> 성화에 관하여 생각할 때 어떻든 "새로운 시작"의 성질에 마음을 집중하여야 할 것이다. 이 인간 본성의 감은—은혜에 감사—의 정과 사랑에 있어서의 갱신은 항상 성령의 행위라고 생각되어왔다. 성령만이 사람들이 자기 스스로의 공적을 의식하지 않고 거룩한 길

을 걸어가는 자로 만드는 기적을 행할 수 있게 된다.[98]

머레이(Murray)는 신생은 성령으로 말미암아 이루어지며, 이 하나님의 행위로 말미암아 믿는 자는 성령으로 말미암아 성령의 내주를 맞게 된다고 생각했다. "성화는 우리 안에 계시는 하나님의 행위이시며" "특히 내주하셔서 인도해 주시는 성령의 행위이다."[99] 이 입장은 분명히 성령은 신생이 시작되는 때에 부여되고 성화의 과정은 내주하시는 성령으로 말미암아 진행된다는 사실을 지지하고 있다. 이와 같은 견해들은 성화를 신생에 이어지는 성령의 특별한 선물로는 보지는 않는다.

넬스 페아르(Nels F. S. Ferre)는 웨슬리가 구원의 은총을 성령의 임재와 같은 것이라고 생각했다고 주장한다. 성령은 인간이 죄사함을 받고 하나님께 돌아올 때에 부여된다. 그러나 성결도 또한 하나님의 선물인 까닭에 성령의 행위이다. 이 선물은 자기 스스로의 인간적인 의에 대하여 뉘우치는 사람들에게만 부여된다. 이 은총의 선물은 사람으로 하여금 깨끗하게 만든다.[100] 웨슬리에 의하면, 성령을 받지 못한 사람은 그리스도인이 아니었다. 그리스도인이란 "성령과 능력으로 말미암아 기름부음을 받은" 자이다.[101] 1738년 이전에 웨슬리는 "선물로서의 성령은 부활을 확실히 바라보게 하며, 그렇게 될 때 비로소 하나님의 생명이 우리 안에 온전히 부여되기 때문"이라고 가르쳤다. 이 때 비로소 성령은 구원 받은 자에게 부여된다.[102] 1744년 웨슬리는 성령을 받을 때까지는 사람은 아직도 구원을 소유하지 않았다고 믿었다.[103]

> 예를 들면 "성령을 받기 전에는 사람은 이 세상에 있어서 하나님 없는 자"이며, 하나님이 성령을 통해서 사람에게 하나님께 의존해야 한다는 사실을 사람에게 제시하지 않으면 사람은 그것을 알 수 없다. 그렇다. 거룩하신 분의 감동이 없이는 인간은 거룩한 천상의 기질(heavenly temper)을 소유할 수 없다.[104]

웨슬리는 사람의 마음 속에 이루어진 어떠한 변화일지라도 그것은 성령의 감동으로 말미암은 것으로서, 이 거룩한 사랑이 마음 속에 부어질 때까지 어느 누구도 천국에 들어갈 수 없다고 믿었다.[105] 이와 같은 웨슬리의 교훈은 성령이 신생에 이어 "제2의 은총"으로서 부여된다고 주장하고 있는 사람들에게는 이상하게 생각될 것이다. 그러나 이러한 생각에 있어서 웨슬리의 생각은 개혁파에서 가르치는 대부분의 것과 같다.[106]

성결에 대하여 말하고 있는 사람들 사이에서는 오순절, 또는 성령의 세례는 온전한 성화가 이루어질 때 부여되는 선물과 동일한 것이라고 널리 일반적으로 가르쳐 왔다. 브라운(C. E. Brown)은 신약 시대에 성령이 교회에 임했다는 사실을 믿는 자만의 경험으로서 이해한다. 그는 성서 몇 곳에 있는 기사를 설명한다. 성령을 받은 모든 사람들은 이미 초기적으로 "구원을 받은" 사람들이다. 구원의 제2의 전기(轉機)에 있어서 믿는 자는 성령으로 말미암은 세례를 받고, 그 때 마음은 믿음으로 말미암아 깨끗하게 된다(행 15:9).[107] 웨슬리주의의 전통에 따르는 근대의 성결운동에 속하는 대부분의 저자들은 대체로 이 입장에 찬성한다.[108] 이 사실을 조사한 후에 웨슬리주의의 전통에 서 있는 사람들은 다 함께 강조한 것은 아니지만 어느 누구도 이 입장에 서는 일에 반대하지 않았다.

이 가르침은 그리스도인의 완전 또는 전적 성화란 오순절 날에 제자들이 받은 것과 같은 성령으로 말미암은 세례라는 것이다. 이미 믿는 자였던 제자들은 그 때에 성령으로 충만했고, 이로 인하여 마음이 순화되었다. 웨슬리적 성결의 옹호자로 말미암아 명시되어온 이 교훈은 웨슬리에게 의해서도 받아들여졌던 것일까?

웨슬리가 성결과 완전을 우리 안에 이루어지는 성령의 행위라고 생각했던 것에 대해서는 아무런 의심은 없으나, 그가 순간적이라고 말한 전기적 경험은 종종 성령으로 말미암은 세례라고 불린 사도행전에 있는 오순절 경험과 온전히 같은 것일까? 웨슬리는 오순절 날에 있었던 성령 강림의 더 좋은 목적은 각종 선물(은사)을 받는 것이 아니라 그곳에 있던 사람들에게 (어떤 시대의 크리스천에게 있어서도 근본적이었다는 사실을 거부할 수 없는 것) 그리스도 안에 있던 마음, 성령의 거룩한 열매―이것을 소유하지 않은 사람은 그리스도인이 아니다―다시 말해서 그들에게 충만했던 다음과 같은 것들이었다.

> 사랑, 기쁨, 평화, 관용, 오래 참음, 자비, 선량, 그리고 충성, 온유, 절제(갈 5:22-24) 등을 부여하여 그 내적 변모의 결과로서 모든 외적인 의를 성취하여 "그리스도께서 행하신 것처럼 우리도 행하는 것"을 위함이었다.[109]

물론 웨슬리는 이 성결의 시작을 신생, 또는 초기적 성화 안에서 보았다. 이것들은 회개하는 죄인이 믿게 될 때, 마음속에 이루어지는 성령의 행위이다. 이 성결의 행위는 이 때에는 성취되지 않기 때문에 믿는 자가 온전히 성화되었을 때에 보다 더 큰 성령의 부으심을 기다린다는 것일까? 1738년 웨슬리가 독일에 체재했을 때 믿는 자의 온전한 갱신은 그가 "성령의 선물"을 받을 때까지는 이루어지지 않는다는 말을 들었다. 이들 독일의 모라비안파의 신도들은 로마서 7장의 속박된 상태와 "하나님의 아들의 온전한 영광스러운 해방"의 중간 상태가 있다고 가르쳤다. 그들에 의하면, 이 "영광스러운 해방"은 "오순절 날 성령강림과 함께 찾아 온 것이다.[110] 분명히 이와 같은 생각은 웨슬리의 마음 속에 남아 있었다. 1762년에 웨슬리는 다음과 같이 썼다.

> 몇 해 전에 나의 동생은 종종 "당신의 오순절 날은 아직도 완전히 임하지 않았다. 그러나 나는 그 날이 올 것을 의심하지 않는다. 그 때 당신은 지금 사람들이 의로 인정된다는 일을 귀로 듣는 것처럼 빈번히 사람들이 성화된다는 것을 듣게 될 것이다"라고 말했다. 편견을 가지지 않은 독자라면 지금 그 때가 임했음을 볼 것이리라. 말한 것과 같이 우리는 사람들이 의롭다고 인정됨과 마찬가지로 빈

번히 사람들이 성화되었다는 말을 듣고 있다. 다만 성화되었다는 예가 20년 전보다 더 많은데도…이들 많은 사람들이 은총을 계속 보전하지 못했다는 것은 은총이 부여되지 않았다는 증거가 되지 않는다. 많은 사람들이 오늘에 이르기까지 은총을 보전하고 있다는 사실은 찬미와 감사를 불러 일으킨다.[111]

분명히 웨슬리는 그의 마음 속에서 오순절과 성화—여기서는 온전한 성화를 의미하는 것이지만—를 관련짓고 있었다. 그는 그것을 성령의 선물이란 의미로 "하나님의 선물(은사)"이라고 불렀다.

그러나 1770년에는 웨슬리가 이 경험을 "성령을 받는다"고 말하는 것에 주저했다. 혹 다른 사람은 그런 말로 말하기를 원한다면 그렇게 해도 좋다. 그러나 그 표현은 "비 성서적이며 적절하지도 않다. 왜냐하면 그들은 의롭다고 인정되었을 때에 성령을 받았기 때문이다.[112] 웨슬리는 분명히 "성령을 받는다"라는 표현을 제2의 전기에만 사용하는 것이 신생의 의미를 삭감한다는 사실을 두려워했다. 웨슬리는 전면적 성화의 여지를 만들기 위하여 신생의 내용을 삭감하거나 저하시키는 일을 결코 원하지 않았다. 이 일이 어떠하여도 웨슬리가 "제2의 은총"을 하나님으로 말미암은 순간적 선물 또는 정결 과정의 완성으로 보았던 점은 사실로 남았다. 성화는 행위인 까닭에 이 제2의 행위, 특히 고도의 행위는 위대한 것으로서 성령의 특별한 행위로 볼 수 있게 되었다. 확실히 이와 같은 사고방식이 웨슬리에게 간직되어 있었다.

웨슬리에게 있어서는 함의적(含意的)이었던 것이 그의 동료들에게서는 다시 명시적인 것으로 되었다. 존 플레쳐는 분명히 "아버지의 약속"은 그리스도인의 완전 안에 성취를 보았다고 생각했다. 제자들은 성령의 부으심 가운데 완전을 향해 이끌려 갔다. 이 "약속"은 그리스도의 복음 가운데 있는 신자를 위한 것으로서, 그들은 "성령의 특별한 힘"을 받아 믿음으로 말미암아 "완전한 성화를 이룰 수" 있게 된다. "마음을 온전히 깨끗하게 하기 위하여 얼마나 더 세례가 필요한가?"라고 플레쳐는 물었다. 만약에 한 번의 세례가 마음을 온전히 깨끗하게 한다면, 이에 더 좋은 일은 없다. 만약에 두 번, 아니 그 이상의 세례가 필요하다면 약속은 아직도 유효하다.

> 그러나 감히 말할 수 있게 한다면, 일반적으로 완전힌 그리스도인 가운데 자리잡기 전에 우리는 부여받은 성령으로 말미암아 우리 마음 속에 부음 받은 하나님과 사람을 향한 순수한 사랑을 소유하고 그리스도에게 있었던 온유하고 겸손한 마음으로 채워질 정도로 진리와 그리스도의 성령을 믿음으로 말미암아 받지 않으면 안된다. 만약에 단 한번의 성령의 부음 받음, 단 한번의 성화의 진리의 빛나는 명시(manifestation)가 그리스도의 마음과 순수한 사랑으로 우리에게 채워질 정도로 우리가 자기 자신에 대하여 겸허하게 된다면, 의심의 여지없이 우리는 그리스도의 말씀이 의미하는 최고의 의미로서의 그리스도인인 것이다.[113]

이러한 입장에 대하여 웨슬리는 아무런 반대도 하지 않았다.

웨슬리와 동 시대의 아담 클라크(Adam Clarke)는 전적 성화의 행위를 "성령의 한층 더 위대한 부으심"이라고 강조했다.[114] 의문을 품지 않고 그는 오순절에 있었던 성령강림을 모든 죄로부터의 정결의 행위와 연결했다.[115] 플레쳐와 클라크가 밟은 길에 따라, 이 두 사람이 웨슬리에 대하여 신봉했던 것을 의심 없이 19세기의 미국 감리교도들은 전적 성화와 성령의 충만함과 관련을 지었다. 이것은 신생에 있어서의 성령의 행위가 옆길로 벗어났다는 것을 뜻하지 아니하고, 특히 순간적인 성화를 강조한 감리교 신도들에 의하여 성령의 특정한 순간적 행위가 특히 강조되었음을 의미한다.[116] 웨슬리의 저술에서 가장 명백한 것은 그리스도인의 완전에 관한 성령의 증거가 강조되었다는 점이다. 그는 믿는 자는 그들 안에 성취된 온전한 구원의 행위를 알 수 있다고 가르쳤다. 성령은 사람이 처음 믿었을 때, 하나님의 첫번째 행위를 증거하신다. 사람은 성령의 열매가 있다고 상정(想定)하는 것만으로 안심해서는 안된다. 성령이 마음 속에 "아바 아버지"라고 외칠 때까지 구해야 한다.[117] 더욱이 같은 성령이 전적 성화의 행위에 관하여서도 증거하신다. 사람은 의인에 관하여 확실한 것처럼 "제2의 은총"에 관해서도 확실할 수 있다. 이 제2의 증거는 당초에는 반드시 명백하지 않을지도 모르지만, 제1의 증거처럼 명료하고 확고한 것일 수 있다. 이것은 온전히 성화되었다는 사실에 대한 성령으로부터의 직접적인 증거이다.[118]

웨슬리는 신앙과 성령의 증거는 필연적으로 동일한 것으로 간주했다. 신앙은 마땅히 "확신" 또는 "확증"까지도 뜻하며, 참된 신앙을 소유한 자는 "그 안에 증거"를 소유한다는 것이다. 이 확증은 성령의 증거이다.[119]

"그러나 우리가 성화된, 곧 죄로부터 구원을 얻고 사랑에 있어서 온전케 되었다는 그 믿음이란 어떤 것인가?" 그것은 첫째로 하나님이 성서에서 약속했다는 신적(神的) 확증과 확신이다…그것은 둘째로 하나님은 약속한 것을 성취할 수 있다는 신적 확증과 확신이며…셋째로 하나님은 성취할 수 있으며 하나님은 이제(현세에서) 성취될 것을 바란다는 신적 확증과 확신이다 …
하나님은 성화를 이룰 수 있고 지금 성화되기를 원한다는 이 확신에 한 가지를 더 첨가할 필요가 있다. 곧 하나님은 성취하신다는 신적 확증과 확신이다. 그럴 때에 하나님의 뜻은 이루어진다. 하나님은 믿는 자의 영혼 깊은 곳을 향하여 말씀하신다. "너의 믿는 대로 너에게 이루어진다"라고. 이렇게 할 때 그 영혼은 죄의 모든 흠집으로부터 깨끗하게 되며" 모든 불의로부터 깨끗하게 된다.[120]

이 "신적 확증과 확신을 믿는 자들 마음에 대한 성령의 증거이다.[121]

웨슬리에게는 전적 성화에 관한 내적 확증을 증언하는 많은 추종자들이 있었다.[122] 그들은 열심히 이 "은총"을 간구했다. 그들의 영혼의 구원의 사실을 믿을 때가 찾아왔다. 그 순간에 성령은 그들 마음에 커다란 업적을 이루셨다. 그 행위와 신앙이 확신을 수반했다. 그들은 하나님의 업적이 성취되었음을 알고 있었다. 하나님의 영은 사람들에게 영감을 주고 정결케 하셨다. 성취한 업적을 성령은 증거하신다. 그들에게 있어서 현재적인 완전은 성령의 행위이다.

6. 확신과 증언

웨슬리가 사람은 스스로 사랑에 있어서 온전하게 되고 성령이 보다 더 큰 하나님의 행위—전적 성화를 경험했다는 사실을 알 수 있게 된다고 가르쳤던 것은 분명하다. 웨슬리는 이러한 확신을 가진 사람들이 그 성취에 관하여 증언을 해야 한다고 믿었을 것인가? 그는 이 점에 대하여 신중하게 사람이 전적 성화를 얻게 될 때에 "불이 그 사람 안에서 뜨겁게 타고 있기 때문에 먼저 이 사실을 말하지 않고서는 견딜 수 없는 것이라고" 생각했다. 그러나 잠시 후에, 그는 "하나님을 알지 못하는" 사람들에게 그 사실을 말하는 일을 삼가야 한다고 했다. 또한 "어떤 좋은 목적을 가지지 않고서는 아무에게도 말해서는 안된다. 말할 때에는 자랑하는 듯한 거동을 하지 않고 겸손과 경건을 다하여 말하여야 한다. 그리고 그 사람이 말해야 할 때가 있다. 빛은 비취지 않으면 안된다. 이처럼 '다른 사람이 같은 은총을 사모하여야 할 것'을 장려할 때가 있다. 오해를 받게 될 일이 있을지도 모른다. 그러나 말해서는 안될 때가 있다."[123]

웨슬리는 그에게 가장 동조적인 학자들로부터 성화의 목표가 달성되었다고 증거했다는 일에 대하여 가장 매서운 비판을 받아왔다. 플류는 "확신"이라는 말이 웨슬리의 완전의 교리에 있어서의 결함이라고 선고했다. 플류는 웨슬리는 결코 이 경험을 명백히 선언한 일은 없었지만, "마음속으로 이것이 하나님이 선물이라는 것을 매우 감사한 것처럼 이 경험에 관하여 논술했다"고 생각한다. 웨슬리는 구원에 있어서는 "온전한 신앙은 내적 증거를 수반하는 것"이라는 원칙을 출발점으로 했다.[124]

확신이라는 말은 그리스도인의 생애의 한 부호를 제시한다. 신약성서는 믿는 자에게 하나님에 대한 의식과 의식적인 교제를 제공하고 있다. 자각한다는 것은 새로운 관계의 근본적인 것이다. 모든 자녀들이 그들의 아버지를 알 듯이, 모든 사람은 하나님을 알도록 되어 있다. 그러나 만약 웨슬리의 죄의 교리에 대한 우리의 비판이 유효한 것이라면 "확신이라는 말로 내주하는 죄의 모든 것을 뽑아버린다(uprooting)는 것에는 적응될 수 없다. 사람은 최후에 남아 있는 죄까지 파괴하고 그렇게 되기를 원하는 하나님을 의식하고 있다는 사실을 증거할 수 있다. 사람은 하나님이 이미 그것을 성취하신다고 주장할 정도로 충분히 자기 자신을 알 수 없다. 사람은 그 분의 임재가 자기의 마음을 초자연적인 사랑으로 넘치게 한다고 한 그 분의 손 안에 있음을 의식할 수 있게 된다. 그러나 자기 만족이 없이는 영속적으로 낮은 수준에는 있지 않고 항구적으로 높은 수준에 있다는 사실을 믿지는 못한다. 첫째 종류의 확신은 하나님에 관한 확신이며, 둘째 종류의 확신은 자기 자신에 관한 확신이다. 이처럼 위임된 것을 강조하는 일은 현재적으로 경험된 구조자(deliverer; 죄에서 건져 주신 분)보다도 과거의 특정된 구조(deliverance)에 마음을 옮겨 버린다.[125]

이 논의(論議)에는 중요하게 여겨야 할 것이 있다. 그러나 웨슬리의 확신의 개념을 너무 성급하게 배척하는 일은 경계하지 않으면 안 된다. 첫째로, 플류의 웨슬리의 죄관에 대한 비판은 이미 제시한 것처럼 전적으로 정당한 것이라고는 말할 수 없다. "내주하는 죄"는 물체가 아니며 웨슬리는 플류가, 웨슬리가 그렇게 했다고 하는 모든 것을 이 "죄"에 포함한 것도 아니다. 이것은 "성화된 자의 죄"에 대하여 언급할 장(chapter)에서 한층 더 명백하게 될 것이다. 둘째로, 플류는 하나님이 사람 안에서 이미 역사했다고 주장할 수 있으리만큼 자기 자신을 충분히 알지 못한다고 말한다. 사람은 하나님이 이루어 놓으신 것은 아니고, 다만 하나님이 그렇게 되기를 원하시며 그렇게 하실 수 있다는 사실만 확신할 수 있다. 만약에 플류가 이 점에 있어서 옳다면, 믿는 자는 어떠한 변화에 관해서도 확실한 것이 될 수는 없다. 웨슬리는 성결에 관한 증언에 대하여 논술했을 때 다음과 같은 사항에 착안하게 되었다.

질문 17: "그러나 성화는 참된 변화이며 의인처럼 관계의 변화는 아니라는 점을 감안하여 성령의 증거의 필요가 있는가?"
답 : "그러나 신생은 관계의 변화일 뿐일 것일까? 참된 변화는 아닌가?"
질문 18: "성화는 그 자체의 빛으로 말미암아 빛을 비추는 것은 아닌가?"
답 : "신생에 관해서도 그렇지 않은가 어떤 때는 신생은 그 자체로 빛난다. 성화도 그러하다. 그러나 어떤 때는 그렇게 되지는 않는다. 시험을 받을 때에는 사탄은 하나님의 행위에 그늘을 보내서 여러 가지 의혹과 논의를 던진다. 특히 이해력에 있어서 매우 약해지거나 또는 매우 강해지는 사람들에 대해서는 이러한 때에 이와 같은 증거는 절대로 필요하게 된다. 그것 없이는 성화를 위한 하나님의 행위는 식별되지 못할 뿐 아니라 존속되지도 못한다. 이 증거가 없이는 영혼은 하나님의 사랑 안에 안주할 수 없다. 하물며 항상 기뻐하고 감사할 수 없다. 이와 같은 상황들 아래서는 우리가 성화되었다는 직접적인 증언이 최고도로 필요하다."[126]

웨슬리의 이와 같은 논증에서 두 가지 중요한 것이 있다. 신생까지도 포함한 의인은 하나님과의 관계 이상의 것이며 참된 변화이다. 그리고 믿는 자가 자기 스스로를 관찰함으로써 자기의 마음의 상태를 항상 알 수는 없다. 하나님께서 사람에게 고하시지 않으면 안된다. 웨슬리에 의하면, "하나님께서 이미 역사하셨다고 주장하기 위하여 사람은 자기 자신을 충분히 알" 필요는 없다. 다만 사람은 하나님의 음성을 최고도로 알아야 할 필요가 있다. 이 "자기 자신에 관한 확신"은 "너 자신을 알라"고 말하는 것보다도 고도의 지각에 근거한 것이다.[127]

이 점에 관한 플류의 웨슬리 비판의 제3의 결점은 은총의 낮은 수준과 높은 수준에 관하여 "항구적"이란 용어를 사용한 것이며 강조점이 과거의 석방에 있고 "현재적인 구원의 주님"에게 있지 않음을 시사한 데 있다. 이 말들은 웨슬리가 "매 순간 순간"에 살고 있어야 함을 강조한 점을 무시하고 있다.[128] 전적 성화로 깨끗이 되는 죄에 대한 웨슬리의 정의를, 그리고 어떻게 온전한 사랑에 이르며 그 사랑을 보전하느냐에 관한 그의 가르침을 주의깊게 살펴본다면, 플류의 비판은 대부분 그 의미를 상실한다. 웨슬리만큼의 통찰력을 가지지 못한 많은 사람들이 이 점에 있어서 웨슬리의 가르침을 잘못 보고 있다는 사실은 쉽게 인정할 수 있다. 그러나 웨슬리 자신은 이 위험을 발견하고 그러한 오류를 피했다.[129]

웨슬리는 온전한 마음을 주장하는 일에 붙어 다니는 위험을 보지 않았던 것이 아니다. 쌩스터는 소극적 이념 곧 "죄로부터의 자유"를 강조할 때 위험은 한층 더 크게 된다는 사실을 믿고 있다.

> 만약에 사람이 모든 죄에서 해방 되었다고 확신한 후, 혹시 기형적인 신앙 때문에 자신이 죄에서 해방 되었다는 사실을 의심한다면 이는 하나님을 멸시하는 것이며, 성서를 불신하는 것과 같은 것이라고 확신한다면 죄가 그의 마음에서 발생할 때 그 사람이 죄의 존재를 인정한다는 일은 필연적으로 없을 것이다. 자기 손으로 자기 자신과 자기에 대한 지식 사이에 벽을 쌓아 버린 것과 같다. 그는 자신의 내면을 볼 때에는 눈에 안대를 부착하고 있으며 다른 사람의 외적인 것을 볼 때에는 자기 눈에서 안대를 벗어버릴 뿐 아니라 비판적인 눈을 번쩍 뜨고 있다.[130]

쌩스터도 인정하고 있는 바와 같이, 웨슬리가 그 가르침에 올무를 설치하지 않았다는 것을 즉시 인정해야 한다. 참된 것이 있으면 거짓된 가짜도 있으며, 위에서 말한 것과 같은 일을 행하는 사람은 믿음도 정결함도 소유하고 있지 않다. 이와 같은 거짓이 교리로서 "죄로부터의 해방"에 반대하는 논의가 될 수 없는 것은 마치 중세기의 악랄한 사제들과 수도사들이 기독교에 반대하는 논리의 거점이 될 수 없으며 성만찬 식탁에 나아온 위선자가 있다 하더라도 교회 예전에 반론을 제기할 수 없는 것과 같다. 오직 믿음, 오직 은총을 남용하는 폐단이 있을지는 모르나, 이것은 많은 성도들의 보화이었다.

쌩스터가 묘사하는 사람—위에서 말한 잘못된 비판을 하는 사람—이 위험에 빠져버린 이유는 웨슬리와 성서를 떠나 있기 때문이다. 웨슬리는 결단코 "죄로부터의 해방"에 관한 확신을 가지기 위하여 자기 스스로의 의에 관심을 가져야 한다고 가르치지는 않았다. 그와 같은 행위는 성전에서 자기 의를 벌여 놓는 기도를 드린 바리새인의 치명적인 결함과 같은 행위다. 바리새인들은 자기 자신에게 눈길을 돌렸을 뿐 하나님의 긍휼을 바라보지 않았다. 죄로부터의 해방의 증거를 자기 자신 안에서 구하는 자는 자기 자신과 함께 그의 벗들을 위험에 빠지게 한다. 이 점에 관해서 많은 사람들이 웨슬리의 가르침을 바로 포착하게 되며 쌩스터가 주고 있는 교정을 필요로 하고 있다는 사실은 쉽게 인정된다. 또 온전한 사랑이 있다는 데서부터 "죄로부터의 해방"에로의 생각을 강조하는 일은 위험한 기만에 빠지기 쉽다. 앞으로 논술하게 되겠지만, 매 순간 순간 믿음으로 사는 것으로써만 이 위험을 피할 수 있을 것이다.

웨슬리는 다른 많은 사람들이 "죄에서 해방"되었을 때 사람은 틀림없이 그 사실을 알게 된다고는 믿지 않았다. 사실상 사람은 다른 사람의 의인에 관해서도 틀림없이 판단할 수는 없다. 그러나 누구라도 납득할 수 있는 증거가 따를 때 명백한 증언에 반대할 수는 없다고 웨슬리는 생각했다.[131] 물론 있음직하다고 추정도 가능하다. 그러나 웨슬리는 즉시 그것을 밝혔다.

> 첫째로 이와 같은 증언이 자연스러운 마음의 추정으로부터 구별될 수 있을 것인가? 죄를 인정한 바 없는 사람은 자기 자신을 칭찬하는 일에 재빠르고, 특히 영적인 일에 있어서는 더욱더 자기 자신 이상으로 높이 평가하는 일은 확실하다. 그리고 자기의 육적인 생각으로 공허하게도 자만심이 생기게 되면, 진정한 그리스도인이 지니는 이 특권을 귀로 듣고 틀림없이 자기 자신도 참된 그리스도인들 안에 있다고 생각하고 즉시 자기도 증언을 소유하고 있다는 확신을 조작한다는 사실도 결코 이상한 일은 아니다. 그렇다면 어떻게 우리의 영과 함께 증언하는 성령의 참된 증언이 이 꺼림직한 추정에서 구별될 수 있을 것인가?[132]

이 참된 증언을 추정으로부터 구별하는 일에 관한 의문에 대한 웨슬리의 해답은 성서에서 찾아볼 수 있다. 그 누구라도 속임을 당하지 않도록 하기 위하여 참된 증언에 앞서 분명히 그것과 함께 하여 그 증언에 수반되는 정황을 묘사하고 있다. "누구든지 주의깊게 이것들을 심사숙고하여 마음에 새긴다면, 빛 대신 흑암에 처하는 일은 없을 것이다."[133] 윌리엄 타우센드(William Tousend)는 웨슬리가 확신의 교리를 안전리에 보전하고 있다고 믿고 있다.

> 웨슬리의 성결의 교리인 온전한 사랑의 교리는 실로 그가 경험에 호소했던 필연적 결과이다. 만약 아들이 그의 부친에 대한 관계를 의식하고 있다면, 그 의식은 완전하며 그늘진 것이 없으며 지극히 우아하고 아름다운 기쁨, 또는 흔들림이 없는 확신의 원천이 될 가능성이 있다.[134]

더욱이 주지하는 바와 같이, 웨슬리는 어떤 종류의 위험을 "일반적 판단"에 호소하는 일로 초월했다. 그의 조직인 반(band)과 속회는 사람들이 주장하는 어떤 기만을 방어하게 되었다. 그것은 전적인 개인주의는 아니었다.[135] 어떤 사람들은 웨슬리의 저서 가운데서 그가 그리스도인의 완전에 도달했다는 주장을 찾아볼 수 없기에 동요했다. 어떤 사람들은 웨슬리는 결코 그것에 대하여 언급하지 않았다고 생각한다.[136] 쎌은 웨슬리가 그의 신앙 경험에 관하여 증거하지 않았다고는 확언할 수 없다고 했다. 쎌은 만약 웨슬리가 공중 장소에서의 설교나 저술에 있어서 언제나 객관적이었다는 사실에 비추어 그들의 조직, 곧 극히 친밀한 서클에서까지라도 그의 경험을 밝히지 않았다고 추론한다면 잘못된 생각이라고 말한다. 웨슬리가 메도디스트 부흥운동의 이 "경험 나누기"에서 벗어나서 선다는 일은 매우 어려운 일이고 사실은 웨슬리야말로 그 중심적인 근원이었다.[137] 이들 모임 안에서는 매우 핵심적인 질문이 터져 나왔다. 웨슬리가 이들 열심이 있는 사람들에게 스스로의 심중을 밝히는 일이 없이 그럭저럭 빠져 나가는 일은 힘든 일이었을 것이다.

전적인 성화의 가르침 속에 있는 어떠한 위험에 대해서도 충분히 경계했다 하더라도 죄에 대한 정의가 올바로 내려지지 않는다면, 더욱 더 위험은 따른다. 만약에 어떤 사람이 자기 자신이 해방되었다고 하는 죄가 무지와 연약함과 과오를 포함한다면, 그러한 해방을 공언하는 그 사람은 소경임에 틀림이 없다. 만약에 이 해방은 더 이상 유혹은 없다든가 또 다시 범죄할 가능성도 없다는 것을 의미한다면, 그 위험은 불을 보는 듯 명백하다. 만약에 이 자유를 주장하는 것이 마음의 성찰(heart searching), 하나님 앞에서의 겸손, 고백, 그리고 그리스도께 대한 계속적인 의존의 필요성을 인정하지 않는다는 것을 의미한다면, 이것은 이교적(異敎的)일 것이다. 만약에 죄로부터의 자유가 모든 외적 행위에 있어서 완전한 도덕적 삶을 할 수 있을 정도로 외적 결함과 실책으로부터 해방된 것이라는 것을 의미한다면, 그와 같은 주장은 명백한 위선이다. 웨슬리가 주장하는 죄로부터의 자유는 마음속에 있는 순수한 사랑에 반대되는 것으로부터의 해방이었다. 하나님께서 이 순결을 주셨기 때문에 하나님의 행위는 완전한 것이며, 그와 같이 정결케 된 마음은 안에서의 경쟁 없이 하나님에게 달라붙게 된다. 그러나 매일 매일의 행동에 있어서 이 순수한 사랑을 보일 수 있게 한다는 일은 쉬운 일은 아니다. 왜냐하면 그렇게 하게 될 때 지상적(地上的)인 부패한 존재로서의 모든 제약에 맞닥뜨리게 되기 때문이다. 하나님과 사람에 대한 순수한 사랑을 소유한 사람은 그 적대적인 환경에 용기를 가지고 맞설 수 있다. 그러나 그와 같이 함으로써 성공하느냐 아니냐 하는 것으로 그 사람의 사랑을 측정해서는 안된다. 사랑은 많은 불완전이 존재하는 곳에서도 완전할 수 있다.

7. 사랑의 율법에 대한 복종

율법의 입장에서 본다면, 완전이라는 용어는 여러 가지 뜻을 갖고 있다. 왜냐하면 율법이라는 용어가 각양 각색으로 정의되어 있기 때문이다. 율법은 하나님과 동일한 것처럼 정의할 수도 있다. 그리고 하나님만이 그 율법을 완전히 지킬수 있다는 것이다. 또는, 인간은 경솔하게도 스스로 자신의 율법을 제정하여 자기 스스로 완전히 지킬 수 있는 표준을 정할지도 모른다. 기독교의 신학자들은 성서적 개념에서 율법을 정의하려고 노력해 왔다. 그럼에도 불구하고 여러 가지 상위점이 발생한다. 어떤 사람은 율법이란 하나님이 도덕적 피조물을 위하여 정한 불변불역(不變不易)의 기준이어서 타락한 인류가 그것을 완전히 준수하는 일은 있을 수 없다고 생각한다. 그 밖에 다른 사람들은 지킬 수 있는 것만 하나님은 요구하시며 죄가 많은 인류도 하나님의 은총으로 하나님의 기준에 도달할 수 있다고 말한다. 이 주제에 관한 웨슬리의 견해는 어떤 것이었을까?

웨슬리는 로마서 7장 12절, "이로 보건대 율법도 거룩하며 계명도 거룩하며 의로우며 선하도다"라는 성서의 말씀을 주해하여, 이 율법이란 도덕률(道德律)이라고 선언했다. 모세적이며 또는 유대인의 제의적(祭儀的) 율법 이전의 것이다. 이 도덕률은 "이 세상의 기초가 놓여지기 이전에" 그 기원을 갖고 있다. 그것은 도덕적이며 동시에 지적이어서 자유로운 피조물을 위하여 의도되어진 것이다. 그것은 천사와 인류에게는 동일한 법으로서 "하나님의 손가락으로" 마음에 쓰여졌다. 타락이라는 사건이 없었다면, 이 법은 용이하게 이해되고 언제나 명료한 것이었을 것이다. 그러나 인간의 반역으로 말미암아, 이 법은 인간의 마음 속에서 완전히 지워졌다. 그러나 하나님은 "그의 사랑하는 아들을 통하여" 죄인의 마음 속에 다시 기록하신 것이다. 이 율법의 명료한 지식은 이스라엘 사람들에게 주어졌으나, 성령

으로 말미암아 믿는 자들이 그 의미를 파악할 수 있도록 믿는 자들의 마음속에 기록된 것이다.[138]

웨슬리에 의하면, 모세 시대의 경륜을 "율법"이라고 부르는 것은 옳지만 그 율법은 "불완전하고 또한 그림자"와 같은 것이다. 이것은 하나님께서 마음속에 기록하신 법은 아니다. 그렇지만 도덕률은 "지극히 높고 거룩하신 하나님의 후패하지 않은 초상"이다. "그것은 베일을 벗은 하나님의 얼굴, 피조물이 견딜 수 있도록 인간들에게 나타내 보이신 것이다." 그것은 인간에게 보여준 하나님의 거룩하신 뜻이다. 다른 말로 표현한다면, 이 도덕률은 "지극히 높으신 불변의 이성, 불가피한 정직함, 또는 일찍이 창조된 모든 사물에 대한 영원의 적합성"이라고도 말할 수 있을 것이다. 이 하나님의 법은 "영원의 마음을 베낀 하나님의 본성의 사본"이다.[139]

이 율법은 몇 가지 용도가 있다. 첫째 용도는 죄를 스스로 깨닫게 하는 것으로서 "죄인을 죽음에 이르게 하는 것"—죄에 대하여 죽는다—이다. 둘째 용도는 죄인을 그리스도에게로 보내는 것인데, 엄격한 후견인의 역할을 감당한다. 셋째 용도는 "우리를 계속 살도록 하는" 일이다. 이 율법은 마침이 없다. 모세적, 그리고 유대적인 제사법전은 없어질 것일지도 모른다. 어떤 의미로서 우리는 "도덕법과도 손을 끊었다. 도덕법은 우리의 의인을 가져오는 수단은 아니다. 그러나 의인이 있은 후, 우리가 정결을 간구하기 위하여 아직도 남아 있는 죄를 우리에게 보여 율법이 명하는 것 가운데 우리가 아직도 달성하지 못한 곳에 우리의 소망을 합치시키는 일을 위하여 유용하다.[140] 웨슬리는 율법은 아직까지도 유효하며, 그런 의미에서는 그리스도께서 율법을 폐하신 것은 아니라고 생각한다. 율법은 우리를 그리스도에게로 인도하며, 그리스도의 사랑이 우리로 하여금 율법을 사랑하도록 한다.[141]

그렇다면, 완전이란 그리스도에게로 인도하는 하나님의 법에 대한 완전한 복종인가? 이 법은 에덴 동산에서 아담에게 주어졌으며 삶의 조건으로서 그 세목에 이르기까지 복종이 요구된 완전한 내적, 외적 성결이었다. 하나님의 영광을 입기에 부족함이 없는 것은 아무 것도 허용되지 않았다. 이 완전한 복종은 인간이 영원히 살고자 한다면 "온전히 방해를 받지 않고" "중간에서 끊어지는 일이 없이 계속되어야만 하는 것이었다."

> 너, 하나님의 사람아! 사랑 안에, 그리고 네가 조형된 하나님의 형상 안에 굳게 서 있으라. 생명 안에 살기 원한다면, 네 마음 속에 지금 기록되어 있는 계명을 지키라. 주가 되시는 너의 하나님을 마음을 다하여 사랑하라. 하나님께서 창조하신 뭇 심령을 너의 영혼을 사랑함과 같이 사랑하라. 하나님 이외의 것을 바라지 말라. 모든 생각, 말, 행위로 하나님을 바라보라. 너의 목표, 그리고 위에서 부르심을 받은 그 부름의 상급인 하나님으로 말미암아 영과 육의 한 움직임에서 벗어나지 말라. 너의 내적인 모든 것, 모든 능력과 기능을 가지고 너의 존재의 모든 기회에 어떤 모양으로나 어떤 형편에서나 하나님의 거룩하신 이름을 높이라.[142]

아담에게 있어서의 완전은 이 완전한 도덕률에 대한 완전한 복종이었을 것이다. 이 완전한 복종은 마음과 행위 쌍방에 있어서의 완전이다. 어떠한 일탈(逸脫)도 허용되지 않는다. 이것이 하나님과 인간의 첫째번 계약이었다.

그러나 아담이 타락했기 때문에 하나님은 새로운 둘째번 계약을 준비하신 것이다. 웨슬리는 이 새로운 계약은 "범하는 일이 없는 복종"(unsinning obedience)을 요구하지 않는다. 만약에 그렇게 한다면, 어느 누구 한 사람도 구원을 얻을 수 없다고 가르쳤다. "그것은 불가능한 일을 하도록 요구하지 않는다…진실로 엄밀히 말해서 은혜의 계약은 우리에게 우리의 의인을 위하여 절대 불가결적으로 필요한 것으로서 무엇인가를 하도록 요구하지 않는다." 우리가 하나님 앞에 기꺼이 받아들여지기 위하여 믿음이 완전한 복종 대신 바꾸어진 것이다.[143] 행위의 계약은 아담에게 대가를 스스로 지불할 것을 요구했으나, "은혜의 계약에 있어서는 우리 인간이 지불할 수 있는 것은 아무 것도 없다는 사실을 알고 하나님께서 우리의 모든 것을 기탄없이 용서하여 주시는 것이다."[144]

아담의 후예들은, 모세적인 경륜 아래 있는 유대인까지라도 은혜의 계약 아래 있다. 완전한 복종에 대치된 이 신앙은 사랑으로 말미암아 역사하고, 모든 복종과 성결을 산출한다. 율법이 믿음으로 말미암아 불필요하게 된 것이 아니라, 신앙이 율법에 채워질 사랑을 산출한 것이다. 믿음에 앞서 온전한 사람이 요구되었던 모든 행위는 이전과 마찬가지로 지금도 필요하다. 그러나 믿는 자에게는 이들 행위는 믿음에서 나오는 것이다. 은혜의 계약으로 말미암아 어떠한 상황에서도 복종은 제외되어 있지 않다. 믿는 자는 의인 이후에 거룩하게 되는 것이 요구되어 있다.[145]

이 새로운 관계에 있어서 웨슬리는, 그리스도인은 "그리스도의 율법 아래" 있다고 믿었다. "은혜 아래"서 그리스도인은 "이제 (율법 아래서는 이룰 수 없었던) 마음으로부터의 전반에 걸친 복종을 이행한다. 이 복종은 노예적인 두려움에서가 아니라" 그의 모든 행위가 사랑에서 행하도록 하는 은혜로 말미암는다. 이 "고상한 원리"야말로 복음적이며, 율법적인 것보다 무력하다고는 말할 수 없다. 인간이 "아들로서의 사랑(filial love)으로 하나님께 복종한다는 것이 예속적인 두려움(servile fear)으로 복종하는 것보다 못하다는 말은 아니다." 이러한 입장에서 웨슬리는 반-율법주의(antinominianism)를 격렬하게 견책했다.[146] 은혜는 결코 복종을 위한 기준으로서의 율법을 파괴하지 않고, 인간으로 하여금 모든 도덕법에 사랑의 마음으로 복종하게 한다.

하나님의 법의 이 내적 영적 의미는 유대인이나 이방인에게도 숨겨져 있었다. 웨슬리에 의하면, 로마의 가톨릭주의가 퍼진 곳에서도 인정되지 않았다. 더욱이 "종교개혁의 전통에 서 있는 그리스도인 대부분까지도 오늘에 이르기까지 그리스도의 율법의 그 순수함과 영적인 사실에 대하여 전혀 무지하다."[147] 사랑은 모든 계명의 마침(끝),

또는 목표하는 바이다. 믿음은 쓸데없는 것이 아니라 성결과 사랑을 낳기 위한 것이다.[148] 웨슬리의 신앙의 개념은 분명히 종교개혁자들의 개념과는 다른 것이었다. "믿음은 단지 수단에 불과한 것이 아니라 사랑을 목표로 하고 있다."[149]

> 원시 상태에 있어서 사랑은 인간의 마음에 대립되는 것을 갖고 있지 않았다고 우리는 배웠다. 신앙은 죄로 말미암아 사랑이 상실되기까지 존재하지 않았다. 그 의도는 신앙은 목적, 다시 말해서 실추된 사랑을 회복하는 일이 완수되면 그 이상 존속하지 않는다는 것이다. 성화에 있어서의 인간의 하나님과의 교제는 제1 의적으로는 신앙의 교제가 아니라 사랑의 교제라고 볼 수 있다는 사실이 도출(導出)되는 것이다. 영원한 생명에서의 하나님의 완전한 사랑의 교제만 있을 뿐이다.[150]

이 새로운 율법, 그리스도의 율법, 또는 사랑의 율법은 옛 계약과는 어떻게 다른가? 아담에게 있어서는 하나님께 완전히 복종할 수 있는 가능성이 있다고 기대되었다. 이와 같은 말은 아담이 완전한 사랑으로 말미암아 동기가 부여되었을 뿐 아니라 아무런 부족함이 없이 복종의 행위를 수행하지 않으면 안된다는 뜻이다. 다른 한편, 죄에 빠진 인류는 절대적 율법에 대한 완전한 복종을—그것은 아직도 인간 앞에 표준으로 존속되고 있지만—결코 성취할 수 없다. 그러나 인간은 거룩한 사랑을 요구하는 그리스도의 율법은 준행할 수는 있다. 성취하는 일은 불완전하나 사랑의 마음으로부터의 복종을 부여하는 일은 가능하다. 가령 율법을 수행함에 당면하여 순수한 사랑으로도 제거할 수 없는 모든 조건에 의하여 방해를 받는다고는 하나, 복종은 온전한 사랑에 의하여 그 동기가 유발되어 있다. 존 플레쳐는 이 진리를 다음과 같이 설명했다

> 사리를 분별할 수 있고 사랑이 넘치는 아버지가 아직 10세도 되지 못한 아들에게 30세가 된 사람에게 부과할 일을 결단코 요구하지 않는 것처럼, 하늘에 계신 우리의 아버지는 우리가 연약한 상태 아

래 놓여 있는 한 우리에게 에덴동산에 있었던 불멸(不滅; immortal)의 아담의 복종과 하늘에 있어서의 불면(不眠; sleepless)의 천사의 예배를 기대하는 일은 결코 없으리라고 우리는 확신한다. 그러므로 그리스도로 인하여 우리가 지금 소유하고 있는 "빛"에 대하여 겸손히 복종하는 일, 그리고 현재 우리가 가지고 능력으로 사랑으로 활용하는 일, "우리가 소유하지 않은 것으로 행하는 것이 아니라 우리가 소유한 것으로" 행하는 우리의 복음적인 봉사를 하나님께서는 가납하리라고 확신한다.[151]

플레처는 "우리의 현상과 현황에 적합한 이 율법"을 적당한 율법(milder law) '그리스도의 율법'이라고 일컬었다. 아담적인 율법 아래서 생각한다면 사람은 죄를 범하나, '그리스도의 율법' 아래서 그 율법에 순종할 때 사람은 죄를 범하지 않는다.[152]

웨슬리는 그리스도인의 완전의 개념을 온전한 사람이라는 원리에 근거를 두어야 한다고 생각했다. '그리스도인의 완전'이라는 표현보다는 '온전한 사랑'이라는 말을 선택하는 사람은 많다.[153] 사랑이라는 말은 완전의 개념을 일정한 분야에 한정시키고, 전 인격에 완전성을 적용하는 일을 기피한다. 사람은 온전한 사랑을 가지고 있으면서, 많은 경우에 온전한 사람이 아닐 수 있다. 온전한 사랑이란 더 이상 발전할 능력이 없는 무력한 사랑일 수 없다.

웨슬리는 하나님을 사랑한다는 것이 어떤 것인가를 정의했다. "하나님 안에서 만족하고, 하나님의 뜻을 기뻐하며, 하나님을 기쁘시게 하는 일을 항상 염원하고, 하나님에게서 우리의 행복을 추구하고 발견하며, 하나님을 한층 더 기뻐하고 즐거워하기 위하여 밤낮으로 간구하는 것이다." 하나님께 대한 이와 같은 사랑은 다른 것에 대한 기쁨을 금하는 것은 아니다. 사람은 이웃을 자기 몸과 같이 사랑해야 한다. 이러한 사랑은 하나님을 기뻐하고 즐거워하기 위하여 우리 자신을 정비하는 일이다.[154] 이와 같은 하나님께 대한 온전한 사랑은 "항상 기뻐하고, 쉬지 않고 기도하며, 모든 일에 감사하는" 일을 가능케 한다.[155] 이러한 사랑의 결실이 고린도전서 13장에 명백히 제시되어 있다.[156] 부드러운 인내와 강력한 사랑은 "모든 참된 그리스도인에게 있어서는 오직 유일한 필요"로 되어 있다.[157]

하나님께 대한 이 사랑은 인간에게 저절로 주어진 것이 자라서 발생된 것은 아니다. 이것은 명백히 성령으로 말미암아 사람에게 부여된 하나님의 선물이다. "생래적인 인간은 그리스도인의 사랑을 전혀 가지지 않았다." 사랑은 위로부터 오지 않으면 안되며, 사람의 사랑은 "하나님의 사랑으로부터 나오지 않으면 안된다."[158] 아가페란 먼저 인간에 대한 하나님의 사랑인데, 그것이 사람 안에서 하나님께 대한 사랑으로 산출된다. 이 사랑은 모든 서로 대립되는 사랑이 없어질 때 온전케 된다.

온전한 사랑은 사랑의 율법을 지킬 수 있게 한다. 웨슬리는 순수한 사랑과 그 사랑을 완전히 나타내 보이는 능력을 구별했다.

> 다음과 같은 것은 명백한 사실이다. 나는 하나님을 열정과 마음과 영혼과 힘을 다하여 사랑하는 많은 사람들을 알고 있다. 오직 하나님만이 그들의 유일한 소망이요 기쁨이며, 그들은 항상 하나님으로 말미암아 하나님 안에서 행복하다. 그들은 이웃을 자기 몸과 같이 사랑한다. 그들은 선한 사람이건, 악한 사람이건, 친구이건, 원수이건, 모든 사람의 행복을 진정으로, 그리고 열심히 바라고 구한다.
> 그러나 이들의 영혼은 상처받고 썩어질 육체에 머물러 있어서 항상 육체에 눌려 있기 때문에 그들이 생각하고 원하는 대로 올바르게 행하고 말하며 실천함으로 그 사랑을 행사할 수 없다. 보다 더 좋은 육체의 기관을 소유하지 못한 까닭에, 그들은 때로는 잘못된 생각을 하고 잘못된 말을 하며 잘못된 행동을 하게 된다. 이와 같은 의도적이 아닌 결함은 사랑의 결함이 아니라 이해 부족을 말하는 것이기 때문에, 인간에게는 그리스도의 중재(仲裁)가 필요하다고 나는 생각한다. 그것이 어떠하든지 나는 그 사실을 의심할 수 없다. 그들은 사랑으로 넘쳐 있다. 그러나 그들은 자기가 원하는 만큼 할 수 없다.[159]

웨슬리는 온전한 사랑이란 완전한 율법을 준수하는 것은 아니라는 사실을 인정했다. 완전한 율법은 아담에게 부여된 것이었다. 그것은 "어떠한 경우에서도 올바르게 생각하고 말하며 행동한다는 뜻을 지녔으며, 그 때 아담은 그렇게 할 수 있었기 때문에 그렇게 하도록 의무가 지워졌던 것이다." 아담의 후예들은 그 누구도 이러한 종류의 복종은 행할 수 없었기 때문에 "오직 사랑만이 그들의 율법을 이행할 수 있다."[160]

웨슬리의 견해에 관하여 몇 개의 관찰한 바를 여기 적어볼 수 있다. 그 하나는 웨슬리는 사랑, 또는 성결을 행위로서는 보지 않고 내적 실질로 생각했다는 사실이다. 하나님은 인간이 거룩한 행실을 행하기 전에 먼저 사람을 거룩하게 한다. 성결이란 "우리의 능력의 올바른 상태"이다. 그것은 "우리 영혼의 올바른 성향이며 우리 마음의 올바른 기질"이다.[161] 사람이 만약에 마음으로 거룩하지 않으면, 또는 온전한 사랑을 소유하지 않는다면, 그의 생애, 혹은 행위는 그것이 아무리 선하고 완전하게 보여도 거룩하지 않다. 또한 사람은 사랑에 있어서 순수하고 마음으로 거룩하여도 잘못 하기 쉬운 마음과 육신 때문에 완전한 행위로부터 아득하고 멀고 먼 곳에 있게 된다. 사랑이란 성령으로 말미암아 거룩한 의도와 거룩한 목적과 함께 그렇게 하도록 창조된 거룩한 마음을 의미한다. 이 사랑은 그 사람의 생애에 있어서의 표현이 불완전하더라도 완전케 될 수 있다. 그리스도인의 완전은 온전한 생애를 산다는 것이 아니라 생애가 흘러나오는 그 온전한 원천(源泉)에 관계되는 것이다. 이 생애 속으로 흘러나오는 가장자리에 있게 되는 장애에 관해서는 다음 두 장에서 논술하게 될 것이다. 이 장에서는 사랑의 율법에 대한 복종은 우선 첫째로 사랑의 "아브 쿠오"(어디로부터; *ab quo*)에 관한 것이고 둘째로는 "아드 쿠엠"(누구에게; *ad quem*)에 관계되는 것이라고 주장해 두기로 한다.

그러나 웨슬리가 성결을 외면 생활에 대한 고려가 없이 인간 안에 있는 보화라고 가르쳤다고 해서, 그를 비난할 수는 없다. 실제로 그것은 반대이다(역이다). "하나님을 진심으로 사랑하는 사람은 하늘에서 행해지는 것처럼 땅에서도 하나님의 뜻을 행하기 위하여 최선을 다할 것이다." 그 사람은 하나님의 뜻을 행하는 일에 행복을 느낀다. 린드스트룀(Rindström)은 웨슬리가 율법의 이념을 복음적 입장에 조화시켰다고 주장한다. "율법과 복음은 단지 각각 다른 두 관점에 불과하다." 계명이 명령이라고 간주될 때 그것은 율법이라고 생각되며, 약속이라고 간주될 때 그것은 복음의 일부이다. "이처럼 성서에서 보는 모든 계명은 베일을 쓴 약속이다."[162] 하나님께서 인간에게 행하여야 한다고 말씀하신 것을, 인간은 부여된 은혜로 말미암아 행할 수 있다. 사랑은 하나님의 요구하시는 바를 인간이 행하도록 인간을 격려하고, 인간은 기쁨으로 그 일을 행하기 위하여 전력을 경주(傾注)한다.

웨슬리는 이 온전한 사랑을 위대한 희망을 가지고 보았다:

> 이 사랑은 생명을 위한 약으로서 이 난세(亂世)의 모든 악과 인간의 모든 불행, 그리고 악덕(惡德)을 완벽하게 치료한다. 이 사랑이 있는 곳에는 덕과 행복이 손에 손을 잡고 행진한다.
> 이 종교가 이 세상에 굳건하게 세워지기를 우리는 간절히 바란다. 사랑과 기쁨과 평화의 종교가 우리 마음 속에 자리를 잡고, 우리 영혼의 가장 깊은 곳에 머물러 있어서, 그 결실로 말미암아 좋은 것들을 계속적으로 나타내는 종교, 그리고 모든 무죄함뿐 아니라 (사랑은 이웃에 대하여 결코 악을 행하지 않는다) 모든 덕행에 대해서도 마찬가지로 항상 흘러 나와 미덕과 행복을 그 주위에 펼치는 종교인 것이다.[163]

온전한 사랑의 샘물에서 사랑의 율법에 대한 순응(conformity; 順應)이 솟아나온다. 이 사랑의 마음으로부터의 복종은 생활 전 분야에 걸쳐 열매를 맺는다. 이 세상에서 이 그리스도의 율법에 사랑하는 마음으로부터의 복종을 감히 행할 수 있을 만큼 사람은 완전할 수 있다.

요약한다면, 웨슬리는 현재적인 완전에 관하여 올바르게 가르쳤다고 말할 수 있다. 그는 이 완전이 성서에서 가르치고 있는 것이 되어지기를 간절히 소원했다. 그리고 이 완전이 현세에서 이루어지기를 간절히 원했다. 이 완전은 죄로부터의 해방인데, 죄가 사랑에 있어서 결함이 있는 것으로 정의가 내려질 때에만 그러하다. 온전한 사랑의 달성은 하나의 경험으로서 와서, 그 경험을 하게 될 때 인간은 하나님께로부터 선물(은사)이 부여된 것을 알게 된다. 이와 같은 일은 성령으로 말미암아 성취된 것이나. 온전한 사랑은 그리스도의 율법 곧 인간이 현재의 상태에 적합한 율법을 지킬 수 있게 한다. 달성된 이 현재적 완전은 율법의 완전이며, 결함이 없는 수행(遂行)에 있는 것이 아니라 사랑의 순수한 마음에 의하여 시작되고 동기가 마련된 행위이다.

제5장

인간적 제한

　누구라도 착안할 수 있는 것처럼, 웨슬리는 이 지상에서는 하나님의 은총이라 할지라도 그리스도인을 손 안에 잡아둘 수 없는 어떤 인간적 제한이 존재한다는 사실을 알고 있었다. 그의 완전의 교리에 대한 계속적인 비판 때문에, 종종 웨슬리는 그 가르침을 사람의 필요 상황이라는 면에서 정의를 내릴 수밖에 없었다. 어떤 사람들은 그러한 정의를 완전의 이념의 제한이라고 보아왔고, 따라서 그 가르침은 완전하지 않은 완전의 것이라고 취급해 왔다.[1] 웨슬리가 그 시대의 많은 사람들과는 다른 완전의 정의를 내렸다는 점은 쉽게 인정할 수 있지만, 그는 그렇게 함으로써 성서적인 용법을 보전 유지했던 것이다. 더욱이 말할 수 있는 것은 그가 가르치고 있었던 진리를 표현하기 위해서는 "온전한 사랑"이라는 말보다 더 좋은 말을 아직까지도 찾아낼 수 없다는 사실이다. 이 "온전한 사랑"이라는 용어로 하여금 "온전한 실행"(performance)이라든가 "온전한 기능" 또는 "온전한 인간성"이라는 등의 의미를 갖게 한다면, 그것은 웨슬리의 잘못은 아닌 것이다. 확실히 인간이 그 의도와 목적, 그리고 복종하려고 하는 의지에 있어서 순수하다는 사실은 가능하겠지만, 동시에 그러한 사람이 그 의도와 목적을 수행하는 능력과 기술에 있어서 부족하다는 사실은 있을 수 있는 일이다.

생명의 흐름의 원천은 정결케 되었고 생명의 활동의 흐름의 근원은 순수하게 되었다고 하지만, 생활 그 자체는 아직은 파괴되고 타락한 세계에서 영위되고 있다. 이들 여러 가지 인간적 제한은 온전한 사랑의 결점이 아니라 온전한 사랑의 표현과 실행에 대한 억압이다. 이러한 제한은 정결케 된 사람을 둘러싼 환경에서만 발견되는 것이 아니고, 그것은 그 사람 내면에서도 찾아볼 수 있는 것이다. 인간의 한 개체적인 사람은, 사람의 영혼과 마음인 동시에 그는 골육이기도 하다. 그는 자신의 유한성과 인간으로 존재 때문에 제한을 받을 뿐 아니라 타락함으로 죄의 본성을 가진 존재이므로 전달된 부패성에 의하여 파괴된 인간의 상황에 의하여 제한을 받기도 한다.

1. 유한한 존재

웨슬리가 질문하고 있는 점은 "인류는 과연 완전하게 될 수 있는가?"가 아니고, "하나님의 은총은 인간의 능력과 기능을 완전하게 하실 수 있는가?"도 아니며, "우리가 그 안에서 생활할 완전한 환경을 만들어낼 수 있을 것인가?"도 아니었다. 오히려 그가 묻고 있었던 것은 "하나님은 한 개인을 온전히 하나님을 사랑하고 자기 몸과 같이 이웃을 사랑할 수 있을 정도로 하나님의 사랑으로 채울 수 있을 것인가?"라는 문제였다. 그가 강조했던 것은 적개심과 반항심으로 가득 찬 이 세상 한 복판에서 한 개인이 어떤 사람이 될 수 있을 것인가라는 문제였다. 더욱 그 사람에 관하여서도 강조점은 그의 완전한 사랑을 실천하는 사랑의 사람으로서의 능력이라기 보다는 그의 것으로서의 완전한 사랑에 관한 것이었다. 온전한 사랑이란 다른 사람 앞에 사랑을 나타내 보이고, 사람들을 변화시키고, 또한 이 세상에 정의가 나타나도록 하려는 순수한 욕구이다. 그것은 그와 같은 목적을 수행하기 위한 특별한 능력의 기증(寄贈)은 아니다.[2]

그리스도인 위에 놓여진 제한들 가운데 얼마는 그의 유한성에서 발견된다. 사람은 하나님이 아니며, 무한성의 상대에 도달할 수도 없다. 사람은 지금뿐 아니라 언제까지나 무한하신 분을 의뢰하고, 또한 유한한 존재인 까닭에 계속적으로 제약을 받게 된다. 그 이상 더 나아갈 수 없는 여러 가지 제한들이 존재한다. 신학자들에게 있어서 인간의 유한성과 죄라는 두 개념을 구별해 두는 일은 용이한 일이 아니었던 것 같다. 종종 완전의 교리를 반대하는 사람들은 완전과 무한을 혼동하기도 하고, 그렇지 않으면 적어도 그들은 현재의 인간 존재로서는 완전을 이루는 일은 불가능한 일이라고 한다. 그들로 말하게 한다면, 완전한 크리스쳔의 이상이란 지상의 존재가 끝날 때까지는 도달할 수 없는 것이라는 것이다. 그들은 유한의 존재와 거룩함은 서로 용납될 수 없는 것이라고 믿거나, 또는 죄가 철저하게 현재의 존재를 바꾸어 놓았기 때문에, 개인이 성결케 되기 전에 인간 존재양식에 기본적인 변혁이 필요하다고 믿을 뿐이다. 어느 편이든 죄와 유한성과는 밀접한 관련을 가지고 있는 셈이다.

> 인간의 유한성 또는 피조물됨과 죄의 혼동은 종교 경험에 있어서의 병리학적 요소의 혼동에 많은 책임이 있다. 만약에 이 혼동이 배제될 수 있다면, 그것은 종교적 경험을 더욱 깊게 하고 또한 도덕적 책임을 강화하게 된다.[3]

그래험 아이킨(Graham Ikin)은 더욱이 "현대의 심리학적 접근을 피조물성이라는 것과 실제적인 죄와의 구별을 뒷받침하려는 방향으로 움직이고 있다"라고 말했다.[4] 이 사고방식은 맥콘넬(McConnel)의 것과는 전혀 다른 것이다. 맥콘넬은 "육체라고 하는 것은 표준적인 도덕 체험이라는 것을 위한 기반을 공급할 만큼 강한 것은 아니라"고 주장하고 있다. 혹은, 육체는 "일단, 이상적 도덕 발전을 위해서는 너무 지나치게 강경하고 야만적이며 분방한 것은 아닌가?"[5]라고 말한다.

웨슬리는 연약함과 제한됨 그대로의 육체는 마음속에 온전한 사랑의 질(質)을 공급할 힘이 없다고 말하는 점에서는 맥콘넬에게 동의할 수 있다. 맥콘넬의 관점이 지닌 위험성은 피조물적인 차이가 도덕적 행위의 심판의 기초가 된다고 하는 데 있다. 우리는 한편으로는 자연적 본능과 욕구를, 그리고 다른 한편으로는 도덕적 질을 구별하지 않으면 안된다.

웨슬리는 죄를 피조물성으로부터 따로 떼어서 이해하는 일에 별로 어려움은 없었다. 그에게 있어서 아담은 본래 거룩하게 창조 되었으나 유한했다. 이 최초의 상태로 아담은 하나님과 함께 걸었고, 하나님의 온전한 율법을 지켰다. 동시에 아담은 하나님께 전적으로 의존한 피조물이기도 했다. 아담은 유한했기 때문에 죄를 범했던 것이 아니라, 오히려 아담은 선택의 능력을 가졌으나 유혹을 받을 수 있었다는 이유 때문이었다. 아담에게 있어서 죄는 필연적인 것은 아니었으나, 그것은 가능한 일이었다. 아담은 유한한 상태에 남아 있으면서도 죄를 거절할 수 있었다. 거룩한 유한성에 의하여 방해를 받아야만 하는 것은 아니었으나, 동시에 그것은 유한성과 모순되는 것은 아니었다. 사람이 범할 수 있었던 이유는 그가 유한했다거나 피조물이었다는 점이 아니라, 도리어 그가 하나님과 같이 창조되었고 자유로운 이성적인 존재로 창조되었다는 점에 있었던 것이다. 이런 의미에서 아담은 하나님과 같이 창조되었고, 선악을 선택하는 일이 가능했으며, 그대로 행동한 것이다.[6]

이 논문 첫머리에서 지적한 바와 같이, 아담은 이중의 의미로서 하나님을 닮은 데가 있었다고 웨슬리는 가르쳤다. 아담은 지성, 감정, 의지를 소유하게 됨으로 영으로서의 그의 존재 구성에 있어서 하나님과 유사했다. 이것은 인간에게 있는 자연적 하나님의 형상이라고

했다. 아담은 또한 그의 도덕성에 있어서 하나님과 유사했다. 그는 거룩했다. 그는 그의 능력—정의를 향한 도덕적 경향성—대로 행동했다. 이것은 인간에게 있는 도덕적 하나님의 형상이었다.

　인간이 죄를 범했을 때, 도덕적 형상은 전적으로 상실되었다. 자연적 형상은 크게 훼손되기는 했으나, 선행적 은총으로 말미암아 아직은 구원될 수 있는 여지로서 남겨졌다. 인간에게 있는 이들 이성적 능력이 인간성을 조성했고, 그리고 그것이 인간의 육체적 능력과 서로 마주 붙어서 동일시되어진 것이다. 육체와 마음 양자가 범죄의 악한 영향을 입어 인류적이며 또한 개인적인 죄의 결과를 계속 짊어지고 있는 것이다. 그런 고로 인간은 현재에 있어서는 인간이며 유한할 뿐 아니라 이성적 및 육체적인 능력 양자에 있어서 훼손되어 있다. 현재 인간의 유한적 존재에 관하여 말할 때, 그는 타락하고 훼손된 유한적 존재라는 의미에서 말해야 한다. 양자는 이제와서는 추상론 이외에는 분리될 수 없다.[7]

　인간의 능력은 아담에게 있어서는 완전했다고 추측되며, 또한 모든 사람에게 있어서 파괴되어 결함을 가지게 된 것임을 알고 있으나, 이 능력을 한 사람 개인이 어디에 사용하며 무엇을 향하도록 하느냐는 점과 혼동해서는 안된다. 거룩함의 상실은 능력의 상실은 아니며, 또한 능력의 훼손도 아니다. 그것은 도덕적 하나님의 형상의 상실이다. 거룩했을 때의 사람의 의도와 목적과 욕구는 오로지 정의만을 지향했으나 죄에 있어서는 악을 지향한다. 신생, 곧 사람이 하늘로부터 새로 나게 될 때, 도덕적 하나님의 형상이 회복된다. 그러나 이 회복은 마음속의 모든 죄가 정결케 되고 완전한 사랑이 그 마음을 지배하게 될 때까지는 완전한 것은 아니다. 온전한 성화의 경험에 있어서 아담이 상실했던 하나님의 도덕적 유사성(類似性)은 회복되고, 그 결과로 타락한 인간이 아담이 가지고 있었던 것과 같은 순수한 사랑을 가지고 하나님을 사랑할 수 있게 된다. 그리고 잃어버렸던 거룩함, 그리고 완전한 그리스도 안에서 회복된다.[8]

웨슬리는 도덕적 하나님의 유사한 형상(Moral Likeness To God)은 온전히 성화된 사람에게 충분히 회복된다고 가르쳤는데, 동시에 그는 자연적인 하나님의 형상은 현세의 생애에서는 회복되지 않는다는 가르침에서도 명백했다. 사람의 이성적 능력과 육체는 범죄로 인하여 큰 영향을 입었으며, 그것은 유한 또는 결함이 있는 생애를 통하여 계속 된다. 크리스천은 사랑에 있어서 완전할 수 있다. 그러나 인간은 그 보화를 "질그릇에" 담아 가지고 있다. 마음은 순결하고 사랑도 완전하다고 하더라도, 육신과 정신은 불완전할 뿐 아니라 결핍된 그대로의 모습이다.[9]

2. 부패하기 쉬운 육신

모든 의와 참된 거룩한 하늘의 보화는 지상적, 죽게 될, 부패하기 쉬운 몸에 존재한다. 웨슬리는 이 육의 몸을 묘사하는 용어에 대하여 별로 꺼림직해 하지 않았다. 몸은 질그릇처럼 "부서지기 쉬우며, 그 기관은 열악하고 부패한 것이다. 두뇌는 혼란하며 헤아릴 수 없는 잘못으로 사람을 인도한다. 죽음, 질병, 연약함, 고통, 수많은 약점이 존재한다. 웨슬리는 이 파괴된 몸은 범죄의 결과라고 간주하고, 죽음이 올 때까지 회복에 대한 큰 희망을 가질 수 없다"고 보았다. 그는 "부패하기 쉬운 육신이 영혼을 억누른다"[10]고 말했을 때, 그는 영과 몸의 밀접한 상호관계를 알고 있었다.

인간의 육신은 순수한 사랑의 어떠한 완전한 표현에 대하여서도 그 길을 가로막는 장애물 가운데 하나이었다. 그러나 성결의 지장이 되기보다도 오히려 그처럼 파괴된 상태는 사람에게는 유익하고 하나님께 대해서는 커다란 영광이 되는 것이다.[11]

온전히 성화된 자의 상태를 논하면서, 웨슬리는 다음과 같은 명백한 사실을 관찰할 수 있었다.

> 영혼도 파괴된 몸 안에 머물러 있게 된다. 그리고 육체에 의하여 매우 강한 억압을 당하고 있기 때문에 영혼은 생각하고, 말하고, 그리고 잘못됨이 없이 행동하는 일에 있어서 자기 스스로를 표현하는 일이 원하는 대로 되어지지 않는다. 보나 좋은 육체적 기관의 결여 때문에 때로는 잘못 생각하고 말하며 행동하게 된다. 실제로는 사랑의 결함이라기보다는 지식의 결함 때문에 그렇게 하게 된다. 그리고 이러한 뜻에서 그러한 결함과 거기서 오는 결과에도 불구하고 사람들은 사랑의 율법을 완수하게 된다.[12]
> 그러나 이것만큼은 확실하다. 다시 말해서, 마음을 다하여 하나님을 사랑하고 자기 몸을 사랑함같이 사람을 사랑하는 사람들은 성서적으로 완전한 것이다. 그리고 그러한 사람들은 확실히 존재한다. 만일 그렇지 않다면 하나님의 약속이란 것은 단지 인간의 연약함을 비웃는 놀림감이 되기 때문이다. 그러나 그것이 확실하다 하더라도, 다른 한편으로 우리는 이 보화를 질그릇에 담고 있다는 사실을 잊어서는 안된다. 우리는 불멸의 영혼을 억압하고있는 매우 빈약하고 파괴된 흙으로 된 집에 살고 있기 때문에 우리의 모든 사고, 언어, 행위는 극히 불완전하며 표준에 도달하기에는 아직도 요원하다는 사실이다.[13]

여기서 웨슬리는 외적이 아닌 완전을 가르치고 있었다. 온전히 성화된 사람들도 그들이 마음으로 느낄 정도까지는 그것을 실행에 옮기지 못한다. "파괴된" 몸은 내적인 순수한 사랑에 대하여 그대로 응답하는 일에는 부족함이 있다. 완벽한 연주 실력을 가진 음악가라 할지라도 깨어진 악기로서는 성공할 수 없는 것처럼, 마음이 깨끗한 사람도 종종 그의 깨어진 질그릇 때문에 실패를 연주하게 된다. 그러나 깨어진 악기에서 연주된 "못마땅한 음색"(sour note)도 그것을 추진하는 사랑의 완전을 반증하게 되지는 않는다. 후세의 "성결파"의 저술가들은 이 육체적 타락성을 인정했다. 볼드윈(H. A. Baldwin)은, 존 브룩스(John. R. Brooks)가 그러했던 것처럼, 이것을 일종의 육체적 부패라고 일컬었다.

우리가 현세에 살고 있는 한 결코 육체적인 요망이나 욕구로부터 온전히 해방될 수는 없다. 이 요망과 욕구 그 자체는 정당한 것이며, 그것은 부패성의 표식의 하나인 것은 아니다. 그러나 인간이 타락했을 때, 사람의 자연적인 욕구는 부패한 것이 되어서 이 세상에서는 그 욕구를 가진 사람들이 강요를 당함 없이 매일 매일 자기를 부인하고 자기의 몸을 쳐서 복종하게 하는 상태에는 결코 이르지 못한다. 다른 말로 바꾸어 말한다면, 성결의 순간 도덕적으로 부패한 부패성은 제거되지만 육체적 부패성은 남아 있어서 인간은 아직까지는 부절제(不節制; inordinate)한 욕구, 취미, 요망, 좋아함(preferences)을 거부하지 않으면 안된다.[14]

볼드윈은 "부패성"과 "부절제한"이라는 용어의 사용에 주의를 촉구했다. 이 용어들은 도덕적 부패성이라는 뜻에 있어서는 "죄가 있는" 것은 아니지만, 이보다 더 좋은 표현이 없기 때문에 사용된 것이다. 이 용어는 때로는 지나치게 강하여 부정하지 않으면 안되는 생래적인 요망에 있어서의 완전함의 결여를 나타낸다. 이들 생래적인 요망은 "그 사람 개인의 특히 빠지기 쉬운 방향을 향하여 기울어질 수 있는" 것이다. 이와 같은 상태는 "실제적 죄"는 아니지만 "육체적 부패성의 실증"이 된다.[15]

육체적 부패성이란 타락이 가져오는 정신적 또는 육체의 본질의 손상을 의미한다. 이것은 거기에서 많은 판단의 그릇됨과 외적 생활 속에서 발생하는 실패들이 인간 본성의 질환의 연약함이라고도 할 수 있는 것이며, 그 어느 편도 악을 향한 경향—자기 중심과 큰 죄로 향한 경향—하나님과 인간에 대한 사랑에 저촉되는 것으로 향한 기울어짐—을 포함한 것은 아니다.[16]

위에서 살펴온 것처럼, 웨슬리는 육체란 것을 "열악하게 된", "타락한" "못쓰게 된" 그리고 "파괴된" 것으로 묘사함에 있어서 조금도 주저하지 않았다. 그는 이 "육체적 타락성"을 사람에게서 순수한 사랑을 탈취하는 조건으로는 보지 않았다. 이 죽을 수밖에 없는, 그리고 부패할 수밖에 없는 몸을 가지고 있으면서도, 인간은 영적 승리를 얻을 수도 있으며 또한 보다 고도의 성결에 도달할 수도 있다. 이 성결은 외면적 행위로서 보여지는 것이 아니라 내적인 순수한 의도라는 사실은 명백하다. 이 육체적 조건은 확실히 영혼에 영향을 끼친다. 왜냐하면 영혼은 그것과 관련되어 있기 때문이다. 그리고 육체는 유혹의 수단이 된다. 그러나 영혼은 전서으로 하나님을 의뢰하고 순수한 사랑으로 채워질 수 있다.[17]

스탠리 존스(E. Stanly Jones)를 비판한 쌩스터는 "개심될 수 없는 본능", "인종 의식의 흐름에 더러워진 본능", 또는 "낡은 본능의 독(毒)" 등의 어구(語句)를 사용한 데 대한 의문을 갖고 있다.

> 본능은 오염된 것일까? 본능은 정확한 의미에서 독하게 된다는 일이 가능한 일인가? 하나님의 은총이 우리로 하여금 도망의 본능이나 반감, 호기심, 호전적인 마음, 자기 비하, 자기 주장, 성(性), 도당(徒黨)…또는 본능으로서 구별되어 있는 다른 어떤 생래적인 생리학적 본성으로부터 풀려나도록 기도하는 것은 신앙적—또는 분별있는—인 것일까? 이것들은 죄를 범하는 동기가 될 수 있다…그러나 이들 본능이 인간성에서 근절되었다면 그 사람을 손상시키지 않고 그대로 둘 수는 없다.[18]

명백히 생래적인 욕구와 본능이 "근절" 되어져도 인간성이 보전되는 일은 없으며, 실제로 있을 수 없는 일이다. 죄 까닭에 이들 인간적 욕구와 본능이 이상적인 모습을 빼앗겨 버렸거나 또는 적어도 현재도 빼앗기고 있다는 사실은 부정할 수 없다. 대부분의 사람에 관하여, 사실은 그 이상적인 모습이 일그러져 있는 것이다. 웨슬리에 의하면, 가령 그것이 온전히 성화된 사람의 것이라 할지라도 육체는 시시각각으로 많은 악에 빠지기 쉽다. 연약함과 몇 천 종이나 되는 혼란은 육체의 "자연적인 부수물"이다.[19] 앞에 인용한 브룩스에 따르면, 사람은 "이기주의와 죄를 향한 경향성"을 가지지 않고도 그 인간성에 결손을 가져올 수 있다. 다시 말한다면, 사람은 그 사랑에 있어서 "일그러짐"을 소유할 수 있다. 웨슬리의 "온전한 사랑"의 교리에서 그가 의미하고 있는 것이 무엇이었든지, 그는 온전한 자연적 욕구 또는 본능, 완전한 육체, 또는 완전한 지성을 의미하고 있지는 않았다. 확실히 본능은 "근절" 된 것도 아니고 손상으로부터 면제된 것도 아니다. 인간적 제약의 이 부분은 다음 항목에서 다시 논급하게 될 것이다.

웨슬리는 규율의 필요함을 알고 있었다. 이상적으로 완전했던 아담일지라도 그가 한 것 이상으로 규율을 필요로 했던 것이다. 하물며 죄에 빠진 그의 자손들은 약화된 육체를 위한 규율을 필요로 한다는 사실은 말할 필요가 없다. 많은 사람들이 자기 육체를 규율 아래 계속적으로 두지 않기 때문에 영적 실격자가 되어 버린다. 19세기에 미국에서 일어났던 어떤 완전론자들의 운동은 이 인간적 연약함을 잘못 생각했기 때문에 이상향적 모험(utopian ventures)을 하다가 실패한 사실을 입증하고 있다. 웨슬리는 육체를 위한 적당한 주의와 단련을 권하고 있다.[20] 그가 약학을 연구한 것도, 그 근본 원인은 신체적인 고통을 당하는 사람들에게 봉사의 손길을 뻗침으로 사람들을 영적으로 도울 수 있다면 좋을 것이라는 희망에서 된 일이었다.[21]

웨슬리는 그리스도인의 완전, 또는 온전한 성결을 위하여 완전한 육체는 불가결한 조건이라고는 생각하지 않았다. 순수한 애정과 기질을 만들어 내는 가장 깊은 곳에 있는 순수한 사랑은 그 사랑의 외관상의 표현이 손상되었거나 파괴된 대로 있을 때에도 체험될 수 있다. 웨슬리에게 있어서는 이 "질그릇"에 가득히 채워져 있는 영광스러운 보화는 하나님의 은혜를 드높이 찬양하는 일을 위한 것이다. 훼손된 육체는 사람의 겸손이라는 것을 위하여 필요한 것이다.

3. 불완전한 마음

 이미 시사해 온 바와 같이, 육체와 함께 마음도 인간의 죄로 말미암아 타락한 영향을 입고 있다. 이성적 기능은 육체적 수단을 통하여 표현되기 때문에 정신과 육체 사이를 구별하는 뚜렷한 선을 긋는 일은 곤란하다. 인간의 마음이 불완전하다는 사실에 접촉하지 않고 육신의 약점을 논하는 일은 어려우며, 또한 육체적 기관의 고찰 없이 마음의 약점을 취급하는 일도 할 수 없다. 따라서 이 항목의 주제와 전 항목의 주제를 취급함에 있어서 용어의 혼동이 있다는 사실에 대하여 뜻밖이라고 생각할 필요는 없다.

 웨슬리는 육체와 영혼을 별개의 존재로 말하는 일에 망설이지 않는다. 그는 자아(自我: ego)는 육체가 아니라고 생각했다. 자아는 영혼 한가운데 자리를 잡고 있으며, 자동(自動: self-moving)적인 것이고, 사고의 원리이며, 열정과 애정을 소유한다. 이 영혼은 인간이 죽은 후에 육체를 떠나서 존재할 수 있다. 그러나 웨슬리는 현 상태로서의 자아는 영혼과 육체 양자로 성립된다고 생각했다. "나의 존재의 현재 상태에 있어서는 나는 영혼과 육체 양자에 의하여 구성되어 있다. 나는 부활 후에도, 그리고 영원의 마지막에 있어서도 그러할 것이다."[22]

 웨슬리는 과연 이와 같은 이분법적(二分法的) 관찰로 현세에 있어서 육체는 불완전한 한편 영혼은 완전하다고 가르쳤던 것일까? 그렇게 생각하게 하는 것처럼 보이는 문장이 있다. 예컨대, 그는 파괴된 육체 안에 있는 영혼을 말했으며, 그 육체가 영혼을 억압한다고 말했다.[23] 그리고 "육체는 영혼에 대한 장애물"이라고도 말했다.[24] 그러면 웨슬리는 순수한 마음이란 육체에 있다는 사실을 제외하고서는 여러 의미에서 아담적(Adamic) 완전에 회복된 순수한 영혼이라는 것을 의미한 것일까? 웨슬리는 그렇게는 말하지 않았다. 실제로는 그는 그 반대의 뜻을 표시했다. 이미 보아온 대로, 웨슬리는 하나님의 형상을 닮은 인간의 형상이란 그 이성적 능력에 있다고 가르쳤다. 이 이성적 능력이 타락으로 말미암아 깨어졌고, 그 회복은 다만 부활에만 있다는 것이다. 이성적 기능이란, 생각하는 일, 판단하는 일, 추론(推論)하는 일, 상상하는 일, 그리고 기억하는 일이다. 영혼은 "사랑하고, 증오하고, 기뻐하고, 슬퍼하고, 욕구하고, 두려워하고, 희망하고" 그 밖에 내적 감정을 소유할 수 있다.[25] 웨슬리는 구속받은 사람에 관하여 다음과 같이 말했다.

> 그러나 아직까지도 인간의 이해가 어찌 그리도 부족한가? 그리고 이해의 범위가 어찌 그리 제한되어 있을까? 우리의 찰지력(察知力)과 우리 주변에 있는 모든 일들은 어찌 그리도 혼란스럽고 부정확한가? 가장 현명하다고 하는 사람인데도 오류에 빠지기 쉬운가? 잘못된 판단—진리를 허위로, 허위를 진리로 착각—하고 선을 악으로 악을 선으로 착각하는가? 우리는 쉴새없이 방향을 상실한 일의 시작과 빗나간 상상력에 지배되고 있는 것일까? 그리고 지극히 작은 죄라고 말할 수밖에 없이 그러한 것으로부터도 우리는 얼마나 많은 유혹을 받아야 하는가?[26]

어떤 사람은 역시 이들 "혼란된 이해", "잘못된 판단", "빗나간 상상력"은 파괴된 육체로부터 직접적으로 발생된다고 말할지도 모른다. 그러나 그런 사람은 현명하게도 영혼이 그 기능에 있어서 완전하게 되었다고는 말할 수 없게 된다. 왜냐하면 온전히 정결케 된 후에도 이 기능은 결함을 지니고 있기 때문이다. 온전히 깨끗하게 되었다는 성도들에 대하여 웨슬리는 다시금 논술했다.

> 그들은 지식에 있어서 완전하지 않다. 그들은 무지함에서도 해방되지 않았다. 아니, 그들은 오류를 범하는 일에서도 해방되지 않았다. 우리는 살아 있는 사람에게서 전지전능(全知全能)을 기대할 수 없는 것과 같이 오류가 없는 것을 기대하는 것도 불가능하다. 그들은 연약함, 이해의 완만함(slowness), 불규칙적인 성급함, 낙담, 그리고 상상력의 빈약함에서도 해방되지 않았다.[27]

정결케 된 사람들 가운데는 사상의 방랑, 각양 각색의 사고에 대한 무의식적인 결합이나 제휴도 있을 수 있다.[28] 이러한 정신적 손상은 죄의 결과이며, 지상생활의 전 생애를 통하여 사람에게 남아 있는 것이다.

온전히 성화된 사람과 모순되지 않는 것으로 정신적 중압감이라는 것이 있다. 이 중압감은 매우 깊은 것으로서 "마음 전체를 그늘로 덮거나 모든 애정 전체에, 말하자면 채색을 하게 되는 정도인데, 그와 같은 것은 그 사람의 행동 전체에 나타나게 된다. 이럴 경우 "마음이 육체를 약간 억압하여 점점 몸을 약화시키는 결과를 가져오게 되는" 것이다.[29] 이런 경우, 웨슬리는 이 마음의 상태는 육체에 의하여 만들어지는 것이 아니라 직접적으로 영혼 안에서 만들어지는 것임을 인정하고 있다. 이 슬픔과 중압감의 괴로움은 유혹에 의하여 만들어진다. 육체적인 부조화나 질병이 그렇게 만들 수도 있다. 재해, 또는 사랑하는 사람의 죽음이 이와 같은 시련을 자아내는 일도 있다.[30] 그 까닭이 무엇이었든, 여기에 인간의 자연적 이해의 한도를 나타내는 하나의 체험이 있는 셈이다.

다니엘 스틸(Daniel Steel)은 "죄가 보편적 인간성의 능력을 손상시켰다"라고 가르쳤다. 그는 연약함은 "우리 육체에 그 기지(基地)를 마련했고 지성적 결함에 의하여 악화되었다"고 말했다. 연약함은 "우리가 육체로서 계속 존재하는 한 그 치료법은 없는 것이다."[31] 브록케트는 모리슨(H. X. Morison)의 말을 다음과 같이 인용했다.

> 우리가 큰 축복을 받았을 때, 우리는 자신을 가리켜 천사라고 공언하지는 않는다. 우리는 단지 보통 사람이며 비참할 정도로 연약할 뿐 아니라 지적 또는 육체적 능력에 있어서도 아직까지 타락의 저주 아래 놓여 있다는 사실, 그러나 마음은 순수하고 또한 정결함을 입었으며 그 뒤에 하나님의 완전한 사랑으로 채워져 있다는 사실을 공언한다.[32]

오늘날, 하나님의 충성된 백성은 죄의 문제는 완전히 해결되었고 깨끗한 마음을 소유하고 하나님의 임재 아래 나아올 수 있는 것이다. 그러나, 그 동안 우리는 우리의 타락하여 불완전하게 된 육체의 결점과 손상을 입은 우리 이성의 연약함과 불완전함을 계속 지니고 있지 않으면 안된다.[33]

완전론의 교리에 관하여 지금까지 두 가지 사항이 특히 명료하게 되었다. 마음의 도구로서의 육체에도 이성적 능력 또는 자연적 본능에 관련된 마음에도 완전은 존재하지 않는다는 것이다. 인간성이란 질병으로 앓게 되며, 그리고 그 상처가 남게 된다. 열은 내리고 병은 치료될 수 있다. 그러나 질병의 영향을 입은 부분에 병의 흔적을 남기게 된다. 그 흔적은 죄의 성질을 가진 인류 및 죄를 범한 사람의 당연한 결실이다. 그와 같은 병의 흔적을 제거하는 일은 궁극적으로 완전에 기대할 수밖에 없다. 이러한 인간성의 상처는 손상된 자연 능력 안에 발견된다. 그러나 그 능력은 자아에 속한 것이며, 그 한 개인을 조성한 것이다. 온전한 성화 후에 모든 전투는 외부로 옮겨지고 내적인 전투는 완전히 없어진다고 말하는 것은 잘못된 말이다. "나에게 있어서는 어떠한 인생의 전투이든 그것은 내부에서의 싸움이다."[34] 이 전투에 관하여 물어야 할 질문은, 그 싸움이 과연 만족을 요구하여 마지않는 자연의 욕구와 본능 바로 그것인지, 혹은 의지의 충성심을 양분(兩分)해 버리는 도덕적 욕구 또는 경향성과의 싸움인지를 묻는 것이다. 분명히 여기에는 차이가 있다.

폴 아벨(Paul Abel)은 인간성이라는 것은 죄로 말미암아 손상된 것이라는 사실을 부인한다. 그가 "개개인의 인간성 안의 본질적 구성 요소는 도덕적이지 않고 부도덕적인 것도 아니며, 그것은 도덕적으로는 중립이다"라고 말한 것은 옳다. 아벨에게 있어서 타락성이란 "인간성이 거기에 있을 수 있는 특정의 상태이기는 하나, 인간성 자체를 가리켜 말한 것은 아니다."

타락성은 반드시 사람의 본질은 더러워졌다거나 썩어졌다는 것을 뜻하지 않는다. 오히려 그것은 "인간 존재의 근본에 걸쳐 있는 기본적으로 잘못된 하나님과의 관계로 말미암아 인간 생활 전반에 걸쳐 영향을 미쳤다"는 것을 뜻한다. 한 마디로 말한다면, 그것은 아담의 최초의 죄에서 온 결점으로서, 그로 인하여 인간성은 하나님과의 교제를 이루는 원칙을 상실한 것이다. 그것은 불가피하게도 악을 향해서 나아가게 하는 바 인간성의 특성의 상태이기는 하나 특성 그 자체는 아니다. 위와 같이 타락성은 그 자체 인간성의 근본 요소의 결함은 아니나 그것은 인간성을 조직함에 있어서의 결함이다.[35]

여기서 아벨은 "타락성"이라는 말을 단지 도덕적 의미로서만 사용했다. 사실상, 그는 "인간의 기능은 죄로 인해서는 손상되지 않았다"고 말할 때 앞에서 말한 볼드윈과 브룩크스가 사용한 것과 같은 "육체적 타락성"이란 것은 거부했을 것이다. 그의 정당한 강조점이었던 인간성은 도덕적 자체는 타락으로 인하여 손실을 입지 않았다고 하는 잘못된 결론으로 그를 이끌어 들이게 되었다.[36]

이러한 종류의 잘못은 극히 있을 수 있는 일인데, 그러나 이것은 타락성이 성화로 인하여 제거되면 그 때에 사람은 아담적 완전으로 회복된다는 결론으로 우리를 직접 이끌게 된다. 왜냐하면 은혜로 말미암아 "재 조직이 허용되고 통합과 완성이 부여된" 인물이 무엇 때문에 아담의 옛날의 그 모습으로 돌아갈 수 없느냐는 의문이 나오기 때문이다. 만약에 온전한 성화 체험에 있어서 이 "타락성이 제거되고", "온전한 인격의 통합이 이루어지고", 그리고 만약에 "사람이 최초에 의도했던 기준을 발견한다"고 하면, 거기에는 완전한, 그리고 잘못된 것이 하나도 없는 종류의 언행이 마땅히 있어야 할 것이다. "육체적 연약함과 오해로 인하여" 결과된 과오가 있다는 사실을 인정하는 것은 곧, 인간성 자체에 손상이 있음을 인정하게 된다는 것이다.[37] 타락 이후, 인간의 기능은 그 사람이 원하는 대로는 방향을 잡기 힘들며, 또한 지배하기 힘들게 되어 있다. 이 파손된 인간성을 볼모로 삼아 끌고 가는 방법을 발견하도록 하는 일은 "통합하시는 성령"에게 전적으로 굴복하고 "온전한 사랑의 원리를 중심으로 통일되어가는 일을 계속하는 일" 이외에는 없다.

폴 리스(Paul Rees)는 "온전한 사랑의 침입과 지배" 후에도 사람의 본성 내부에 갈등이 일어날 수 있다는 사실을 인정하고 있다.

> 충만한 사랑의 은사를 받아, 그로 말미암아 그리스도의 뜻에 충실하게 되는 일은 극히 한 때 또는 한 순간에 불과할지도 모른다. 그러나 자연 본능의 영역에서 종종 일어나는 이 갈등들을 해결하고 지배하는 일은 참된 기도, 그리고 지적(知的)인 자기 감독을 필요로 한다. "옛사람을 벗어 버리라"고 말한 바울이 "나의 육체를 쳐서 복종시킨다"라고 선언했다. 전자는 해방으로서의 사상을, 그리고 후자는 규율로서의 사상을 각각 말한 것에 틀림이 없는 것 같다. 바울이 그 육체를 지배 아래로 가져온다는 때에 사용한 용어는 갈등을 암시하고 있다. 그것은 긴장을 말하는 것이다. 나는 그 사실을 부인할 만한 것을 발견할 수 없다. 다만 기억해 두지 않으면 안될 점은 그 갈등은 해결을 본 것이라는 사실이다. 다시 말해서 계속적인 정화와 자제 안에 자기 스스로를 두고자 하는 뜻을 가진 실제적인 취급 아래 자기 스스로를 둔다는 것이다.[30]

그렇다면, 여기서 말할 수 있는 것은 죄는 인간성에게 두 가지 영향을 끼친다는 말이 된다. 첫째로, 죄는 사람을 하나님으로부터 분리시키고 하나님과의 교제를 파괴하여, 그 결과로 사람은 자기가 소유했던 성령의 통합적 임재를 상실해 버린다는 것이다. 사람의 도덕성은 부패해 버린 것이다. 속죄로 그 교제는 회복되고 성령은 다시 사람의 마음을 채우게 되는데 온전한 성화에 있어서는 도덕적 부패성은 전적으로 제거되고 온전한 사랑이 회복된다. 웨슬리의 말에 따르면, 이것이 하나님을 닮은 도덕적 형상 또는 성결의 전적 회복이다.

그러나 죄는 이제 한 가지 일을 했다. 다시 말해서, 육체적인 면에 죽음을 가져온 것이다. 육체는 부서지고 썩어질 것이 되었다. 그와 함께 사람이 지성적 기능과 자연적 특성도 아직은 파괴되지는 않았으나 손상을 입고 결함이 있는 것이며, 속죄에 있어서 이 인간성이 도움을 받고 또한 지배 아래 있으나 이것은 죽은 후가 될 때까지는 원시의 완전에는 회복되어지지 않는다. 온전히 성화된 자에게는 끊임없는 세심한 주의와 규율이 필요하다.

4. 육성(肉性)인가, 인간성인가?

이 연구에서 종종 하나님을 닮은 도덕적 형상과 자연적 현상 사이에는 차이가 있다고 암시되었다. 전자의 결함은 죄라는 데 대하여 후자의 경우는 연약함이다. 이 상위점을 어떻게 정하는가의 문제는 현저한 것으로서, 웨슬리와 그의 후계자들에게서 종종 야기되었던 논쟁점이었다. 어떤 사람은 그 상위점은 "내면적"과 "외면적" 혹은 "위약"과 "죄", 혹은 "육성"과 "인간성" 또는 "영혼"과 "육체"라고까지 말하면서, 용어의 사용에 따라 명시화 하려고 하는데, 다소 깊이 고찰하고자 할 때 문제는 아직도 남게 되어 양자 사이의 구분점은 애매하게 된다. 틀에 박힌 정적(靜的)인 신학적 구별(static theological distinction)은 실존적인 상황 아래서는 무너져 버리고 만다.

육성은 인간성이 아니고 인간성의 타락 또는 혼란이라고 할지라도 우리는 질병을, 그 질병이 달라붙는 본체로부터 분리하여 생각하지 않으면 안된다. 그러나 사람의 일상 생활에 있어서 사람은 그 자연적인 충동과 욕구가 그들의 만족을 추구하면서 일어나게 될 때 어떻게 하여서 도덕적 요구와 자연적 충동과 욕구를 구별지을 수 있을까라는 문제가 일어난다. 유혹에 직면했을 때, 사람은 어떻게 하여 정당하지 않은 대상에 대한 성적 충동을 "보다 심오한" 도덕적 경향성과 구분하여 식별할 수 있을 것인가? "거기에는 상위점이 있다"라고 말하는 것과 그 상위점을 삶의 현장에서 체험하는 것은 각각 다른 것이다. 욕구나 본능이란 것은 육적인 것일까? 그렇지 않으면 인간적인 것일까?

행동의 근원에 있어서의 사랑의 완전일 뿐 아니라 완전한 행위의 성취도 의미하고 있다고 보이는 웨슬리의 선언을 인용할 수 있다. 특히 그가 초점을 정하고 질문한 몇 가지 점은 그 점을 의미하고 있다.

당신은 당신의 주님 안에 있는 기쁨이 어디에선가 단절된다든지 혹은 줄어들고 있지는 않은지? 당신은 계속적으로 하나님을 바라보면서 그 분을 섬기고 있는가? 그리고 주님을 바라보는 일에 구름, 암흑, 안개와 같은 장애물은 없는가? 당신은 내면적으로나 외면적으로 어떠한 일에 있어서도 단절 없이, 그리고 정신을 딴 곳으로 돌리는 일이 없이 기도하고 있는가? 그렇지 않으면 어떤 누구인가로 말미암아, 그리고 어떤 일을 통하여 방해를 받고 있지는 않은가? 사탄의 힘, 교활함, 육체의 연약함이나 부조화, 그리고 영혼이 억압을 당하는 일로 인하여… 당신은 예외없이 어떤 일에 관해서도 감사를 드릴 수 있겠는가? 그리고 당신은 모든 일에 있어서 서로 일하여 유익되었다는 사실을 감지하고 있는가? 당신은 다만 자기 자신을 기쁘게 하기 위하여 작은 일이나 큰일에 상관없이 아무 것도 하지 않고 있지 않은가? 당신은 순수한 하나님의 사랑에서 솟아나는 것 이외의 욕구나 애착의 감촉을 조금도 느끼지 않는 것인가? 당신의 사랑의 원칙에 근거하여 하나님의 영의 인도하심 아래 있어서 마땅한 언어 이외에는 아무 것도 입에 담지 않고 있는가?[39]

이와 다른 별개의 예는 『메도디스트 교도의 특질』(*Character of a Methodist*) 가운데 있는데, 여기서는 질문은 사실의 선언으로 되어 있다.

그는 하나님의 모든 율법과 문자 그대로 그가 갖고 있는 모든 힘을 기울여 지킨다. 왜냐하면 그의 복종은 그 흘러나오는 원천인 그 사랑과 비례한 것이기 때문이다…그가 부여받은 모든 달란트를 그는 그의 주 되시는 분의 뜻에 따라서만 항상 사용한다. 그의 힘과 심령적 기능, 그리고 몸의 지체 모든 것을 사용한다…
그는 어떤 종류의 것이라 할지라도 조금도 악으로 기울어지는 탈선에는 용인할 수도 없으며 가담할 수도 없다. 그는 하나님과 사람 앞에서 거짓말을 할 수 없는 것과 마찬가지로 이웃을 향해 "욕설"을 말할 수 없다. 그는 누구에게나 불친절한 말을 입에 담을 수 없다. 왜냐하면 사랑이 그의 입술의 문을 지키고 있기 때문이다…
그는 기록된 하나님의 말씀에 계시된 하나님의 뜻에 내적으로나 외적으로 합치되어 있기 때문이다. 그는 예수 그리스도의 계시에 정한 방법에 따라 생각하고 말하며 살고 있다.[40]

이 선언들이 웨슬리에게서 나온 것으로 받아들인다면, 그는 과오나 연약함 또는 인간적 실패에 대한 여지를 조금도 남겨 두지 않았다고 말할 수 있어야 할 것이다.

그리스도인, 또는 메도디스트들이 사랑의 동기와 의도, 그리고 순수한 요망에 관련된 한도 안에서의 일을 행하고 있는 동안에는, 그것은 그가 자기 자신의 눈에도 다른 사람들 눈에서도 완전한 것으로 비추어지는 객관적인 행실에 성공하고 있다는 사실을 의미하는 것일 수는 없다. 실제적으로는 웨슬리의 의중에는 두 개의 목표가 있었다. 그 첫째는 위에서 논술된 말에서 그가 묘사한 것처럼 완전한 일의 이행이며, 다른 하나는 노력과 요망을 촉구하여 실행하도록 동기를 부여하는 완전한 사랑이다. 이미 지적된 바와 같이, 이 첫째 목표는 현세에서는 어느 누구도 획득할 수 없다. 둘째 목표는 모든 사람에게 있어서 획득이 가능한 것이다. 이 결론이 웨슬리의 진정한 평가라는 사실은 1767년에 저술된 것으로 한 서신에 인용된 『메도디스트 교도의 특질』에 대한 비판에 대한 그의 회답 가운데서 찾아볼 수 있다.

"25-6년 전에 나의 의중에 한 생각이 떠올랐는데, 그것은 나 자신이 말한다면 보다 더 성서적인, 그리고 그 대부분이 하나님의 말씀 그 자체인…그러한 특질이라는 것을 작성해 보려는 생각이었다. 나는 그것에 '메도디스트 교도의 특질'이란 이름을 붙였다. 그것은 호기심에 자극되어서 더욱이 많은 사람들이 이것을 읽도록 하는 일이 성실한 사람의 마음에서 얼마만큼이든지 그 편견을 제거하게 되기를 믿었기 때문이다. 그러나 내가 바라기는 누구라도 내가 나 자신이나 또는 나의 친구들이 칭찬을 받고자 해서 의도한 것이라고는 생각되지 않으며 나는 미리 이러한 오해에 대한 예방책으로서 제목이 붙여져 있는 그 지면에 나와 나의 친구의 이름으로 '나는 이미 얻었노라. 그리고 온전히 이루었노라고는 생각하지 않는다'라는 말로 우리의 입장을 밝혔다. 이와 같은 효과를 노려서 나는 결론에 있어서도 말한 것인데, '이상은 우리 종파의 원칙과 실행이며, 이것들은 진정한 메도디스트, 곧 진정한 그리스도인의 표식이다. 그것은 내가 즉시 후에 설명하는 것과 같은 것이다.' '이러한 원칙과 실천에 의하여서만 비웃음 가운데서 메도디스트라고 불려지는 사람들은 다른 사람들로부터 구별되기를 바라는 것일까?' '이러한 특징에 의하여 우리는 스스로를 그리스도의 복음을 따르지 않고 마음과 생

활을 보전하는 사람들에게서 구별하고자 노력하고 있다.'"⁴¹⁾

웨슬리와 다른 많은 사람들을 위하여 『메도디스트 교도의 특질』에 그려진 종류의 완전을 주장하는 일을 멈춘 것으로 인하여 웨슬리는 그것을 마음이 정결한 자의 목표로 하는 최종적인 결승점으로 했다. 온전한 사랑은 요망되고 있는 완전한 행위에 대한 것이라기보다는 오히려 사람으로 하여금 이 "특성"을 위해 "수고하는" 일을 하게 하는 "요망"에서 찾아볼 수 있다. 이 "메도디스트 교도의 특질"을 향한 자신의 도달을 부정하는 일이 자신이 그리스도인의 완전에 이르렀다는 사실을 부정하는 요인이었다고 주장하는 사람들도 있다.⁴²⁾ 웨슬리는 강조하여 말했다. "온 세계를 향해 공언한 것처럼 나는 완전하지 않다…나는 아직도 내가 묘사한 특질에 이르지 않았다." 그는 메도디스트의 어느 누구도 이 특질에 도달하지 않았다고 말했다.⁴³⁾ 그러나 그것이 완전한 목표에는 부족하다 하더라도 이런 모든 노고들은 "순수하고 거룩한 의도"인 까닭에 정결하고 또한 하나님 앞에 가상(嘉賞)히 여겨지는 것이 된다.⁴⁴⁾

웨슬리는 "동물적 기쁨"과 "자연적 사랑"이라는 것들의 존재를 인정했다.⁴⁵⁾ 그는 자기가 걱정과 근심에서 해방되었다는 사실과 그의 마음에 아무런 무거운 짐을 지고 있지 않음은 당연한 것으로 생각했다.⁴⁶⁾ 한편 그는 분노—그것은 "변칙적인, 이성을 따르지 않는 분노"까지도 포함하고 있다—는 그에게 있어서 당연한 것이라고 주장했다. 그는 "나는 자연스럽게 이것에 마음이 기울어진다. 왜냐하면 나는 매일 그것을 경험하고 있기 때문이다"⁴⁷⁾라고 썼다. 그러나 다른 곳에서는 웨슬리는 다음과 같이 썼다. "어떤 사람이 나를 때린다. 그리고 분노하는 유혹이 일어난다. 그러나 나의 마음은 사랑으로 넘친다. 그래서 나는 분노를 조금도 느끼지 않는다. 이와 같은 일에서 나는 사랑과 분노는 같은 것이 아니라는 사실을 확인할 수 있다."⁴⁸⁾ 웨슬리가 날마다 분노를 경험함과 동시에 유혹에 있어서도 사랑이 넘칠 때, 그는 "노여움을 전혀" 느끼지 않는다고 주장할 때 도대체 무엇을 의미하는 것일까? 웨슬리는 이 점에 있어서 좀 더 분명했더라면 하는 생각을 한다. 하나의 자연적 본능으로서는 분노는 그에게 달라붙어 있는 것이지만 유혹에 있어서는 그는 그것을 충동적인, 그리고 변칙적인 것으로 경험할 수 있다고 의미한 것이 아닐런지…. 그러나 사랑이 순수하고 넘쳐오는 그의 마음속에서 그는 분노를 느끼지 않고, 이 완전한 사랑이 분노하는 유혹에 대하여 온전한 승리를 안겨준 것이 아닐까?…아무튼, 그런 것 같다. 그는 죄악적인 분노를 느끼지 않았지만, 자연적인 분노를 경험했다. 맹목적이고 자연적인 본능은 사탄으로 인한 유혹으로 말미암아 부추김을 당했으나, 사랑으로 넘친 마음은 뒷걸음질 하여 도덕적인 반응을 보이지 않았던 것이다. 도덕성 안에 있는 거룩한 사랑 또는 의도는, 악한 충동에게 있을 자리를 주지 않았고, 더욱이 자연적인 분노가 악한 분노로 나타나지 못하도록 했다.

이와 같은 유혹과 부패, 죄적인 것과 자연적인 것, 육성과 인간성과의 사이를 구별하는 일은 가치가 있는 것일까? 웨슬리가 이러한 구별을 보유하고 있었던 것은 인식되어지지 않으면 안될 일이다. 그는 일반적으로 말해서 사람은 분노하고 흥분하며 또는 육욕에 대한 유혹을 받는 한편, 다른 면에 있어서는 마음의 부패를 구별할 수 있다고 믿었다. 그러나 어떤 경우에는 그러한 구별이 되어지려면 직접적인 성령의 증언을 필요로 했다.[49]

> 진리와 허위, 그리고 정의의 기질과 잘못된 기질이란 것은 종종 거의 식별하기 어려운 한 가닥의 선(線)으로 나누어져 있다. 이보다 더 분별하기 어려운 것은 정의의 기질, 또는 열정과 잘못된 열정이다. 왜냐하면 몇몇 경우에 같은 혈액의 움직임이나 동물적 정신이라고 하는 것이 그 어느 편에도 부수(附隨)하기 때문이다. 따라서 허다한 경우에 우리는 성령의 기름부음이 없이는 그것을 분별할 수 없다. 그러나 성령의 기름부음을 받는 사례에서는 모든 자기 만족, 또는 자화자찬(自畵自讚)은 긍지는 아니다. 확실히 때로는 어느 정

도의 기분 좋은 일일지는 모르나 죄가 아닌 자화자찬이라는 것도 있을 수 있다.[50]

웨슬리는 더욱이 어떤 일정한 "겸손한, 유순한, 인내에 강한 사랑"이 있는 한편, "마음으로 느끼는 기쁨"에는 "간만"(干滿 ; 썰물과 밀물)이 있을 수 있다고 말했다. 그는 전자를 "인종"(忍從; resignation)이라는 한 마디로 요약하는 일에 인색하지 않았다.[51] 웨슬리의 의중에는 괴롭힘을 당하고 있는 성격과 완전한 마음과의 구별은 분명했던 것 같다.

사람은 깜짝 놀라기도 하고, 떨기도 하며, 안색을 바꾸기도 한다. 또 그렇지 않을 때는 몸에 어떤 이상을 가져올지도 모르는데, 그러는 사이에 영혼은 조용히 하나님 안에서 완전한 평화 안에 계속 머물러 있을 수 있다. 그럴 뿐 아니라 정신은 깊이 번뇌하고 심히 깊은 슬픔 속에서 중압과 고뇌 때문에 당혹함을 입고 억압되어, 드디어 죽음의 고통에까지 쫓겨나는 일이 있을지도 모른다. 그러나 그 때에는 마음은 완전한 사랑으로 말미암아 하나님께 매달려 그의 의지는 온전히 하나님께 복종하게 된다.[52]

확실한 것은, 만약에 하나님께 전적으로 위임하는 일, 하나님께 대한 온전한 사랑, 순수한 마음과 하나님께 복종시킨 의지라는 것이 있다고 한다면, 웨슬리가 말한 몇 개의 구별은 가치가 있는 것으로 된다. 확실히 이러한 몇 개의 구별은 완전한 하나님의 아들의 이 지상의 생애를 위해서도 구별되어야 한다.

J. R. 브룩크스는 자연적인 것과 육적인 것의 사이의 구별에 관해서는 어느 정도의 "명확하지 않고 애매함"이 있음을 감히 인정하고 있지만 그런 것은 성서의 많은 교리에 관해서도 말할 수 있는 것이라고 주장했다.[53] "병적인 것과 이상한 것"은 삭제되는 한편 "맹목적인 탐욕과 정열은 우리 안에 있는" 그리스도의 생명에 의하여 통어(統御; 거느리고 다스려진다)되는 것이다.[54]

모든 일에 사려가 깊은 사람들은 어떤 종류의 덕과 사악함―어떤 종류의 인간의 자연적 정애나 성질의 악의 없는 표현과 죄가 있는 표현 등―의 분별을 하기 곤란한 점에 착안한다. 예컨대, 죄가 없는 자기 사랑과 방자함, 적절한 자기 평가와 프라이드, 합법적인 취득심과 탐욕, 정당한 분노의 감정과 또는 악에 대한 반발과 죄로 가득친 분노와 복수심, 이용하고 싶은 칭찬할 만한 소원과 거룩한 야망 등, 사이에 그어야 할 경계선이 바로 그런 것이다. 이와 같은 경계의 식별은 용이한 것은 아니다.[55]

리처드 테일러(Richard Taylor)에 의한 도덕적 타락성과 자연적 위약성의 차이에 관한 요약은 도움이 될 것이다.

아담의 죄와 하나님의 임재에서의 분리의 결과는 타죄(墮罪), 또는 타락한 도덕성이었다. 도덕의 건전성과 완전성을 상실했기 때문에 아담의 본성은 병들고 일그러지고 어긋나 버린 것이 되었다. 필연적으로 사람의 정신과 몸은 크게 파괴되었다. 이 타락성 및 그의 계속적으로 범죄하는 일이 원인이 되어 그 결과로 그는 헤아릴 수 없을 정도의 오판(誤判), 지식의 결함, 기억의 상실, 결함이 있는 이론과 지각 기능, 신체적 변모, 기질의 이상함과 특질성, 질환, 통증, 부패 등에 굴복하게 되었다. 그러나 이 어느 연약함도 그 자체 안에 도덕적 자질을 가지고 있지 않기 때문에 이것들은 아담적(Adamic)인 타락한 도덕적 성질, 또는 원죄라고 생각되어서는 안 된다…이에 반해서 제어할 수 없는 기질은 말할 필요없이 도덕적 문제다. 왜냐하면 그것은 증오를 낳아 기르고, 살기를 부추겨 각양 각색의 추악함과 비참함을 조장하기 때문이다. 이리하여 우리는 순결한 사람은 언제나 적당히 알맞는 목소리로 말하고 또는 빈틈이 없는 얼굴의 표현, 적당한 신중함, 경우에 맞는 최적의 분별력으로 행동해야 한다고는 말하지 않는다. 오히려 그의 과오는 그 정신과 동기에 있어서 그리스도다움의 결여에 의한 것이 아니라 이해와 감정의 균형에 있어서의 그리스도다움의 결여에 있다고 말할 수 있다. 첫째 부류의 결여로 말미암을 때 그것은 죄가 된다. 그러나 둘째 부류의 결여로 말미암을 때 그것은 인간적인 것이다.[56]

결론적으로, 육성과 인간성 사이에 그어야 할 명확한 선에 대하여 정의를 내리는 일은 매우 곤란한 것이라고 말할 수밖에 없다. 분명히 말해서, 사람은 관찰에 의하여 다른 사람의 동기나 순수한 의도를 정확하게 판단할 수 있는 것은 아니다. 그 사람 자신에 관하여서도 성령의 음성이 없이는 도덕적 동기와 자연적 경향성을 분별하기란 반드시 될 수 있는 일은 아니다. 이 양자 사이의 선이 어찌하여 음미되어 왔을까? 그와 같은 불명료함은 가까이 계신 성령에게 의뢰하도록 인도하며 정직하게 마음을 탐색하도록 하는 일, 그리고 영혼 안에 일어나는 하나님의 역사에 관하여 겸허한 간증을 하도록 이끌어 주는 일이다.

5. 외면적 성결

웨슬리가 진정한 종교란 내면적인 것으로서 거룩하고 순수한 의도와 완전한 사랑으로 이루어졌다고 말했을 때, 그는 거기서 말을 멈추지 않았다. 종교는 사회적이기도 하다. 순수한 사랑은 하나님께 대한 것인 동시에 사람에 대한 것이기도 하다. 마음에서 사랑이 넘쳐 흘러나오는 일이 있어야 한다. 내적 성결은 외면적 행위에 대하여 "그 자체의 영향력을 발휘해야 한다. 그리스도인은 "무엇이 되느냐"를 위해 존재하는 것이 아니고, "무엇을 하느냐"를 위하여 존재해야 한다. 그리스도인은 "화평케 하는 자"(peacemaker)인 것이다.[57] 은혜로 말미암아 사람은 행위를 촉진시키는 사랑에 있어서 "완전"하게 될 수 있다. 실행함에 있어서 제한이 있기는 하나 어쨌던 실행이 있는 것이다.

사람은 이 세상에 살고 있다. 그러나 이 세상은 악하다. 온전한 사랑의 표현에 있어서의 인간적 제한은 개인적인 신체 또는 정신적인 결함에만 있는 것이 아니라 악하고 타락한 사회에도 있다.[58] 이미 관찰한 대로, 이들 개인적, 또는 사회적 조건은 사람이 온전한 사랑을 얻는 일에 지장이 되는 것은 아니지만 그것들이 완전한 개인의 행동, 또는 완전한 사회 질서를 세우는 일의 방해가 되는 것은 사실이다. 그러나 그리스도인은 그들 안에 있는 힘을 다해서 죄인들을 변화시키고 개혁하는 일을 하지 않으면 안된다. 종종 실패할 것 같이 보이기는 하지만. 그리스도인의 내적 빛은 선한 일을 위해 비추일 것이며, 또 그렇게 하지 않으면 안된다.[59]

외적 성결에는 두 개의 측면이 있다. 그 하나는 크리스천의 삶의 행보로서 그리스도인 개인 스스로의 생애의 규율과 향상에 관한 일이다. 신체적 또는 정신적 모든 능력을 그 생애 속에 실현하며 그리스도인의 은혜 안에서의 성장이라는 것이 거기에 있다. 또 다른 한 측면은 사회적 제도에 관계된 일인데, 보다 좋은 사회로 발전시키기 위한 개인적인 책임이다. 그 어느 면이라 할지라도 웨슬리에게 있어서는 의와 거룩함은 우선 얻을 수 있는 것이며, 그리스도인의 발전은 의와 거룩함을 얻은 "후에 있는" 과정이다. 개혁자에게 있어서는 그 반대가 옳은 것이라고 생각하기 때문에 그리스도인의 발전은 의의 달성 "이전의" 과정이다.[60]

보다 좋은 사회가 만들어지기 전에 우선 보다 선량한 사람이 있어야 한다고 웨슬리는 주장한다. "그리스도인의 사회는 개개의 구성 인원이라는 점에서부터 생각되어야 한다."[61] 개개인의 영혼 안에 빛나게 비추어지는 빛은 덮어 숨겨질 수 없는 것으로서 반드시 빛나게 비추어지는 것이다. 빛이 빛나기 위해서는 도덕적 규율이 있어야 한다. 메도디스트파의 조례 편람이 "규율"(discipline)이라고 호칭되는 것은 독특하다. 외면적인 성결은 단 한 번의 신앙의 순간적 경험에서 오는 것이 아니라 열심이 있는 자율적인 방법을 통한 그리스도인의 성장에 있어서의 점진적 성화로 말미암아 오는 것이다.

웨슬리는 그리스도인이 그 옷차림에 있어서 "단지 특이한 것이 되기 위한 특이한 것"이 되어야 한다고는 생각하지 않고 오히려 그가 허용된 습관에 길들고 순응하면 된다고 생각했다. 옷차림은 검소하고 간소한 것이어야 한다고 말했다. 누구든지 값비싼 옷을 입지 말아야 하며, "사치하거나, 점잔을 빼는 인상을 주거나 화려한 것"이어서는 안된다는 것이다.[62]

> 국가의 특별한 임무를 수행하는 사람이 그 직분의 휘장으로 부착하는 경우도 그러하지만, 몸에 금부치를 부착해서는 안된다. 진주나 귀중한 보석으로 단장해서도 안된다. 머리털을 파도 모양으로 만들어도 안된다. 아무리 검소해도 고가(高價)의 의복은 입지 말아야 한다. 이 말은 수용할 수 있는 사람들에게 나는 이것을 권한다. 벨베트(우단)로 된 제품, 견직물, 고급 린넨(아마포) 제품, 쓸데없는 장식품 등, 아무리 일반적으로 유행이 되었다 하더라도 그런 것을 사서는 안된다. 이미 당신이 소유했던 것이라 하더라도 눈부시게 화려한 빛깔이 있는 것, 사치한 것, 번쩍번쩍 빛나는 것, 특히 눈에 띄는 것, 유행의 첨단을 걷는 것, 옆에 있는 사람의 눈을 매혹시키는 의복을 절대로 입어서는 안된다.[63]

웨슬리는 자기에게 소속되어 있는 사람들에게 "간소하고 헐한, 그리고 건강에 좋은 것, 다시 말해서 육체와 정신 양자의 건강을 촉진시키기에 가장 좋은 것"을 먹어야 한다고 가르쳤다. 그리고 그들의 담화는 "덕을 세우기 위하여 계산된" 것이었으며, "신앙, 사랑, 정결함"을 위한 것이어야 한다. 느긋한 마음가짐(relaxation)도 필요했다. "우리는 일을 떠나서 휴식하는 것을 필요로 한다." 웨슬리는 휴식을 위한 것이라 하더라도 어떤 종류의 오락은 확실히 악한 것이라고 생각했다. 예를 들면 "닭싸움, 돈 내기, 고트 사람(Gothic) 전래의 야만적인 만행 등이었다. 모독, 그리고 방탕성을 지닌 국극(英國劇)도 비난의 대상이었다. 사교 댄스는 눈살을 찌푸리게 하는 것으로 취급했다. 그밖에도 연극을 관람하는 일, 소설 읽는 일, 트럼프 놀이, 수렵 등 악의 없이 하는 것이라도 좋게 여기지 않았다. 그런 것보다는 정원을 가꾸는 일, 필요한 사람을 만나는 일, 역사책, 좋은 시, 철학 서적을 읽거나 그렇지 않으면 악기를 연주하거나…하는 것들이 더 유익한 일이 아니겠는가? 웨슬리는 더 좋은 방도를 찾았다.[64]

웨슬리는 부(富)에 관해서도 많은 말을 했다. 그는 돈을 사랑하는 일을 다른 어떠한 악보다도 더 무서워했다. 돈은 사치나 또는 쓸데없는 것을 위한 것이 아니고, 부채를 갚기 위해서, 또는 필요한 것을 충당하기 위해서 필요한 것이었다. 부 그 자체는 죄가 아니지만 부에 대한 욕망은 죄가 된다. 사람은 부요함에 행복을 건다든지 부에 신뢰를 걸어서는 안된다.[65] 웨슬리는 돈의 위험에 대한 그의 경고를 무시한 많은 메도디스트 교도들이 타락했고, 앞으로도 그러한 사람들이 많을 것이라고 믿었다.[66] 사람들이 할 수 있는 대로 많이 벌어서 저축하는 일은, 그가 할 수 있는 대로 남에게 베풀고자 하는 생각을 가지고 있는 한, 옳은 일이다. 웨슬리는 자기 개인으로서는 자기를 위하여 많은 보물을 이 지상에서 쌓는 일은 불가능하다고 생각했다. 웨슬리는 연말이 되어서 잔금을 한 푼이라도 가져서는 안되는 것으로 알았다. 웨슬리는 돈이 메도디스트의 부흥을 파괴의 길로 이끌면 안된다는 두려움에 지쳐 버릴 정도였다.[67]

웨슬리가 인간 생활에 있어서 당연한 사항에 대하여 이와 같이 생각하고 있었던 이유는 무엇이었던가? 그는 전 인격을 하나님의 형상에 일치 시키고자 하는 소원에 열심이었다. 그는 유혹의 교묘함과 당연하다고 생각되는 일들 속에 내재하는 위험을 알고 있었다. 그는 값비싼 의복이나 장신구나 장식품이 "자랑의 위험을 가져오며", "허영심의 씨앗을 뿌리고 그 허영심을 기르는 성향을 가지며", "자연히 성내기 쉬운 마음을 가져오며", 그리고 "육욕을 창출하여 정욕을 타오르게 하는 경향성"에 이르게 된다고 생각했다. 더욱이 자기를 위해 필요하지도 않은 일에 돈을 낭비하는 일은 가난한 사람들을 부양하고 헐벗은 사람을 입히는 능력을 손실하게 된다는 것이다. 사람이 값비싼 의복을 몸에 걸치고 있으면서 값이 헐한 옷을 입었을 때와 마찬가지로 겸허하다 하더라도, 그는 자선을 베푸는 사람은 아니다. 왜냐하면 그는 자기를 위하여 필요 이상의 재물을 허비하고 있기 때문이다.[68]

플류가 생각하고 있는 대로, 이와 같은 웨슬리의 금욕주의는 그의 완전 개념의 미흡한 점이었을까?[69] 그의 생각을 극단적으로 강조하는 일은 기독교를 잘못 이해하는 길로 사람을 오도하는 것이라고 말할 수도 있다. 너무도 많은 사람들이 지금까지 성결은 "부정"(否定)에서 이루어졌고, 은혜는 자기 부정에 의하여 계산되었다고 생각했다. 그러나 이에 정반대되는 생각, 다시 말해서 자연적인 욕구에 대하여 아무렇게 생각해도 좋다는 방법은 결코 생애의 성결, 또는 신약성서가 말하는 그리스도의 교회에 사람들을 인도하지 못했다는 사실이다. 스스로 규율을 지키고 자기를 부정하는 일은 그리스도인의 생활을 영속(永續)시키는 성분이며, 완전한 이상에 있어서는 없어서는 안될 기본적인 것이다. 웨슬리도 한 인간이었다. 그러므로 그가 어떤 특정한 사항에 관하여 지나치게 강조하는 과오를 범할 수도 있다. 그러나 웨슬리 시대에도, 그리고 오늘날에도 어떤 특정한 규율이 필요하다는 사실을 누가 부정할 수 있을 것인가?

웨슬리는 거룩한 사람을 요구하고 있었다. 그는 인류의 타락성과 인간성의 위약성도 알고 있었다. 그와 동시에 그는 개인과 인류를 구속하는 하나님의 은혜의 능력도 알고 있었다. 그러나 그는 사람에게는 자기의 마음이 정결케 되는 일과 그의 인간성을 다스리는 일, 이 두 가지 일을 위하여 인간측의 협력이 필요하다는 사실을 믿고 있었다. 온전한 사랑을 통하여 일하게 하는 가장 빠르고 확실한 방법은 자기 부정으로 자기 자신을 규제하는 일이다. 이것은 웨슬리에게서 나오는 신 맛(초의 신 맛) 나는 가락이 아니라, 오히려 최대의 행복을 향한 방법에 관한 웨슬리의 개념인 것이다.

이렇게 온전히 성화된 사람들은 그들의 거주지인 이 세계에 대하여 어떻게 되어야 한다고 기대되었던 것인가? 이 세계로부터 도피하는 일은 없을 것임이 분명하다. 이 세계가 어떤 이질적인 영에 의하여 점령되었다는 사실은 확실하나, 그들도 이 세계의 한 부분이다. 그 사회적인 의미는 도대체 무엇인가? 그들은 이 사악한 세상을 새로운 하나의 세계로 만드는 일을 기대해도 좋을 것인가?

웨슬리는 유토피아적인 사회를 환상적으로 그려 보았던 것은 아니다. 웨슬리의 원칙은 갱신된 사회 이전에 갱신된 사람을 필요로 했다. 이루어져야 할 일은 사회가 보다 좋아지기 이전에 보다 좋은 사람을 만드는 일이다. 웨슬리는 사람을 변화시키는 은총의 능력에 한계점을 두지 않았다. 하나님과 이웃을 온전히 사랑하는 일 앞에 방해가 되는 것이란 아무 것도 없었다. 그러나 이 온전한 사랑을 소유한 인물이 그 온전한 사랑으로 하여금 외면적인 경건과 사랑의 행위에 대하여 나타나게 하려면, 그의 지상 생애의 전 기간을 필요로 한다. 그렇게 해도 오히려 외면적 행위는 완전해질 수 없는 것이다. 가장 거룩한 사람이라 할지라도 완전한 사회를 창조할 수 없다.[70]

웨슬리의 "불법의 비밀"이라는 제목의 설교 가운데, 웨슬리는 교회를 계속 괴롭혀온 "악한 누룩"을 지적했다. "불법의 비밀"은 신약성서 교회에 존재했다.[71] 그것은 다름 아닌 터툴리안, 싸이플리안, 그리고 콘스탄틴 등 그 시대에 반복적으로 그 모습을 드러냈다. 콘스탄틴에서 종교개혁에 이르기까지의 교회의 생래는 비참한 것이었다.[72] 종교개혁에 있어서 생활 양식의 변화는 없었고 배교는 보편적 사실이었다. 웨슬리는 "온 세계가 일찍이, 그리고 지금도, 기독교 국가 또는 기독교 도시라고 말할 수 있는 것을 단 하나도 제시하지 않았을 뿐 아니라 제시할 수 없다"라고 논술했다.[73] 웨슬리는 장래에 대하여서는 희망적이었으나, 그것도 "도덕적 및 자연적 황폐"가 제거되고 죄와 고통이 없어질 때까지는 있을 수 없는 일이었다.[74] 명백한 것은 완전한 사회가 나타나기 전에 인간 존재에 변화가 없으면 안된다는 것이다. 웨슬리에게 있어서는 사악한 세상은 한 사람 한 사람의 그리스도인을 "정결하고 책망할 것이 없는" 것에서 떼어 놓을 수 없다는 사실은 분명하다.

거룩한 교회란 있을 수 있을까? "있을 수 있다"라고 웨슬리는 믿었다. 교회는 그 신도가 거룩하여야 거룩한 것이다.[75] 새롭게 태어나기 전에는 누구도 진정한 신도는 아니다. 진정한 신도는 초기적인 최초의 성화를 이루었기 때문에 성결은 그들 안에서 시작된 것이다. 그러므로 모든 신도는 거룩한 정도의 차이는 있을지 모르나 다 거룩하다. 그러나 이 거룩한 교회 안에 분파와 이단이 존재한다. 이런 것은 온전히 성화되지 않은 진정한 교회 신도 가운데 존재하는 악한 기질에 기인하는 것이다.76) 웨슬리는 많은 그리스도인이 죽음으로부터 상당한 시간 전에 완전에 도달한다는 일에는 결코 큰 기대를 가지고 있지 않았다. 교회는 대부분 아직 그 마음에 "남은 죄"를 가지고 있는 신도들에 의하여 구성되어 있는 것이다.77)

그런데, 만약에 교회의 신도 전체가 온전히 성화되었다고 한다면, 그 교회는 완전하다고 할 수 있겠는가? 만약에 그런 교회가 있다면, 그것은 참으로 이상한 일인데 그러한 교회는 그 나름대로의 독특한 과제를 가지게 될 것이다. "실제로 사랑을 온전히 이룬" 사람들이라 할지라도, 그들은 아직은 "연약함에 달라붙어 있기 때문일 것이다."

> 그들은 이해력이 부족하거나, 무분별한 성질을 가졌거나, 믿을 수 없는 기억력을 가지고 있을런지 모른다. 그들은 상상력이 지나치게 활발할는지도 모른다. 그리고 이러한 모든 것 가운데 어느 것도 그다지 형편이 좋지 못한 행위로는 되지 않을지도 모르나, 그것이 말이나 행동이든 그 자체는 죄가 아니지만, 당신이 소유한 은혜의 모든 것을 시험하게 되는 것이 될지 모른다. 특히, 참으로 기억력의 결핍이나 이해력의 부족이 책임져야 할 일을 당신은 의지의 사악함에 돌리는 것으로 본다든지(그렇게 하는 것은 극히 자연스러운 일인데) 실제로는 고의적인 것으로 보여지게 되는 때에는 그것이 하나의 시험거리가 될지도 모른다. 수년 전에 어떤 하나님의 거룩한 사람(지금은 아브라함의 품 안에 있지만)이 나에게 대답해 준 일은 매우 적중한 것이었다고 생각한다. 내가 "제니! 당신네 두 사람을 하나님께서 죄에서 구원해 주셨기 때문에 지금은 당신의 부인이나 당신 두 사람 가운데 누구든지 상대방에게 시련이 되는 일은 없이 살 수 있겠지요…"라고 말했다. 그런데 그는 "선생님! 우리가 만일 죄에서 구원되었다 하더라도 하나님께서 우리에게 주신 모든 은혜를 시험하기에 충분한 연약함을 우리는 아직까지도 가지고 있는 셈입니다"라고 말했다.78)

크리스천의 마음에 있는 온전한 사랑과 매일 매일의 생활에 있어서의 완전한 외적 성결 사이에 있는 틈새라는 것이 그리스도인의 성장과 발전을 위해서 한평생을 필요로 할 만큼 커다란 것이라는 사실은 명백하다. 확실히, 만약에 인간이 모두 그리스도인이었다면 사회 질서도 진전될 것이다. 만약에 모든 그리스도인이 모두 사랑을 온전히 이루었다면, 더욱 더 좋은 일이다. 그러나 그러한 일이 있었다 하더라도, 그들 거룩한 사람들의 사회는 이 세상에 있어서 요망되는 것을 많이 남겨 두고 있을 것이다. 그들은 거룩하게 될 수 있으나 그들의 세계는 불완전한 그대로일 것이다.

불완전한 세상에서 완전한 생애를 보낸다는 일은 가능할 것인가? 그리스도께서 하신 일을 상기(想起)할 필요가 있지 않겠는가? 그리스도는 "타락한 피조물의 형상"으로 지음 받았으나 "진정한 사람"이 되어진 것이다.[79]

> 이 점에 있어서도 오히려 우리는 자기들이 하는 말이 무엇을 의미하려 하는가에 대하여 명백하게 해야 하도록 주의가 필요하다. 그리스도만이 항상 완전한 동기를 가지고 행동하셨다는 의미에 있어서 완전한 생애를 보내신 것이다. 그는 반드시 항상 완전한 사람이 완전한 세계에서 행했으리라는 일을 행한 것은 아닌 셈이다. 예를 들면, 완전한 세계에서는 성전에서 장사하는 사람들에 대한 채찍은 없었을 것이며, 바리새인에게 대한 "화 있을지어다"라는 말과 정복자에게 바치는 공물(貢物)도 없었을 것임이 틀림없다. 또한 그리스도께서 십자가를 지는 일도 없었을 것이다.[80]

우리가 사회 안에 있는 죄에 관계되어 있기 때문에 우리는 완전하지 않다고 말하는 것도 정당한 말은 아니다. 그렇게 된다면, 예수님도 마찬가지로 완전하지 못한 것으로 된다. 이 "사회적 죄"와의 관계는 "부도덕한 사회"의 불행한 결실이기는 하지만, 그것이 결코 온전한 사랑의 가능성을 뒤집어 엎을 수 없다.

웨슬리는 자신이 목격한 정의에 대한 모독에 관한 설교를 했다. 그는 과부나 고아에 대한 억압에 반대하여 이 세상에서 필요한 일이 보여질 때 사치한 생활을 하는 데 대하여 반대했다. 그는 자기 나라로 인하여 야기된 모든 사회적 악에 대하여서는 회개할 것을 호소하기도 했다.[81] 동시에 웨슬리는 하나님을 두려워하지 않는 세상 사람들은 피해야 한다고 가르쳤다. 사악한 인물과의 친교나 그런 사람과의 혼인도 해서는 안된다고 했다.[82] 그리스도인은 악한 사람, 불경건한 사람과의 친한 관계는 거절하지 않으면 안된다고 했다.[83]

웨슬리의 사악한 세계의 회복에 관한 비관론은 세상을 고통 속에서 구원하려는 정열을 그가 가지고 있었다는 사실을 무시하는 것은 아니다. 그의 제1의적인 관심사는 사람들의 영적 회복이기는 했으나, 그의 위대한 활동 가운데 사람의 물질적인 필요에 관한 것도 많이 고려의 대상이 되었던 것이다.

> 어떤 역사가들은 18세기의 복음주의적 부흥운동 지도자들은 사람들의 육체에 관심을 가지지 않았다고 말하고 있다. 그러나 이러한 비판을 반증하는 일은 어렵지 않다. 그들은 사람들의 육체에 관해서는 가장 깊은 관심을 가지고 있었다. 그들은 수백 종이나 되는 자선사업을 육성했다. 예를 들면, 고아원, 병원, 진료소, 가난한 노인의 집, 공제조합 등 많은 자선사업 기관이 있었다. 그들은 노예제도와 투쟁했고, 밀수입, 음주, 나쁜 감옥제도 등 그들이 생각하기에 악하다고 생각되는 모든 것과 투쟁했다. 그 대부분은 사회 구제사업이라 말할 수 있었던 것임은 확실하다. 대 샤프츠버리 경(Great Load Shaftesbury)도 존 웨슬리에 대하여 그의 영감의 기원을 더듬을 수 있다고 자진해서 진술한 정도이었다. 그러나 이런 사람들은 사회적으로 건전하지 않았다. 그리고 그들은 우수한 기독교 사회학자들도 아니었다고 불만을 터뜨리는 것은 시대착오라기보다는 그들의 출생했던 출생 시기에 관하여 그보다는 실제적으로 한 세기 이상 뒤늦게 출생했다고 말하면서 호소하고 있다는 것이 된다.[84]

웨슬리에게 있어서 성결이란 내적 및 외적 양자의 문제이다. 내적인 성결이란 마음의 순결함, 그리고 온전한 사랑이며, 그것은 순수한 종교의 진정한 근본 요소이다. 이 내적 성결은 외적 성결을 수반하는데, 그것은 외적 경건함의 행위의 표현에 관해서는 인간적인 위약함으로 말미암은 제한이 있는 셈이다. 그 사람의 행위의 근원에 있어서는 그는 그 동기와 의도라는 점에서는 완전하며 외적 행위에 나타나는 그대로의 행위 그 자체에 관해서는 제한과 불완전이 존재하는 것이다. 이러한 불완전함은 사랑에 대하여 완전히 이룬 각 개인 가운데도, 그리고 그 사람이 처한 사회 환경 가운데서도 발견된다. 온전히 성화된 사람은 그 자신을 훈련하면서 그가 가진 모든 능력을 온전한 사랑 아래 복종시켜야 하며, 사회 질서를 발전시키는 일에 그의 사랑을 실현해 나가지 않으면 안된다. 불완전한 사회와 제한된 인간성은 마음 속에 있는 순결한 사랑을 위한 시험장과 같다. 완전한 사랑은 이와 같은 환경에서만 그 빛을 발휘할 수 있다.

제6장

성화된 사람의 '죄'

성화된 사람의 죄에 관하여 말하려면, 우선 우리가 해야 할 일은 그 의미하는 바의 정의를 내리는 일이다. 웨슬리는 죄의 문제 가운데 한 가지 사실은 죄인이 신생의 경험을 하게 되는 때에 죄의 문제는 해결을 보게 되는 것이라고 믿었다. 하나님에게서 난 사람(신생)은 죄를 범하지 않는다. 아직은 어리고 매우 연약한 하나님의 자녀라 할지라도 이와 같은 종류의 죄와는 인연을 끊고 있는 것이다. 그가 산 신앙을 계속 소유하고 있는 한, 이미 잘 알려진 하나님의 율법을 고의로 파기하지는 않는다. 신도가 이런 의미의 죄를 다시 범한다면, 그것은 배교하거나 의인(義認)의 신앙을 상실했을 때에만 있을 수 있는 일이다.

성화된 사람의 죄란 의롭다고 인정을 받은 후에 믿는 자 안에 남아 있는 죄, 곧 온전한 성화의 경험에 의하여 제거되는 바의 죄성을 의미하는 것도 아니다. 웨슬리에게 있어서 "믿는 자 안에 있는 죄"는 현실적인 것이며 깨끗게 하신 그리스도의 피를 필요로 하는 것이었다. 이러한 죄는 최초(초기적)에 성화된 사람 안에 존재하는 것이기는 하나 온전히 성화된 후에는 이미 남아 있지 않다. 온전히 성화된 사람은 그가 소유한 은혜의 상태를 잃어버리고, 그 결과로 믿는 자의 심대한 죄의 상태로 후퇴하는 일은 있을 수 있지만, 그 사람이 이 "제2의 은총"을 보유하고 있는 한 그는 이 제2의 죄에서는 해방되어 있는 것이다.

그러나 웨슬리는 그가 무지의 죄, 또는 위약함의 죄, 또는 과오라고 말할 수 있는 각양 각색의 명칭으로 불리는 제3의 종류의 죄를 알고 있었다. 이 죄는 온전한 사랑과는 모순이 되지 않는 것으로서 끊임없이 온전한 성화를 이룬 사람들에 의하여 경험되고 있다. 이 종류의 죄에서는 이 지상에 있는 한 어떤 거룩한 사람이라도 피할 수 없다. 웨슬리는 그리스도인의 완전에 있어서 이러한 종류의 죄로부터의 해방을 포함시키는 일에 반대했다. 완전을 지상적이며 파괴된 몸과 양립할 수 있는 온전한 사랑 이상의 것으로 하는 일은 "그 기초에서 생명력을 탈취하는 일이며, 지구 표면에서 그것을 파멸시키는 일이 되는"[1] 것이다.

  아무런 자기 모순도 없다고 생각하면서 내가 말할 수 있는 것은, 모든 프라이드, 분노, 악욕, 우상숭배, 불신앙이라고 말하는 모든 죄에서 성결케 되었다고 자기 자신도 믿으며 또한 나도 믿고 있는 사람들 가운데 예언자와 제사장과 왕으로서의 그리스도를 필요하다고 생각하지 않는 사람을 한 사람도 나는 알지 못한다는 것이다. 이렇게 말한 사람들이야말로 그 이상으로 그의 무지, 은혜의 부족, 그리스도의 마음으로 충만하지 못하다는 사실을 보다 더 강하게 느끼고 있으며, 또한 그들은 하나님의 계획에 따라 걸어가는 일에 있어서의 바람직한 모습과 비교한다면 그 정확함이 부족하다는 사실을 짐작하여 알고 있다. 그들이 중보자 없이 하나님 앞에 설 수 있으려면 자기 자신의 본연의 자세, 소유한 것, 행위의 모든 점에서 부족하다는 사실을 자각하고 있다. 그들은 자기들의 이전의 생애보다 더 자신들의 부족함을 느끼는 느낌에 의하여 마음이 꿰뚫려져 있다.
  여기에 극도로 거룩하고 행복한 사람들이 있다. 항상 기뻐하고 기도하며 모든 일에 감사하여 순간 순간 하나님과 사람의 사랑을 느끼고 자랑하는 일이나, 다른 어떠한 악한 기분도 느끼지 않는 사람들… "그러면 그들은 죄인이 아닌 것일까?" 만약 한 면으로 설명한

다면 나의 대답은 "긍정적"이며, 다른 면으로는 "부정적"이라고 말하게 된다.[2]

웨슬리는 다른 많은 교회 지도자들과 함께 가장 거룩한 사람도 죄인 가운데 한 사람이라는 사실을 밀하고 있다. 분명히 사람은 신생 이전에 죄인이었다는 것과 같은 의미도 아니고, 또한 온전한 성화 이전의 것과 같은 의미로서의 죄인이라고 말하는 것은 아니라는 사실은 확실하지만, 그는 자신을 증오하고 또한 스스로 뉘우치는 마음을 가지고 있다는 의미로서는 아직도 죄인이라는 사실을 인정해야 한다.[3] 웨슬리의 죄의 정의, "알려진 율법의 고의적인 위반"은 웨슬리의 사고 속에서 볼 수 있는 명확하게 정의가 내려진 죄에 대하여 우리를 소경으로 만들어서는 안된다.

1. 무지의 죄

성화된 사람의 죄는 그 사람의 의식에 떠오르지 않을 수도 있다. 이 점에 있어서도 우리는 주의 깊게 이해하지 않으면 안된다. 악의가 없는 성질의 것인 "무지의 죄"의 개념과 성령이 가져오는 영적 자각의 부족 때문에 사람의 눈을 어둡게 하는 거짓의 죄를 혼동하는 것은 혼란을 초래하기 때문이다. 플류와 쌩스터가 웨슬리에 대해 오해하고 고발하는 것은 사실은 이 점이다.[4]

웨슬리는 성령만이 덮개를 벗길 수 있는 무의식—사람 마음 속에 있는—으로 숨겨져 있는 행동의 근원이 있음을 인정했다. 이런 종류의 죄가 나타났을 때, 이 죄가 성령으로 말미암아 정결케 될 때까지는 아무도 성화되지 못한 것이다. 웨슬리는 사람의 마음이 거짓으로 차 있음을 알고 있었다.[5]

그러나 이 거짓과 같은 부류는 아니지만 무지의 죄라고 불리는 다른 종류의 죄가 있다. 웨슬리는 사람들이 더욱 견고하게 서 있기 위해서는 보다 더 많은 지식을 가질 것을 희망했다.[6] 그는 올바른 판단과 올바른 행동 사이에는 밀접한 관계가 있다는 사실에 착안했다. 사람이 만약에 무지한 탓으로 잘못된 판단을 내리면, 그는 어쩔 수 없이 잘못된 행동을 저지르게 된다.[7] 이것은 다음과 같은 것을 의미한다. 다시 말해서, 온전히 성화된 사람이 아직도 지식에 있어서 결핍되어 있다면, 자신이 이행해야 할 의무의 길을 잘못 판단하여, 그 결과로 잘못된 방법으로 행동을 시작하게 된다는 것이다. 그 사람은 그렇게 하면서도 그에게 새로운 지식이 주어지기까지는 언제나 자기는 올바른 일을 하고 있다고 믿게 된다는 것이다. 이 무지에 의한 죄는 가공할 만한 것이기 때문에, 그리스도의 공로를 필요로 한다. 그러나 온전히 성화된 사람에게 있어서 이 잘못된 행위는 온전한 사랑과 순수한 마음에서 자극을 받기 때문에 그와 같은 마음은 언제나 그렇게 만들 빛을 받을 준비와 의지를 가지고 있다. 그런 사람은 자기의 무지로 인하여 자기 스스로를 속이는 일이 있기는 하지만, 그 동기를 온전한 사랑이 지배하고 있는 한, 그는 자기 중심으로 "말다툼을 좋아하는 사람" 또는 "이기주의자"일 수는 없다. 무지와 악한 속임수(책략)는 동일한 것은 아니다. 온전히 성화된 사람은 무지하고 또는 무지함에 따른 행동을 하고 또 그러한 연유로 무의식적으로 잘못된 일을 행하는 일을 할 수 있으나, 그 사람의 내부에는 아무런 이기주의적 또는 사악한 동기도 있을 수 없다.

 이러한 그리스도인의 완전을 말한다는 그 자체가 사람을 거룩하게 하는 것은 아니라는 사실을 기억해 두어야 한다. 스스로 자기 마음은 순결하다고 증거한다고 해서 그 사람이 순결한 것은 아니다. 사람이 실제로는 깨끗하지 않으면서도 자기는 깨끗하다고 생각할 때, 거기에는 기만의 가능성이 존재한다. 그러한 잘못된 공언(公言)은 비판을 초래할 수밖에 없는데, 어떤 경우에도 가짜가 진짜를 파멸하지는 못한다. 허다한 주장이 허위라는 사실 때문에 마음이 정결하다는 그 사실 자체를 에누리하는 일은 옳지 않다. 그 뿐 아니라 그렇게 공언하는 사람의 하나 하나의 무의식적인 잘못된 행위를 자기 기만의 행위라고 해석해서는 안된다.

웨슬리는 은혜에 관해서 지나치게 목소리를 높이는 것은 위험이 따른다는 사실을 알고 있었으며, 항상 지나치게 강조하는 사람에 대하여 경고했다.[8] 그러나 다른 면에서 말한다면, 성도는 "불필요하게 자기 자신의 영혼을 지나치게 응시하는 것으로부터" 영혼을 분리하는 "단순함"을 필요로 한다. 자기 자신에 관하여 지나치게 민감한 결과, 사탄의 최면술에 포로가 되어 영혼 안에 이루어지는 하나님의 역사에 대한 확신을 잃어버릴 정도로 될 가능성도 있다.[9] 웨슬리는 진지하게 마음을 탐색하는 한편, 지나치게 마음을 쓰는 소위 신경과민과의 사이에 적당한 균형을 두었다. 그 비밀은 열심히 하나님의 연민과 긍휼을 신뢰하는 일이다.

지식의 한계를 인정하는 일에 실패하는 것은 온전한 사랑을 주장하는 사람에게 있어서는 재난을 초래하는 일이다. 보다 더 큰 지식을 소유할 것을 주장하는 일은 모든 온전한 사랑의 가장 큰 원수인 자기 자랑으로 사람을 인도하는 일이 된다. 온전히 성화된 사람은 자신이 위약하고 무지하다는 사실, 그리고 성화의 주님께 전적으로 의뢰하고 있다는 사실을 알고 있는 것이다. 순수한 사랑의 첫째 되는 징조는 지식과 성화를 이룬 사실에 관한 어떠한 자랑도 발견할 수 없다는 것이다. 성화된 사람은 그가 종종 무지에서 어떤 일을 행사한다는 사실을 알고 있으며, 그 이유로 이러한 의미에서는 그들은 아직도 죄인이라는 사실을 자각하고 있는 것이다.

2. 육신의 약점

육신에 약점이 있다는 사실은 어느 누구도 부정할 수 없는 사실이다. 그러나 문제가 되는 것은 이 약점이 곧 죄라고 말할 수 있는가?…라는 점에 있다. 칼빈은 그것을 죄라고 하는 데 주저하지 않았으며, 어거스틴이 그렇게 생각하도록 한 장본인이라고 믿고 있었다. 다만 어거스틴은 죄와 위약함을 구별하고 있는 것 같으나, 어거스틴에 대하여 칼빈은 다음과 같이 논술했다.

> 어거스틴과 나 사이에는 다음과 같은 차이가 있다고 말할 수 있을 것이다. 곧 어거스틴은, 신앙인은 죽을 수밖에 없는 육신으로 살고 있는 동안에는 정욕에 얽매여 있기 때문에 한없는 욕망을 느끼지 않을 수 없다는 사실을 인정하고 있는 한편, 이 병적 상태를 감히 죄라는 말로는 일컫지는 않았다. 그러나 그것을 "위약"이라고 일컫는 것으로 만족하면서 그것이 죄가 되는 것은 마음 속에 있는 개념이라든가 이해 같은 것에 행동, 아니면 찬동의 뜻이 포함된 그 무엇이 첨가되었을 때, 다시 말해서 의지가 욕망이 일어나게 하는 첫 맥박에 굴복하게 되는 바로 그 때라고 그는 가르쳤다. 그러나 나는 하나님의 율법에 위배되는 어떤 종류의 악한 욕망을 느끼게 될 때, 그와 같은 것을 죄라고 생각한다. 그 뿐 아니라 나는 인간의 마음 속에 이와 같은 욕망이 솟아나게 하는 타락성 그 자체를 죄라고 한다. 그러므로 나는 성도들에게는 죄가 항상 있어서 죽을 수밖에 없는 육신을 마칠 때까지 죄는 존재한다고 주장한다. 왜냐하면, 인간의 육체는 청렴이라는 것에 대하여 모순되는 정욕의 타락성이 살고 있는 주거지이기 때문이다. 그러나 그가 이런 의미로 보아서 죄라는 말을 사용하는 일을 반드시 주저하지 않았다는 사실을 그가 다음과 같이 말한 것으로서 알 수 있다. "바울은 모든 죄악의 출처인 육신적 욕망에 죄라는 명칭을 부여했다. 이것은 성도에게 관계되는 일이며 지상에 있어서는 하나님의 나라를 상실하는 것이며 하늘에서는 그 존재해야 할 장소를 가지지 못하게 된다는 것이다." 어거스틴은 위에서 언급된 말로 신도들이 육신적 욕망에 굴복하는 한 그것은 죄라고 인정하고 있다.[10]

어거스틴의 의중을 긴장시키고, 칼빈에게 있어서는 무의미한 것으로 무시되어버린 죄와 위약성의 상위점에 관해서는, 적어도 웨슬리에 의하여 부분적인 해결을 보았다. 분명히 웨슬리는 어거스틴의 의견과 같은데, 죽을 수밖에 없는 육신으로 말미암은 위약성을 올바른 의미로서의 죄라고는 말하지 않았다. 위약함은 "행동 또는 잔동의 뜻이 첨가될" 때, 또는 "의지가 굴복되어 버릴" 때에만 죄가 될 수 있다. 그 위에 더 웨슬리는 썩어질 육신의 일부인 "부정의 욕망(不定의 慾望)"—일정치 않은 불규칙적인 욕망—을 도덕적인 타락성으로 보지는 않았다. 악한 욕망에 굴복하는 의지에 서로 통하는 성향이 없는 한 부정(不定)의 욕망은 "육신의 타락성"에 불과한 것이다. 이 도덕성의 잘못된 성향이 심대(深大)한 타락성, 혹은 도덕적인 타락성, 또는 "육적 정욕"이다. 어거스틴과는 같은 입장이지만 칼빈과는 반대 입장을 취한 것으로서, 웨슬리는 "부정의 욕망"과 "고의의 위법" 사이를 구별하는 선을 분명히 했다. 그리고 어거스틴과 칼빈 두 사람에게 대한 반대의 입장을 분명히 하기 위해, 그는 "악의가 없는 위약성"과 "육적 정욕" 사이의 구별도 명확히 했다.

웨슬리는 칼빈의 용어에 따르면 "육적 정욕"이라고 말한 "도덕적 타락성"을 죄라고 일컫는 일에 주저하지 않았다. 이 타락성이 "믿는 자 안에 있는 죄", 악한 성품과 욕망으로서, 그것은 온전한 성화로 말미암아 제거될 수 있다는 것이다. 그렇다면 악의가 없는 위약함, 육체가 갖고 있는 부정의 욕망은 어떻게 되는 것일까? 확실히 어떤 의미로서는 그것도 죄가 된다. 말하자면, 이들 "동물 기계의 부품(部品)"은 사탄의 공격의 근거지라고 생각할 수 있다.[11] 육신은 매일 매시 많은 "악" 가운데서 범죄할 "위험성"이 있다. 유혹은 끊임없이 "이 썩어질 육신" 안에 있는 인간을 둘러싸고 있다.[12]

"고뇌," "비애," 그리고 "이 지상의 존재에 관계되는 무거운 짐"이 항상 따르는 것이다.[13] "죄가 되는 분노", 다시 말해서 사랑과 연민에 상대되는 것과는 다른 "정도의 차이가 있는 분노"(degree of anger)

는 존재한다.[14] 이 죄가 되지 않는 분노는 "종종 동물적 심리의 커다란 동요를 수반한다." 오직 하나님의 빛만이 그것을 심대한 죄의 종류의 분노로부터 잘 구별할 수 있다.[15] 이 "흙으로 된 집"은 "이해를 어둡게 하거나 둔하게" 하며, 또한 "영혼을 낙담케 하거나 억압하여 실망과 중압 상태에 떨어뜨리는" 힘을 갖고 있다. 이러한 상태에서는 "의심과 두려움"이 "자연히 일어날 수 있으며", 사탄은 정결케 된 영혼을 "더럽히지"는 못해도 "혼란케" 할 수는 있다.[16]

뿐만 아니라 사고의 "탈선"이나 많은 "결점"이 끊임없이 순수한 사랑 안에도 있을 수 있다.[17] 한 어머니가 어린아이들을 기르고 있으면서 "세상 걱정"과 "연약한 몸", 그리고 때로는 "기쁨을 전혀 느끼지" 못할 뿐 아니라 오히려 "많은 슬픔과 중압감"에 가득차 있으면서도 위대한 은혜의 소유자일 수도 있다.[18] 그러나 어떤 사람은 "온유함의 결핍"으로 인하여 "날카롭고 거칠게" 말을 할 수도 있다. 이러한 상태는 완전과 관련하여 이해하기는 어려운 일이지만, 우리는 "하나님께서 죄로 정하지 않은 자"를 정죄해서는 안된다.[19] 현세에 존재하고 있으면서 연약함으로부터 파생되는 인간적 결함을 허용하는 웨슬리의 말을 우리는 더욱 더 많이 인용할 수 있다. 웨슬리가 생각하고 있는 이들 약점이란 고의로 범한 죄도 아니며, 반드시 도덕적 타락의 징조라고는 말할 수 없다. 그러나 그 모든 것은 어떤 의미로는 죄이며 그리스도의 속죄를 필요로 한다.[20]

이 세번째 의미에 있어서의 죄는 온전히 성화된 사람으로 제거되는 것은 아니며, 이것에 대하여 "근절"을 운운한다는 것은 잘못된 일이다. 그리스도인의 완전을 가르쳐온 많은 사람들이 이 점에 있어서 오도(誤導)되어 왔기 때문에 문제가 되는 꿈, 인간적 애정, 감수성의 부족, 걱정, 그리고 어떤 경우에는 두려움으로부터의 해방도 기대했던 것이다.[21] 꿈에 관하여 말해 본다면, 다니엘 스틸(Daniel Steele)은 "가장 평화적인 사람이 논쟁을 하며, 가장 온유한 사람이 살인을 범하며, 인생을 가장 만족스럽게 누리고 있는 사람이 자살을 시도하며,

매사에 절도가 있는 사람이 술에 만취되며, 가장 순결한 사람이 불순하게 되기도 한다"[22]고 말했다.

만약에 이 세번째 의미에 있어서의 죄를 들어서 모든 죄로부터의 해방이라고 말하면서 완전을 가르쳤다고 웨슬리를 고발한다면, 이는 분명히 잘못된 일이다. 다음과 같이 언급한 루터의 말에 웨슬리는 동의했을 것임에 틀림이 없다.

> 형제여! 당신들이 이 세상에 존재하는 한, 전혀 죄를 느끼지 않고 육신이 태양 같이 빛나며 한 점의 오점이나 책망받을 일이 없을 정도로 의롭게 된다는 일은 불가능하다. 당신들에게는 아직도 주름도 있고 얼룩도 남아 있다. 그러나, 그럼에도 불구하고 당신은 거룩하다.[23]

웨슬리의 루터와의 논쟁점은 그가 육신에 속한 "오점과 악한 성질과 기질을 구별함에 있어서 실수를 했기 때문이다. 인간이 현세에서는 후자로부터 해방되기까지는 의롭다고 인정되지만, 전자까지도 그렇게 될 수는 없는 것이다. 그러나 웨슬리가 이해하는 바로서는 죽을 수밖에 없는 육신의 "주름과 얼룩"도 속죄의 피를 필요로 하는 것이다. 그런 의미에 있어서는 그것도 죄라고 호칭될 수 있다.

3. 사회적 죄

"무지함으로 인한 죄"와 "육신의 결함" 때문에 온전히 성화된 사람도 사회와의 관계에 있어서 과오를 범하고 실패할 때도 있다. 전 세기에 발전한 사회적 의식의 표준을 가지고 웨슬리를 심판하지 않도록 주의하지 않으면 안된다. 그러나 웨슬리의 온전한 사랑의 원칙이 사회적 행동에 관련된 것으로 관찰된다는 점은 흥미있는 일이다.

온전히 성화된 사람의 실생활이 사랑 그 자체와 같은 표준에 이르는 일이 없다는 사실에 대하여서는 이미 지적된 바와 같다. 인간은 그 사랑을 완전하게 표현할 능력이 결핍된 상태로서도 완전한 사랑을 소유할 수 있다. 사람은 육신을 가지고 있는 한 그렇게 되고 싶다고 원하는 자리에 미치지 못한다. "무수한 결함"과 그 사람의 "최선의 행동과 기질"[24]의 불완전함이 항상 따라 다니고 있다.

이미 살펴본 대로, 가장 거룩한 사람이라 하더라도 하나님의 율법을 다 지키기에는 역부족이다. "생각과 말과 행위에 있어서 가장 세밀한 부분에 이르기까지 항상 올바르게 해야" 할 것을 요구하는 율법을 지키는 일은 누구에게도 불가능하다. 범죄하여 타락한 이래 "인간이 과오를 범한다는 사실은 호흡을 하는 것처럼 자연스러운 일"이다. 아담적 율법이라는 것은 누구도 실행하기 어려운 것이며, 또한 그것을 실행하는 일이 누구에게도 의무로 지워진 것도 아니다. 인류는 이제는 새로운 율법, "신앙의 율법" 아래 놓여 있다. 믿음이 하나님의 율법을 완성할 수 있는 사랑을 산출한다.[25]

그렇다면, 이 사랑의 법을 지키는 일에 실패하는 일이 있는 것일까? 하나님 앞에서는 그러한 실패는 없다. 왜냐하면 모든 행위는 그 성취된 행동을 성화하는 순수한 사랑으로부터 유발되어 있기 때문이다. 그러나 그와 같이 유발된 사람일지라도 과오를 범하게 되기 때문에, 사랑으로 유발되어 그렇게 하지 않으면 안된다고 생각했을 때에도 그의 사회적 행위에 있어서 정당한 대응을 하는 일에 성공하지 못하는 일이 있다. 온전히 성화된 사람도 사랑의 법을 이행하는 일에 실패를 범하게 되는 일은 바로 이런 것이다.

> 가장 선한 사람일지라도 그리스도를 자기의 제사장, 속죄주, 그리고 아버지 앞에서의 옹호자로 삼지 않으면 안된다. 그것은 주님의 죽으심과 중보의 기도에 그 사람의 온갖 계속적인 축복이 걸려 있다는 이유일 뿐 아니라, 그 사람이 사랑의 법에서 떠나게 되기 때문이기도 하다. 현세에 생존하고 있는 모든 사람에게 있어서 다 그러하다. 사랑의 모든 것을 느끼고 있는 사람들이여! 위에서 묘사된

것과 당신 자신을 비교해 보라! 이 저울로 당신을 계량해 보라. 그리고 이 많은 구체적인 점에 부족한 점이 있는지 없는지 조사해 보라.
만약에 이 모든 것이 그리스도인의 완성과 시종 일치된 것이라고 한다면, 그 안전은 모든 죄로부터의 해방이라고는 할 수 없다. 왜냐하면 죄란 불법이기 때문이다. 그리고 완진개 된 사람이라도 그 법 아래 있으면서 그 법을 범하기 때문이다. 그 위에다 사람은 그리스도의 속죄를 필요로 한다. 그러므로 그리스도는 죄를 속하는 속죄 이외에는 다른 아무 것도 아니다.[26]

"사랑의 법에 미치지 못함"이란, 사랑이 어떤 때에는 다른 때보다 뜨겁지 않다는 것을 의미하고 있는지도 모른다.[27] 그리고 "생각과 말과 행위"에 있어서 불완전하다는 사실은 그 사람이 "표준"[28]에 도달하지 않았음을 의미하는 것인지도 모른다. 그 결과로 그 사람이 사회적 행동에 있어서 매일 죄를 범하는 것은 그 사람이 온전한 사랑을 소유하고 있지 않기 때문이 아니라, 사실은 실행할 정도로 완전히 행동할 능력이 없기 때문이라고 말할 수 밖에 없는 것이다.

따라서 사람들 가운데 가장 거룩한 사람일지라도 그 사람의 행동에 따라서 다른 사람에게 상처를 입힌다는 일은 극히 당연한 일로 되는 것이다. 모든 행동이 사랑에 근거하고 있다 하더라도, 인간은 절대무류(絶對無謬) 일 수는 없다. 사랑도, "거룩하신 분의 기름부음"도 우리를 절대 무류하도록 하지는 않는다. 그러므로 어쩔 수 없는 이해의 결여 때문에 우리는 많은 일에 있어서 어쩔 수 없이 과오를 범하게 된다. 그리고 이 과오는 종종 우리의 기질, 말, 행위에 잘못된 그 무엇인가를 야기시키는 것이다. 우리는 어떤 사람의 인격을 오판하기 때문에 그가 진정 받아야 마땅한 사랑 그 이하의 사랑으로 밖에는 사랑할 수 없게 하는 일도 있을 수 있다.[29]

이와 같은 종류의 과오는 분명히 그것을 범하고 있는 사람의 내적 결함일 뿐 아니라 그것은 사회적인 실패이기도 하다. 한 사람의 인물이 다른 사람을 그렇게 하지 않으면 안되도록 취급하는 일에 실패했다는 뜻이다. 이것은 사회적인 죄악이요 이러한 것도 "속죄의 피"를 필요로 한다.³⁰⁾ 이러한 과오는 "부족함"(shortcomings), "실수"(omissions), "여러 종류의 결함"인 것이다. 이러한 과오는 "판단과 실행", 둘 다이다. 그것들은 "온전한 율법으로부터의 일탈(逸脫)"이다. 그것은 올바른 성서적인 개념에서는 죄가 아니다. 그러나 "부적당하다고 불리는" 죄다. 그것은 무지와 죽을 수밖에 없는 성질의 자연적인 결과로 나타나는 "무의식적인 위범(違犯)"이다. 웨슬리가 "죄없는 완전"이라는 용어를 거부한 까닭은 이러한 종류의 위범이 존재한다는 이유에서였으나, 그에게 있어서는 이러한 위범은 정당하게 말해서 죄는 아니었다. 웨슬리의 입장에서 그런 것은 고의의 범죄이거나 부패한 죄의 타락성과 동일한 의미와 종류로서의 죄는 아니었다. 그러나 그것들은 사람을 잘못된 행위에 끌려들게 만든다.³¹⁾

무엇 때문에 웨슬리는 이들 결함을 정당한 의미로서 "죄악"이라고 호칭하기를 거부했던 것일까? 웨슬리가 두려워했던 것은, 만약에 "모종(某種)의 죄"가 "완전과 모순되지 않는다"라고 인정되면 소수의 사람들만이 단지 말로서만 그 개념이 옳다고 주장하는 것과 관계되는 결함을 제한하게 되는 일 때문이었다.³²⁾ 다시 말해서, 만약에 "죄"라는 용어가 그리스도인 생활의 특정한 실패를 묘사하는 일에 쓰여진다면, 분별력이 없는 사람이 악의가 없는 실패 이상의 것도 죄라고 인정하는 일은 용이한 일이 된다는 것이다. 만약에 과오나 실패를 죄라고 호칭한다면, 악의가 있고 반역적인 사람들의 행위는 무엇이라고 호칭 되어야 좋을 것인가? 이 두 종류의 행위가 죄라고 호칭 될 때, 교리의 역사는 거기에 존재하는 애매 모호한 구별을 분명히 하는 일이 된다. 칼빈이 주장하는 것처럼, 단 한 가지의 잘못된 판단이었다 하더라도 죄는 죄인 것이다.

그러나 그 반대의 입장을 취하는 일에도 그 나름대로의 위험은 존재한다. 과오나 실패가 "죄"로 호칭되지 않고 악의가 없는 결점이나 약점이라고 호칭되어질 때, 두 종류의 일이 가능하게 된다. 그 하나는 마땅히 죄가 되는 것이 악의 없는 결점이나 약점으로 분류되어지고 그 때문에 그 죄가 그냥 지나쳐 버리게 되는 것이며, 다른 한편으로는 악의가 없는 결점이나 약점은 과소 평가되기 때문에 그것을 교정하려 하지 않고 그냥 지나쳐 버리는 위험이 존재한다. 어떤 경우에서도 용이하지 않은 사회적 문제가 내포되어 있다.

웨슬리는 온전히 성화된 사람도 다른 사람을 사랑하되 적극적인 사랑으로 사랑하지 못하게 될 수도 있으며, 또한 그런 사랑으로 사람을 사랑하고 있으면서도 그가 실제 이상으로 좋은 사람이라고 생각하게 되는 결과도 있을 수 있다는 사실을 알고 있었다.[33] 이와 같은 사실에서 우리는 한 사람의 인물의 결단과 행동에서 나타나는 모순의 근거가 있다고 보는 것이다. 어떤 아버지가 그의 아들을 사랑함에 있어서 그 사랑의 정도가 익애(溺愛)의 상태가 되어서 적당한 훈련과 좋은 습관을 지니지 못하게 만드는 경우도 있다. 그러나 다른 한편으로는 아들을 올바로 훈련하고자 하는 욕망에서 그의 아들에 대한 잘못된 판단으로 그릇된 벌을 주는 경우도 있을 수 있다. 이와 같은 경우에 있어서 어느 경우이든 비록 그것이 순수한 사랑에서 되어진 일이라 할지라도, 결과적으로는 아버지가 아들에 대하여 죄를 범한 것이 된다. 이것은 성화된 사람이 범할 수 있는 "사회적 죄"의 오직 하나인 분야인 것이다. 이러한 것을, 악의가 없기 때문이라든가 또는 무의미한 것이라고 하는 것은 위험한 일이다. 이러한 것들에 대하여 속죄가 필요 없다고 생각하는 일은 경건하지 못하다. 그러나 이러한 죄가 악의와 자기 중심적인 욕망에서 발생한 죄와 동등한 것이라고 취급하는 일도 역시 동등한 정도의 위험성을 지니고 있다.

모든 사람이 유죄하다고 여겨지며 또한 모든 사람이 범해 버린 사회적인 죄라는 것이 있다. 웨슬리는 국민적인 죄에 국민 개개인이 동참하고 있음을 보았다. 그래서 그는 국민적인 회개를 외쳤다.[34] 그러나 그는 자기가 주장하는 온전한 사랑의 교리에 반대하는 바로서의 죄의 동참을 보지 않았다. 만약에 모든 사람이 온전한 사랑을 소유했다 하더라도, 잘못된 행동으로 이끌어 가는 불완전한 판단이 있을 수 있다. 예컨대 선거 때 한 사람의 잘못된 행위가 후에 그 사람의 표결이 전쟁으로 이끌도록 하는 인물을 선택하는 일을 도와주는 일도 있을 수 있다. 이런 경우에는 투표권을 행사한 사람이나 당선된 사람이 순수한 사랑에서 행한 일이라 하더라도 부족한 판단으로 행한 일이 된다. 그와는 반대로, 전쟁을 예방하는 노력에 있어서 다른 방법으로 활동했다면 그것은 자기 나라와 자기 가정을 침략하는 침략자의 용기를 북돋아 주는 일이 될 수도 있다. 어느 편이든 사람이 피할 수 없는 죄를 짓게 하는 경우가 된다. 우리가 기억해야 할 것은 예수께서도 항상 완전한 사랑으로 행했음에도 불구하고 이러한 사회적 죄에 말려 들었다는 사실이다.

"사회적 죄"를 포함하는 것으로 말미암아 죄의 의미를 확대시키는 일, 그리고 완전의 의미에 "사회생활의 속죄를 포함시키는 일은 반드시 웨슬리적인 온전한 사랑의 개념을 파괴해 버리는 일이 되지는 않는다."[35] 사회의 속죄는 구속받은 개개인에 의존하고 있다. 사람이 사회제도 속에서의 자기의 실패를 어떠한 모양으로 자각하고 있는가 하는 데는 관계가 없이 그는 순수한 사랑으로 채워지면서 그의 모든 행동을 그 사랑의 지배 아래 두는 일이 가능하게 된다. "사람들이 범한 실패의 책임을 실패자에게 지우지 않으면 안될 상황이 존재한다." 그리고 확실히 마음속에 완전한 사랑을 소유한 자는 스스로 그 책임을 지기 원하는 사람이다. 처음부터 경솔한 부류의 인간이 사회생활에서 다른 사람에게 해를 끼치지 않는다는 것은 특히 "높은 이념"으로의 도달이라는 사실은 없으나, 한 조잡한 인물이 사랑에서 일으킨 행동으로 실수를 범했을 때 그의 과실을 바로 잡으려는 노력을 했다면 그것은 "높은 이념"의 도달을 보게 된 것이다. 이와 같은 사실을 인정하지 않고 웨슬리의 완전의 개념을 비판하는 일은 잘못이다.[36]

거룩한 그리스도인은 그들 자신이 과오를 범하는 일을 알고 있다. 그들은 "스스로의 노력을 진행하면서도 실패의 의식으로 번거로움을 당하고 있다."[37] 이와 같은 과오는 하나님 앞에서 정죄를 받지는 않겠지만 그것도 "하나님의 엄격한 의 앞에 설 수 없는 것이기" 때문에 "속죄의 피"를 필요로 한다. "이런 사람들만큼 그리스도의 필요를 느끼는 사람은 아무도 없다. 누구도 그들만큼 전적으로 그에게 의뢰하고 있는 사람은 없기 때문이다."[38] 겸허함 때문에 완전히 성화된 사람은 그들의 실책과 실패를 다른 사람에게 해를 끼치는 부류 가운데 포함된다고 인정한다. 그리고 그들도 가능할 때에는 그들의 행동을 고치려는 노력을 해야 할, 그렇게 함으로써 계속적으로 온전한 사랑을 보전하게 된다.

4. 후퇴: 다시 과오를 범함

완전에 관한 웨슬리의 견해에 동의하지 않은 사람들 의중에 있는 한 가지 문제는 성화된 사람이 또 다시 죄를 범한다는 사실 바로 그 점이다. 그들에게 있어서 온전히 성화된 사람이 유혹으로 실패한다는 사실은 있을 수 없는 것이라고 생각하고 있다. 매우 흥미있는 일로서 이러한 불가능하다고 보여지는 일이 웨슬리에게는 별로 문제가 되지 않는다는 사실이다. 웨슬리에게 있어서 문제가 되는 것은 그와는 반대의 성질을 가진—온전히 성화된 사람을 어떻게 후퇴하는 일에서 막을 수 있을 것인가—것이었다. 그의 생애의 극히 초기를 제외하고서는, 그가 가르친 완전을 단 한 번이라도 사람은 타락 불가능의 상태에 있다고는 보지 않았다. 그리스도는 거룩하셨으나 그도 유혹을 받으셨다. 아담은 거룩했지만 꾀임에 빠져 타락했다. 온전히 성화된 사람은 거룩하다. 그러나 그들도 유혹을 당하고 타락할 수 있다.

무엇 때문에 웨슬리는 가장 거룩한 사람도 타락할 수 있는 위험에 처해 있다고 믿고 있었는지는, 그가 가르친 완전은 절대적 또는 궁극적인 것이 아니었다는 사실을 상기하면 이해할 수 있다. 그것은 부활

완전은 아니다(It is not a Resurrection Perfect). 믿는 자의 온전한 성결에 따르는 순수한 사랑은 하나의 체험이다. 이 체험은 정지된 상태의 것은 아니고, 오히려 매일 매일 계속되지 않으면 안되는 것이다. 순수한 마음으로 말미암은 죄의 부재 상태는 내주하는 성령의 영광스러운 임재로부터 오는 것이다. 만약에 성령을 근심하게 한다면, 성령으로부터의 빛은 적어도 부분적으로 소멸되고 "어두운 그늘"이 되돌아올 것이다. 웨슬리는 사람이 자신의 순결을 보전하려면, 성령에 대한 전적인 복종 가운데 살아야 한다고 주장했다.

웨슬리는 온전한 사랑을 증거하는 사람들의 증언에 대하여 캐고 따지는 천착적(穿鑿的)인 마음으로 의문을 일으키는 사람들에게 대하여서는 비판적이었다. 웨슬리의 생각으로서는 "그러한 은사가 정말 주어진 것인가"라고 의심하기보다는 정직한 사람의 주장을 믿는 일이 현명하다고 생각했다. "그와 같은 축복을 그 사람이 소유하고 있는 것일까라고 의심하기 보다는 그 사람이 그 축복을 보전하고 있는가?"[39]를 관찰하는 것이 중요하다는 것이다.

> 나는 이들 몇 가지는 그들의 확고 부동성의 상태에서 움직여 나온 것이며 시간의 과정 안에 있는 것으로 알고 있다. 나는 이러한 사실에 대하여 놀라지 않는다. 기대하여야 할 그 이상의 것이 아니기 때문이다. 오히려 나는 이보다 더 많은 사람들이 움직여지지 않은 사실에 대하여 놀라고 있다. 그리고 이것이 그 때에 하나님께서 행하신 위대한 행위에 관한 나의 판단을 조금도 바꾸게 되지 않는다.[40]

분명히 웨슬리는 이와 같은 높은 차원의 상태를 쉽게 상실하게 된다는 사실을 믿고 있었다. 사실상 그는 많은 사람들이 이 은사를 받기는 하지만 극히 소수의 사람 "정말로 소수의 사람, 다시 말해서 열 사람 가운데서 한 사람, 아니, 30명 가운데 한 사람이 단 1년 동안이라도 그 은사를 보전할 수 있을지 생각할 정도"[41]라는 견해를 가지고 있었다. 그는 회심자들을 여러 해 동안 관찰한 결과 1770년에 이와 같이 판단하고 말했다. 웨슬리에게 있어서 명백한 사실은 성화된 사람들의 보편적인 죄는 그 은사를 보전하는 일에 실패하는 일이다. 그는 죄를 계속적으로 범하는 사람, 또는 심대한 죄의 기질을 가지고 있는 사람은 사랑에 있어서 완전하다고 믿지 않았다. "죄를 범하는 일을 필요로 하는 교리"는 "모든 성결"을 뒤집어 엎는 것이냐.[42] 충성을 수반하는 완전한 헌신에서 나오는 어떠한 전향도 온전한 사랑의 은혜의 상실이 된다. 그것은 결코 모든 은혜의 상실을 말하는 것은 아니다.

타락의 원인 또는 적어도 그 징조의 하나는 매일 매일의 밀실을 지키는 일―기도하는 일―의 감소(減少)이다. 웨슬리는 추운 겨울에도 이른 아침에 일찍 일어나는 일, 그리고 열심히 영적 생활에 힘쓰는 일에 중요하게 생각했다.[43] 그는 엄격하고도 단호한 자율 생활에서 떠나서는 성결을 기대할 수 없다고 생각했다. 이에 반해서 흔히 오늘날 미국에서 볼 수 있는 "유연(柔軟)한" 성결은 웨슬리의 의중에 있었던 것의 극히 적은 반영에 지나지 않는 것처럼 보여진다. 그야 어떠하든 별문제로 하고, 온전한 사랑은 모든 성결을 베푸시는 주님께 대한 일관성이 있고 파괴됨이 없는 전적인 헌신이 따르는 계속적인 기도와 믿음으로서만 보전될 수 있다.

웨슬리가 믿고 있었던 것처럼, 가장 거룩한 사람도 타락할 수 있다면 그러한 일이 어떤 모양으로 일어나게 되는 것일까? 성화된 사람의 유혹에 관해서는 다음에서 논술하게 될 것인데, 그것은 후퇴―다시 과오를 범하는―의 과정에서 중요한 위치를 차지한다. 여기서 단언할 수 있는 것은 온전히 성화된 사람도 유혹을 받으나 하나님의 은혜로 죄는 범하지 않게 된다는 것이다. 그러나 유혹에 대하여 전면적인 반항을 하지 않았다면 "어느 정도 양보하고", 또는 "성령을 근심하게 하고", 그리고 "하나님의 사랑이 식어버리는" 일이 일어난다. 하나님과의 이와 같은 관계가 지속된다면, 그 누구일지라도 완전한 성결을 상실하고 만다. 이 죄는 아직 "고의의 죄"라고 말할 수는 없다. 왜냐하면 그와 같은 것은 사랑과 신앙, 양편을 다 상실한 사람들에 의해서만 범하게 되기 때문이다.[44]

웨슬리는 온전한 성결을 상실한 사람은 반드시 의인(義認)도 상실한 것이라고는 믿고 있지는 않았다. 후퇴의 과정에 있을 때 사랑은 상실되기 이전에 먼저 식어지게 되고, 신앙이 없어지기 전에 먼저 약화된다. 온전한 성결에서 미끄러져 떨어지는 사람들이 그들의 신앙을 온전히 상실하게 된다는 일은 필연적인 것도 아니고 물론 통상적인 것도 아니지만 가능한 일이다.[45] 웨슬리의 관찰과 신념은 거룩한 사람도 미끄러져서 후퇴하기도 하고 고의로 죄를 범하는 일도 사실이라는 것이다. 그렇게 되었을 때, 웨슬리는 그와 같은 사람들을 잃어버려진 사람으로 분류했다. 그는 고의로 죄를 범하게 될 때 이에 따르는 의인과 성화의 소멸의 가능성을 알고 있었기 때문이다. 그 뿐 아니라 그는 사랑에 상반되는 악한 성품이나 욕망과 병행하는 온전한 성결이라는 것도 알지 못했기 때문이다.

잃어버려진 사람이라 할지라도 성화될 수 있는 은혜는 다시 얻을 수 있다. 그 뿐 아니라 과거에 경험했던 그 이상의 것을 회복하게 된다. 때로는 의인의 은혜조차도 잃었던 사람들이 한 순간에 의인과 성화, 두 가지 은혜를 회복하게 된다. 그러나 보통은 그들의 온전한 사랑을 한 시기 동안 보전할 수 없었던 사람이 회복할 때에는 "보다 증진한" 축복을 가지고 잃어버렸던 은혜를 회복하는 사실을 웨슬리는 주목하고 있었다.[46] 웨슬리의 견해에 따르면, 그 사람의 넘치고도 빛나는 사랑을 상실하는 일은 항상 무관심과 전진하지 않는 일을 계속하는 일만큼 중요하지는 않았다. 허다한 서신 가운데서 웨슬리는 그의 수신인으로부터 보다 더 증진된 사랑을 추구하고 그들의 생활 속에 보다 더한 하나님의 사랑을 적극적으로 구하는 일에 열중하도록 강력하게 권면했다.

웨슬리는 "소극적 죄"가 온전한 사랑에서 떠나게 하는 첫걸음이라고 묘사했다. 그 소극적인 죄란 개인 기도를 무시하는 일, 다른 사람의 죄를 책망하거나 경고하는 일을 무시하는 일, "하나님의 은사를 더 왕성하게 하는 일"에 있어서 부족하거나 아니면 관심을 가지지 않거나 태만하는 것 등이다.[47] 이와 같은 소극적 죄를 지속적으로 허용하는 것은 사랑이 냉각되는 징조처럼 보여진다. 온전히 성화된 사람, 그리고 그 온전한 사랑을 보선하고 있는 사람은 이러한 소극적인 죄를 끊임없이 의식하고 있는 것일까? 틀림없이 의식하고 있다. 그리고 종종, 그들은 그와 같은 소극적이었던 일에 착안하게 된다. 착안하게 되었을 때 그들은 그들의 실패를 자각하게 된다. 그들은 온전한 사랑을 보유하면서도 실패한 사실을 고백하고 그들의 연약함에 하나님의 도우심이 있기를 구한다. 이들 성화된 사람들의 "죄"는 항상 존재하는 것이기는 하나, 의도적인 목적을 가진 것이거나 또는 부주의로 그런 것들을 그대로 방임했다면 그것은 온전한 사랑을 제거하는 일이 된다. 웨슬리는 인간의 연약함에 대하여 하나님께서 연민과 인내로 대해 주신다는 사실을 주장했다.[48]

웨슬리는 그의 온전한 사랑의 이상과 병행할 수 있는 것이라고 생각하여 어느 정도의 인간적 약점과 결점을 허용했지만, 그는 인간의 위약함에서 야기되는 실패와 의지적인 승낙을 수반한 실패라는 것의 사이에 상상적인 것인 것이라도 한 가닥의 선을 그었다. 엄정한 의미에서 말한다면, 죄는 고의적인 것이라는 그의 주장은 의지의 찬동을 얻은 것으로 인한 연약함이나 실패의 시작이라고 말하는 것은 온전히 성화된 사람의 죄의 시작이라는 이념을 남기게 된다.[49] 연약하기 때문에 야기된 소극적인 죄는 어떤 특정한 의미에서는 죄가 되지만, 정당한 의미로서는 죄가 아니다. 그러나 그 사람이 자기의 나태한 일에 착안하게 될 때, 그의 나태로 인하여 야기된 잘못된 일을 시정하지 않고 부분적으로 동의했을 때 그 나태함은 정당한 의미에서 죄가 된다. 최초의 태만 자체는 온전한 사랑에 저촉되는 것은 아니지만, 제2의 태만은 저촉된다.

만약에 웨슬리의 이 평가를 옳은 것이라고 한다면, 위에서 논술한 바와 같은 "정당한 의미에 있어서의 죄"는 불신자의 "고의의 죄"와 같은 것이 되지 않는다. 그 차이는 아마도 정도의 문제일 것이다. 믿는 자에게 있어서는 연약함, 또는 유혹에 대해서의 부분적인 양보가 있을 수 있다. 불신자의 경우에 있어서만 양보는 전적인 것이다.[50]

후퇴와의 관계 안에서의 성화된 사람의 죄는 이중적이다. 첫째는 온전히 성화된 사람은 끊임없이 과오를 범하고 또한 매일 매일의 생활에서 발생되는 실패와 소극적인 죄를 끊임없이 의식하는 바로 그것이다. 이와 같은 무의식적인 죄는 성령을 근심하게 하는 일도 아니고 사랑의 순수함을 파괴하는 것도 아니다. 둘째는 온전히 성화된 사람이 이들 소극적 죄에 다소나마 찬동하는 경우가 있다면, 그것은 정당한 의미로서 죄가 되며, 사랑은 경쟁 상대를 갖게 되는 것이다. 그와 같이 미끄러져 떨어진 사람은 잃어버린 축복을 회복할 수 있다. 그러나 그것을 잃어버렸다는 죄는 부인할 수 없다.

5. 유혹

만약에 유혹을 받는 것이 죄가 되며, 혹은 유혹을 받게 되는 원인이 사람의 도덕적 부패성에 있다고 한다면, 온전한 사람이라든가 죄로부터의 해방이라는 것을 말한다는 것은 무의미하다. 유혹이 죄라고 믿기 위해서는 아담이 유혹을 받기 전에 이미 그에게 도덕적 부패성이 있었다는 사실을 가르쳐야 할 필요가 있다는 것이 되며, 설상가상으로 그와 같은 부패성이 그리스도께서 유혹을 받으실 때에 이미 그리스도 안에도 있었다고 가르쳐야 한다. 그렇지 않으면 그리스도께서 받으신 유혹은 진정한 의미의 유혹은 아니었다고 말할 수밖에 없다. 따라서 그분에게는 죄가 없었다 하는 것이나 심대한 죄와 관계가 없는 유혹의 가능성을 억제하는 것이 된다.

웨슬리는 유혹이 죄라든가 또는 강한 유혹은 죄의 심대함의 징조라고는 생각하지 않았다. 사실상, 마음의 부패와 유혹은 동일한 것은 아니다.[51] 그러나 웨슬리는 인간적 위약성은 유혹의 기회를 부여하는 자리가 된다고 말했다. 연약함, 질병, 통증이 수반되는 심신 상태의 부조화가 있는 사람의 몸은 유혹을 암시한다. 혼란과 부정확한 파악 또는 잘못된 판단을 수반한 해석도 유혹의 근원이 된다. 유혹은 이 세상의 악한 사람에게도, 그리고 그리스도인에게서도, 아니 온전히 성화된 사람에게도 오는 것이다. 하물며 "사탄과 그의 종들"은 끊임없이 사람들을 하나님과 떼어 놓기를 원하고 있다.[52]

따라서 온전히 성화된 사람도 유혹에서 자유롭지 않다. 지상에서는 사람을 유혹권 밖으로 들어올릴 완전은 존재하지 않는다.[53] 사실상, 유혹의 원인이 되는 것들 자체—질병, 고통, 곤란—는 사람에게 손해가 되는 것이 아니라 도리어 그것들은 궁극적으로는 사람으로 하여금 "제한이 없는승리자"로 만든다.[54] 긴 안목으로 본다면, 유혹은 하늘에 있어서의 면류관의 영광을 증대함으로써 적극적인 선을 사람들에게 부여하게 된다.

루터는 믿는 자 안에 있는 죄를, 웨슬리가 유혹을 그렇게 간주한 것처럼 같은 견해를 가지고 있었다.

> 이처럼 불순은 그 공격으로 말미암아 그 영혼의 정절(貞節)을 증대케 한다. 자존심(pride)은 겸손을 증가시킨다. 태만은 생산성을 더한다. 강한 욕심은 관대함을 부여한다. 분노는 온유를 더하게 하며, 포악함은 복종심을 증가시킨다. 이와 같이 유혹은 위대한 축복으로 변한다. 우리가 죄에 굴복하면 죄가 우리의 썩어질 육신을 지배하기 때문에, 죄에 대하여 반항하고 그것을 우리의 종으로 만들지 않으면 안된다.[55]

이 문장에서 루터는 유혹과 죄성을 거의 동일한 것으로 간주하게 하며, 자칫하면 그는 자존심의 유혹, 다시 말해서 자존심이라는 것이 있다고 믿고 있는 듯한 인상을 준다. 웨슬리는 사람은 어떠한 자존심도 자기의 것으로 하는 일이 없이 자존심의 유혹을 받을 수 있다고 가르쳤다.56) 죄가 마음속에 존재한다고 말하는 일이 그리스도인을 겸허하게 하지는 않는다. 자존심은 그 사람 자신의 눈에는 자기 자신을 높이는 일이지만, 그것으로 인한 붕괴―무너짐―는 그 사람을 오히려 낮게 만든다.57) 그러나 인간은 자존심이나 분노의 유혹을 받으면서도 오히려 겸허하고 온화함을 보유할 수 있다. 자존심의 유혹을 받기 위하여 거만할 필요는 없다.

자존심의 유혹과 자존심 사이에 차별을 둔 일에 관하여, 과연 웨슬리는 옳았던 것일까? 쌩스터는 동의하지 않았던 것처럼 보인다. 그는 질투의 검의 날카로움, 들뜬 기분, 거만한 생각, 또는 육욕적인 사상을 전혀 경험하지 않은 온전한 성화를 이룬 인물을 만난 적이 없다고 주장했다. 이와 같은 모든 악 가운데 어느 것 하나라도 나타났을 때 "그것은 자신의 최초의 자각의 순간 이미 '나'인 것이다." 그렇다거나 또는 아니라고 말할 여지가 없다. "그것은 나의 내부를 찔러버린다. 그 순간 나는 공허하며, 그런 사실에 착안한 최초의 순간 그 악은 나의 소유가 되어 버린다. 이를 거부하는 일은 도로 찾는 경우가 된다. 왜냐하면 그것은 이미 내 안에 존재하기 때문이다."58) 실제로 쌩스터는 여기서 자존심의 유혹을 "거만의 감각"이라고 본다. 루터와 함께 그는 유혹을 받을 당시의 악한 생각을 하게 되는 그것이 바로 죄라고 본다.

유혹에 있어서 매력적인 "강한 욕망"이나 욕구가 참으로 죄가 되는 것이라고 용인되지 않으면 안되는 것일까? 우리는 "질투의 검의 날카로움, 들뜬 기분, 거만한 생각, 또는 육욕적인 사상"이 정당한 도덕적인 의미로서의 죄가 된다고 결론을 내릴 수 있는 것일까? "자존심의 느낌"과 자존심에 대한 찬동에 차별을 둘 수는 없는 것일까? 유혹으로 인하여 야기된 "질투심의 일격"에 대하여 적어도 부분적으로라도 의지가 관여된 질투라는 것이 있는 것은 아니겠는가? 유혹으로 인한 정욕에 착안하는 순간 정욕은 선이 아닌 까닭에 그 사람은

"악"의 소유자가 되는 것일까?

이러한 질문에 대한 답변은 단순하지 않다. 쌩스터가 말한 것과 같은 주장을 하여 이러한 감각은 죄가 된다고 하려면 그리스도에게 유죄 판결을 해야 한다. 그 이유는 예수님도 자연적인 욕구로 말미암아 유혹을 받으셨음이 확실하기 때문이다. 예수께서 시탄적 암시라고 생각했던 욕구는 그것이 자각되었던 최초의 순간에 그것이 '나'이었기 때문에 죄가 되었을 것인가? 확실히 사탄이 유혹했던 것은 그리스도 자신의 욕망이었다. 그러나 우리는 그리스도께서 악한 것에 대한 욕구를 향한 인력(引力)을 느꼈으리라고 믿지 않을 수 없다. 그러나 그는 죄가 없으셨다.

그것은 온전히 성화된 사람이었기 때문이기도 하지만 타락한 인간에게 있어서는 분별하기가 더디고 또한 자기 자신에 관한 지식이란 참으로 제한되어 있다. 유혹에 직면한 순간 사탄적인 힘이라는 사실을 즉시 알게 되지 못하고 그 결과로 오는 매혹된 욕망이라든가 자각된 정욕이 잠시동안 지속되는 것이다. 그러나 유혹에 따른 악한 충동이 의지에 의하여 반항을 받고 굴복을 당하는 순간도 당연히 있을 것이다. 유혹하는 욕구가 아무리 긴 시간이고 매력적이었고 그것이 자기 자신의 욕구이었다 하더라도, 그것은 도덕성의 시인을 얻을 필요는 없다. 만약에 시인을 믿지 않는다면, 그것은 정당하고 엄정한 의미에 있어서는 죄가 될 수는 없다.

> 우리는 그것이 죄라는 사실을 영혼이 알고 있으며, 또한 심대한 죄라는 사실을 판명했으며, 그리고 그것은 죄의 시초가 되는 일에 양보하는 성향이라는 것에 착안하게 되는 것은 틀림없이 이 시점이라고 생각한다. 그리고 교리적으로 영혼은 죄에 대하여 온전히 죽었으며 하나님께 대하여서는 살아 있기 때문에, 악의 대상이 그 성질에 대하여 굉장히 매혹적이라 하더라도 영혼은 그런 것에 대하여 움직이지 않는 것이다. 자연적인 탐욕과 정욕은 맹목적인 충동을 느낄지도 모른다. 그러나 도덕적 성질은 전혀 거기에 응하지 않을 뿐 아니라 오히려 반동적으로 얼굴을 돌려버린다.[59]

악한 대상을 향한 맹목적인 충동으로부터 도대체 그리스도인 안에 있는 그 무엇이 얼굴을 돌리게 하는 것일까? 카넬(Carnel, Edward, John)의 관점은 흥미가 있다.

> 우리의 도덕적 싸움은 악질적이라고 할 만큼 복잡한 사항이다. 사실상 우리는 두 개의 의지를 함께 가지고 있는 것처럼 보인다. 물론, 의지는 하나밖에 없는 것이지만. 그 하나는 하나님의 말씀과 그 뜻을 사랑으로 찬동하는 것이며, 다른 하나는 죄가 권하는 일에 마음으로 동의하는 것이다…인간은 종종 죄가 있는 곳에 접근할 때가 있다. 거기에서 사람은 자기를 지배하는 사랑은 정의 편에 있어서 자기 자신과 자기의 행동을 혐오한다고 고백하나 최종적으로는 유혹의 포로가 됨으로써 작은 의지의 유혹에도 자신을 내어 주게 된다. 이 양면 가치(역자 주: 동일한 대상에 대한 상반된 감정이 공존하는 일)는 달라붙어 따라 다니는 죄에 대항하여 싸우고 있는 사람들 마음속에 매일 체험된다. 다만 어떤 사람이 이 범주에서 제외될 수 있느냐 하는 문제다. 단 한 번이라도 우리는 죄를 이기는 일은 없으며, 오히려 우리는 하나님 앞에서 계속 거룩함을 유지할 수도 없고 죄를 즐거워할 수도 없다는 사실을 가벼운(그러나 마음으로부터의) 유감의 뜻을 가지고 곁눈질을 하면서 어깨 너머로 보면서 지나는 것이다.[60]

칼빈주의자인 카넬은 여기서 아직은 양분(兩分) 되지 않은 충성심, 그런 까닭에 불완전한 사랑을 소유한 그리스도인을 묘사하고 있다. 그러나 그의 묘사에는 온전히 성화된 사람에게도 통하는 진리가 있다. 그들에게 있어서는 양분된 의지는 아니다. 악한 욕망에 깊이 빠져드는 일에 대한 생각에 대한 혐오감 이외에 다른 것은 없다. 그들의 승리에 대한 "미련"도 없다. 그러나 그들에게 있어서도 금기된 대상을 향하여 마음을 끌게 하는 매력적인 호소의 소리가 있다. 사람이 유혹을 받는다는 것은 바로 이런 것이다. 그와 같은 유혹을 불러들이는 욕망이 언제 깊은 죄가 되는 것인지는 용이하게 결정될 수 있는 것은 아니다.

스틸(Steel, Daniel)은 "의지가 욕망에 빠져 버리거나 거스리고 이를 조장"할 때 죄가 존재하는 것이라고 말했다.[61] 욕망이라는 용어가 여기서는 의지와 구별된 것으로 사용되었다. 펙크(Peck George)는 유혹을 받은 사람이 죄를 범하는 것은 "금지된 대상을 향한 욕망을 유혹이 사람의 마음속에 생겨나게 한 때"라고 논술했다. 마음속에 "완전히 형성된 욕망"은 "하나님을 향한 사랑을 멀리 피하고 있다"는 적극적인 용어는 마음, 또는 의지 속에 있는 그 무엇인가를 뜻하여 사용되었다. 이들 신학자들에 따르면, 동물적 성질에 있어서의 맹목적 충동 또는 욕망은 마음속의 "욕구"나 의지의 "움직임"과는 같은 것은 아닌 것 같다는 말이다.

웨슬리는 사람이 성화되어지는 은혜에서 떨어져 나가는 단계를 말하려 할 때에, 이와 같은 개념을 가지고 있었다. 그는 다음과 같이 말했다. 다윗은 전적으로 하나님을 사랑했다. 그러나 그가 유혹—악으로 기울어지는 생각—을 받는 때가 왔다. 여기서 우리는 온전히 성화된 사람이 악으로 끌어가는 힘이 있음을 느끼는 모습을 보게 된다. 웨슬리는 첨언하기를, 다윗은 자기를 억압하기 시작하는 유혹에 대하여 "어느 정도는 실패했다."[63] 야고보서 1:4에 언급하면서 끌림을 당한 욕구는 그 사람 자신의 욕구라고 생각했다.

> 유혹이 시작되는 초기에 있어서 그 사람 자신의 욕구에 의하여 그가 멀리 떠나 있는 그의 견고한 피난처인 하나님에게 떠나 있는 것이다. 그런 고로 우리는 하나 하나의 죄의 원인을 우리 자신 안에서—우리 밖에서가 아니라—찾지 않으면 안된다. 마귀에 의한 주입 또는 분사(噴射, injection—역자 주: 마귀가 개입한 일)까지라도, 그것을 우리가 우리의 것으로 하기까지는 우리를 해치지는 못한다. 그리고 누구나 자신의 성분, 기질, 습관, 또는 생활 양식에서 일어나는 욕망을 가지고 있으며, 그로부터 유혹을 받는다. 그러한 유혹이 진행됨에 따라 미끼—유혹하는 것—를 향해 달려들게 되는 것이다. 유혹이라는 언어의 근원적인 뜻은 이런 것이다.[64]

전적으로 당연한 일이기는 하지만, 인간은 그 사람이 죄를 향한 경향성이나 욕구도 소유하지 않는다는 일에 유혹된다는 일은 있을 수 없다. 모든 유혹의 근거는 정욕, 본능, 내적 유인, 충동, 그리고 인간성의 욕구에서 찾아야 한다. 만약에 최초의 그와 같은 죄의 욕망이 마음속에 나타나는 순간에 죄가 존재한다고 하면, 온전한 사랑이라고 말하는 것과 같은 은사는 있을 수 없는 것이 된다. 그러나 만약에 악한 욕구가 사람의 마음속에 받아들여지지 않았다면, 마음 속에서 죄를 범한 일도 없을 것이다(마 5:28). 순수한 마음은 자연적인 욕구를 꾀이는 유혹을 거절한다. 온전히 성화된 사람의 자각한 마음은 악한 정욕을 물리치고 자신을 온전히 하나님께 '의뢰하도록' 한다. 그러나 자연적인 본능과 자연적인 충동과 온전한 사랑으로부터 흘러나오는 욕구와의 사이의 경계선은 인간의 제한된 이해력 때문에 명백히 할 수는 없다. 온전히 승화된 사람은 끊임없는 성령의 인도하심과 성령의 탐색하는 눈을 필요로 한다. 인간은 자신의 위험을 분변하고 전적으로 그리스도의 공로를 의뢰하여야 한다. 한 순간이라도 유혹에 말려드는 일이 있을 경우에는, 겸허한 고백과 마음이 깨끗한 사람으로서의 신앙이 요구된다.

6. 순간 순간마다

웨슬리가 거듭 설교한 성결은 "순간 순간마다"의 삶이라고 주장했다. 그는 결코 완전이란 사람이 자기 자신의 성결의 근원이 된다고 하는 은혜로 이해하지 않았다. 완전이란 개인 안에 있는 자원에 의하여 유지되는 마음의 빛이 아니라, 빛의 유일한 근원이 되시는 하나님에게서 비치는 빛이며, 개인의 성결은 빛의 근원이 되시는 하나님께 전적으로 의존하고 있다. 이와 같은 이유로 웨슬리는 항상 인간은 그의 성결을 하나님께로부터 받고 있는 한, 거룩하고 순수하며 완전한 것이라고 주장했으나, 그것은 참으로 인간은 자기 안에 의를 소유하

는 것이나 결코 그것은 인간 자신에게서 난 것은 아니라는 사실을
내포한 주장이다. 사람, 그리고 이것 (거룩함)은 온전히 성화된 사람
을 의미하는데, 사람은 자기의 성결은 성결의 근원에만 항상 의존하
고 있다.

쌩스터는 "순간 순간마다"의 삶이라는 웨슬리의 지론은 조사 연구
에 의하여 지지를 받고 있으며 성서적인 것이라고 믿었다.[65] 이런 점
에서 그는 그리스도인의 "도덕적 무가치 관념"에 관하여 개혁파의
입장에 동의하고 있다. 그는 "음험(陰險)한 자기 평가를 산출하기 쉬
운" 성화는 가르치지 않았다.[66] 그가 가르친 성결은 겸허함을 산출하
고 "도덕적 무가치 관념"을 산출하는 것이다. 이러한 종류의 성결을
소유하고 있지 않는 사람은 도덕적으로 자신은 가치가 없다는 경험
한 종류의 성결을 가지고 있지 않는다.

인간은 믿음으로 말미암아 성화된다. 그리고 얻은 바 순결함도 믿
음으로 말미암아 유지된다.[67] 믿음으로 말미암아 얻어진 어떠한 상태
도 믿음의 기초가 되는 것도 아니고, 하나님께 용납되기 위한 확증의
기초가 되지도 아니한다. 성결의 삶은 선한 행위로 말미암아 날마다
지속되지 않으면 안된다.[68] 인간은 과거에 하나님께서 행하신 일로 말
미암아 인간에게 있는 악에 대한 경향성을 깨뜨리기 위하여 오늘, 그
리고 날마다 우리에게 오시는 것이다. 그러므로 과거가 아닌 현재적
인 하나님의 행위로 말미암아 그리스도인 "순간 순간마다"의 삶은
영위되어야 한다.[69] 만약에 온전한 성결이 지속되게 하려면, 믿음으로
말미암아 믿음을 향하여 날마다 계속 걸어 나가야 한다.[70]

지식에도 날마다의 성장이 있다.[71] 온전히 성화된 사람은 그들이
따르는 그리스도를 보다 더 잘 규범으로 삼기 위하여 보다 더 많이
알아야 할 필요가 있다. 그들은 늘 하나님께서 베푸시는 은혜 안에서
살아야 하며, 또한 끊임없이 보다 풍성한 은혜를 간구하여야 한다.[72]

하나님이 우리의 마음을 온전히 정결케 하시고 마지막까지 남아 있
는 죄까지도 흩어버려 주셨다 할지라도, 매 시, 아니 매 순간 순간

마다 위로부터 내려 주시는 능력을 힘입지 않고서 어떻게 우리의 도울 힘이 없고, 선을 행할 힘이 없는 무력함에 대하여 민감하여질 수 있을 것인가? 하나님의 꿰뚫어 보시는 뜻을 우리 안에 세워 하나님의 뜻을 펴시는 그 전능하신 능력에 의뢰하지 않고서 어느 누구가 선한 생각을 할 수 있으며, 선한 소원을 하나라도 형성할 수 있을 것인가? 우리는 이 은혜의 상태에 있어서도 우리는 이와 같은 생각을 끊임없이 계속적으로 채워져 가지고 있어야 할 필요가 있다. 그렇지 않다면, 우리가 받은 그 무엇인가를 자랑하는 일 때문에 우리는 항구적으로 우리가 받지 못한 하나님의 영예를 하나님께로부터 도둑질하는 위험에 봉착하게 된다.[73]

웨슬리는 견실한 의지의 필요를 주장했다. "하나님께 대하여 견실하게, 그리고 한결같이 헌신된 의지"가 없는 성화의 상태는 있을 수 없다. "마음과 생애는 전적으로 하나님께 봉헌되어 있어야 한다."[74] 성화된 사람에 대하여 말할 때, 웨슬리는 성화된 사람들은 "계속적으로" 그들의 영혼과 육신을 희생제물로 드렸다고 기록했다.[75] 분명히 웨슬리는, 성결은 그 이상 더 봉헌하는 것은 필요가 없을 정도의 전적인 헌납과 같은 위기(危機) 경험으로서 얻을 수 있는 것이라고 생각하고 싶다고는 결코 의도하고 있지 않았다. 사람은 헌신에 있어 보류되어진 제한은 일체 없다는 점에 도달할 수 있으나, 이 헌신은 매일 매일 계속되는 헌납으로 말미암아 지속되는 것이다. 그렇다면, 이는 무엇 때문일까? 만약에 보류됨이 없이 어떤 은사가 부여되었다고 한다면, 그와 같은 것은 충분한 헌납이라는 것을 불가능케 하는 것이 아닐까? 어떤 종류의 은사에 관해서는 그러하다. 그러나 하나님께 드리는 사람의 봉헌물의 성질에 관해서는 매일 매일의 헌납이 필요하다. 그것은 계속적인 헌납에 의하여 지속되어야 할 산 희생제물이다.

웨슬리의 견해에 있어서는 온전히 성결된 사람은 매일 매일의 그리스도의 속죄를 필요로 한다. 그들 이상으로 그리스도의 필요를 느끼는 사람은 없다. 그리스도로 말미암은 생명은 "그 사람 안에, 그 사람과 함께" 있는 것으로서 그리스도를 떠나서는 있을 수 없다.

우리는 다음과 같은 관점에서 어떠한 상태에서도 그리스도를 필요로 한다.
① 우리가 받을 은혜가 어떤 것이라 하더라도 그것은 그리스도로 말미암아 값없이 얻는 것이다.
② 우리는 그 은혜를 그리스도께서 속량하신 것으로서, 단지 그가 지불하신 대가의 내성으로 받게 되는 것이다.
③우리는 이러한 은혜를 그리스도로부터일 뿐 아니라 그리스도 안에 소유한다. 왜냐하면, 우리의 완전은 그 자신의 뿌리에서 흡수하여 꽃을 피우는 나무와 같은 것이 아니라, 앞에서 언급한 것처럼 나무 가지에서 피어지는 것처럼 포도나무에 붙어 있으면서 열매를 맺는 것인데, 포도나무에서 잘리워 버릴 때에는 가지는 말라 죽게 된다.
④ 일시적인 것이건, 영적인 것이건 혹은 영원한 것이건, 우리의 모든 축복은 우리를 위한 그의 중재에 의존하고 있다. 그것은 그의 제사직 임무의 한 부분이기 때문에 이 일에 관하여 우리는 동등의 필요를 갖게 되는 것이다.
⑤ 사람들 가운데 가장 선하다고 하는 사람도 그의 제사직에 있어서 그리스도를 필요로 한다. 그것은 이러한 사람의 소극적인 죄, 그들의 결함 (어떤 사람들은 부당하다고 말하는 것은 아니지만), 그들의 판단과 행동의 과오, 그리고 그들의 온갖 종류의 부족을 위한 속죄 때문이다. 왜냐하면 이 모든 것은 완전한 율법으로부터의 일탈(逸脫)이며 그 결과 속죄를 필요로 하기 때문이다.[76]

웨슬리는 완전과 속죄의 매일 매일의 필요 사이의 하등의 모순을 발견하지 않았다. 만약에 모순을 발견하지 않으면 안된다고 했다면, 웨슬리는 계속적인 속죄가 없는 완전을 가르치는 것보다는 교리로서의 완전을 포기하는 편을 택했을 것이나, 그는 "우리는 그 어느 편도 포기할 필요는 없다"고 말했다.

가장 거룩한 사람일지라도 아직까지는 예수 그리스도를 그들의 예언자로서, "세상의 빛으로서" 필요로 한다. 왜냐하면 그리스도는 매 순간 순간마다 그 순간에만 빛을 비추시기 때문이다. 그리스도께서 빛을 비추시는 일을 보류하는 그 순간에 모든 것은 암흑으로 덮이게 된다. 사람들은 그리스도를 왕으로서 필요로 한다. 그것은 하나님이 성결을 한꺼번에 한 덩어리로 부여하지 않기 때문이다. 그러나 그들이 순간 순간마다 공급하시는 성결을 공급받지 않았다면, 남는 것은 깨끗지 못한 것 이외에 아무 것도 아닌 것이다. 그들은 아직까지는 그리스도를 제사장으로서 필요로 한다. 그것은 그들의 거룩함을 위한 속죄를 이루려고 하심 때문이다. 완전한 성결까지도 예수 그리스도를 통해서만 이루어지며, 또한 하나님에게 받아들여지게 된다.⁷⁷⁾

성화된 사람을 위한 그리스도 안에 있는 이 속죄는 필요한 은혜의 공급과 현재적인 승리와 성결의 지속을 위한 것일 뿐 아니라 매일 매일의 용서를 위한 것이기도 하다.

"우리는 많은 것으로 모든 사람에게 상처를 입힌다"는 사실에 대하여 말하고 관찰하는 것은 다음과 같다.
① 우리가 살아 있는 한 우리의 영혼은 우리의 육신과 관련되어 있다는 사실.
② 이러한 연관이 계속되는 한 영혼은 육신의 도움없이 생각하기 어렵다는 사실.
③ 이러한 기관(器官)이 불완전한 한 우리는 사념적으로나 실제적으로도 과오를 범할 수 있다는 사실.
④ 그 과오는 내가 사랑하지 않으면 안될 만큼 그 선한 사람을 사랑하지 않는다는 사실에 나타날지도 모르며, 그것은 잘못된 생이라는 결함이라는 사실도 있을 수 있다는 것.
⑤ 이 모든 것을 위하여 우리는 속죄의 피를 필요로 하는 사실. 그것은 바로 말해서 모든 결함과 소극적 죄를 위해 마땅하다는 것이다.
⑥ 따라서 모든 사람은 날마다, "우리의 죄를 사하여 주옵소서"라고 말하지 않으면 안된다.⁷⁸⁾

웨슬리는 매일 매일의 용서의 필요는 없다고 생각하는 완전을 말하는 사람을 그의 시대에서는 극히 소수밖에는 찾아볼 수 없었지만, 분명히 웨슬리는 이러한 의미에서 약간의 현대의 "성결" 주창자들과는 동일한 자리에 있지 않다. 웨슬리에게 있어서는 고백의 기도를 드리는 일을 본의가 아닌 것이라고 말하지 않는다. 그것은 그의 후계자 어떻게 했던지 그와는 관계가 없는 일이다.⁷⁹⁾ 터너(Tunner, George

A.)는 웨슬리가 무지의 죄도 회개와 용서를 필요로 한다고 가르친 점에 있어서 시종일관하지 않았다고 주장한다. "그러나 이 경우에 필요로 하는 용서는 결과에 대한 것이지 의도에 대한 것은 아니었다."[80] 그러나 우리가 잊어서는 안될 일은 "의도"와 "결과"사이에는 그것을 위하여 연민과 사죄의 필요 조건인 인간의 연약함과 타락한 인간성이라는 요소가 있다는 것이다. 확실히 이 "용서"는 고의로 범한 죄 때문에 받게 되는 것과는 그 수준이 같은 것은 아니지만, 이것도 참된 용서이다. 회개는 순서에 따른다는 의미가 있다. 사람은 자기의 과오에 대하여 납득하고 죄를 인정할 필요가 있다. 그것이 인정될 때 겸허함과 고백이 따른다. 그리고 할 수 있는 한 자기의 잘못을 시정한다는 의미에서 죄를 버리는 일이 필요하다. 선을 실행하는 일에 실패하는 일도 하나님의 용서를 필요로 한다.

웨슬리는 무의식적인 죄는 하나님 앞에서 정죄를 받는 일은 없다고 이해하고 있었다. 사람은 큰 실수를 범했을 때 저주 아래 놓이지 않는다.[81] 그는 정죄를 받기보다는 죄를 인정하게 되어진다.[82] 이러한 "죄의 인정"이 있을 때 사람은 그리스도와 자율과 연민이 전혀 필요하다는 사실에 눈을 뜨게 된다. 구속의 주 그리스도와 그 분의 용서의 사실이 항상 필요하다는 사실을 알지 못하는 그 사실이 중대한 실수이다. 그러한 일은 하나님의 진정한 행위에 대한 불신을 범하는 잘못된 자리에 사람을 인도하게 된다.

하나님께 대하여 전적으로 포기하는 것은 많은 위험을 초래한다. 웨슬리는 위험하지 않다고 말하는 사람들에게 특별한 주의를 환기시키고, 모르는 사이에 미끄러져 떨어지게 하는 거만에 대하여 경고했다. 웨슬리는 사람들이 "나는 하나님으로부터 특별한 지식을 얻었다"는 뜻이 포함된 "열심"을 두려워했다. 끊임없는 사탄적인 거짓의 위험도 있다. 은혜로 성장하고자 하는 욕구가 무엔가 새로운 종류의 은사를 구하는 것처럼 사람을 이끌 때가 있다. 웨슬리는 소극적 죄, 분파, 방종에 대하여 경고했다. 가장 거룩한 사람들 앞에는 계속적으로 영적 위기가 놓여 있다. 그러므로 열심히, 그리고 능동적으로 경건한 삶을 위해 힘쓰며 오직 하나님만을 바랄 것이다.[83]

웨슬리의 모든 권면을 종합적으로 생각하여, 우리는 그리스도인의 완전에 있어서는 그리스도 이외에는 아무 것도 자랑할 것이 없다는 결론에 도달하지 않으면 안된다. 최고의 은혜를 받았다 하더라도 자기 자신에 대하여 자랑할 만한 것은 아무 것도 없다. 그가 소유한 모든 것은 그리스도에게서 온 것이며, 그의 위대한 긍휼로 말미암은 것이다. 받은 바 어떠한 은혜의 증언도 그 사람의 영혼을 위하여 이루신 그리스도의 위대한 행위의 증언보다 더한 것은 아니다. 그러므로 모든 자기 자신의 높임이나 우쭐함은 제외된다.

어느 누구도 스스로 죄에서 해방되었다고 주장해서는 안된다고 말한 쌩스터와 플류의 말은 옳은가? 만약에 그 주장에 포함된 죄가 무의식적인 죄를 말한다면, 그들의 주장은 옳다. 어느 누구도 그러한 종류의 죄로부터 해방되지 않았다. 지금까지 말한 대로, 웨슬리는 무의식적 죄를 의미한 것은 아니었다. 그 주장은 어느 정도 현명한 것이라고 말할 수 있을 것인가? 정당한 의미에 있어서, 그리고 도덕적인 의미로서의 죄가 깨끗하게 되었다고 말함으로써 이 주장은 현명한 것이었다고 말할 수 있을 것인가? 웨슬리는 그렇다고 생각했다. 그러나 그는 그러한 주장을 하는 사람은 자기 자신이 무엇을 하고 있는지 분변해야 한다고 확신하고 있었다.

분명한 것은, 인간의 마음 속에 이루어진 하나님의 위대한 행위의 은혜를 지닌 어떠한 증언도 그것은 적절한 것이다. 그러나 인간은 영적으로 거만해지는 일에 대하여 항상 조심해야 한다. 강조해야 할 것은 사람의 무죄함이 아니라 사람 안에 있는 그리스도의 충만함이어야 한다. 성화의 "선언의 뜀틀"(springboard)에 "나"라는 문구가 놓여지는 경우에 "나는 온전히 성화되었습니다"라고 말하기보다는 "그리스도는 아직까지도 믿음으로 말미암아 나를 성화케 하시는 분(Sanctifier)이시다"라고 말해야 할 것이다.[84] 인간이 자신의 생애 속에서 하나님의 위대한 행위가 이루어졌다는 사실을 알게 될 때에, 그는 모든 영광은 그리스도의 것이 되어야 한다고 원한다. 온전히 성화된 사람은 그리스도에게 속한 영광을 자기 자신의 것이라고 생각하지는 않는다. 실제적으로 그 사람은 매일 매일, 매 순간 순간마다 영광의 주님, 믿음으로 나를 성화케 하시는 주님을 의뢰하고 있는 동안에는 그러한 생각을 감히 할 수 없다. 더욱이 그가 그리스도를 떠나서는, 그리고 자기 자신으로서는 어떠한 선한 일도 할 수 없다는 사실을 알고 있는 한 그러하다.

제7장

요약과 결론

　웨슬리의 완전 개념 연구에 있어서는 완전에 관한 어떤 교리도 다 직면하게 되는 중요한 문제의 발견과 조사를 위하여 진지한 노력이 지불되었다. 이 가르침이 직면하는 어떠한 난제도 의도적으로 회피되지 않았다. 웨슬리가 많은 사람들과의 넓은 경험으로부터 나타난 그의 개념의 다수가 수집되어 온전한 사람이라는 그의 특별한 가르침에 관계를 지어왔던 것이다. 이러한 개념들은 웨슬리에 의하여 여러 가지 용어로 표현되어왔다. 그러나, 이 용어들은 모두 웨슬리가 의미하는 바, 그의 정의(定義)에 따라 이해되어야 한다. 웨슬리의 교리를 어떤 용어나 웨슬리가 사용한 용어에 관하여 아무런 증거도 없이 함부로 주장된 용어를 바탕으로 하여 공격하는 일은 이 논의에 아무런 빛을 공급하지 못한다. 웨슬리는 언어상의 용어는 상이한 몇 개의 의미를 전하고 있다고 생각했다. 웨슬리는 성서 저자들의 가르침에 대하여 이해한 것을 표현하는 일을 힘썼다. 그리고 그는 그 말씀은 성서에 의하여 고쳐져야 한다는 생각을 가지고 있었다. 그는 "온전한 사랑"이 "그리스도의 완전"에 의하여 뜻을 가지게 된다는 확신을 최선을 다하여 표현하고 있다는 결론을 내렸다. 이 결론을 폐기할 만한 아무런 이유도 찾지 못했다.

1. 웨슬리의 교리의 요약

웨슬리가 주장하고 가르친 것은 은혜의 교리이다. 전통적인 사고에 따라, 그는 인간의 본성은 전적으로 부패했다고 믿었다. 그는 타락을 가장 어두운 말로 묘사했다. 이 부패성에 대하여 웨슬리는 모든 인간에게 부여된 하나님의 선행 은총—예비적 은총—을 설정했다. 이 은총은 인류를 실제적으로 구속하는 것인데, 그것이 의미하는 바는 인류의 허물은 제거되고 개개인에게 어느 정도의 자유가 회복되고, 모든 인간의 영혼에 하나님의 빛이 존재하기 시작하여 모든 사람이 구원을 얻게 된다는 것이다. 현실적으로 있는 그대로의 상태에 놓여 있는 사람은 한 사람도 없으며, 이미 모든 사람 안에 구원이 시작된 것이다.

이 선행 은총은 모든 인간이 보다 더한 은혜를 거부하든지 아니면 선택할 수 있는 자리에까지 끌어올리는 것이다. 보다 더 큰 은혜를 선택함으로 사람은 의롭다고 여겨지는 일의 조건인 회개와 믿음에로 인도된다. 신앙에 선행되는 행위는 모두 은혜로 말미암는 것이다. 협력하는 능력도 은혜로 되어지는 것이다. 이와 같은 의미에서 오직 은혜(*sola gratia*)란 웨슬리에 의하여 유지되었다. 또한 의인, 그리고 구원도 신앙으로서만 이루어질 수 있다. 은혜로 말미암은 것이라 하더라도 믿음의 역사가 없이는 일체 의롭다고 여겨질 수 없다. 의인의 직접적인 조건은 믿음이다. 이 믿음이 없이는 어느 누구도 의롭다고 인정될 수 없다. 그러나 어떤 사람이라도 믿음만 있으면 의로 인정된다. 이런 뜻에서 웨슬리는 오직 믿음(*sola fide*)이라는 주장을 보전했던 것이다.

웨슬리는 보편적 구원을 믿고 있었으며, 은총은 모든 사람에게 부여되었다고 믿고 있었다. 이 은혜에서 어느 누구라도 하나님과 협력할 수 있는 존귀한 능력이 나온다. 사람은 은혜가 부여되지 않았기 때문에 지옥으로 보내지는 것이 아니라 부여된 은혜를 사용하지 않기 때문에 지옥으로 가는 것이다. 은혜로 말미암아 신앙 전이나 후에도 행위를 행하는 것이다. 이 행위는 은혜가 아니고서는 믿음에 이르지도 못하고 믿음을 보전할 수도 없기 때문에 없어서는 안되는 요소이다. 이것은 신인협력설인데, 신단독 시행설(神單獨施行說; monergism)에서 나온 신인협력설이다. 하나님께서 역사하시기 때문에 사람이 협력하는 행위가 가능한 것이다.

죄에 대한 웨슬리의 견해는 "두 길의 하나"(one of two ways)라고 말할 수 있다. 원죄란, 아담은 인류의 대표자로 범죄했다는 의미에서 그것은 인류의 죄가 되었을 것이다. 이 죄가 인류에게 이어져온 자연적 연약함과 모든 악을 설명하는 말이다. 그러나 불행하고 나쁜 결과는 그대로 남아 있는 것으로서, 이 죄의 허물은 선행적 은총 때문에 모든 사람을 위하여 제거된 것이다. 이 타락한 본성에서 아담의 자손에게 있는 부패와 악이 유출되는 것이다. 그러나 이 악한 본성 속에 하나님의 은혜가 흘러들어와 있으며, 이러한 사실에서 웨슬리의 죄의 정의를 비추게 했다. 인간은 은혜를 소유하고 있는 까닭에, 이 은혜의 거부야말로 사람을 정죄하는 죄의 종류가 되는 것이다.

웨슬리의 정당한 의미로서의 죄의 정의는 명백하고도 명확하다. 사람은 값없는 은혜를 거부하고 자기 죄 가운데 항상 있어서 이러한 거부로 인하여 "고의의 죄인"이 되는 것이다. 그가 회개하지 않고 믿음을 가지지 않으면, 이 죄로 말미암아 영원한 죽음으로 인한 고통을 면할 수 없다. 이러한 의미에서 은혜로 말미암아 사람은 죄를 인정하고, 회개하고 신앙을 소유하게 되면, 범죄를 멈추게 된다. 신앙을 소유하고 있는 한, 그는 죄를 범할 수 없게 된다. 웨슬리가 이러한 종류의 죄에 관하여 믿는 자의 마음 속에 있는 악한 기질과 욕구, 또는 타락한 인간성에서 유출되는 불행하고 무의식적인 모든 악을 의미하고 있지 않았음은 명백하다. 그가 뜻하고 있었던 것은 그리스도 안에 있는 참된 신앙으로부터 떠난 자행자지하는 길을 의지적으로 계속 달리는 인간의 개인적인 죄였다.

구원, 완전, 그리고 성결은 웨슬리에게 있어서는 같은 의미를 가지고 있었다. 어떤 의미로서는 선행적 은총 가운데 있는 이른 아침의 여명의 빛과 함께 시작되는 것이다. 한 사람의 인간이 의롭다고 인정될 때, 그는 동시에 새로 태어나며(신생) 초기적으로 성화되는 것이다. 그는 용서를 받고 하나님의 아들로 받아들여진 사실로 인하여서는 의인은 이루어졌다. 그러나 계속적인 용서는 계속적인 믿음에 의한 것이지만, 신생은 새로운 생명이 시작되고 영혼 안에 하나님의 모든 은혜가 심겨졌다는 사실로 말미암아 성취된다. 신생에 있어서 죄의 힘이 파괴와 마음의 불결함의 정화도 또한 성취되는 것이다. 정화는 곧 성화이다. 그러나 아직은 불완전한 성화이다. 온전한 성화는 완전의 과정 있은 약간 후에 어느 시점에 오는 것이다.

웨슬리는 성화를 점진적인 성화, 그리고 순간적인 성화 양자의 것으로 이해하고 있었다. 성화가 정결하게 된다는 관점에서 보여지는 것이라고 한다면, 그것은 신생에서 시작되고 신앙으로 말미암아 온전히 정결케 될 때 또는 온전한 순결이 올 때까지 믿는 자 안에 계속 되는 것이다. 그 완성점은 하나의 전기(轉機), 또는 특별한 경험이며, 그 때 성령께서 그가 시작한 죄의 정결을 완성시키는 것이다. 성화를 성장이라는 관점에서 보여질 때, 그것은 믿는 자의 마음에 사랑과 그 밖의 은혜가 심겨진 그 때부터 시작된 과정이다. 이 은혜는 성화 전에도 또한 후에도 성장하는 것이다. 은혜가 이 이상 더 성장할 수 없다는 점에는 도달하지 않는다. 이런 의미에서 성화는 점진적이다.

따라서 웨슬리에게는 두 개의 완전이 있었던 것이다. 그 하나는 마음이 깨끗하게 되고 사랑만이 지배하게 될 때에 도달하는 완전이다. 이것은 그리스도인의 완전, 또는 온전한 사랑이다. 다른 또 하나의 완전이란 끊임없이 그리스도인 앞에 놓여 있으며, 이 지상에서는 성장과 개선이 체험될 수 있으나 결코 도달할 수는 없다. 첫째는 믿는 자의 마음 안에 남게 되는 도덕적 부패성에 관계되는 것이고, 둘째는 은혜의 성장과 그리스도인의 내일 매일의 행동에 있어서의 은혜의 출현에 관한 것이다.

어떤 의미에서 완전하게 되어졌다고 말하는 것과, 다른 의미에서 완전하게 되어 있지 않은 차이를 이해하기 위해서는 믿는 자 안에 있는 두 종류의 죄에 특이한 분류를 해야 할 필요가 생긴다. 온전한 성화에 있어서 정결하게 되며 또한 파괴되는 죄는 도덕적 부패성이다. 이 부패성이란 하나님과 사람에 대한 사랑에 상반되는 잘못된 의지의 성향, 악한 기질, 자아 의지, 또는 악한 도덕적 욕망이다. 그것은 타락한 인간 존재의 일부분으로서의 연약함과 부족함, 또는 자연 본능과는 동일한 것은 아니다. 사람이 하나님을 완전히 사랑하게 될 때, 하나님과 사랑에 반대하는 마음속의 악은 없어지는 것이다. 이 완전한 사랑은 온전한 행위는 아니며 순수한 의도인 것이다. 온전한 성화에 있어서 믿는 자의 하나님을 닮은 형상은 전적으로 회복되어지는 것이다.

이 온전한 사랑, 또는 그리스도인의 완전만이 이 지상에서의 가능한 완전이다. 그것은 악을 향한 경향성에서 의지를 해방하는 바의 순결이다. 그것은 마음, 또는 의지의 죄의 깊은 타락성으로부터의 해방이다. 그것은 성령의 충만이라고 불릴 수 있는 하나의 경험으로 오는 것이며, 믿는 자의 신앙에 응하여 성령으로 말미암아 완성되는 것이다. 웨슬리에게 있어서 이것은 성서적인 개념이며, 모든 믿는 자들에 의하여 현재 이 세상에 있어서 도달할 수 있는 것이다. 그것은 사람으로 하여금 그리스도의 율법을 성취할 수 있게 하는 것이다. 그것은 아담적인 완전도 아니고 천사적인 의미(angelic sense)의 것도 아니다. 또한 완전한 사랑이란 부활의 완전도 아니다(Nor perfect love resurrection perfection). 사랑을 온전히 이룬 사람들에게는 아직도 나아가야 할 곳이 있다.

이 현재적인 완전에는 인간적인 제약이 있음은 분명한 사실이다. 유한한 존재는 완전한 사랑에 있어서도 무한한 완전으로서 생각되지 않으면 안되는 것이다. 인간의 타락한 상태에 있어서는 인간은 썩어질 수밖에 없는 육체로 인하여 압박을 받고 있으며, 또한 결함 투성이인 마음으로 행동하지 않으면 안된다. 한정된 지식과 인간적인 약점을 가지고서는 어느 누구도 사랑에 있어서 아무리 온전하다 하더라도 완전하게 행동할 수는 없는 것이다. 모든 행동이 온전한 사랑으로 인하여 일어났다 하더라도, 결함이 있는 몸과 마음의 불안전한 반응이 온갖 종류의 불안전함을 산출하는 것이다. 이러한 인간적 불안전함은 결코 악한 도덕성과 혼동되어서는 안된다. 다만 양자 사이의 경계선은 명확하지 않다.

약하게 된 인간성으로부터 흘러나오는 이들 불완전함은 순수한 사랑과 병행한다. 그 불완전함이 사랑의 율법으로부터의 일탈이 아님은 명백하다. 그것이 아담에게 부여된 완전한 율법으로부터의 일탈이라는 사실도 명백하다. 개혁자들과 함께 웨슬리는 완전한 율법으로부터의 이들 일탈은 죄라고 했다. 그러나 이들 일탈은 사랑의 율법으로부터의 일탈과 같은 의미로서의 죄는 아니다. 웨슬리는 이러한 구별을 했기 때문에, 순수한 사랑으로부터의 일탈인 죄로부터의 해방을 설명할 수 있었던 것이다. 그는 이것이 성서가 가르치는 죄로부터의 해방이라고 생각했다. 완전한 율법을 완전히 준수하기에 역부족인 사실도 포함한 모든 죄로부터의 보다 큰 해방은 부활을 기다리지 않으면 안된다.

이 온전한 사랑과 온전한 행동과의 사이에 있는 불완전의 영역을 웨슬리는 가볍게 취급하지는 않았다. 때로는 웨슬리는 이러한 모자람을 "죄"라고 하는 데 주저하지 않았다. 그것을 항상 죄라고 일컫지 않았던 이유는 사람들이 그것을 다른 종류의 죄와 혼동해 버리지 않게 하기 위함이었다. 그러나 그는 이들 연약함으로부터의 "죄"도 속죄의 피를 필요로 한다는 사실을 믿고 있었으며, 또한 사람은 용서를 받기 위해 매일 매일 기도하지 않으면 안된다는 것도 믿고 있었다. 성결의 삶은 그리스도의 제사직에 매 순간 순간 의뢰하는 것이다.

2. 미국 메도디즘의 반성

이 성결의 메시지는 웨슬리에 의하여 끊임 없이 선언되어왔다. 확실히 의문점이 제기되어온 때도 있었다. 그 의문이란 완전에 관한 설교를 해야 하는가 아니냐는 것이 아니었다. 웨슬리는 이 점에 있어서는 분명했다. 그는 완전에 관한 설교를 하는 데 있어서 보다 더 명백한 방법을 모색했고 또한 위험을 제거하려는 노력을 했다. "완전에 관한 설교를 그만 두게 하라"는 가능성에 관한 문제의 제기는 웨슬리의 설교를 한층 더 격렬하게 했다. 웨슬리가 어떠한 변혁을 교리에 부여했다면, 그것은 한층 더 명료하게 완전에 관한 교리를 믿고, 그로 인한 축복을 간구할 것을 열심히 권고할 것을 목적으로 한 것에 지나지 않는다. 웨슬리의 글을 읽은 사람은 아무도 그리스도인의 완전은 웨슬리의 "애완물과 같은" 학설이었다고 결론을 내리는 사람은 없다. 그의 완전론은 그의 사역에 있어서의 중요한 흐름이었다.

1777년에 웨슬리는 다음과 같은 글을 썼다.

> 그러나, 당신들은 당연히 질문을 받게 될 것이다. 메도디즘은 도대체 어떤 것이냐라는 질문을…소위 메도디즘이란 옛 종교, 성서의 종교, 원시 교회의 종교, 영국 국교회의 종교이다. 이 옛 종교는(『이성과 종교인을 향한 진지한 호소』에서 내가 관찰한 대로) "사랑 이외에 다른 아무 것도 아니며, 하나님과 모든 인류의 사랑, 우리의 마음, 영혼, 우리의 힘을 다하여 하나님을 사랑할 것…또는 하나님께서 지으신 모든 영혼, 이 땅 위에 있는 모든 사람을 우리 자신의

영혼처럼 사랑할 것"[1]이라는 것이다.

여기서 웨슬리는 메도디즘과 성결은 같은 일을 위해 있는 것이라고 보았다. 그는 메도디스트의 부흥운동의 성공에 지대한 신뢰를 가지고 있으며, 그것을 순수한 종교, 다시 말해서 그에게 있어서는 마음의 성결이란 것과 관련을 맺었다. 그는 결코 메도디스트가 영국 국교회에서 이탈한 한 교회가 되는 것을 원하지 않았다.[2]

무엇 때문에 메도디스트들을 일으켰느냐는 질문에 대하여, 웨슬리는 대답하여 말하기를 "무언가 새로운 교파를 형성하기 위한 것이 아니라, 국가를 개혁하고, 특히 교회를 개혁하기 위한 것이라는 것과 이 땅 위에 성서적 성결을 펼치기 위함이었다"고 했다. "메도디즘의 발생은 무엇이었던가?"라는 물음에 대한 그의 답변은 1791년에 개정되었다.

> 1729년에 두 젊은이가 성서를 읽고 성결이 없이는 구원을 받을 수 없다는 사실을 깨닫고 성결을 추구하고, 더욱이 다른 사람들에게도 그렇게 하도록 권면했다. 1737년에 그들은 성결은 성서로 말미암아 오는 것이라는 사실을 깨닫게 되었다. 이와 마찬가지로 그들은 사람들은 성화되기 전에 의로 인정되는 사실도 깨닫게 되었는데, 그러나 그들이 추구하는 점은 성결이었다. 그런데, 하나님은 그 두 사람의 뜻과는 전혀 반대되는 것이었지만 거룩한 백성들을 일으키시기 위하여 그 두 사람을 밀어냈다. 사탄은 이것을 저지할 다른 방법을 얻지 못했을 때에 두 사람이 가는 길에 칼빈주의를 투척했던 것이다. 그리고 계속하여 모든 성결의 근원을 직접적으로 공격하는 안티노미안주의(Antinomianism)를 투척했던 것이다.[3]

1790년에 웨슬리는 교리로서의 "전적 성화는 하나님이 메도디스트로 불리는 사람들에게 맡기신 위대한 공탁물(供托物)이다. 그리고 주님은 이것을 널리 전하기 위하여 우리를 일으켜 주신 것이다"라고 기록했다.[4]

메도디즘은 그 창설자의 확신을 얼마 만큼이나 보전하고 잘 지켜

온 것일까? 웨슬리는 죽기 전에 미국의 메도디즘 조직을 한 교회로 허용했기에, 그의 메도디스트들은 (웨슬리를 따랐던) 영국 국교회 안에 머물러 있어야 한다는 의견은 그렇다 하고라도, 우리는 그 "위대한 공탁금"으로부터의 결실에 흥미를 갖게 된다. 이 연구에서 알게 된 것처럼, 그리스도인의 완전은 전년석 타락성, 그리스도 안에서의 속죄, 선행적 은총, 믿음으로 말미암은 의인, 신생, 그리고 선한 행위와 매우 밀접한 연관을 갖는다. 이러한 것들 가운데 어느 것 하나라도 무시한다면, 성결의 교리를 곡해하는 일이 된다.

몇 가지 귀중한 연구가 미국 메도디즘에 있어서의 완전주의 문제에 관한 흥미있는 통계를 밝혔다. 로버트 클락(Robert Clark)은 1845년까지의 메도디즘의 교리사를 공부했다. 그는 웨슬리로부터 계승한 표준은 당초의 원칙에서 조금도 벗어나지 않은 그리스도인의 완전의 교리에 관하여 끊임없는 일치를 메도디즘에게 부여하여 왔다고 주장한다.[5] 미국 메도디즘 초기에는, 메도디즘을 유명하게 만든 캠프 집회(camp meeting)가 설치되었다. 이 야외 집회는 후일에 성결캠프집회(Holiness Camp Meeting)로 알려졌다.[6] 그러나 로버트 클락은 1840년과 그 후는 "교회 목사들에 의하여 완전의 교리를 주장하는 것이 일반적으로 감소 추세를 보였고, 그 결과로 교계 내에서 적은 무리들이 이 은혜를 추구하거나 증거했다"고 생각하고 있다. 그러나 이 초기 기간에 존재했던 유일한 논쟁은 교리 자체에 관한 것이 아니라 교회 안에 있어서의 이 교리의 실천과 제시 방법에 관한 것이었다.[7]

19세기의 미국에 있어서의 메도디스트 신학에 관한 리랜드 스캇(Leland Scott)의 연구는 몇 가지 흥미있는 정세를 시사했다. 미국 초기 메도디스트들은 그들의 신학을 고려하는 일에는 시간과 관심을 거의 쏟지 않았다. 애즈버리(Asbury)까지도 단순한 사람들에게 말한다든지 그들을 위해 글을 쓰기 위해서는 학문 따위는 필요하지 않다고 생각했다.[8] 19세기 중반부터는 독창적인 독립된 신학적 연구의 필요를 느꼈다.⁹⁾ 1840년 대에는 교리로부터 표류하는 동향이 있음을 두려워했기 때문에, 티모디 메리트(Thimoty Merritt)와 피베 팔머(Phoebe Palmer)에 의하여 성결의 교리를 옹호하는 노력이 일어나고 있었다. 구속의 은총의 체험적 "순간"을 강조하는 일이 감소 되었다. 스캇에 의하면, 복음주의적 회심, 성령의 증거, 전적 성화가 무슨 까닭인지 모르게 활력을 상실했다. 부흥운동에 있어서 과격한 일들에 관하여 교회의 우려가 점점 격렬해졌다. 이와 함께 자녀 교육에 관한 강조가 증대했다.¹⁰⁾

19세기 후반에는 신학적 변화를 보이기 시작했다. 다니엘 휘든(Daniel Whedon)은 자유의 행위(free agency)와 선택에 대한 거역(contrary choice)의 능력—선택에 대한 자유—을 강조했다.¹¹⁾ 스캇에 의하면 윌리엄 와렌(William Warren)과 존 마일리(John Miley)가 이와 같은 변혁에 기여했다. 마일리는 도덕적 선택을 강조했으나, 원죄와 선행은총의 교리는 무시했다.¹²⁾ 다른 한편 다니엘 스틸과 토머스 서머스(Thomas Summers) 같은 사람들은 이 교리의 유산의 "체험적 부수물"(experiential concomitants)을 갱신하는 것으로 인하여 메도디스트 교리의 유산을 다시 회복시켜야 한다는 것을 강조했다.¹³⁾ 스캇은 이러한 변천에도 불구하고 19세기의 메도디스트 신학은 웨슬리주의의 복음적 윤곽에 "형식적인 충성"을 보전하고 유지했다고 논술했다.¹⁴⁾ 그러나 회심, 성령의 증거, 순간적 온전한 성화, 구원의 긴박성 등의 웨슬리안 교리를 강조하는 일이 서서히 감소된 증거가 있다.¹⁵⁾

미국에 있어서의 완전주의 운동의 역사를 저술한 엘머 가디스(Elmer Gaddis)는 메도디스트들에 의하여 미국에서 성취한 "웨슬리안 경향의 완전주의의 소개"의 커다란 중요성과 공헌을 높이 평가했다.¹⁶⁾ 그는 "메도디스트 완전주의자들이 미개척 분야에 원칙과 진행 절차와 처리를 형성한 범위라고 말할 만한 것은 결정적인 평가는 할 수 없지만, 그 영향은 매우 큰 것이었다"라고 주장했다.¹⁷⁾ 가디스는 메도디스트 신도들은 "가장 좋은 복음을 멀리, 그리고 넓게, 확장시키기 위하여 무장되었다"[18]라고 말했다.

그렇다고는 하지만, 미국 메도디스트 측에서는 19세기 전반에 성결의 교리를 무시하고 있었던 것처럼 보인다. 존 피터스(John Peters)는 미국에서 성결이 많이 강조되었다는 주장을 타당하게 할 만한 이 시대의 문서를 찾아볼 수 없다고 말했다.[19] 1805년 이전에 가장 초기의 미국 메도디스트들은 자기 자신들을 "웨슬리의 아들"이라고 생각했다. 1781년 연회에서 그들은 옛 메도디스트 교리를 설교하고, 웨슬리가 주장하는 교리를 따르는 일에 동의했다.[20] 피터스에 따르면, 1812년까지는 거의 정반대의 결과를 만들어낸 몇 가지 사건이 공모되었다. 편의상 조례에서 교리적 소 논문은 빠져 나갔고, 이러한 웨슬리의 문서는 1832년까지는 재판되지 않았다. 1832년에서 1840년에 걸쳐 중요한 교단지(敎團誌)에는 성결의 교리에 대해서는 거의 아무것도 게재되지 않았다. 피터스는 이 9년 동안 이 교리는 "진지하게 물어보는 일도, 또한 설교를 통해 언급된 일도 없었다"고 말한다. 해명되거나 옹호되거나 할 때에 그것은 엄정하게 웨슬리적 인용으로 사용하기는 했으나, "그리스도인의 완전은 이 시기에서 일반적인 메도디스트들의 생각이나 생활 속에 있어서의 활력이 있는 성분은 아니었던 것처럼 보인다."[21]

이 웨슬리의 "위대한 공탁금"을 무시한 이유는 도대체 무엇이었던가? 몇 가지 이유가 시사되었다. 피터스는 미국 개척자들은 메도디스트의 설교의 근본 주제를 회심이라고 생각했다. 1812년에 있었던 전쟁이 성결에 대한 무시에 기여했는지도 모른다. 특히 그 후의 평화는 성결에 대한 흥미의 회복이라는 징조를 보였는지는 모르나, 피터스에 의하면 메도디스트도 이상하다고 생각했던 국가적 번영의 흥기(興起)도 "경건을 깊게 하는 일을 불러일으키는 일"은 하지 못했다.[22] 델버트 로즈(Delbert Rose)는 남북전쟁 이전의 기간에 대해 말하면서, 메도디스트 교회에서 성결을 강조하는 일이 저조한 것은 "교파간의 성장, 완전이라는 이름 아래서 모여진 종교적 열광 및 메도디스트 감독제도의 독재적 성격에 대한 반발 때문이라고 말했다.[23]

19세기 전반에 걸쳐 보여진 성결 강조의 저하와 무시에 관하여 어떠한 원인이 작용되었는지 그것은 고사하고 교리는 상실되지 않았다. 티모디 스미스의 조사에 의하여 1825년이라는 이른 시기에 재빨리 그 강조와 흥미의 재흥이 있었음을 알게 되었다. 그 해에 티모디 스미스는 여러 해에 걸쳐 큰 영향을 끼친 소책자『그리스도인의 완전이란 논문』(Treatise On Christian Perfection)을 내놓았다. 메도디스트 교회의 감독은 1832년 총회에서 성결의 재흥을 부르짖었다. 1835년에는 피베 팔머 지도 아래 저 유명한 뉴욕 시의 "화요회"(Tuesday Meeting)를 갖게 되었고, 그로부터 4년 후에 티모디 메리트에 의한 월간지「성결을 위한 안내서」(Guide To Holiness)가 출간되었다.[24]

웨슬리의 교리를 연구한 결론에 이르러 미국이라는 무대에서의 이 교리의 영고성쇠(榮枯盛衰)의 길을 상세히 더듬는다는 것은 의도적인 것은 아니다. 이러한 부류에 관하여 더 자세히 알고자 한다면, 위에서 언급된 엘머 가디스, 델버트 로즈, 티모디 스미스, 크라우디 톰프슨, 그리고 존 피터스의 서적을 참고하면 좋을 것이다. 미국에 있어서의 완전의 교리를 연구한 이들 학자들이 내린 총체적인 결론은 웨슬리의 이 특별한 교리가 어느 정도까지 강조되어 왔는가에 관한 일반적 견해를 형성하는 데 도움이 될 것이다.

티모디 스미스는 19세기 중반의 부흥운동에서 완전의 교리는 중요한 위치를 차지하고 있었다고 확신하고 있다.[25] 이 부흥은 침례파, 장로파, 조합파(Congregational), 루터파, 성공회를 포함한 많은 교파들이 수락했던 것이다.[26] 이 19세기 중반의 신앙부흥 운동가들은 분파적인 것은 아니고 오히려 각각 다른 분파들 사이에서 신앙적인 교제를 할 수 있는 일에 힘이 되었다.[27] 메도디스트이며 웨슬리적 완전의 지지자이었던 팔머 부부는 다른 교회의 지원을 얻어 부흥운동에 봉사했다.[28] 스미스의 결론이 옳은 것이라면, 성결의 교리는 그 시대의 부흥운동 설교자들에 의하여 널리 지지를 받고 있었다. 그러나 이것은 이 시대의 대부분의 그리스도인의 완전에 관하여 저서를 내놓고 사람들은 웨슬리의 주장한 교리를 제법 긴 인용문을 사용했다는 사실이 있다 하더라도 이것은 항상 웨슬리를 따르고 있었다는 뜻은 아니다.[29]

1850년대의 부흥운동과 성결의 강화에 모든 메도디스트들이 참가했다는 것은 아니었다는 사실이 로즈에 의하여 지적되고 있다. 1860년까지는 메도디스트 교회지(Methodist Church Papers)는 캠프집회를 전면적으로 단념하는 일의 타당성을 진지하게 언급하고 있었다. 더욱 더 1867년 이전 몇 해 동안은 '온전한 성화'라는 제목에 대한 반대도 더 증대된 일도 있었다. 몇몇 곳에서는 엄청난 반대가 있었다.[30] 로즈는 "메도디즘이 자기 자신의 교리에 철저하게 반발하고 있었던 기간"에도 웨슬리적 완전의 계속적인 증인들이 존재하고 있었다는 증거를 제출했다. 그는 많은 메도디스트 설교자와 감독들에게 파머 부부의 공헌과 영향에 관하여 여러 말로 논술하고 있다.[31] 1860년에 도달한 메도디즘 안에 있어서의 두 개의 명확한 구분을 짓는 무리가 있었던 것처럼 보인다. 그 하나는 성결을 지지하는 일에 점점 더 강경한 입장을 취하는 것이었고, 다른 한편은 그러한 일에 대하여 반대하는 경향을 가지고 있는 것이었다. 아마도 이 양자의 극단 사이에는 교리에는 반대하지 않으나 교리를 무시한 많은 사람들이 있었음이 틀림 없었을 것이라고 생각한다(역자 주: 여기서는 무시했다기 보다는 무관심했다는 뜻이다)

남북전쟁 후에는 어떤 일이 있었는가에 대해서는 아직은 충분히 기록되어 있지 않다. 전 미국 성화연맹(National Holiness Association)의 역사가 이에 대한 해답을 주는 일에 도움이 될 것이다.[32] 파머 부부와 그 밖의 부흥운동 전도인들에 의하여 만들어진 성결에 대한 관심이 증대된 후, 많은 사람들 사이에서 성결의 교리를 추진하고자 하는 뜻에서 캠프 집회를 발족해야 한다는 소원이 증대되었다. 회의 첫번째인 제1회는 1867년에 뉴저지 주 바인랜드(Vineland)에서 개최되어 "그리스도인 성결 추진을 위한 전국 캠프 집회 연맹"으로 불려졌다. 이 연맹의 목적은 교회 사이의 성결의 재흥을 도모하는 일이었다.[33] 위험성 때문에 성결을 주장하는 사람들 모두가 이와 같은 운동에 찬성했던 것은 아니지만, 다른 사람들은 호의적이었다.[34] 이 조직의 주도권은 주로 메도디스트 교회 사람들이 가지고 있었다. 이들 지도자들은 분파와 당파 형성에 눈살을 찌푸리면서 각 교파 내부에서의 계속적인 증거를 장려했다. 이 연맹은 조직 구성 및 명칭의 변화는 있었지만 현재까지 존속되어 왔다. 이것은 "메도디즘과 그 자신의 교파, 그리고 타 교파의 후예에 해당하는 군소 교파에 있어서의 현대 웨슬리주의의 강조"로서 환호성과 함께 인정을 받고 있다.[35]

전 미국 성화연맹의 지도자들은 메도디스트 교회 내부의 분열을 조장하는 일을 원하지 않았으나, 결국에는 그러한 결과가 나타났다. 존 피터스는 여러 종류의 정기 간행물, 또는 일지 등에서 19세기 말엽 30년 동안 메도디스트 교회 안에는 강력한 논쟁이 행해졌다는 증거를 제시하고 있다. 성결을 지지하는 사람들은 순간적인 온전한 성화를 강조하고 있음에 대하여, 다른 한편에서는 신생과 동일시하는 성화, 또는 점진적 성화만을 강조했다.[36]

웨슬리의 온전한 성화에 관한 논쟁이 있는 동안에, 성결 지지자들은 단독으로 캠프집회 연맹을 결성하고 소유지도 가지기 시작했다. 수많은 전도인들이 이 집회에서 활약하게 되었고, 그들 가운데 어떤 사람들은 메도디스트의 지도권 아래 통제되는 것을 마땅치 않게 생각하기 시작했다. 당연한 일로서 감독들은 이와 같은 과격한 일을 두려워하여 경고를 발했다. 이들 단독 캠프집회의 전도인의 수가 증가와 함께 분열의 두려움이 생겼다. 성결에 관한 자료를 전문적으로 출판할 목적으로 몇 개의 출판사가 창설되었다. 1888년에는 그러한 출판사가 넷이나 생겼고, 27종의 성결 기관지가 간행되었다. 1892년까지는 그와 같은 출판물이 41종이나 되었다. 이러한 행보에 대하여 그와 반대되는 반응이 일어나는 것은 별로 놀라운 일이 아니다.[37]

성결 지지자들이 한편으로는 점점 더 전통적인 관점을 강력히 주장하여 때로는 "반 세공주의를 거부하고 녹난주의를 심뜩하게 여기는" 일에 대하여, 다른 편인 극단적인 사람들은 독일의 합리주의, 다윈의 학설 또는 새로운 사회 개혁운동에 영감을 받는 새로운 자유주의에서 안식처를 구했다. 이 신학적 입장이 양분된 진영은 급속히 "상호 양해 불가능한" 것으로 발전을 계속했다.[38] 교회의 일면에서는 전통적 강조점인 부흥운동에 여념이 없었으나, 다른 한편으로는 "그 정통에 대하여 반발심을 품고 있었다." 전자는 그 자체가 그 일부인 사회라는 것에 대하여 무관심한 것처럼 보였으나, 후자는 기독교 신앙의 해석을 새로운 기반 위에 세우려고 했다. 화해의 요청이 일어났으나, 온전한 성화를 주장하는 무리들은 양보의 여지가 전혀 없었다. 그 결과로 1890년대에는 메도디스트 교회로부터 다수가 이탈하여 여러 종류의 교파가 탄생했다.[39]

> 이상과 같이, 이 세기의 끝이 가까워짐에 따라 그리스도인의 완전의 교리는 각각 그 입장에 양편이 다같이 웨슬리를 그 권위로 주장하는 메도디스트적인 두 집단에 의하여 각각 다른 형체로 나타나게 되었다. 이들 분파가 제공한 것은 소위 부분적인 생략된 웨슬리주의였다. 여러 면으로 그의 1760년의 이해의 특성을 지닌 것으로서 그의 순간적 경험의 가르침에 강조점을 둔, 크게 말한다면 그의 점진적 면의 강조는 무시된 것이었다. 다른 한편, 교회 안에서의 주장은 이를 테면, 불확정한 웨슬리 주의였던 여러 면에서 그의 1745년의 이해의 특성을 곁들인 것으로서, 점진적 방법의 효력을 유연하게 희망하고 있는 것으로서, 순간적 강조는 거의 무시된 것이다.[40]

로버트 쿠쉬맨(Robert Cushman)은 "현대 메도디스트 주의는 존 웨슬리의 종교의 1738년 이전의 것으로 돌아가 거기에 정착하고 있다"는 판정을 내렸으나, 그들은 웨슬리가 소유했던 것과 같은 선한 행위에 대한 열심은 가지고 있지 않다.[41] 그럴지도 모른다. 그러나 메도디스트 주의의 성결에 관한 강조는 일반적으로 말해서 19세기로서 끝장을 낸 것 같이 보여진다.

> 활력 있는 성결은 메도디스트의 신앙과 실천으로부터 소멸되어가고 있었다. 궁극적으로는 그 교리의 발자취가 1935년에 출판된 찬송가집에 있는 교회의 노래로부터 조심스럽게 지워져 버린 것이다. 예를 들면, 찰스 웨슬리의 유명하고 위대한 찬송가 Love Divine, all Loves Excelling(역자 주: 직역하면 "모든 사랑 위에 뛰어난 하나님의 사랑이다. 우리말 찬송가는 "하나님의 크신 사랑")인데, 1747년 이후의 찬송가에서는 반드시 게재되어야 함에도 불구하고 제2절 둘째 줄에 있는 Let us find that second rest(역자 주: 직역하면 "우리도 제2의 안식을 발견하게 하소서"이다)라는 구절을 찬송가 편집위원회에 의하여 Let us find promised rest(역자 주:"우리로 약속된 안식을 발견하게 하소서"이다. 우리말 찬송가에는 "평안하게 하소서")라고 고쳐 버렸다. 오늘에 와서는 메도디스트 신도들에게 메도디스트 교회가 제2의 은총으로서의 하나님의 행위를 옛날에는 시인하고 믿었다는 사실을 상기시킬 만한 아무 것도 남겨 두는 일을 허용하지 않았다.[42]

가디스, 엘머, 크라크, 톰프슨, 피터스 등 학자들의 전반적인 결론으로서 동의하고 있는 것은 메도디스트 주의의 내부에 19세기 마지막 30년 사이에 보여진 성결의 격동은 성결의 모든 분파를 형성하게 되었다는 사실, 그리고 이 모든 분파는 온전한 성화를 전문으로 삼고 있다고[43] 하는 것으로 인하여 메도디스트 교회는 그리스도인의 완전이란 웨슬리의 교리를 포기했다는 결론을 내려서는 안된다. 세 사람을 제외하고 1952년에 이르기까지의 전 미국 성화연맹(NHA)의 의장 전원이 메도디스트 교회의 교직자이었다.[44] 플류, 쌩스터, 린트스트뢈, 캐논, 톰프슨, 피터스 등 학자들에 의하여 증거된 바처럼, 이 시기의 메도디스트 교파 가운데는 웨슬리의 성결의 교리에 대한 관심의 재흥이 나타나고 있다. 로즈에 의하여 많은 수의 메도디스트들은 이 교리를 포기하지 않았다는 사실도 지적되었다.[45] 반 세기 전에 같은 시대의 변화에 추종하려고 노력했던 메도디스트 주의는 오늘날 다른 모든 교회와 함께 한 번 상실한 유산을 되찾으려는 노력을 기울이고 있다.

 이 비교적 짧고 제한된 미국 메도디스트 주의의 완전 사상에 관한 연구에서 일반적인 하나의 결론을 시사될 수 있는 것 같다. 초기의 미국 메도디스트 신도들은 웨슬리에게 밀접하게 결속되어 있었으며, 그의 교리와 지도에 따르고자 하는 결의를 가지고 있었다. 그러나 19세가 시작되자, 변경의 상태로 말미암아 20년 내지 30년 동안은 웨슬리의 온전한 성화에 관한 특별한 가르침이 일반적으로 무시되어 왔다. 1835년에 이르기까지도 어떤 지도자측에 있어서 관심의 갱신을 볼 수 있었고, 그들은 그 교리를 강조하기 위하여 여러 모양, 여러 방법으로 노력했다. 1858년에 이르기까지는 이러한 관심은 제법 큰 움직임을 보였다. 이와 같은 새로운 관심과 평행하여 메도디스트파 가운데 다른 일부의 사람들은 발전을 계속하고 있었던 성결의 가르침에 대하여 반대하기 시작했다. 1867년에 전 미국 성화연맹이 조직된 후, 그리고 그 해에 계속된 성화대회, 정기 간행물, 전도인들의 급격한 증가가 이루어지는 기간에 그 논쟁은 매우 큰 것이었기 때문에 19세기 끝 무렵에는 많은 성결을 주장하는 분파들이 형성되어 메도디스트 교회 안에 있어서의 온전한 성화의 특별한 강조는 빛을 상실하는 듯한 암울한 고통을 경험하게 되었다. 그러나 20세기 들어와 메도디스트파 내부의 어떤 방면에서는 계속적인 관심이 보여지고 있으며, 이와 같은 일은 과거 20년 사이에 보여졌던 새로운 관심의 부흥으로 말미암아 명백했던 것과 같은 것이다.

3. 미국에 있는 성결 분파들

이 결론에 있어 온전한 성화를 가르쳤다고 주장하는 많은 분파들에 대하여 상세한 설명을 제시한다는 일은 불가능하다. 미국에 현존하고 있는 50개 이상의 교파에 관하여 메도디스트주의는 음으로 양으로 기여하고 있다. 이 교파들은 "그들의 공적 교리에 관한 한 완전론자라고 부를 수 있으며, 적어도 그 가운데 30개 교파는 성화를 아직까지도 그 중심 원칙으로 삼아 왔다."[46] 이들 대부분은 1890년대의 성결 논쟁이 가장 격렬했을 때에 창립된 것이다. 1900년에 이르기까지는 "성결의 현저한 주창자 태반—이것은 그리스도인의 완전을 주로 온전한 성화에 관하여 주창하는 사람들을 의미한다—은 미국 감독제 메도디스트 교회로부터 탈퇴했거나 아니면 이탈을 권고 당한" 사람들이라고 피터스는 잘라서 말했다.[47] 가디스에 따르면, 이들 모든 분파들은 원시적 메도디스트의 회복을 위해 목소리를 높인 사람들이다.[48]

여기서는 이들 많은 수의 성결파들 가운데 세 분파만 언급하기로 한다. 웨슬리안 메도디스트 교회(Wesleyan Methodist Church)는 노예제도와 감독제도라는 두 가지 문제점 때문에 메도디스트 감독교회(Methodist Episcopal Church)에서 분립했다. 1843년에 형성될 때 성결에 대한 것이 논점은 아니었다. 후일에 웨슬리안 메도디스트 교회는 그 교리 조항에 다음과 같은 문장을 삽입함으로써 명확한 성결을 주장하는 교회로서 그리스도인의 완전의 입장을 취했다.

> 온전한 성화는 성령의 행위로서, 하나님의 어린 자녀가 예수 그리스도 안에 있는 믿음으로 말미암아 모든 생래적인 죄에서 정결하게 된다는 것이다. 그것은 회심에 이어지는 것이며, 믿는 자가 자기 자신을 하나님이 기뻐하시는 깨끗하고 산 제물로 하나님께 바칠 때에 이루어지는 것이며, 그 결과로 그는 하나님의 은총으로 말미암아 마음을 다하여 하나님을 사랑하고 하나님의 거룩한 율법을 책망할

것이 없을 만큼 행하는 자로 인정하는 하나님의 거룩한 행위이다.[49]

이 교회는 1세기 이상에 걸쳐 그 사명을 활기있게 수행하며 존 웨슬리의 교리를 그들의 명확한 입장으로 취하고 있다. 가디스는 웨슬리안 메노니스트 교회는 변함이 없이 "진성한" 웨슬리주의를 그의 교리에 지니고 있으나 이와 같이 그 조직이 "원시적" 이상에도 회복할 수 있도록 추구하여 왔다고 말했다.

> 아마도 웨슬리안 메도디스트 신도 이상으로 그리스도인의 완전 교리에 대하여 원시적 웨슬리안 해석에 충실하며 그 교리의 중심적, 윤리적 목적을 위하여 마음을 다하고 감정적으로나 열성적인 면에서 과격한 행동을 하지 않는 교파는 현존하고 있는 교파 가운데서 찾아볼 수 없을 것이다.[50]

메도디스트파 내부에서 발생한 성결 논쟁 초기에 뉴욕 지구에서 분열이 발생했다. 그 결과로 생긴 것이 1860년에 탄생한 자유감리교회(The Free Methodist Church)의 형성이다. 오해도 있었으나, 이 분렬에 있어서 오직 성결 문제 한 문제가 제기되었던 것은 확실하다. 이 교회는 그리스도인의 완전의 온전한 성화에 관한 명료한 선언을 성립시키고, 스스로 명확한 성결교회로 간주했던 것이다.[51] 이 일은 메도디스트 교회가 이 이른 시기에 이미 성결의 교리를 포기했다는 의미는 아니다. 메도디스트파의 감독에게 있어서 규칙의 중요함을 의미한 것이다.[52]

나사렛 교회(The Church Of The Nazarene)는 그 세기 끝 무렵에 메도디스트파 안에 만들어진 몇 개의 독립 성결교회에 의하여 형성되었다. 브리지 박사(Dr. Bresee)는 1893년 캘리포니아에서 최초의 교회를 조직했다. 이 교회가 1907년 및 1908년에 관련을 맺고 있던 사람들과 함께 나사렛 교회를 형성하기 위하여 단합했던 것이다.[53] 이것은 성결 분파 가운데서는 가장 큰 교회이다. "이 교파의 유일한 존재 이유는 완전주의를 발전시키고자 하는 목적 이외에는 다른 뜻이 없다." 엘머 클라크는 나사렛 교회는 이미 성결 교파로서의 특징을 어느 정도 상실해 가고 있다고 생각하고 있다. 그들은 그들의 모든 시설의 명칭에서 "성결"이란 말을 사용하지 않는다. "이 교파의 시선 가운데 그 명칭에서 그들의 교리적 특성을 나타내는 것은 하나도 없다."54) 그러나 이 명칭의 변경은 "성결"이라는 용어가 모든 오순절 교회(Pentecostal churches)의 용어라고 일반적으로 알려졌기 때문이라는 말이 최선의 설명이 될 수 있을지도 모른다. 나사렛 교회뿐 아니라 웨슬리의 교리를 주장하는 다른 교회도 모두 "방언" 운동과 혼동되어지는 것은 바라지 않는 까닭이다.

"나사렛 교회의 축소판"이라고 불리는 "순례자 성결단"(Pilgrim Holiness)과 함께 이들 세 교파와 그 이외의 보다 작은 다수의 분파가 웨슬리의 온전한 사랑의 교리의 전통을 계승하려는 시도를 했다. 어느 정도 그들이 성공하고 있는지를 결정하는 일은 용이한 일은 아니다. 분파 형성을 보면, 교리가 소멸하는 것이 아님을 알 수 있다. 그러나 만약에 이 메도디스트 교리가 메도디스트 교회 안에서 호의적으로 보전되었다면, 더욱이 효과적으로 이 교리의 진전을 보게 된 것이 아닌가 하는 생각을 하게 된다. 성결파 가운데 극단파가 나온 것도 물론 용인되었다. "반드시 모든 운동이 상승과 전진이기만 한 것은 아니었다." 현대 웨슬리주의의 강조에 있어서 "성공과 진전과 함께 후퇴도 있고 곤혹스러움"도 있었다.56)

가디스가 일컬은 이들 "온전한 성결파의 분파들" 가운데 웨슬리의 메시지의 보유라는 것이 존재할 수 있는 것이 아니겠는가?57)

> 메도디스트에게서 파생된 작은 교파에 의하여 제창되는"제2의 은총"인 성결의 교리에 곤혹스러움을 느끼는 현대 메도디스트 신도들은 웨슬리가 그와 같은 해석을 지지한 일은 없다고 말하면서 부정적인 경향을 보인다. 이 점에 관하여서는 그들의 소원은 그들의 역사적 판정보다는 우세하다. 웨슬리는 "제2의 은총" 또는 "제2의 은총의 역사(役事)"라는 원리와 수법에 관하여서는 전면적으로 지지했던 것이며, 선하든 악하든 작은 성결파는 그들의 비판자들보다는

"웨슬리적"이라는 셈이 된다.[58]

로버트 클라크는 메도디즘에서 나온 모든 교파는 그리스도인의 완전의 원리에 복귀한다는 주장을 한다. 그들 교파는 "메도디스트 교회가 이미 고정하고 있는 교파로부터 한 분파로 생겨나왔을 즈음에" 웨슬리가 그 사람들에게 권고했던 것과 같은 방법으로 "그 신도들이 이 은혜를 철저하게 추구하도록 하라는 격려를" 했다.[59] 그는 성결파들은 웨슬리의 가르침에 충실했다고 믿고 있다.

> 현대 성결파의 교직자 가운데 한 사람의 논설을 읽은 사람이 그 후에 그것을 우리 메도디스트 교회의 초기 교부가 설교한 메시지와 비교할 때, 이 두 사이에 존재하는 커다란 유사점에 그들의 사상의 공통점의 근원이 된다는 사실을 거부하는 일은 불가능하게 된다.[60]

이들 성결파들의 완전론자적 교리를 그의 방법, 설교, 또는 서적을 주의 깊게 조사하지 않고서는 웨슬리의 교리와 비교한다는 것은 옳지 않다. 가디스와 로버트 클라크의 의견으로서는 유사점은 존재한다고 보는 것 같다. 그러나 웨슬리의 사상에서 어느 정도 벗어났는가를 결정짓기 위해서는 보다 더 심중한 연구가 필요하다. 소규모적인 여러 개의 무리로 분열하는 일은 하나의 대 교단이었다면 피할 수 있었던 궁극적인 수단을 쉽게 쓸 수 있었을 것이다. 웨슬리는 그의 설교자들이 독립하려는 일에 반대하여 영국 국교회 안에 계속 남아있기를 권고했다. 괴로운 논쟁이나 독단적인 행동은 웨슬리의 정신과 교훈에 위배되는 것이다.

가령 웨슬리의 완전의 교리가 몇 개의 성결 교파 안에 보전 유지되었다는 사실이 입증되었다 하더라도, 아직은 전달(communication)의 문제가 남게 된다. 그 교파들이 그들의 활동에 있어서 고립하고 대규모적인 크리스천 조직과의 활발한 접촉을 상실했을 때, 에큐메니칼적인 의논 속에 그들이 제공할 수 있는 기여도

(寄輿度)는 상실되고, 그들도 보다 큰 그룹으로부터의 영향과 교정을 받을 수 없게 된다. 이와 같은 그룹은 열광적인 극단과 반계몽주의에 빠질 위험성 앞에 놓이게 된다.

현대 오순절파 운동에 관하여 한 마디 언급하지 않으면 안된다고 생각한다. 웨슬리의 유산을 보전 유지하여야 한다고 노력하고 있는 그룹과 성령의 은사에 중점을 두고 있는 사람들과의 사이에 있는 구별에 관한 일반적인 사람들, 특히 학자들의 마음 가운데서 상당한 혼란이 존재한다. 홀트 데이비스(Horton Davies)는 기독교의 모든 분파에 관한 기사에서 성결파, 오순절파, 그리고 재림파 신도(Adventist)라는 용어를 약간 무차별적으로 사용했다. 그는 성결파에서는 성령과 감정적 경험이 강조점인 듯이 보고 있는 것 같다.[61] 보다 정확한 이해가 필요하다고 생각한다.

초기의 오순절파 교회가 19세기 말엽 수십 년에 있었던 성결파 부흥에서 자랐다는 사실은 알려진 바이다. 성결운동의 중점이 오순절의 경험으로서 성령의 세례에 있다는 사실이 감정적 경험과 "성령의 선물"의 지나친 강조로 이끌어가는 일은 있을 수 있는 일이다. "운동"이라는 것이 올바른 교회의 감독이 없이 독립적인 지도자의 손에서 이용될 때, 극단적인 상태로 변화하는 일은 불가피했다. 보다 더 보수적인 성결 지지자들이 이 극단적인 사람들을 보았을 때, 그들은 그러한 사람들에게 반대했다.[62]

"온건한" 성결 지지자들은 오순절주의로 발전한 극단자들에게는 상반되는 반응을 보였다. 나사렛 교회의 명칭에서 "오순절"이라는 말을 삭제하고 있는 것은 그 하나의 증거이다.[63] 실제적으로 현대 성화연맹 안에는 오순절파가 들어갈 여지는 없다.[64] 성결에 관한 어떠한 교리에도 "방언"과 "치료"의 강조는 어딘가 결함을 남기는 것 같이 생각된다. 웨슬리의 교리가 내적 종교와 온전한 사랑이지 외적 표현의 것이 아니었음을 생각할 때, 그가 가르친 대로의 성결이 감정적 경험과 혼동되어서는 안된다는 사실은 분명하다.

20세기의 비 웨슬리적 오순절파에 대하여, 칼빈주의적 배경에서 발전해온 성화, 또는 "보다 숭고한 삶"의 운동이 존재한다. 독일의 성화운동은 데오도르 예링하우즈(Theodor Jellinghaus)라는 한 사람으로 말미암아 커다란 영감을 받았다. 그는 그 교리를 영국의 "케즈윅 운동"(Keswick Movement)을 창실한 로버트 스미스(Robert P. Smith)로부터 인수했다.[65] 재미있는 일은 피베 팔머와 그녀의 남편, 그리고 미국에 있는 그 밖의 성결 지지자들은 케즈윅 운동의 기초가 되는 일을 펴는 일을 위해 많이 쓰여졌다는 사실이다.[66] 팔머 부부는 미국에 있어서의 웨슬리의 교리에 직접적으로 영향을 받은 까닭에, 우리는 이들 모든 그룹에서 공통적인 발단을 볼 수 있다.[67]

그러나 같은 운동에 비 웨슬리적 영향이 스며 들었다. 찰스 피니와 아사 메이한(Asa Mahan)은 조합교회의 배경과 웨스트민스터적 어법(Westminster Phraseology)을 가지고 있었다.[68] 피니의 가르침도 또한 케즈윅과 유럽에 있어서의 성화운동에 영향을 끼쳤다.[69] 무디(D. L. Moody) 이반 로버트(Evan Robert), 토리(R. A. Torrey), 윌버 챔프만(Wilbur Chapman), 그리고 집시(Gypsy) 스미스 등 모든 비 웨슬리 교회 사람들이 이 부흥운동에 참여하고 있으며, 그곳에서 이들 운동이 나온 것이다.[70] 메도디스트적 전통 외부의 이들 운동에는 누구라도 웨슬리의 가르침과는 다른 성결에 대한 해석을 기대할 것이다. 와필드가 성화운동 안에서 발견한 것을 웨슬리파의 주장과 교리의 것이라고 했는데, 이는 전면적으로 옳은 것이라고 말할 수 없다.[71]

비 웨슬리주의적 성화운동은 제법 많은 성결의 용어와 강조를 보전 유지하고, 영혼 안에 이루시는 하나님의 은혜의 참된 역사의 자리를 양보했고, 또한 "제2의 전기"라고 말하는 의미까지도 포함한 것이기도 한 순결한 마음이라는 웨슬리의 사상에는 부족하다. 그들의 죄의 개념은 성화의 은총은 순화하지 않는다는 것이다.[72] 그들은 모든 죄에서 참된 정결에 미치지 못하는 자리에서 멈추어 버린다.[73] 그들의 교리는 웨슬리적 교리에 관련되어 있으나, 전 미국성화연맹의 성결에 관한 조항에 찬동할 수 없는 부류에 속한다.[74] 상위점은 주로 정의(定義) 바로 그것인데, 기본적으로 그들의 은혜, 죄, 또한 "위치적 성결(位置的聖潔; Positional Holiness)—역자주: 전후 관계에 의존하는 성결—의 교리에 보다 더 근접한 것이다.[75]

4. 결론

존 웨슬리만큼이나 위대한 사상가의 후계자들이 그러한 인물의 사상과 정신을 변화없이 그대로 보전 유지할 수 있으리라는 생각은 거의 불가능한 일이라고 생각된다. 실제적으로, 웨슬리와 같은 사람은 시간과 경험이 그의 방법과 용어, 그리고 사상을 수정하리라는 기대를 가졌을 것이다. 그는 그가 생존한 당시 자기 자신과 사람들에게 얼마 간의 변화가 있었다는 점에 착안하고 있었다. 그러나 그 스스로의 증거에 따르면 그의 기본적인 완전의 개념은 변할 수 없었다.

성결 지지자들 사이에 가지고 있었던 웨슬리의 원숙한 견해로부터의 일탈이 없었다고 논하는 것은 아니다. 웨슬리가 가지고 있었던 많은 의견은 너무나도 복잡하고 많은 사람들에게는 전면적으로 따르기에는 불가능한 것이었다. 또한 19, 20세기에 있어서의 그리스도인의 완전을 해설하는 사람들이 말하는 것에 온전한 사랑과 경험에 관한 새로운 통찰과 동일한 진리를 나타내는 새로운 표현을 발견하는 가능성을 무시해서도 안된다. 그 교리를 이 가르침에 동조하고 있는 사람들의 호의적인 얼마간의 언행에 의하여 판정하는 일도 옳지 않다. 웨슬리는 자기 추종자의 어떤 의견을 기반으로 하여 판정을 받는 일은 원하지 않았을 것이다. 더욱이 그의 그리스도인의 완전의 교리에 관하여 웨슬리의 추종자라고 공언하는 사람들이 그의 교회관, 정치관, 또는 경제 개념에 있어서도 웨슬리의 것을 따른다는 것은 요구해야 할 일이 아니고, 또한 그의 용어와 방법, 실천을 신성불가침한 것으로 해야 할 것도 요구되어지는 것은 아니다.

미국 개척기의 노예제도에 관한 동란과 남북전쟁, 또는 19세기 사이에 있었던 메도디스트교 안외 성화에 관한 논쟁 등은 웨슬리의 성화관을 완화시킨 결과처럼 보인다. 논쟁이 한창 뜨거워질 때에는 하나의 진리를 강변한 나머지 다른 진리를 쉽게 무시해 버리는 경우가 있다. 19세기의 성결운동에서 성화의 순간성과 증언에 대하여 강조한 나머지 웨슬리가 동등하게 주장하고 있었던 점진적 성화와 증언에 관한 경고가 무시되었다고 논증하는 존 피터스의 주장은 분명히 옳은 것이다.[76] 마찬가지로, 논쟁이 과격했던 탓으로 많은 사람들은 웨슬리의 폭넓고 관대한 심정을 망각했던 것이다.

더욱이 세밀한 연구 없이 메도디스트 교회 안과 성결파들의 완전의 가르침의 현상을 평가한다는 일은 불가능하다. 이들 여러 교파의 방법과 교리를 보다 더 상세하게 연구하려면, 그들 여러 교파의 교회학교, 기도회, 청년집회, 목회, 영적 문헌, 그 밖의 기독교적 양육의 방법 및 신학 논문 등을 고찰할 필요가 있다. 올바른 평가를 내리기 전에, 우선 주목하지 않으면 안되는 것은 온전한 성화의 체험을 주장하는 사람들의 그리스도인으로서의 증언과 생활이다. 만약에 그와 같은 것들에 대하여 세심하게 주의했다면, 그것이 웨슬리의 완전의 개념이 어느 정도까지 보전 유지되고 실천되었는가 하는 물음에 대하여 빛을 비추어 줄 것이다.

이 웨슬리의 완전론의 연구는 현대 성결파의 메시지의 어떤 약점을 명백히 밝히는 일이 될지도 모른다. 그리고 몇 가지 시사된 바는 교정을 위하여 유익을 줄 수 있을지도 모른다. 첫째로, 웨슬리의 선행적 은총의 개념은 종종 간과(看過)되어 버리는 하나님의 값없는 은혜에 하나의 힘이 되었다. 웨슬리는 한 사람에게 복음적 신앙이 부여되는 것은 그 사람이 한 사람의 종으로서의 신앙을 가지고 하나님 앞에 받아들여진 후라고 이해하고 있었다. 다시 말하면, 의식적으로 구원의 신앙으로 말미암은 신생을 아직까지도 경험하지 못하고 있으면서 "노여움 아래" 있지 않은 많은 사람들이 존재할 수 있다는 말이다. 그들은 "율법 아래" 있는 자요 약한 자이기는 하지만, 믿음의 시초를 그들 자신의 것으로 가지고 있다.

웨슬리에게 있어서의 교정적인 제2의 문제는 그의 주장인 의롭다고 인정된 사람은 초기적으로 성화된 사람이며 정도의 문제로서 거룩하게 되었다는 것이다. 이 성화는 온전한 성화의 순간이 올 때까지 하나의 과정으로서 점점 성장해간다. 웨슬리는 믿는 자가 점진적 성화의 이 점에 관하여 무관심하면서 온전한 사랑에 도달할 것을 기대하는 일은 결코 생각하고 있지 않았다. 온전한 성결을 향한 신앙이 부여되기 전에 몇 해 동안 강렬하고 열심을 다하고 또한 계속적인 추구가 당연히 있어야 할 것이다. 그리고 웨슬리에게 있어서 의인을 위한 신앙이 그랬던 것처럼 성화를 위한 이 신앙은 하나의 선물(은사)이다. 그리고 온전한 사랑에 도달한 후에 그 사람의 전 생애에는 성장적, 점진적인 성화의 역사가 이어진다. 성장과 규율이 없이는 진정한 성결은 존재하지 않는다.

웨슬리가 시사한 교정되어야 할 한 가지 문제점은 그가 "제2의 축복"에 대한 요구가 천국에 들어가는 필수 조건이라는 점을 부인했다는 점이다. 그는 의식적으로, 살아 있는 동안에 성결의 경험에 들어가지 않은 사람은 잃어버려진 사람이라고는 생각하고 있지 않았다. 사실인즉 그는 그 반대의 견해를 가지고 있었다. 죽음 직전까지는 온전한 성화에 이르는 일은 지극히 적은 수의 신앙인이라는 견해를 가지고 있었다. 웨슬리는 믿는 자가 온전한 성결에 들어가는 일에 대하여 벌을 받는다는 식의 위협적인 방법으로 권고하는 방법에는 반대했다. 사람들이 낮은 데 처해 있으면서 그리스도인의 생애의 보다 높은 수준에 도달하지 못한 채 하나님께 받아들여지는 것은 가능한 일이라고 생각했다.

웨슬리에게 있어서 완전에 대한 인간적 제약의 용인은 극히 중요한 일이었다. 사랑에 있어서의 완전과, 실천에 있어서의 완전이라는 두 종류의 완전의 차이가 이해되어야 한다. 현세에 있어서 자연적 모든 능력의 완전을 기대한다는 일은 오해를 초래하는 일이었다. 행함에 있어서도 완전하게 되는 일을 바라는 완선은 그리스도인의 완전인데, 후자의 의미로서 완전하게 되는 것은 부활을 기다리지 않으면 안된다.

이들 인간적 제약은 성화를 경험한 인물에게는 고백이 필요하며 겸손함을 보여야 할 커다란 분야를 남긴다. 온전한 성결을 받은 사람은 그들의 특별한 은혜를 상실한다는 끊임없는 위험을 가지는 것이다. 한 번 받았다면 그것을 보전하고 유지한다는 것은 어떤 특정된 은혜는 아니다. 매시 매 순간 그리스도를 의뢰하는 것이 긴요하다. 가장 거룩한 사람이라 할지라도, 그들의 실패와 과오는 중대한 것으로서 그리스도의 속죄의 효력을 필요로 한다. 사람이 성화에 도달했고 해도 자랑할 것은 없다. 어떠한 증언이라 하더라도 최상급의 겸허가 필요하다. 순수한 마음가짐에서는 값없이 이루어진다는 계속적인 느낌과 그리스도를 의뢰하는 의뢰심이 계속 증대된다. 정결하게 된 자의 죄가 인정될 때, 성결 지지자들은 나는 아직도 죄인이라고 생각하는 칼빈주의적 형제를 가장 잘 이해하는 것이다.

웨슬리의 매 순간 순간마다의 생애라는 강조점을 무시하는 일은 죄에 대한 바리새인의 태도를 가지는 상태로 사람을 이끌어가기 쉽다. 고의의 죄라고 말하는 웨슬리의 개념이 그가 동시에 강조했던 점인, 믿는 자의 심대한 죄와 온전히 정결케된 사람의 약점과 실패라는 것을 빼놓고 강조될 때에 상상하는 바의 성결의 상태라는 것이 실질적인 의미에서의 값없는 은혜라는 느낌도, 그리스도의 공로에 계속적으로 의뢰해야 한다는 필요감도 없이 드러나게 된다. 그러나 진정한 마음의 성결은 받은 바 어떠한 선에 관해서도 자랑하는 마음을 쳐서 없애고, 믿는 자로 하여금 그리스도의 속죄를 끊임없이 필요로 하는 생각을 가지게 한다. 이 후자의 것을 강조하지 않고서는 진정한 성결은 존재하지 않는다.

　웨슬리는 그가 살았던 시대의 그리스도의 교회를 향해 말해야 할 메시지를 가지고 있었다. 그가 말하는 것은 고립된 메시지는 아니었다. 그는 자신의 메시지를 18세기 사람들이 이해할 수 있는 용어로 정리했다. 그는 특별한 인기를 얻으려 했던 것은 아니다. 그러나 그는 들을 수 있는 귀를 가지고 있었다. 고립된 그룹들 속에 숨겨져 있는 진리가 손실을 보는 경우도 있다. 만약에 웨슬리의 메시지가 유효한 것이라면, 그것은 교회의 주류를 이루는 사람들이 듣지 않으면 안 될 매우 필요한 것이다. 웨슬리는 그의 성결의 메시지가 메도디스트파 내부에 보전 유지되는 것만 바랐던 것이 아니라, 그것이 온 교회에 전달되어질 것을 원했다. 분파 형성이 가져온 최대의 약점 가운데 하나는 일치된 목소리로 말하는 것이 불가능하게 된 일이었다.

　웨슬리는 교회 합동적 논의에도 기여하는 바가 있었다. 그의 현대 프로테스탄트주의를 향한 영향은 그의 메시지를 계속적으로 듣지 않으면 안 될 정도로 대단한 것이었다. 신학 논쟁, 분열, 극단적인 일 등이 있다고 해서 그리스도 안에 있는 속죄에 관한 웨슬리가 이해하고 주장하는 사상의 가치에 대하여 교회 지도자들은 눈을 감고 귀를 막아서는 안된다. 웨슬리 신학의 중심적 진리는 전 세계의 모든 교회의 소유물이다.

　웨슬리 신학의 공헌 가운데 최대의 것 가운데 하나는 그의 보편적 은혜의 강조에서 볼 수 있다. 물론 이것은 웨슬리에 의하여 새롭게 발견된 것은 아니지만, 이 사상을 그가 프로테스탄트주의 가운데서 살아 움직이는 것으로 만들었다는 점이다. 그리스도는 모든 사람들을 위하여 죽으셨다. 그리스도의 은혜는 모든 사람 안에 살아 역사하고 있다. 모든 사람이 구하기만 하면, 이 은혜로 말미암아 구원을 얻게 된다. 사람은 하나님의 선물인 믿음으로 말미암아 구원을 얻게 되는데, 그 은사는 그 사람이 가진 은혜를 그가 사용한다면 누구든지 그 선물을 받을 수 있는 것이다. 구원은 은혜로 말미암는 것인데, 그러나 믿음으로 말미암는 것이다. 그것은 모나키즘(manarchism—역자 주: 모나키즘은 군주주의인데 monergism[신단독설]을 뜻한다—)의 구조를 가진 시너지즘(synergism: 신인협력설)이다. 이것은 하나님의 보편직이고 값없이 주시는 은혜와 믿음으로 선택된 자의 구원과의 위대한 통합이다.

혹은 명확함에 대하여 부족함에 대한 마땅치 못한 점이 있을지 모르나, 웨슬리의 죄에 대한 정의의 특이성은 인식되어야 할 일이다. 분명히 하나님께 대한 반역과 반항에서 죄인들이 범하는 "죄"라는 것은 마음에 변화를 받은 신앙인의 삶 속에서 볼 수 있는 "죄"와 동일한 것은 아니다. 그리고 그 차이는 "죄"에 대한 하나님의 태도에만 따르는 것은 아니다. 기본적으로 믿는 자의 마음에 변화가 왔기 때문에 그는 알면서도 고의의 죄를 범하고 있는 것은 아니다. 그러한 죄는 하나님을 신뢰하는 사람에게 있어서는 불가능한 일이다. 믿는 자는 하나님께 대하여 반역을 하고 있는 것은 아니다.

더욱이, 온전한 또는 순수한 사랑으로부터의 일탈과 완전한 행위와 실행의 표준으로부터의 일탈과의 사이에는 차이가 있다. 전자에는 산만한 충성심이 있고, 후자에게는 뜻하지 않은 실패가 있다. 하나님께 대한 온전한 사랑을 사람이 체험할 수 있다는 점에 관하여 웨슬리와 같은 입장에서려면, 순수한 사랑이 그 사랑을 실행에 옮기는 일에 있어서의 완전함과 동일한 것이 아니라는 입장에 동의하지 않으면 안된다. 만약에 이와 같은 상위점이 파악된다면, 웨슬리의 그리스도인의 완전 사상은 의미를 가지게 된다.

각 사람 개인에게 진실한 변화가 있게 된다는 웨슬리의 강조점은 커다란 의미를 갖는다. 이 "진정한 변화"—실제적 변화—는 내적인 것이며, 그것은 사랑의 동기로 말미암은 것임을 알 수 있다. 회심으로 말미암은 새로운 생명은 성령으로 말미암아 "풍성하게 마음 속에 부어진" 사랑이다. 이 사랑은 자아 속에 잠입하는 경쟁 상대가 멸망

될 때에 온전하게 된다. 그리고, 그 사랑은 점점 더 풍성한 것으로 완성될 수 있다. 이러한 개념에서 웨슬리의 성결은 그리스도의 것인 까닭에 믿는 자의 것으로 간주되는 "의"일 뿐 아니라 현실적으로 믿음에 의하여 소유되는 사랑이다. 그러면서도 그 사랑은 자연적인 사랑이 아니라 그리스도의 끊임없는 교제로 말미암아 우리에게 부여되는 하나님의 은사이다.

우리는 웨슬리의 온전한 사랑의 개념의 유효성을 부인해야 할 것인가? 이 사랑은 하나님의 은사이기 때문에 인간적인 사랑의 자연적인 발전일 수는 없다. 하나님께 대하여 온전한 충성심을 창조하시는 하나님의 능력을 그 누구도 부인하지는 않는다. 순수한 이 사랑의 기본적인 사실만이 그리스도인의 메시지이며, 모든 그리스도인의 일치를 위한 기반이 된다. 그것은 강렬한 사실이며 변화된, 그리고 충성된 의지를 요구하는 것인데, 그것은 신약성서가 말하고 있는 기독교를 올바르게 묘사하는 것이다. 웨슬리의 완전의 교리는 우리가 살고 있는 현대, 온 세계에 있어서 명확한 적절성을 가지고 있다.

그것은 완전이다. 사랑의 동기인 완전이다. 그것은 성결이다. 그리스도에게서 파생되었고, 그러기에 그리스도에게 전적으로 의존하는 성결이다. 그것은 죄에서의 구원인데, 이를 테면 하나님께 대한 반역과 교만, 그리고 자기중심의 죄로부터의 구원이다. 그것은 순결이다. 하나님께 온전히 봉헌된 마음의 욕구와 충성심에 있어서의 순결이다. 그것은 개인에 대한 무가치감(無價値感)—값없는 은혜에 대한 인간의 감사한 느낌—과 그리스도의 온전하심에 대한 인식에서 나오는 겸손함이다. 웨슬리에게 있어서 이것들이야말로 그가 순수한 종교라고 묘사한 것이며, 그것은 바로 그리스도인의 완전이라고 일컬은 것이다.

주

제 1 장

1. *The Works of John Wesley,* authorized edition published by the Wesleyan Conference, London, 1872 (14 vols.; photo offset edition; Grand Rapids: Zondervan Publishing House, 1958), VI, 1.
2. *Ibid.,* VIII, 300.
3. *Ibid.,* XII, 387.
4. George A. Turner, *The More Excellent Way* (Winona Lake, Ind.: Light and Life Press, 1952), p. 38.
5. R. Newton Flew, *The Idea of Perfection in Christian Theology* (London: Oxford University Press, 1934), pp. 114-17.
6. *Works,* VII, 178.
7. Claude Holmes Thompson, "The Witness of American Methodism to the Historical Doctrine of Christian Perfection" (unpublished Ph.D. dissertation, Drew University, 1949), pp. 112-26.
8. Flew, *op. cit.,* p. 123.
9. *Ibid.,* p. 130.
10. *Ibid.,* pp. 193-94.
11. *Ibid.,* pp. 208-9.
12. *Ibid.,* p. 244.
13. *Ibid.,* pp. 158-59.
14. Wallace R. Haines, "A Survey of Holiness Literature," *Heart and Life Magazine,* XXX, No. 2 (1943), 12.
15. Rufus M. Jones, *Spiritual Reformers in the 16th and 17th Centuries* (London: MacMillan and Co., Ltd., 1914), p. 336.
16. Elmer Merrill Gaddis, "Christian Perfectionism in America" (unpublished Ph.D dissertation, University of Chicago, 1929), p. 58.
17. Flew, *op. cit.,* pp. 275-76.
18. Gaddis, *op. cit.,* pp. 60-61.
19. *Works,* I, 114-40.
20. Benjamin B. Warfield, *Studies in Perfectionism* (2 vols.; New York: Oxford University Press, 1931), I, 305-15.
21. Elmer T. Clark, *The Small Sects in America* (New York: Abingdon-Cokesbury Press, 1949), p. 53.
22. Gerrit C. Berkouwer, *Faith and Sanctification* (Grand Rapids: Wm. B. Eerdmans Publishing Company, 1952), p. 55.
23. Clark, *op. cit.,* p. 55.
24. *Works,* XIII, 272.
25. Umphrey Lee, *John Wesley and Modern Religion* (Nashville; Cokesbury Press, 1936), pp. 39-57. See also Maximin Piette, *John Wesley in the Evolution of Protestantism* (New York: Sheed and Ward, 1937), pp. 218-25.
26. Ernest J. Rattenbury, *The Conversion of the Wesleys* (London: The Epworth Press, 1938), pp. 48-49.
27. Lee, *op. cit.,* pp. 30-32.
28. *Works,* I, 93-95.
29. *Ibid.,* XII, 250.
30. Rattenbury, *op. cit.,* p. 51.
31. *Works,* XI, 366-69.

32. Lee, op. cit., p. 178.
33. Piette, op. cit., p. 480.
34. Works, XII, 239.
35. Rattenbury, op. cit., p. 173.
36. Works, I, 114-40.
37. Ibid., VI, 263.
38. John L. Peters, *Christian Perfection and American Methodism* (Nashville: Abingdon Press, 1957), pp. 67-132. Also Gaddis, op. cit., pp. 164-202.
39. Warfield, op. cit., II, 567.
40. Clark, op cit., p. 59.
41. Delbert R. Rose, *A Theology of Christian Experience* (Wilmore, Ky.: The Seminary Press, 1958), p. 54.
42. Warfield, op. cit., I, 3-302.
43. Francis McConnell, *John Wesley* (New York: The Abingdon Press, 1939), p. 192.
44. George Croft Cell, *The Rediscovery of John Wesley* (New York: Henry Holt and Co., 1935), p. 347.
45. Ibid., pp. 265-66.
46. Ibid., pp. 341-42.
47. Franz Hildebrandt,, *From Luther to Wesley* (London: Lutterworth Press, 1951), pp. 15, 80-81.
48. Turner, op. cit., p. 15.
49. Rose, op. cit., p. 78.
50. Hildebrandt, op. cit., pp. 108-9.
51. Karl Barth, *The Christian Life* (London: Student Movement Press, 1930), pp. 25-30.
52. Berkouwer, op. cit., pp. 75-76.
53. Ibid., pp. 48-53.
54. Ibid., pp. 9-12.
55. William E. H. Lecky, *A History of England in the Eighteenth Century* (London: D. Appleton and Co., 1879), p. 631.
56. John Wesley Bready, *England: Before and After Wesley* (London: Hodder and Stoughton, Ltd., 1938), p. 13.
57. Lee, op. cit., p. 5.
58. William R. Cannon, *The Theology of John Wesley* (Nashville: Abingdon-Cokesbury Press, 1946), pp. 13-14.
59. Harald Lindstrom, *Wesley and Sanctification* (London: The Epworth Press, 1946), p. 1.
60. J. Ernest Rattenbury, *Wesley's Legacy to the World* (Nashville: Cokesbury Press, 1929), p. 9.
61. Lee, op. cit., p. 5.
62. Robert Burton Clark, "The History of the Doctrine of Christian Perfection in the Methodist Episcopal Church in America up to 1845" (unpublished Th.D. thesis, Temple University, 1946), p. 13.
63. Works, X, 353.
64. Piette, op. cit., p. 201.
65. Hildebrandt, op. cit., p. 15.
66. Rattenbury, *The Conversion of the Wesleys*, op. cit., p. 183.
67. Piette, op. cit., p. 478.
68. Rattenbury, *The Conversion of the Wesleys*, op. cit., p. 240.

69. Cell, op. cit., p. 17.
70. Lee, op. cit., pp. 83-109, 321.
71. Cannon, op. cit., pp. 89-90.
72. Ibid., pp. 244-45.
73. Timothy L. Smith, Revivalism and Social Reform (Nashville: Abingdon Press, 1957), pp. 114-47.
74. Peters, op. cit., p. 11.
75. Lindstrom, op. cit., p. 15.
76. Ibid., p. 16.
77. Turner, op. cit., p. 11, where Albert Knudson writes the Foreword.
78. Ibid., pp. 13-14.
79. Flew, op. cit., pp. 332-34.
80. W. E. Sangster, The Path to Perfection (Nashville: Abingdon-Cokesbury Press, 1943), p. 72.
81. Lee, op. cit., pp. 185-87.
82. Warfield, op. cit., I, 113-18.
83. McConnell, op. cit., pp. 192-94.
84. Berkouwer, op. cit., pp. 48-53.
85. Works, XI, 300, 364-65.

제 2 장

1. James C. Spalding, "Recent Restatements of the Doctrines of the Fall and Original Sin" (Ph.D. thesis, Columbia University, University Microfilms, Ann Arbor, 1950), p. 2.
2. Leo G. Cox, "John Wesley's Concept of Sin" (unpublished M.A. thesis, State University of Iowa, 1957). The reader is referred to this detailed account of Wesley's doctrine of sin. In this paper on perfection only the relevant matters will be discussed.
3. Works, VI, 269-70, 352-53.
4. Ibid., IX, 341. See also VI, 242-43.
5. Ibid., VI, 272.
6. Ibid., p. 223.
7. Ibid., IX, 283. See R. S. Foster, Studies in Theology (New York: Eaton and Mains, 1899). VI, 123.
8. David Cairns, The Image of God in Man (New York: Philosophical Library, 1953), pp. 125-26, 131-37.
9. Works, VI, 63.
10. Ibid., IX, 270-71.
11. Ibid., VI, 68.
12. Ibid., IX, 285-86.
13. John Miley, Systematic Theology (2 vols.; New York: The Methodist Book Concern, 1892), I, 521-33.
14. Cox, op. cit., pp. 167-69.
15. Works, IX, 256.
16. Ibid., pp. 318, 428.
17. Cox, op. cit., pp. 170-72. See Foster, op. cit., II, 180, 238.
18. Works, IX, 315.
19. Ibid., IX, 393-94.
20. Ibid., X, 222-24.
21. Ibid., V, 7.

22. *Ibid.*, VI, 511-12.
23. *Ibid.*, I, 427.
24. *Ibid.*, VI, 347.
25. *Ibid.*, X, 204.
26. *Ibid.*, XIV, 356.
27. *Ibid.*, IX, 103.
28. *Ibid.*, XII, 323.
29. *Ibid.*, VIII, 289.
30. *Ibid.*, VII, 373-74.
31. *Ibid.*, pp. 373-86.
32. Cannon, *op. cit.*, p. 90.
33. *Works*, VI, 512.
34. Foster, *op. cit.*, VI, 123. Also see Miley, *op. cit.*, II, 432.
35. *Works*, VIII, 277.
36. *Ibid.*, IX, 315.
37. *Ibid.*, VI, 509.
38. *Ibid.*, V, 110.
39. *Ibid.*, pp. 59-60.
40. *Ibid.*, VII, 345.
41. Cannon, *op. cit.*, p. 100.
42. *Works*, VII, 187-88.
43. Lee, *op. cit.*, p. 124. See also John W. Prince, *Wesley on Religious Education* (New York: Methodist Book Concern, 1926), p. 34.
44. *Works*, VI, 512.
45. Lee, *op. cit.*, pp. 125-26.
46. Cannon, *op. cit.*, p. 208.
47. *Works*, X, 358-60.
48. Miley, *op. cit.*, II, 165-69.
49. *Works*, V, 239.
50. *Ibid.*, pp. 55-56.
51. *Ibid.*, p. 62.
52. *Ibid.*, X, 318-22.
53. Charles Hodge, *Systematic Theology* (2 vols.; Grand Rapids: Wm. B. Eerdmans Publishing Company, 1952), II, 472.
54. *Works*, V, 240.
55. *Ibid.*, X, 318-22.
56. Hodge, *op. cit.*, II, 548.
57. *Works*, VIII, 277.
58. Miley, *op. cit.*, II, 241-48.
59. *Works*, V, 236-40.
60. Hodge, *op. cit.*, II, 493-94.
61. *Works*, X, 325-26.
62. *Ibid.*, IX, 489.
63. *Ibid.*, VII, 313.
64. *Ibid.*, p. 512.
65. *Ibid.*, VIII, 277-78.
66. Lindstom, *op. cit.*, pp. 71-72.
67. Miley, *op. cit.*, II. 248-53.
68. Cell, *op. cit.*, p. 245.
69. *Ibid.*, pp. 251-52.

70. Ibid., p. 256.
71. Ibid., pp. 263-65.
72. Ibid., p. 271.
73. Robert E. Chiles, "Methodist Apostasy: From Free Grace to Free Will," *Religion in Life*, XXVII, No. 3 (1958), 438-39.
74. Ibid., p. 448.
75. Leland Scott, "Methodist Theology in America in the Nineteenth Century" (unpublished Ph.D. dissertation, Yale University, 1954), pp. 48-52.
76. Ibid., pp. 193-225.
77. Peters, op. cit., p. 151.
78. Ibid., p. 225.
79. Prince, op. cit., p. 19.
80. Lee, op. cit., p. 125.
81. Warfield, op. cit., II, 608.
82. Reinhold Niebuhr, *The Nature and Destiny of Man* (New York: Charles Scribner's Sons, 1943), II, 175.
83. Turner, op. cit., p. 129.
84. Pope, op. cit., II, 78-80.
85. Spalding, op. cit., p. 22. He refers there to Adolph von Harnack, *Lehrbuch der Dogmengeschichte* (Funfte Auflage, Tubingen: J. E. B. Mohn, 1932), III, 195 ff.
86. Pope, op. cit., II, 86.
87. *Works*, X, 350.
88. Ibid., V, 104.
89. Ibid., X, 392.
90. Ibid., p. 231.
91. Ibid., p. 468.
92. Ibid., XII, 4-5.
93. Ibid., VII, 228-29.
94. Ibid., X, 235.
95. Ibid., XIII, 96.
96. Ibid., X, 360.
97. Ibid., p. 234.
98. Ibid., VI, 512.
99. Ibid., X, 478.
100. Ibid., V, 233.
101. Martin Luther, *A Compend of Luther's Theology*, ed. Hugh T. Kerr (Philadelphia: The Westminster Press, 1943), p. 90.
102. John Calvin, *A Compend of the Institutes of the Christian Religion by John Calvin*, ed. Hugh T. Kerr (Philadelphia: Presbyterian Board of Christian Education, 1939), p. 51.
103. Ibid., p. 53.
104. Cannon, op. cit., p. 93.
105. Ibid., p. 115.
106. Lindstrom, op. cit., p. 50.
107. *Works*, V, 405-13.
108. Ibid., VI, 511-13.
109. Emil Brunner, *The Divine Imperative* (New York: The Macmillan Company, 1942), pp. 57, 68-71.

110. Miley, op. cit., II, 305.
111. Clyde Manschreck, Melanchthon, The Quiet Reformer (New York: Abingdon Press, 1958), pp. 293-302.
112. Martin Luther, Commentary on the Epistle to the Romans (Grand Rapids: Zondervan Publishing House, 1954), p. 99.
113. Ibid., p. 152.
114. Martin Luther, Commentary on St. Paul's Epistle to the Galatians (Grand Rapids: Wm. B. Eerdmans Publishing Company, 1930), p. 114.
115. Works, V, 57.
116. Calvin, Compend, op. cit., p. 53.
117. Brunner, op. cit., pp. 30, 199.
118. Warfield, op. cit., I, 113-14.
119. Barth, op. cit., pp. 12-13. See the detailed account of the Lutheran and Reformed position as analyzed by Berkouwer, op. cit., pp. 71-75.
120. Hodge, op. cit., II, 190. See also Abraham Kuyper, The Work of the Holy Spirit (Grand Rapids: Wm. B. Eerdmans Publishing Co., 1946), pp. 263-67.
121. Charles Hay, The Theology of Luther (Philadelphia: Lutheran Publication Society, 1897), II, 465-67.
122. Lindstrom, op. cit., p. 44.
123. Works, V, 72.
124. Ibid., pp. 98-111.
125. Ibid., pp. 81-82.
126. See sections on "Sola Gratia" and "Atonement in Christ" in this chapter.
127. Foster, op. cit., p. 183. See also Works, VI, 512; VII, 228.
128. Works, V, 163-64.
129. Ibid., XI, 395.
130. Ibid., IX, 286.
131. Ibid., VII, 490.
132. Ibid., V, 58.
133. Ibid., XII, 239.
134. Ibid., IX, 312.
135. Ibid., p. 275.
136. Ibid., VI, 270.
137. Ibid., p. 512.
138. Ibid., V, 227-28.
139. Ibid., p. 231.
140. Ibid., pp. 106-8.
141. Ibid., VII, 235-36. See Lee, op. cit., p. 97.
142. Flew, op. cit., p. 333.
143. Works, V, 99.
144. Ibid., VII, 490; XII, 239.
145. Ibid., V, 108-9.
146. Ibid., pp. 318-27.
147. F. R. Tennant, The Concept of Sin (Cambridge: University Press, 1912), pp. 104-5.
148. Sangster, op. cit., p. 76.

149. *Ibid.*, p. 113.
150. *Works*, V, 146.
151. *Ibid.*, p. 149.
152. *Ibid.*, p. 153.
153. Foster, *op. cit.*, VI, 239.
154. Miley, *op. cit.*, I, 511.
155. *Works*, I, 222.
156. Berkouwer, *op. cit.*, pp. 56-60.
157. Edward Sugden, ed., *Standard Sermons by John Wesley* (London: Epworth Press, 1921), I, 262-63.
158. *Works*, VI, 263.
159. Cell, *op. cit.*, pp. 361-62. Flew, *op. cit.*, pp. 256-57. Rattenbury, *Conversion, op. cit.*, p. 199.
160. Berkouwer, *op. cit.*, p. 74.
161. *Works*, V, 148.
162. *Ibid.*, p. 155.
163. *Ibid.*, p. 92.
164. *Ibid.*, p. 96.
165. *Ibid.*, p. 161.
166. *Ibid.*, VI, 45, 84-85, 413.
167. Sangster, *op. cit.*, pp. 72, 76.
168. Luther, *Romans, op. cit.*, p. 84. See E. LaB. Cherbonnier, *Hardness of Heart* (Garden City: Doubleday & Company, Inc., 1955), pp. 89-90.
169. Warfield, *op. cit.*, II, 582-83.
170. Hodge, *op. cit.*, III, 245-50.
171. *Works*, I, 17.
172. *Ibid.*, p. 74.
173. Rattenbury, *Conversion, op. cit.*, p. 71.
174. *Works*, I, 103.
175. Lee, *op. cit.*, pp. 77-78.
176. Martin Luther, *Works of Martin Luther*, 6 vols. (Philadelphia: A. J. Holman Company, 1932), VI, 451-52.
177. Hildebrandt, *op. cit.*, pp. 23-25.
178. *Ibid.*, p. 24. See Lindstrom, *op. cit.*, p. 16.
179. *Works*, VII, 204.
180. *Ibid.*, X, 279.
181. *Ibid.*, V, 63-64.
182. *Ibid.*, XII, 342.
183. *Ibid.*, pp. 359-60, 387.
184. *Ibid.*, p. 447.
185. Rattenbury, *Conversion, op. cit.*, p. 71.
186. *Works*, VII, 198-99.
187. *Ibid.*, pp. 235-36.
188. *Ibid.*, I, 77, 100-101. See Lee, *op. cit.*, pp. 90-100.
189. *Works*, V, 213.
190. *Ibid.*, p. 9.
191. *Ibid.*, I, 106, 117.
192. *Ibid.*, pp. 257, 276.
193. *Ibid.*, p. 117; VI, 526-27; XIII, 62.

194. *Ibid.*, V, 85-86; VIII, 276-77.
195. *Ibid.*, VII, 261; X, 73.
196. *Ibid.*, XII, 78-79.
197. *Ibid.*, VI, 49-54; VII, 236-38. In this last reference Wesley made quite clear that the faith of a child is hindered by doubts and fears, but, when it becomes strong, then full sanctification occurs.
198. Berkouwer, *op. cit.*, p. 17.
199. *Ibid.*, p. 52.
200. *Ibid.*, pp. 73-75.
201. *Ibid.*, pp. 76-78.
202. Cherbonnier, *op. cit.*, pp. 95-97.
203. *Works*, I, 333-34.
204. *Ibid.*, pp. 315-16.
205. *Ibid.*, II, 142.
206. *Ibid.*, VII, 204.
207. Niebuhr, *op. cit.*, II, 175.
208. Gordon Rupp, *The Righteousness of God* (New York: Philosophical Library, Inc., 1953), p. 46.
209. Luther, *Galatians*, *op. cit.*, p. 117.
210. Berkouwer, *op. cit.*, p. 27.
211. Hay, *op. cit.*, II, 438-58.
212. Barth, *op. cit.*, pp. 17-20.
213. *Ibid.*, pp. 47-49.
214. Brunner, *op. cit.*, pp. 70-71.
215. Berkouwer, *op. cit.*, pp. 168-73.
216. *Ibid.*, pp. 51-52.
217. *Works*, VI, 48.
218. *Ibid.*, VIII, 47, 428-29; V, 213-14.
219. *Ibid.*, XI, 493-94.
220. *Ibid.*, p. 494.
221. *Ibid.*, VII, 411.
222. *Ibid.*, VI, 49.
223. *Ibid.*, p. 50.
224. Cannon, *op. cit.*, p. 146.

제 3 장

1. *Works*, XI, 419.
2. *Ibid.*, p. 450.
3. *Ibid.*, p. 444.
4. *Ibid.*, III. 369.
5. *Ibid.*, XI, 451.
6. Sangster, *op. cit.*, p. 146.
7. Flew, *op. cit.*, p. 52.
8. *Works*, VIII, 21-22.
9. *Ibid.*, VI, 411-23.
10. *Ibid.*, VI, 1-22, 411-23; VIII, 248-49, 340-41, 373-74; XI, 374-76; XIII, 132-33.
11. *Ibid.*, VI, 6.
12. *Ibid.*, pp. 417-18, 492.
13. *Ibid.*, I, 172.
14. *Ibid.*, VIII, 290.

주 317

15. Ibid., XI, 451.
16. Ibid., XII, 208.
17. Ibid., III, 273; XI, 417-18.
18. Ibid., XII, 131.
19. Lee, op. cit., pp. 90-91.
20. Works, I, 99-102.
21. Ibid., pp. 103-5.
22. Carl F. Eltzholtz, John Wesley's Conversion and Sanctification (New York: Eaton and Mains, 1908), pp. 5-41.
23. Works, I, 222.
24. Ibid., p. 46.
25. Ibid., pp. 70-71.
26. Ibid., XII, 71.
27. Ibid., VI, 44.
28. Lindstrom, op. cit., p. 113.
29. Works, VIII, 46-47.
30. Ibid., V, 239.
31. Ibid., p. 57.
32. Ibid., p. 13.
33. Ibid., VIII, 276.
34. Ibid., p. 373.
35. Ibid., V, 56.
36. Ibid., p. 57.
37. Ibid., I, 321; VIII, 47.
38. Ibid., VI, 263.
39. Cannon, op. cit., pp. 244-45.
40. Berkouwer, op. cit., pp. 27-28.
41. Works, VI, 44.
42. Hay, op. cit., II, 438-39.
43. Calvin, Compend, op. cit., p. 110.
44. Ibid., pp. 96-98.
45. Works, V, 223-24.
46. Ibid., VI, 71.
47. Ibid., pp. 66-70.
48. Ibid., pp. 74-75; VII, 205-6.
49. Ibid., I, 172.
50. Cannon, op. cit., pp. 119, 223-24.
51. Works, VIII, 285.
52. Ibid., IX, 343.
53. Ibid., X, 271-83.
54. Berkouwer, op. cit., pp. 94-97.
55. Ibid., pp. 50-51.
56. Cannon, op. cit., pp. 224-25.
57. Rattenbury, Conversion, op. cit., pp. 28-29.
58. Works, VI, 6-7.
59. Cannon, op. cit., p. 252.
60. Works, VI, 16.
61. Ibid., V, 223-24.
62. Ibid., pp. 214-19.
63. Brunner, op. cit., p. 77.

64. *Ibid.*, p. 103.
65. Robert E. Cushman, "Karl Barth on the Holy Spirit," *Religion in Life*, XXIV, No. 4 (1955), pp. 566-78.
66. Miley, *op. cit.*, II, 356-62.
67. *Works*, V, 220-21.
68. *Ibid.*, VI, 45.
69. *Ibid.*, p. 74.
70. *Ibid.*, VII, 237.
71. Jesse T. Peck, *The Central Idea of Christianity* (Boston: Henry V. Degen, 1856), pp. 15-16.
72. *Works*, VI, 489.
73. Samuel Chadwick, *The Call to Christian Perfection* (Kansas City: Beacon Hill Press, 1943), p. 28.
74. Asbury Lowrey, *Possibilities of Grace* (Chicago: The Christian Witness Co., 1884), p. 204.
75. *Works*, X, 203.
76. Kuyper, *op. cit.*, pp. 469-73.
77. *Ibid.*, pp. 450-51.
78. Warfield, *op. cit.*, I, 117; Berkouwer, *op. cit.*, p. 97.
79. Turner, *op. cit.*, p. 88.
80. Peters, *op. cit.*, p. 107.
81. *Ibid.*, pp. 102-3.
82. *Ibid.*, pp. 192-93.
83. Sangster, *op. cit.*, p. 143.
84. *Works*, VI, 46.
85. *Ibid.*, p. 91.
86. *Ibid.*, pp. 5-6.
87. *Ibid.*, VI, 509.
88. *Ibid.*, XII, 340, 350-51, 363-64, 374.
89. *Ibid.*, VII, 27-34.
90. *Ibid.*, XII, 333-34.
91. Rattenbury, *Conversion*, *op. cit.*, p. 199.
92. *Works*, VII, 489.
93. *Ibid.*, XII, 255.
94. *Ibid.*, VII, 205-6.
95. J. A. Wood, *Purity and Maturity* (Boston: Christian Witness Co., 1899), pp. 186-89.
96. *Ibid.*, pp. 145-47.
97. *Works*, XIII, 351-52.
98. *Ibid.*, VI, 46; VIII, 285.
99. John Fletcher, *The Works* (New York: B. Waugh and T. Mason, 1835), II, 632-33.
100. Luther, *Compend*, *op. cit.*, pp. 244-46; Hay, *op. cit.*, II, 551.
101. Warfield, *op. cit.*, II, 582-83.
102. John Calvin, *Institutes of the Christian Religion* (Grand Rapids: Wm. B. Eerdmans Publishing Co., 1949), I, 658.
103. *Works*, XI, 367.
104. *Ibid.*, pp. 368-71.
105. *Ibid.*, VI, 490.
106. *Ibid.*, p. 491; XIV, 261-62.

107. Peters, op. cit., pp. 30-31.
108. Rattenbury, Conversion, op. cit., p. 193.
109. Works, VIII, 328-29.
110. Ibid., VI, 491.
111. Rattenbury, Conversion, op. čit., p. 197.
112. Edward John Carnell, A Philosophy of the Christian Religion (Grand Rapids: Wm. B. Eerdmans, 1954), p. 418.
113. Works, VIII, 286-90
114. Ibid., VI, 526; XII, 389.
115. Ibid., VII, 28-29.
116. Ibid., XIV, 261-63.
117. Ibid., VII, 202.
118. John Wesley, Explanatory Notes upon the New Testament (New York: Eaton and Mains, n.d.), p. 512.
119. Ibid., VII, 237.
120. Rattenbury, Conversion, op. cit., p. 199.
121. Kuyper, op. cit., p. 450.
122. Luther, Galatians, op. cit., pp. 164-65.
123. Calvin, Institutes, op. cit., I, 660.
124. David E. Roberts, Psychotherapy and a Christian View of Man (New York: Charles Scribner's Sons, 1953), pp. 122-23.
125. Flew, op. cit., p. 398.
126. Works, VIII, 290.
127. Ibid., VI, 412.
128. Ibid., pp. 2-6.
129. Ibid., XII, 207.
130. Ibid., III, 273.
131. Ibid., XII, 227.
132. Ibid., pp. 229-30.
133. Ibid., XI, 377-78.
134. Ibid., VI, 418.
135. Ibid., VII, 482.
136. Ibid., p. 483.
137. Luther, Galatians, op. cit., p. 304.
138. Luther, Romans, op. cit., p. 84.
139. Barth, op. cit., pp. 17-25.
140. Niebuhr, op. cit., I, 251-54.
141. Ibid., pp. 117-19.

제 4 장

1. Henry E. Brockett, Scriptural Freedom from Sin (Kansas City: Kingshiway Press, 1941), p. 24.
2. Warfield, op. cit., II, 451.
3. Ibid., pp. 453-54.
4. McConnell, op. cit., pp. 193-94.
5. Martin Foss, The Idea of Perfection in the Western World (Princeton: Princeton University Press, 1946), pp. 8-9.
6. Works, VI, 16-20.
7. Thompson, op. cit., p. 45. See Turner, op. cit., pp. 202-3.
8. Thomas Benjamin Neely, Doctrinal Standards of Methodism (New York: Fleming H. Revell Co., 1918), p. 274.

9. *Works*, XI, 444-46.
10. W. E. Sangster, "The Church's One Privation," *Religion in Life*, XVIII, No. 4 (1949), 493-507.
11. Sangster, *Path to Perfection, op. cit.*, pp. 51-52.
12. Gerald O. McCulloh, "Evangelizing the Whole of Life," *Religion in Life*, XIX, No. 2 (1950), 236-44.
13. Leslie F. Church, *The Early Methodist People* (London: The Epworth Press, 1948), p. 130.
14. *Works*, XI, 424-26.
15. Roberts, *op. cit.*, pp. 124-27.
16. *Ibid.*, pp. 129-32.
17. Sangster, *Path to Perfection, op. cit.*, p. 68.
18. Niebuhr, *op. cit.*, II, 175.
19. *Works*, VI, 53.
20. Niebuhr, *op. cit.*, II, 173-74.
21. Sangster, *Path to Perfection, op. cit.*, p. 81.
22. Warfield, *op. cit.*, I, 278-79.
23. *Works*, VI, 7.
24. Sangster, *Path to Perfection, op. cit.*, p. 54.
25. Turner, *op. cit.*, p. 38.
26. *Ibid.*, p. 113.
27. *Works*, VIII, 294.
28. *Ibid.*, p. 296.
29. *Ibid.*, XII, 257.
30. *Ibid.*, XI, 373.
31. Robert E. Cushman, "Landmarks in the Revival Under Wesley," *Religion in Life*, XXVII, No. 1 (1957), 105-18.
32. Henry Bett, *The Spirit of Methodism* (London: The Epworth Press, 1937), pp. 111-12.
33. Randolph S. Foster, *Philosophy of Christian Experience* (New York: Hunt and Eaton, 1890), pp. 10-11.
34. *Ibid.*, pp. 21-25.
35. Cell, *op. cit.*, p. 72.
36. Bett, *op. cit.*, pp. 93-94.
37. *Ibid.*, p. 96.
38. Cell, *op. cit.*, pp. 135-36.
39. W. J. Townsend, *A New History of Methodism* (London: Hodder and Stoughton, 1909), I, 55-56.
40. Lee, *op. cit.*, p. 69.
41. *Works*, VIII, 110-12.
42. *Ibid.*, p. 14.
43. *Ibid.*, I, 249.
44. J. Baines Atkinson, *The Beauty of Holiness* (New York: Philosophical Library, 1953), p. 73.
45. Hay, *op. cit.*, II, 441-58.
46. Henry C. Thiessen, *Introductory Lectures in Systematic Theology* (Grand Rapids: Wm. B. Eerdmans Publishing Company, 1951), p. 379.
47. Warfield, *op. cit.*, II, 582-83.
48. John Murray, *Redemption—Accomplished and Applied* (Grand Rapids: Wm. B. Eerdmans Publishing Company, 1955), p. 177.

49. Cecil Northcott, "The Great Divide: Experience Versus Tradition," *Religion in Life*, XX, No. 3 (1951), 396-402.
50. Douglas V. Steere, "The Meaning of Mysticism Within Christianity," *Religion in Life*, XXII, No. 4 (1953), 515-26.
51. *Works*, VI, 52-54.
52. *Ibid.*, II, 528.
53. *Ibid.*, p. 530.
54. *Ibid.*, XII, 30.
55. *Ibid.*, VIII, 297.
56. *Ibid.*, I, 476.
57. *Ibid.*, VI, 490-91.
58. *Ibid.*, pp. 526-27.
59. Murray, *op. cit.*, pp. 196-98.
60. *Works*, V, 278-80.
61. *Ibid.*, p. 432.
62. *Ibid.*, III, 75.
63. Wood, *op. cit.*, p. 26.
64. Harry E. Jessop, *Foundations of Doctrine* (Chicago: The Chicago Evangelistic Institute, 1938), pp. 131-32.
65. *Works*, VI, 19.
66. *Ibid.*, X, 367.
67. *Ibid.*, XII, 413.
68. *Ibid.*, V, 326-27.
69. *Ibid.*, XI, 400-402.
70. *Ibid.*, V, 165.
71. Pope, *op. cit.*, II, 68.
72. Turner, *op. cit.*, p. 249.
73. Warfield, *op. cit.*, II, 582-83.
74. Sangster, *Path to Perfection, op. cit.*, pp. 115-16.
75. *Ibid.*, p. 190.
76. Flew, *op. cit.*, pp. 332-33.
77. *Ibid.*, p. 335; Sangster, *op. cit.*, p. 113.
78. Cell, *op. cit.*, pp. 274-75.
79. Turner, *op. cit.*, p. 213.
80. Flew, *op. cit.*, p. 333.
81. *Works*, V, 161.
82. *Ibid.*, p. 165.
83. Flew, *op. cit.*, p. 333.
84. Brockett, *op. cit.*, p. 54.
85. McConnell, *op. cit.*, p. 198.
86. Brockett, *op. cit.*, p. 122.
87. Cannon, *op. cit.*, p. 241.
88. *Works*, XII, 398-400.
89. *Ibid.*, XIV, 270-71.
90. *Ibid.*, XII, 257.
91. *Ibid.*, V, 283.
92. *Ibid.*, p. 328.
93. McConnell, *op. cit.*, p. 194.
94. *Works*, XI, 367-69.
95. McConnell, *op. cit.*, p. 195.

96. Luther, Compend, op. cit., pp. 67-73.
97. Kuyper, op. cit., p. 21.
98. Berkouwer, op. cit., p. 78.
99. Murray, op. cit., p. 97.
100. Nels F. S. Ferre, "The Holy Spirit and Methodism Today," *Religion in Life*, XXIII, No. 1 (1953), 36-46.
101. *Works*, V, 30.
102. *Ibid.*, VII, 515.
103. *Ibid.*, VIII, 49.
104. *Ibid.*, p. 106.
105. *Ibid.*, XII, 71.
106. Calvin, *Compend*, op. cit., pp. 89-90.
107. Charles Ewing Brown, *The Meaning of Sanctification* (Anderson, Indiana: The Warner Press, 1945), pp. 104-15.
108. Asbury Lowrey, op. cit., pp. 344-49; D. Shelby Corlett, *The Meaning of Holiness* (Kansas City: Beacon Hill Press, 1944), pp. 70-72; S. A. Keen, *Pentecostal Papers* (Chicago: Christian Witness Co., 1895); Wood, op. cit., pp. 72-73; E. T. Curnick, *A Catechism on Christian Perfection* (Chicago: The Christian Witness Co., 1885), pp. 58-61.
109. *Works*, V, 38.
110. *Ibid.*, I, 117-18.
111. *Ibid.*, III, 116.
112. *Ibid.*, XII, 416; VI, 10-11; Sangster, *Path to Perfection*, op. cit., p. 83.
113. Fletcher, op. cit., pp. 630-33.
114. Peters, op. cit., p. 107.
115. Adam Clarke, *The Holy Bible with a Commentary and Critical Notes* (New York: Abingdon-Cokesbury Press), V, 682-83.
116. Peters, op. cit., pp. 188-91.
117. *Works*, V, 133-34.
118. *Ibid.*, XI, 420.
119. *Ibid.*, VI, 47.
120. *Ibid.*, VI, 52-53.
121. *Ibid.*, XI, 420.
122. Sangster, *Path to Perfection*, op. cit., p. 130.
123. *Works*, XI, 397-98.
124. Flew, op. cit., p. 336.
125. *Ibid.*, p. 337.
126. *Works*, XI, 420.
127. Flew, op. cit., p. 333.
128. *Works*, XI, 394, 443.
129. Sangster, *Path to Perfection*, op. cit., p. 87.
130. *Ibid.*, p. 165.
131. *Works*, XI, 398.
132. *Ibid.*, V, 117.
133. *Ibid.*, p. 118.
134. Townsend, op. cit., I, 31-32.
135. *Ibid.*, pp. 28-29.
136. Flew, op. cit., pp. 329-30.
137. Cell, op. cit., p. 181.

138. *Works,* V, 435-37.
139. *Ibid.,* pp. 438-39.
140. *Ibid.,* pp. 443-44.
141. *Ibid.,* p. 445.
142. *Ibid.,* p. 67.
143. *Ibid.,* pp. 68-69.
144. *Ibid.,* p. 70.
145. *Ibid.,* pp. 452-53.
146. *Ibid.,* pp. 455-57.
147. *Ibid.,* p. 460.
148. *Ibid.,* p. 462.
149. Lindstrom, *op. cit.,* p. 173.
150. *Ibid.,* p. 174.
151. Fletcher, *op. cit.,* II, 494-95.
152. *Ibid.,* p. 493.
153. Sangster, *Path to Perfection, op. cit.,* p. 147.
154. *Works,* VII, 495.
155. *Ibid.,* pp. 298-99.
156. *Ibid.,* pp. 46-49.
157. *Ibid.,* p. 57.
158. Lindstrom, *op. cit.,* pp. 174-75.
159. *Works,* XII, 235-36.
160. *Ibid.,* pp. 238-39.
161. *Ibid.,* IX, 292-93.
162. Lindstrom, *op. cit.,* pp. 179-80.
163. *Works,* VIII, 474.

제 5 장

1. McConnell, *op. cit.,* p. 198.
2. *Works,* VI, 149-67.
3. Graham Ikin, "Sin, Psychology and God," *Hibbert Journal,* XLVIII, 368.
4. *Ibid.,* p. 369.
5. McConnell, *op. cit.,* p. 198.
6. *Works,* VI, 215.
7. *Ibid.,* pp. 216-18.
8. *Ibid.,* pp. 64-65.
9. *Ibid.,* VII, 347.
10. *Ibid.,* pp. 345-46.
11. *Ibid.,* p. 348.
12. *Ibid.,* XI, 419.
13. *Ibid.,* XII, 278-79.
14. H. A. Baldwin, *Holiness and the Human Element* (Louisville: Pentecostal Publishing Company, 1919), pp. 88-89.
15. *Ibid.,* p. 89.
16. John R. Brooks, *Scriptural Sanctification* (Nashville: Publishing House of the M.E. Church, South, 1899), p. 15.
17. *Works,* VI, 477-78.
18. Sangster, *Path to Perfection, op. cit.,* p. 114.
19. *Works,* VI, 477.
20. *Ibid.,* XII, 340.

21. Prince, op. cit., p. 24.
22. Works, VII, 228.
23. Ibid., XI, 419.
24. Ibid., p. 415.
25. Ibid., VII, 226-27.
26. Ibid., VI, 477-78.
27. Ibid., XI, 374.
28. Ibid., VI, 30-31.
29. Ibid., p. 94.
30. Ibid., pp. 95-97.
31. Quoted in Jessop, op. cit., p. 129.
32. Brockett, op. cit., p. 48.
33. Ibid., p. 49.
34. Paul S. Rees, "Our Wesleyan Heritage After Two Centuries, *Asbury Seminarian*, II, No. 2 (1948), p. 56.
35. Paul F. Abel, "Human Nature," *Asbury Seminarian*, III, No. 3 (1948), p. 114.
36. Ibid., pp. 114-15.
37. Ibid., pp. 120-21.
38. Rees, op. cit., pp. 56-58.
39. Works, XII, 217-18.
40. Ibid., VIII, 345-47.
41. Ibid., III, 273.
42. Peters, op. cit., p. 202.
43. Works, III, 273.
44. Ibid., V, 328.
45. Ibid., I, 330.
46. Ibid., pp. 481-82.
47. Ibid., IX, 273.
48. Ibid., XI, 419.
49. Ibid., p. 419.
50. Ibid., XII, 443.
51. Ibid., XIII, 130-31.
52. Ibid., XI, 399.
53. Brooks, op. cit., pp. 321-23.
54. Ibid., p. 372.
55. Ibid., p. 355.
56. Richard S. Taylor, *A Right Conception of Sin* (Kansas City: Nazarene Publishing House, 1939), pp. 96-97.
57. Works, V, 283.
58. Ibid., pp. 298-99.
59. Ibid., pp. 307-8.
60. Cannon, op. cit., pp. 222-23.
61. Ibid., pp. 234-36.
62. Works, XI, 467.
63. Ibid., p. 468.
64. Ibid., VII, 32-35.
65. Ibid., V, 367-72.
66. Ibid., VI, 334.
67. Ibid., VII, 9-11.

68. *Ibid.*, pp. 17-21.
69. Flew, *op. cit.*, p. 338.
70. *Works*, VI, 479.
71. *Ibid.*, pp. 255-60.
72. *Ibid.*, pp. 261-62.
73. *Ibid.*, pp. 263-64.
74. *Ibid.*, p. 267.
75. *Ibid.*, p. 400.
76. *Ibid.*, p. 403.
77. *Ibid.*, pp. 478-79.
78. *Ibid.*, p. 479.
79. *Notes*, pp. 508-9.
80. Sangster, *Path to Perfection, op. cit.*, pp. 176-77.
81. *Works*, VII, 404-8.
82. *Ibid.*, VI, 454-58.
83. *Ibid.*, p. 473.
84. Sangster, *Path to Perfection, op. cit.*, p. 89.

제 6 장

1. *Works*, XIII, 49.
2. *Ibid.*, XII, 366.
3. Atkinson, *op. cit.*, pp. 78-79.
4. Flew, *op. cit.*, pp. 411-12; Sangster, *Path to Perfection, op. cit.*, pp. 135-39.
5. *Works*, VII, 341-42.
6. *Ibid.*, III, 420.
7. *Ibid.*, XII, 287.
8. *Ibid.*, p. 219.
9. *Ibid.*, pp. 483-84.
10. Calvin, *Institutes, op. cit.*, I, 659.
11. *Works*, XII, 483-84.
12. *Ibid.*, VI, 477.
13. *Ibid.*, VI, 94-96.
14. *Ibid.*, XII, 290-91.
15. *Ibid.*, pp. 390-91.
16. *Ibid.*, p. 292.
17. *Ibid.*, p. 385.
18. *Ibid.*, p. 379.
19. *Ibid.*, p. 334.
20. *Ibid.*, XI, 419.
21. Sangster, *Path to Perfection, op. cit.*, p. 116; Baldwin, *op. cit.*, pp. 78-79; Randolph S. Foster, *Christian Purity* (New York: Eaton and Mains, 1897), pp. 66-69.
22. Daniel Steele, *Love Enthroned* (New York: Phillips and Hunt, 1881), pp. 86-87.
23. Luther, *Compend, op. cit.*, pp. 87-88.
24. *Works*, XII, 495.
25. *Ibid.*, XI, 414-15.
26. *Ibid.*, pp. 417-18.
27. *Ibid.*, XII, 385.
28. *Ibid.*, pp. 278-79.

29. *Ibid.*, XI, 417.
30. *Ibid.*, III, 68-69.
31. *Ibid.*, XI, 395.
32. *Ibid.*, pp. 396-97.
33. *Ibid.*, pp. 396-97, 419.
34. *Ibid.*, VII, 406-8.
35. Sangster, *Path to Perfection*, op. cit., pp. 183-84.
36. McConnell, op. cit., p. 195.
37. Steele, op. cit., pp. 88-89.
38. *Works*, XI, 394-96.
39. *Ibid.*, III, 136.
40. *Ibid.*, pp. 105-6.
41. *Ibid.*, XII, 375-76.
42. *Ibid.*, XI, 453.
43. *Ibid.*, IV, 269-70.
44. *Ibid.*, V, 230.
45. *Ibid.*, VI, 525-26.
46. *Ibid.*, p. 526.
47. *Ibid.*, pp. 80-82.
48. *Ibid.*, pp. 83-84.
49. *Ibid.*, XII, 394.
50. *Ibid.*, V, 232.
51. *Ibid.*, XI, 419.
52. *Ibid.*, VI, 477-80.
53. *Ibid.*, p. 5.
54. *Ibid.*, VII, 348.
55. Luther, *Romans*, op. cit., pp. 88-89.
56. *Works*, XI, 419.
57. *Ibid.*, X, 327-28.
58. Sangster, *Path to Perfection*, op. cit., pp. 136-37.
59. Foster, *Purity*, op. cit., pp. 73-74.
60. Carnell, op. cit., pp. 424-25.
61. Steele, op. cit., pp. 325-26.
62. Peck, op. cit., p. 436.
63. *Works*, V, 231-33.
64. *Notes*, p. 598.
65. Sangster, *Path to Perfection*, op. cit., p. 112.
66. Berkouwer, op. cit., p. 129.
67. *Works*, X, 333.
68. *Ibid.*, VIII, 337-38.
69. *Ibid.*, XII, 276.
70. *Ibid.*, XIII, 62.
71. *Ibid.*, III, 420.
72. *Ibid.*, XII, 323.
73. *Ibid.*, VI, 398.
74. *Ibid.*, XII, 398, 400.
75. *Ibid.*, VI, 526.
76. *Ibid.*, XI, 395-96.
77. *Ibid.*, p. 417.
78. *Ibid.*, III, 68-69.

79. Spalding, op. cit., pp. 45-46.
80. Turner, op. cit., p. 238.
81. Works, XII, 227-28.
82. Ibid., p. 276.
83. Ibid., XI, 427-32.
84. Rees, op. cit., III, 12.

제 7 장

1. Works, VII, 423-24.
2. Ibid., pp. 425-29.
3. Ibid., VIII, 300.
4. Ibid., XIII, 9
5. Robert Clark, op. cit., p. 214.
6. Ibid., p. 65.
7. Ibid., pp. 238-40.
8. Scott, op. cit., pp. 29-30.
9. Ibid., p. 143.
10. Ibid., pp. 161-65.
11. Ibid., pp. 193-225.
12. Ibid., pp. 265, 464.
13. Ibid., p. 403.
14. Ibid., p. 499.
15. Ibid., p. 504.
16. Gaddis, op. cit., p. 141.
17. Ibid., p. 221.
18. Ibid., p. 164.
19. Peters, op. cit., pp. 188-89.
20. Ibid., pp. 87, 90.
21. Ibid., pp. 98-101.
22. Ibid., p. 101.
23. Rose, op. cit., p. 21.
24. Smith, op. cit., pp. 115-16.
25. Ibid., pp. 135-47.
26. Ibid., p. 62.
27. Ibid., p. 85.
28. Ibid., pp. 67-68.
29. Ibid., pp. 146-47.
30. Rose, op. cit., p. 21.
31. Ibid., pp. 22-35.
32. Ibid., p. 13.
33. Ibid., pp. 36-37.
34. Ibid., pp. 47-48.
35. Ibid., pp. 52-54.
36. Peters, op. cit., pp. 175-76.
37. Ibid., pp. 136-46.
38. Ibid., pp. 143-44.
39. Ibid., p. 192.
40. Ibid., pp. 192-93.
41. Cushman, "Landmarks in the Revival," op. cit., p. 118.
42. Elmer Clark, op. cit., p. 58.
43. Gaddis, op. cit., pp. 321-23; Thompson, op. cit., pp. 709-10.

44. Rose, op. cit., p. 53.
45. Ibid., pp. 76-77.
46. Elmer Clark, op. cit., p. 59.
47. Peters, op. cit., p. 150.
48. Gaddis, op. cit., p. 268.
49. *Discipline of the Wesleyan Methodist Church of America* (Syracuse: Wesleyan Methodist Publishing Association, 1951), p. 17.
50. Gaddis, op. cit., pp. 299-301.
51. Peters, op. cit., pp. 130-31.
52. Smith, op. cit., pp. 129-30.
53. Peters, op. cit., p. 149.
54. Elmer Clark, op. cit., p. 75.
55. Gaddis, op. cit., p. 376.
56. Ibid., p. 54.
57. Gaddis, op. cit., p. 353.
58. Ibid., p. 99.
59. Robert Clark, op. cit., pp. 215-16.
60. Ibid., pp. 236-37.
61. Horton Davies, "Centrifugal Christian Sects," *Religion in Life*, XXV, No. 3 (1956), 323-58.
62. Smith, op. cit., pp. 60, 86.
63. Elmer Clark, op. cit., p. 75.
64. Rose, op. cit., pp. 192-93.
65. Warfield, op. cit., I, 345.
66. Wall, op. cit., pp. 404-6.
67. Rose, op. cit., pp. 29-33.
68. Gaddis, op. cit., p. 227.
69. Warfield, op. cit., II, 213.
70. Rose, op. cit., p. 32.
71. Warfield, op. cit., II, 567.
72. Ibid., pp. 582-83.
73. Norman Grubb, *The Law of Faith* (London: Lutterworth Press, 1947), pp. 79-93.
74. Peters, op. cit., p. 162.
75. H. Orton Wiley, *Introduction to Christian Theology* (Kansas City: Beacon Hill Press, 1946), pp. 305-6.
76. Peters, op. cit., pp. 191-92.

참 고 문 헌

웨슬리 자신의 저작

WESLEY, JOHN. *The Works of John Wesley.* An edition of the complete and unabridged *Works* reproduced by the photo offset process from the authorized edition published by the Wesleyan Conference Office in London, England, in 1872. 14 vols. Grand Rapids: Zondervan Publishing House, 1958.

──. *Explanatory Notes upon the New Testament.* New York: Eaton and Mains, n.d.

──. *Standard Sermons.* Edited by E. H. Sugden, 2 vols. London: The Epworth Press, 1921.

──. *The Journal of the Rev. John Wesley, A.M.* Edited by Nehemiah Curnock. 8 vols. London: Epworth Press, 1938.

──. *The Letters of the Reverend John Wesley, A.M.* Edited by John Telford, 8 vols. London: Epworth Press, 1931.

──. and WESLEY, CHARLES. *Poetical Works.* Collected and arranged by G. Osborn, 1868-72.

──. *A Calm Address to Our American Colonies.* Edited by Thomas Kepler. Cleveland: World Publishing Co., 1954.

──. *Survey of the Wisdom of God in the Creation.* Lancaster, Pa.: Hamilton, 1810.

──. *A Compend of Wesley's Theology.* Compiled by Robert Burtner and Robert Chiles. New York: Abingdon Press, 1954.

웨슬리에 관한 문헌

BAKER, FRANK. *A Charge to Keep.* London: The Epworth Press, 1947.

BOWEN, MARJORIE. *Wrestling Jacob.* London: Watts & Co., 1937.

BRAILSFORD, MABEL R. *A Tale of Two Brothers.* New York: Oxford University Press, 1954.

BREADY, JOHN WESLEY. *England: Before and After Wesley.* London: Hodder and Stoughton, Ltd., 1938.

CANNON, WILLIAM R. *The Theology of John Wesley.* New York: Abingdon-Cokesbury Press, 1946.

CELL, GEORGE CROFT. *The Rediscovery of John Wesley.* New York: Henry Holt and Company, 1935.

CLARK, ELMER T. *What Happened at Aldersgate?* Nashville: Methodist Publishing House, 1938.

COX, LEO G. "John Wesley's Concept of Sin." Unpublished master's thesis, University of Iowa, 1957.

CUSHMAN, ROBERT E. "Landmarks in the Revival Under Wesley," *Religion in Life*, XXVII, No. 1, 1958, 105-18.

DOUGHTY, WILLIAM L. *John Wesley: His Conferences and His Preachers.* London: The Epworth Press, 1944.

EDWARDS, MALDWYN. *John Wesley and the Eighteenth Century.* London: George Allen and Unwin, Ltd., 1933.

ELTZHOLTZ, CARL F. *John Wesley's Conversion and Sanctification.* New York: Eaton and Mains, 1908.

ENSLEY, FRANCIS G. *John Wesley Evangelist*. Nashville: Tidings, 1955.
FAULKNER, JOHN A. "Wesley's Attitude Toward Luther," *Lutheran Quarterly*, New Series, XXXVI, 1906, 156-59.
――――. *Wesley as Sociologist, Theologian, Churchman*. New York: The Methodist Book Concern, 1918.
FITCHETT, W. H. *Wesley and His Century*. London: Smith, Elder, and Company, 1906.
GREEN, J. BRAZIER. *John Wesley and William Law*. London: The Epworth Press, 1945.
GREEN, RICHARD. *The Conversion of John Wesley*. London: Francis Griffiths, 1909.
HARRISON, G. ELSIE. *Son to Susanna*. Nashville: Cokesbury Press, 1938.
HILDEBRANDT, FRANZ. *Christianity According to the Wesleys*. London: The Epworth Press, 1956.
――――. *From Luther to Wesley*. London: Lutterworth Press, 1951.
HUTTON, WILLIAM HOLDEN. *John Wesley*. London: Macmillan and Co., Ltd., 1927.
KROLL, HARRISON. *The Long Quest*. Philadelphia: The Westminster Press, 1954.
LEE, UMPHREY. *John Wesley and Modern Religion*. Nashville: Cokesbury Press, 1936.
LIPSKY, ABRAM. *John Wesley a Portrait*. New York: Simon and Schuster, 1928.
LUNN, ARNOLD. *John Wesley*. London: Cassell and Company, Ltd., 1929.
MACARTHUR, K. W. *The Economic Ethics of John Wesley*. Chicago: University of Chicago Libraries, 1938.
MCCONNELL, FRANCIS. *John Wesley*. New York: The Abingdon Press, 1939.
NEELY, THOMAS BENJAMIN. *Doctrinal Standards of Methodism*. New York: Fleming H. Revell Co., 1918.
PIETTE, MAXIMIN. *John Wesley in the Evolution of Protestantism*. New York: Sheed and Ward, 1937.
PRINCE, JOHN W. *Wesley on Religious Education*. New York: Methodist Book Concern, 1926.
RATTENBURY, J. ERNEST. *The Conversion of the Wesleys*. London: The Epworth Press, 1938.
――――. *Wesley's Legacy to the World*. Nashville: Cokesbury Press, 1929.
SIMON, JOHN S. *John Wesley the Master Builder*. London: The Epworth Press, 1927.
――――. *John Wesley, The Lost Phase*. London: The Epworth Press, 1934.
SIMPSON, W. J. SPARROW. *John Wesley and the Church of England*. New York: The Macmillan Company, 1934.
SOUTHEY, ROBERT. *The Life of John Wesley and the Rise and Progress of Methodism*. 3rd ed. London: Longman, Brown, Green and Longmans, 1846.
TENNEY, MARY ALICE. *Blue Print for a Christian World*. Winona Lake: Light and Life Press, 1953.
THOMPSON, DAVID D. *John Wesley as a Social Reformer*. New York: Eaton and Mains, 1898.

TYERMAN, LUKE. *The Life and Times of the Rev. John Wesley, M.A.* 3 vols. London: Hodder and Stoughton, 1875.
WADE, JOHN D. *John Wesley.* New York: Coward-McCann, Inc., 1930.
WATSON, RICHARD. *The Life of the Rev. John Wesley, A.M.* New York: T. Mason and G. Lane, 1839.
WHITELEY, JOHN H. *Wesley's England: Survey of Eighteenth Century England.* London: The Epworth Press, 1938.
WINCHESTER, C. T. *The Life of John Wesley.* New York: The Macmillan Company, 1916.
YOST, JESSE J. "Plerophoria in the Spiritual Experiences of John Wesley." Unpublished master's thesis, State University of Iowa, 1922.

그리스도인의 완전에 관한 문헌

ABEL, PAUL F. "Human Nature," *Asbury Seminarian*, III, Nos. 2-3 (1948), 62-71, 114-21.
ANDERSON, TONY M. *After Holiness, What?* Kansas City: Nazarene Publishing House, 1929.
ARTHUR, WILLIAM. *The Tongue of Fire.* New York: Eaton and Mains, 1856.
ATKINSON, J. BAINES. *The Beauty of Holiness.* New York: Philosophical Library, 1953.
BALDWIN, H. A. *Holiness and the Human Element.* Louisville: Pentecostal Publishing Co., 1919.
BROCKETT, HENRY E. *Scriptural Freedom from Sin.* Kansas City: Kingshiway Press, 1941.
BROOKS, JOHN R. *Scriptural Sanctification.* Nashville: Publishing House of the M.E. Church, South, 1899.
BROWN, CHARLES EWING. *The Meaning of Sanctification.* Anderson, Ind.: The Warner Press, 1945.
CARRADINE, BEVERLY. *Sanctification.* Syracuse: A. W. Hall, Publisher, 1897.
CHADWICK, SAMUEL. *The Call to Christian Perfection.* Kansas City: Beacon Hill Press, 1943.
CLARK, DOUGAN. *The Theology of Holiness.* Chicago: The Christian Witness Co., 1893.
CLARK, ROBERT BURTON. "The History of the Doctrine of Christian Perfection in the Methodist Episcopal Church in America up to 1845." Unpublished Th.D. dissertation, Temple University, 1946.
CORLETT, D. SHELBY. *The Meaning of Holiness.* Kansas City: Beacon Hill Press, 1944.
CURNICK, E. T. *A Catechism on Christian Perfection.* Chicago: The Christian Witness Co., 1885.
EARLE, RALPH. "The Holiness Teaching of the New Testament." Unpublished Th.D. dissertation, Gordon Divinity School, 1944.
FAIRBAIRN, CHARLES V. *Purity and Power.* Chicago: The Christian Witness Company, 1930.
FLETCHER, JOHN. *The Works.* 4 vols. New York: B. Waugh and T. Mason, 1835.
FLEW, R. NEWTON. *The Idea of Perfection in Christian Theology.* London: Oxford University Press, 1934.

FOSTER, RANDOLPH S. *Christian Purity or The Heritage of Faith.* New York: Eaton and Mains, 1897.
―――. *Philosophy of Christian Experience.* New York: Hunt and Eaton, 1890.
GADDIS, ELMER MERRILL. "Christian Perfectionism in America." Unpublished Ph.D. dissertation, University of Chicago, 1929.
GREER, GEORGE DIXON. "A Psychological Study of Sanctification as a Second Work of Divine Grace." Unpublished Ph.D. dissertation, Drew University, 1936.
HAINES, WALLACE R. "A Survey of Holiness Literature," *Heart and Life Magazine*, XXX, No. 2 (1943), 10-15.
HINSHAW, CECILE EUGENE. "Perfectionism in Early Quakerism." Unpublished Th.D. dissertation, Iliff School of Theology, 1943.
HUNTINGTON, D. W. C. *Sin and Holiness or What It Is to Be Holy.* New York: Eaton and Mains, 1898.
JESSOP, HARRY E. *Foundations of Doctrine in Scripture and Experience.* Chicago: Chicago Evangelistic Institute, 1938.
JONES, E. STANLEY. *Victorious Living.* New York: Abingdon-Cokesbury Press, 1936.
KEEN, S. A. *Faith Papers.* Chicago: The Christian Witness Co., 1919.
―――. *Pentecostal Papers.* Chicago: The Christian Witness Co., 1895.
LINDSTROM, HARALD. *Wesley and Sanctification.* London: The Epworth Press, 1946.
LOWERY, ASBURY. *Possibilities of Grace.* Chicago: The Christian Witness Co., 1884.
MALLALIEU, WILLARD F. *The Fullness of the Blessing of the Gospel of Christ.* Chicago: The Christian Witness Co., 1903.
MANIFOLD, ORRIN AVERY. "The Development of John Wesley's Doctrine of Christian Perfection." Unpublished Ph.D. dissertation, Boston University, 1945.
PALMER, PHOEBE. *Faith and Its Effects.* New York: Palmer and Hughes, 1867.
PECK, GEORGE. *The Scripture Doctrine of Christian Perfection.* New York: Lane and Scott, 1850.
PECK, JESSE T. *The Central Idea of Christianity.* Boston: Henry V. Degen, 1856.
PETERS, JOHN LELAND. *Christian Perfection and American Methodism.* Nashville: Abingdon Press, 1956.
REES, PAUL S. "Our Wesleyan Heritage After Two Centuries," *Asbury Seminarian*, III, Nos. 1-3 (1948), 8-12, 54-58, 103-7; IV, Nos. 1-2 (1949), 13-17, 47-54.
RIES, CLAUDE ARDEN. "A Greek New Testament Approach to the Teaching of the Deeper Spiritual Life." Unpublished Th.D. dissertation, Northern Baptist Theological Seminary, 1945.
ROSE, DELBERT R. *A Theology of Christian Experience.* Wilmore, Ky.: The Seminary Press, 1958.
SANGSTER, W. E. "The Church's One Privation," *Religion in Life*, XVIII, No. 4 (1949), 493-507.
―――. *The Path to Perfection.* Nashville: Abingdon-Cokesbury Press, 1943.

SCHWAB, RALPH KENDALL. *The History of the Doctrine of Christian Perfection in the Evangelical Association.* Menasha, Wis.: George Banta Publishing Co., 1922.
SMITH, HANNAH WHITALL. *The Christian's Secret of a Happy Life.* New York: Fleming H. Revell Co., 1916.
SMITH, JOSEPH H. *Pauline Perfection.* Chicago: The Christian Witness Co., 1913.
SMITH, TIMOTHY L. *Revivalism and Social Reform.* Nashville: Abingdon Press, 1957.
STEELE, DANIEL. *Love Enthroned.* New York: Phillips and Hunt, 1881.
―――. *Steele's Answers.* Chicago: The Christian Witness Company, 1912.
THOMPSON, CLAUDE HOLMES. "The Witness of American Methodism to the Historical Doctrine of Christian Perfection." Unpublished Ph.D. dissertation, Drew University, 1949.
TURNER, GEORGE A. *The More Excellent Way.* Winona Lake: Light and Life Press, 1952.
WALKER, EDWARD F. *Sanctify Them.* Chicago: The Christian Witness Co., 1899.
WOOD, J. A. *Purity and Maturity.* Boston: Christian Witness Co., 1899.
ZEPP, ARTHUR C. *Progress After Sanctification.* Chicago: The Christian Witness Co., 1909.

성화에 관한 문헌

BERKOUWER, GERRIT C. *Faith and Sanctification.* Grand Rapids: Wm. B. Eerdmans Publishing Company, 1952.
COCHRANE, ARTHUR C. "The Doctrine of Sanctification: Review of Barth's *Kirchliche Dogmatik*," *Theology Today*, XIII, No. 3 (1956), 376-88.
CUSHMAN, ROBERT E. "Karl Barth on the Holy Spirit," *Religion in Life*, XXIV, No. 4 (1955), 566-78.
FOSS, MARTIN. *The Idea of Perfection in the Western World.* Princeton: Princeton University Press, 1946.
KUYPER, ABRAHAM. *The Work of the Holy Spirit.* Grand Rapids: Wm. B. Eerdmans Publishing Co., 1946.
LAW, WILLIAM. *A Serious Call to a Devout and Holy Life.* New York: E. P. Dutton and Co., 1906.
MCCULLOH, GERALD O. "Evangelizing the Whole of Life," *Religion in Life*, XIX, No. 2 (1950), 236-44.
NORTHCOTT, CECIL. "The Great Divide: Experience Versus Tradition," *Religion in Life*, XX, No. 3 (1951), 396-402.
STEERE, DOUGLAS V. "The Meaning of Mysticism Within Christianity," *Religion in Life*, XXII, No. 4 (1953), 515-26.
TAYLOR, JEREMY. *Holy Living and Dying.* London: Henry G. Bohn, 1850.
THOMAS A KEMPIS. *The Imitation of Christ.* New York: J. M. Dent and Sons, Ltd., 1910.
WALL, ERNEST. "I commend to you Phoebe," *Religion in Life*, XXVI, No. 3 (1957), 396-408.
WARFIELD, BENJAMIN B. *Studies in Perfectionism.* 2 vols. New York: Oxford University Press, 1931.

신학에 관한 일반 문헌

ARMINIUS, JAMES. *Works*. 3 vols. London: Longman, Hunt, Rees, Orme, Brown, and Green, 1825.
BERKOUWER, G. C. *The Triumph of Grace in the Theology of Karl Barth*. Grand Rapids: Wm. B. Eerdmans Publishing Co., 1956.
CAIRNS, DAVID. *The Image of God in Man*. New York: Philosophical Library, 1953.
CALVIN, JOHN. *A Compend of the Institutes of the Christian Religion*. Edited by Hugh T. Keer. Philadelphia: Presbyterian Board of Christian Education, 1939.
------. *Institutes of the Christian Religion*. 2 vols. Grand Rapids: Wm. B. Eerdmans Publishing Co., 1949.
CLARKE, ADAM. *Christian Theology*. New York: Waugh and Mason, 1837.
------. *The Holy Bible, with a Commentary and Critical Notes*. New York: Abingdon-Cokesbury Press, n.d.
CURTIS, O. A. *The Christian Faith*. New York: Eaton and Mains, 1905.
FINNEY, CHARLES G. *Systematic Theology*. Oberlin: E. J. Goodrich, 1878.
FOSTER, RANDOLPH S. *Studies in Theology*. 6 vols. New York: Eaton and Mains, 1899.
HAY, CHARLES E. *The Theology of Luther*. 2 vols. Philadelphia: Lutheran Publication Society, 1897.
HILLS, A. M. *Fundamental Christian Theology*. 2 vols. Pasadena, California: C. J. Kinne, 1931.
HODGE, CHARLES. *Systematic Theology*. Grand Rapids: Wm. B. Eerdmans Publishing Co., 1952.
HORDERN, WILLIAM. "The Relevance of the Fall," *Religion in Life*, XX, No. 1 (1951), 99-105.
IKIN, GRAHAM. "Sin, Psychology and God," *Hibbert Journal*, XLVIII, 368-71.
KNUDSON, ALBERT C. *Basic Issues in Christian Thought*. New York: Abingdon-Cokesbury Press, 1950.
LUTHER, MARTIN. *Commentary on the Epistle to the Romans*. Grand Rapids: Zondervan Publishing House, 1954.
------. *Commentary on St. Paul's Epistle to the Galatians*. Grand Rapids: Wm. B. Eerdmans Publishing Company, 1930.
------. *A Compend of Luther's Theology*. Edited by Hugh T. Kerr. Philadelphia: The Westminster Press, 1943.
------. *Works of Martin Luther*. 6 vols. Philadelphia: A. J. Holman Company, 1932.
MACKINTOSH, ROBERT. *Christianity and Sin*. New York: Charles Scribner's Sons, 1914.
MCGIFFERT, ARTHUR CUSHMAN. *Protestantism, Thought Before Kent*. New York: Charles Scribner's Sons, 1936.
MILEY, JOHN. *Systematic Theology*. 2 vols. New York: The Methodist Book Concern, 1892.
MURRAY, JOHN. *Redemption—Accomplished and Applied*. Grand Rapids: Wm. B. Eerdmans Publishing Company, 1955.
POPE, WILLIAM BURT. *A Compendium of Christian Theology*. 2 vols. 2nd ed. revised and enlarged. New York: Hunt and Eaton, 1899.

RALSTON, THOMAS N. *Elements of Divinity.* Edited by T. O. Summers. Nashville: Cokesbury, 1924.
RAYMOND, MINER. *Systematic Theology.* 3 vols. Cincinnati: Hitchcock and Walden, 1877.
SMITH, H. SHELTON. *Changing Conceptions of Original Sin.* New York: Charles Scribner's Sons, 1955.
SPALDING, JAMES C. "Recent Restatements of the Doctrines of the Fall and Original Sin." Ph.D. thesis, Columbia University. Ann Arbor: University Microfilms, 1950.
SPERRY, WILLIAM. "Sin and Salvation," *Religion in Life,* XXI, No. 2 (1952), 163-206.
TAYLOR, JOHN. *The Scripture-Doctrine of Original Sin Proposed to Free and Candid Examination.* 3 parts. 3rd ed. Including *A Supplement.* Belfast: John Hay, Bookseller, 1746.
TAYLOR, RICHARD S. *A Right Conception of Sin.* Kansas City: Nazarene Publishing House, 1939.
TENNANT, FREDERICK ROBERT. *The Concept of Sin.* Cambridge: University Press, 1912.
THIESSEN, HENRY CLARENCE. *Introductory Lectures in Systematic Theology.* Grand Rapids: Wm. B. Eerdmans Publishing Company, 1951.
WAKEFIELD, SAMUEL. *Christian Theology.* New York: Hunt and Eaton, 1869.
WATSON, RICHARD. *Theological Institutes.* 2 vols. New ed. New York: Carlton and Porter, 1857.
WILEY, H. ORTON. *Christian Theology.* 3 vols. Kansas City: Nazarene Publishing House, 1941.

메도디즘에 관한 문헌

BETT, HENRY. *The Spirit of Methodism.* London: The Epworth Press, 1937.
BUCKLEY, J. M. *A History of Methodists in the United States.* New York: The Christian Literature Co., 1896.
CAMERON, RICHARD M. *The Rise of Methodism.* A source book. New York: Philosophical Library, 1954.
CHILES, ROBERT E. "Methodist Apostasy: From Free Grace to Free Will," *Religion in Life,* XXVII, No. 3 (1958), 438-49.
CHURCH, LESLIE F. *The Early Methodist People.* London: The Epworth Press, 1948.
DANIELS, W. H. *History of Methodism.* New York: Methodist Book Concern, 1880.
FERRE, NELS F. S. "The Holy Spirit and Methodism Today," *Religion in Life,* XXIII, No. 1 (1954), 36-46.
HYDE, A. B. *The Story of Methodism.* Springfield, Massachusetts: Willey and Company, 1888.
LUCCOCK, HALFORD E. and HUTCHINSON, PAUL. *The Story of Methodism* New York: Methodist Book Concern, 1926.
MCLEISTER, IRA F., and NICHOLSON, ROY S. *History of the Wesleyan Methodist Church of America.* Revised edition. Syracuse: Wesleyan Methodist Publishing Association, 1951.

SCOTT, LELAND HOWARD. "Methodist Theology in America in the Nineteenth Century." Unpublished Ph.D. dissertation, Yale University, 1954.
SIMPSON, MATTHEW (ed.). *Cyclopedia of Methodism*. Philadelphia: Louis H. Everts, 1880.
STEVENS, ABEL. *A Compendious History of American Methodism*. New York: Eaton and Mains, 1868.
STOKES, MACK B. *Major Methodist Beliefs*. Nashville: The Methodist Publishing House, 1955-56.
SWEET, WILLIAM WARREN. "Religion on the American Frontier, 1783-1840." Vol. IV. *The Methodists*. Chicago: The University of Chicago Press, 1946.
TOWNSEND, WILLIAM JOHN, WORKMAN, H. B., and EAYRS, GEORGE. *A New History of Methodism*. 2 vols. London: Hodder and Stoughton, 1909.
TUCKER, ROBERT L. *The Separation of the Methodists from the Church of England*. New York: The Methodist Book Concern, 1918.
WARNER, WELLMAN J. *The Wesleyan Movement in the Industrial Revolution*. New York: Longmans, Green and Co., 1930.
WHEELER, HENRY. *History and Exposition of the Twenty-five Articles of Religion of the Methodist Episcopal Church*. New York: Eaton and Mains, 1908.

일반문헌

BARTH, KARL. *The Christian Life*. London: Student Christian Movement Press, 1930.
BOSLEY, HAROLD A. *A Firm Faith for Today*. New York: Harper and Brothers Publishers, 1950.
———. *Main Issues Confronting Christendom*. New York: Harper and Brothers Publishers, 1948.
BRIGHTMAN, EDGAR S. *Personalism in Theology*. Boston: Boston University Press, 1943.
BRUNNER, EMIL. *The Divine Imperative*. New York: The Macmillan Company, 1942.
CARNELL, EDWARD JOHN. *A Philosophy of the Christian Religion*. Grand Rapids: Wm. B. Eerdmans, 1954.
———. *Christian Commitment*. New York: The Macmillan Company, 1957.
CHAPMAN, J. B. *A History of the Church of the Nazarene*. Kansas City: Nazarene Publishing House, 1926.
CHERBONNIER, E. LAB. *Hardness of Heart*. Garden City: Doubleday and Company, Inc., 1955.
CLARK, ELMER T. *The Small Sects in America*. New York: Abingdon-Cokesbury Press, 1949.
DAVIES, HORTON. "Centrifugal Christian Sects," *Religion in Life*, XXV, No. 3 (1956) 323-35.
Discipline of the Wesleyan Methodist Church of America. Syracuse: Wesleyan Methodist Publishing Association, 1951.
FORELL, GEORGE W. *Ethics of Decision*. Philadelphia: The Muhlenberg Press, 1955.
———. *Faith Active in Love*. New York: The American Press, 1954.

GRUBB, NORMAN. *The Law of Faith*. London: Lutterworth Press, 1947.
HUNT, JOHN. *Religious Thought in England*. London: Strahan and Co., 1873.
JAMES, WILLIAM. *The Varieties of Religious Experience*. New York: Longmans, Green, and Co., 1925.
JONES, RUFUS M. *Spiritual Reformers in the 16th and 17th Centuries*. London: Macmillan and Co., Ltd., 1914.
LECKY, WILLIAM E. H. *A History of England in the Eighteenth Century*. London: D. Appleton and Co., 1879.
LEWIS, EDWIN. *A Christian Manifesto*. New York: The Abingdon Press, 1934.
─────. *A Philosophy of the Christian Revelation*. New York: Harper and Brothers Publishers, 1940.
─────. *The Practice of the Christian Life*. Philadelphia: The Westminster Press, 1942.
MANSCHRECK, CLYDE LEONARD. *Melanchthon, the Quiet Reformer*. New York: Abingdon Press, 1958.
NIEBUHR, REINHOLD. *The Nature and Destiny of Man*. 2 vols. New York: Charles Scribner's Sons, 1943.
PELIKAN, JAROSLAV. *Fools for Christ*. Philadelphia: Muhlenberg Press, 1955.
RALL, HARRIS FRANKLIN. *Religion as Salvation*. Nashville: Abingdon-Cokesbury Press, 1953.
ROBERTS, DAVID E. *Psychotherapy and a Christian View of Man*. New York: Charles Scribner's Sons, 1953.
RUPP, GORDON. *The Righteousness of God*. New York: Philosophical Library, Inc., 1953.
WATSON, PHILIP S. *Let God Be God!* London: The Epworth Press, 1947.
WILLEY, BASIL. *The Eighteenth Century Background*. London: Chatto and Windus, 1940.
─────. *The Seventeenth Century Background*. London: Chatto and Windus, 1934.